地理有话说

中国的陆和海

周国宝 著

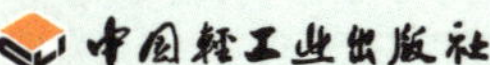

中国地势总览图

准噶尔盆地
乌鲁木齐
塔里木盆地
河西走
柴达木盆地
青藏高原
拉萨
云
第一级阶梯
海拔>4000米
第二级阶梯
海拔1000~2000米
南
海
南海诸岛
图例
首都
一般城市
河流

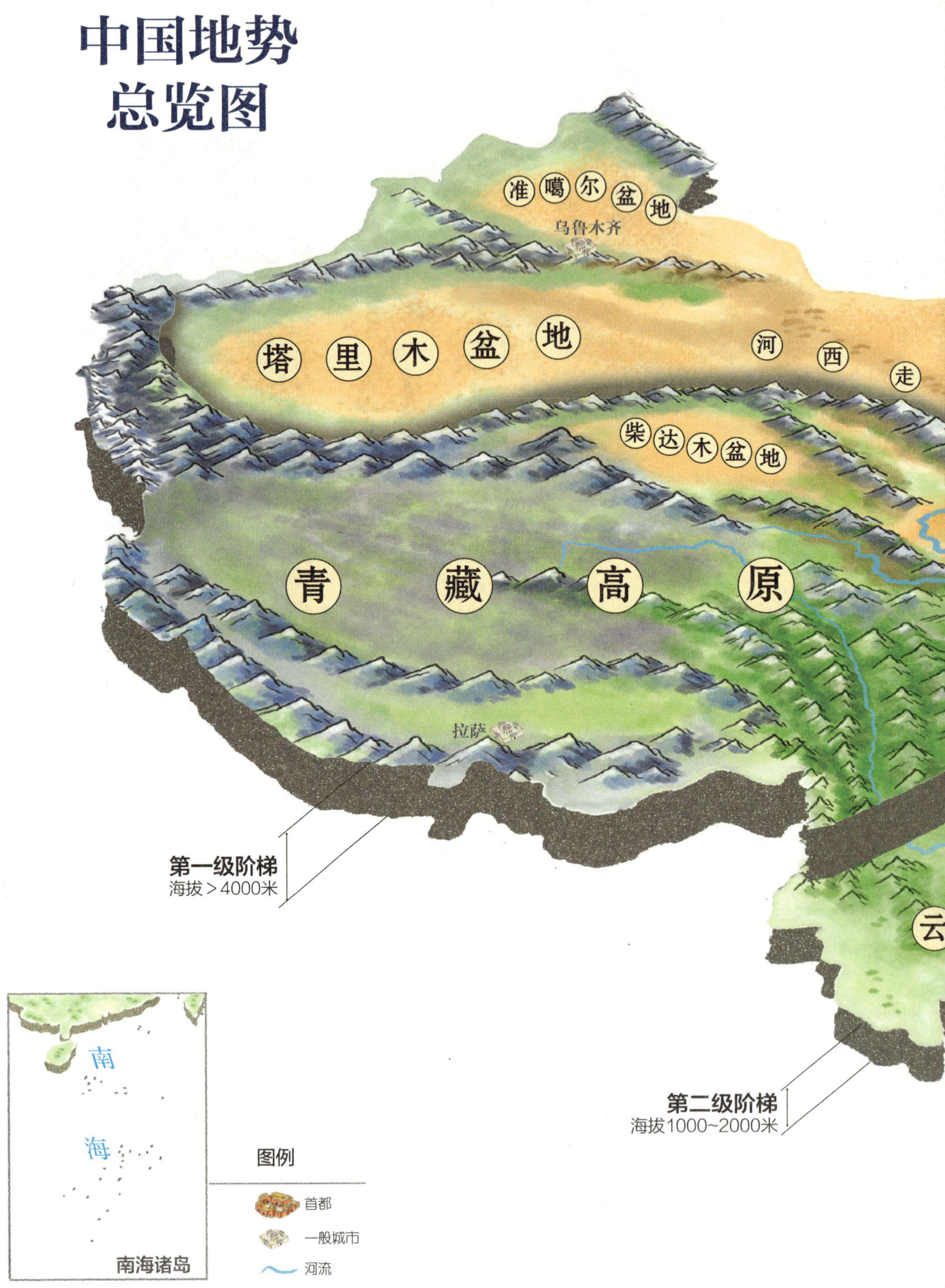

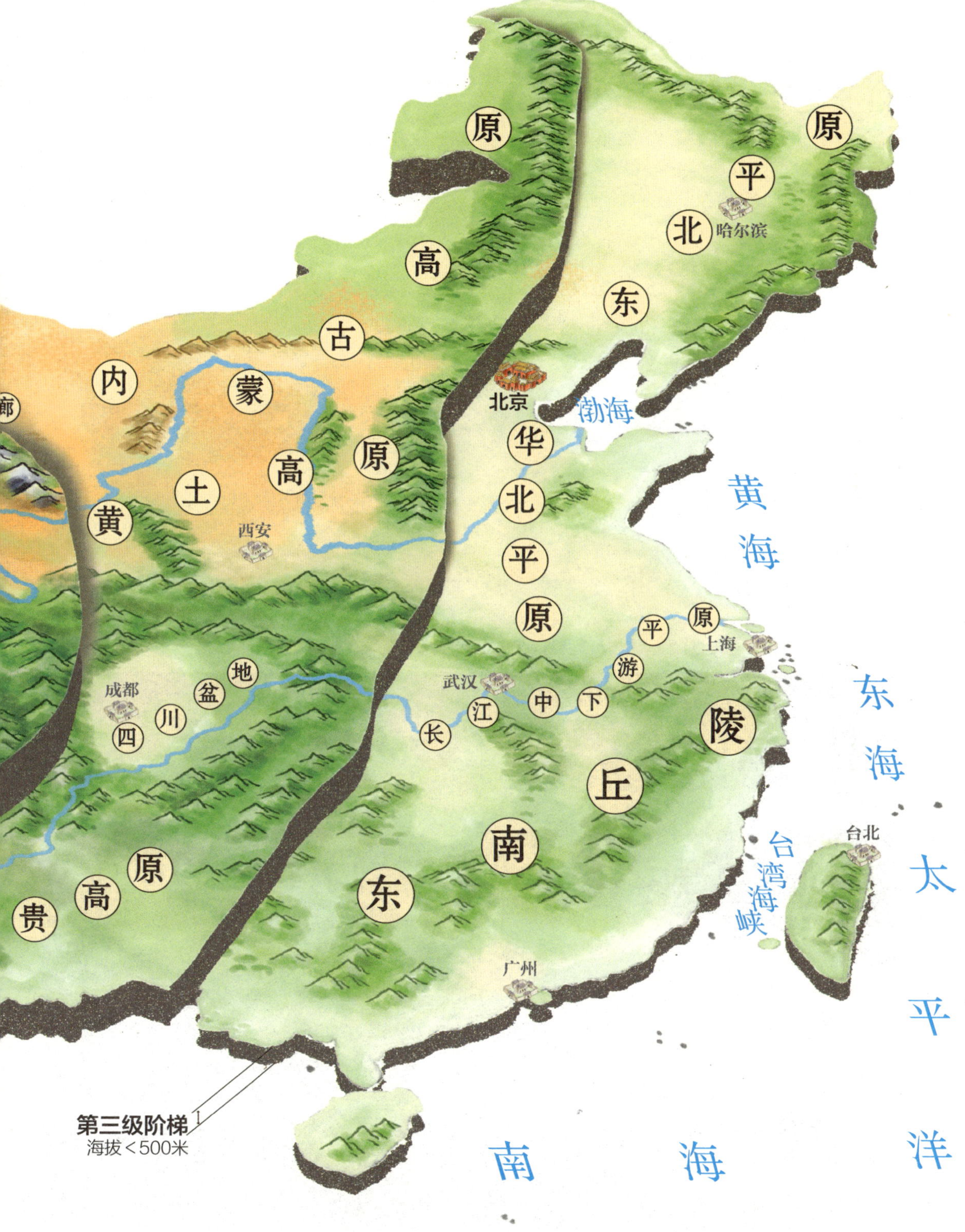

东北平原
哈尔滨
内蒙古高原
北京
渤海
黄土高原
西安
华北平原
黄海
长江中下游平原
上海
武汉
成都
四川盆地
东南丘陵
东海
台北
台湾海峡
太平洋
贵高原
广州
南海
第三级阶梯
海拔<500米

▼ 广东阳江海滨

序言

我们伟大的祖国，位于地球北部，亚欧大陆东部，太平洋西岸，拥有陆地面积约 960 万平方千米，内海和边海的水域面积 470 多万平方千米。

从陆地来看，我国同 14 国接壤，陆地边界长达 2.28 万千米。辽阔的疆域可以大致划分为四部分：北方地区，主要包括华北平原、东北平原和黄土高原；南方地区，主要包括长江中下游平原、东南丘陵、四川盆地和云贵高原；西北地区，主要包括内蒙古高原、塔里木盆地、准噶尔盆地；青藏地区包括青藏高原（含柴达木盆地）。

陆地上，五大地形错落有致地分布，形成了壮丽多姿的三级阶梯，一道道山脉构成了大地的骨骼，一条条大河组成了大地的血管。

从海洋来看，我国与 8 国海上相邻。领海由渤海（内海）和黄海、东海、南海三大边海组成，东部和南部大陆海岸线长约 1.8 万千米。海域分布有大小岛屿 7600 多个，其中台湾岛最大。

海洋上，海岛、海湾、海峡多姿多彩，井架在开采能源，渔船在捕捞美味，巨轮在联通世界。

这就是我们的祖国，美丽、壮阔、伟大。

目录

概说

青藏地区

西北地区

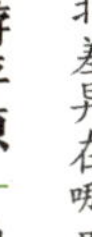

陆

北方地区

陆

南方地区

海

海洋

概说

疆域

纵横万里，天涯比邻

我国最西端的帕米尔高原

缓缓拨动地球仪，我经常为太平洋西岸这片辽阔的土地而感到自豪，这是我们伟大的祖国，她拥有“上下五千年，纵横一万里”。

腰围八万里（赤道长度约 40000 千米）的地球上，中国以陆地面积约 960 万平方千米（世界第三位），水域面积 470 多万平方千米，屹立东方。纵横一万里具体有多大呢？让我带你看看我国的四个特别的地方，最北、最南、最东和最西，你就明白了。

我国领土最北端（约北纬 54 度）：黑龙江省漠河市北极镇以北，在黑龙江主航道的中心线上，与俄罗斯隔江相望。大寒时节这里的最低气温甚至会低于 -40℃。

我国领土最南端（约北纬 4 度）：海南省三沙市南沙群岛的曾母暗沙。曾母暗沙是一组暗沙礁群，富含油气，战略地位极为重要。这里天气炎热，即使大寒时节最低气温也接近 30℃。

▲ 我国最北端的北极镇

依据最北、最南两地的纬度，可推算出我国领土南北跨纬度约 50 度，直线距离长达 5500 千米，换算后正是一万多里。

我国领土最东端（约东经 135 度）：黑龙江和乌苏里江交汇处的黑瞎子岛。黑瞎子岛历史上是我国的固有领土，1929 年被苏联占领。自 2004 年起，其西半部为我国所有。夏至日岛上日出时间约为 3:00。

我国领土最西端（约东经 74 度）：新疆克孜勒苏柯尔克孜自治州，位于帕米尔高原，中国、吉尔吉斯斯坦、塔吉克斯坦三国交界处略南的一座雪山上。斯姆哈纳村则是最靠西的村庄和口岸。这里夏至日日出时间约为 7:30。

依据最东、最西两地的经度，可推算出我国领土东西跨经度约 60 度，直线距离长达 5200 千米，换算后也是一万多里呢！

我们伟大的祖国是多么辽阔啊，东西与南北纵横都是一万多里！即使相隔万里，也是中华大家庭不可缺少的一部分。

陆地

三个台阶上的多样地形

如果把中国的疆域比喻为一个大庄园，你就会发现，这个巨大庄园的地势可以明显地分成三个阶梯。

这最低的一级阶梯，比较平坦。它的正中间是宽敞的中华大庭院——华北平原，这里是主要的居住区。东北面也有一大组庭院——东北平原，田园

我国沿北纬 30° 附近地形剖面示意

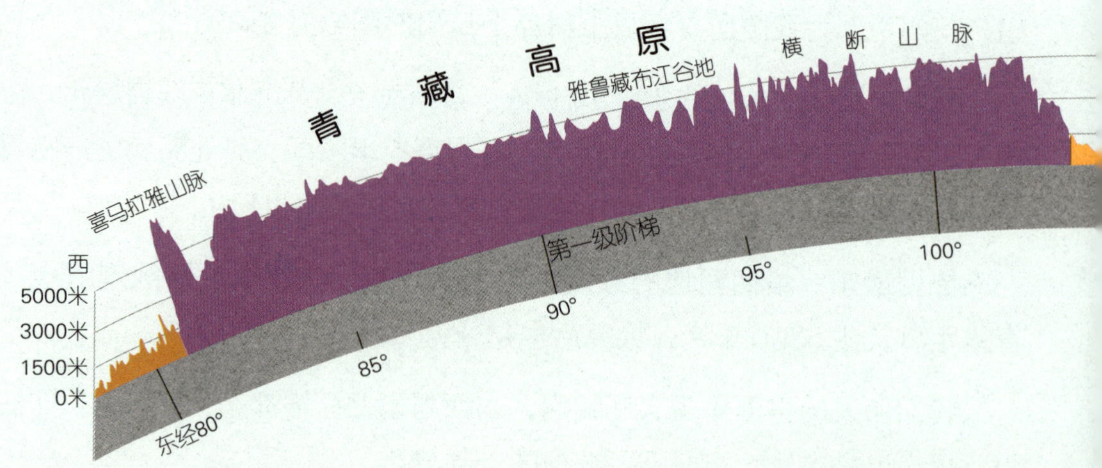

气息更浓，院子四周栽有很多大树。南边有一带园林——长江中下游平原，水景秀丽，而且有水路通往庄园外。再南边是开放式的一大片山庄——东南丘陵，青山秀水风光好。

在庄园的西侧，是稍高的一级阶梯，为庄园挡风，也利于为庄园集水。其中紧挨大庭院西侧，有一组宏伟的家庙建筑群——黄土高原，在这里能看到祖先的故事。家庙的北边有一大块平地——内蒙古高原，这里饲养着牛和羊。家庙的西侧有一条不宽的山路——河西走廊，通往一片林地——新疆，林地间还间杂着不少沙地。家庙的南侧有一个菜园——四川盆地，大家都爱来这里寻找美味。菜园南边是果园——云贵高原，这里树林茂密，有许多奇花异果。

菜园往西是一个更高的山，也是最高的一级阶梯——青藏高原。这里空气新鲜，视野开阔，大家都喜欢到这里来静静地待上一会儿。

这就是我们的中华大庄园，我们多姿多彩的家园。

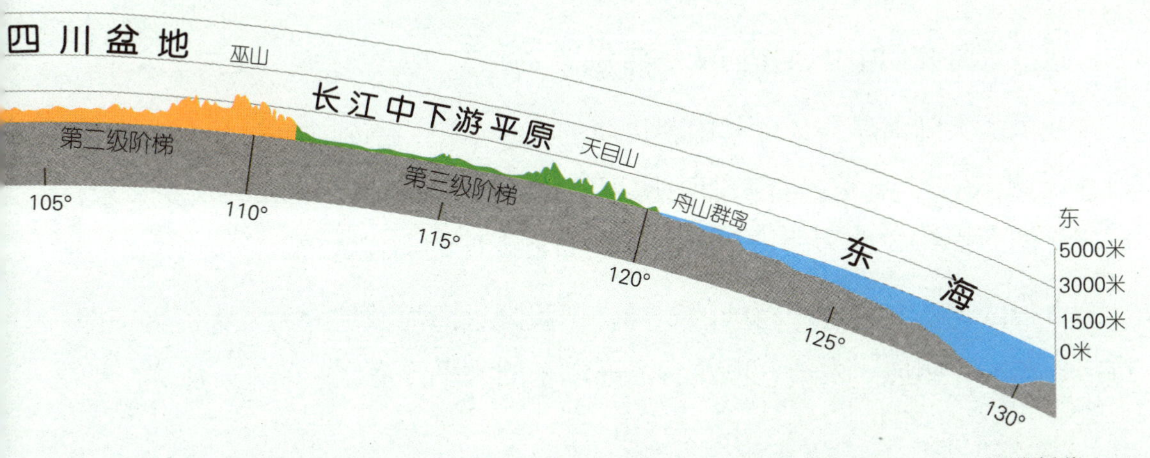

◆

海洋

五大海区点缀万千岛屿

我国的中华大庄园，不仅有平地、山地，还有“池塘”。

庄园东侧有一个大湖——太平洋，不过在庄园和大湖间还有几个“池塘”。

离主庭院最近的一个“鱼池”——渤海，是庄园的内水。“鱼池”南边有两个“水塘”——黄海和东海，塘水不深，却很开阔，鱼虾也很多。

在山庄的南侧有一个大“水塘”——南海，这口塘很深，船也多，而且塘里还有两个小岛——台湾岛和海南岛。

这些都是我们中华大庄园的一部分。

我国的大陆海岸线，北起中朝边境的鸭绿江口，南到中越边境的北仑河口，长约 18000 千米，如果加上所有的岛屿海岸线，就有 32000 多千米，海洋管辖面积约 300 万平方千米，是个当之无愧的海洋大国。

人们依据水文和地貌特征的差异，把我国近海海域划分为五大海区，即渤海、黄海、东海、南海，以及台湾岛以东的太平洋海区。

▼南海中一个岛屿

专题

陆地五大地形

地球这颗蔚蓝色的星球，从诞生之后便开始经历着漫长的自身运动。它先让大陆与海洋分离，接着又通过不断地挤压、沉降、摩擦、堆积、爆发等地壳运动和地质运动，让原本坦荡无垠的陆地上出现了高山、盆地、高原、平原、三角洲，美丽神奇极了。

盆地

四周高，中间低，地底往往蕴藏着丰富的矿产和油气资源，我国有塔里木盆地、四川盆地、柴达木盆地、准噶尔盆地四大盆地。

丘陵

海拔 200~500 米，坡度较缓，由低矮的山地组成，我国的丘陵主要分布在东南部。

平原

海拔在 200 米以下，表面宽广平坦，大多分布在大河两岸和濒临海洋的地区，是人类居住和生产的主要场所，我国有东北平原、华北平原、长江中下游平原三大平原。

山地

山岭和高地的统称，海拔多在 500 米以上，起伏很大，坡度陡峭，沟谷幽深，多呈脉状分布，我国的山地集中分布在西部。

高原

海拔 1000 米以上，地势起伏不大，边缘陡峭，表面凹凸不平，我国有内蒙古高原、黄土高原、青藏高原、云贵高原四大高原。

地貌成因大揭秘

地球上如此多姿多彩的地貌，是在外力和内力的双重作用下历经亿万年塑造而成，比较常见的有构造、堆积、侵蚀三大类。

构造地貌

由地球内力作用直接造就，受地质构造控制，同时在一定程度上经过外力的雕琢而形成的地貌，比如方山、单面山、褶皱、断层、火山等。

堆积地貌

指外力作用中由流水、风、冰、湖水、海水等各种介质搬运的物质在一定条件下沉积形成的地貌，比如三角洲、冰水扇、沙丘、海滩、湖堤等。

侵蚀地貌

指由于风、流水、海浪、冰川等外力在运动状态下对地表岩石的破坏而形成的地貌，包括风蚀地貌、流水侵蚀地貌、海蚀地貌等。

华北平原

中国的大庭院

你知道中国人口最多的镇是哪个吗？北京东边的燕郊 2019 年常住人口已经超过了 90 万（整个燕郊开发区的人口）。你知道中国人口最多的县是哪个吗？安徽北部的临泉县 2019 年户籍人口超过了 230 万，而西藏 2019 年的常住人口还不到 351 万。

从燕郊到临泉，相距近 1000 千米，中间没有一条山脉，全是一望无际的平坦大地。这就是总面积达 30 万平方千米的华北平原。它可真是名副其实的大平原啊！你可以想象，这里的人口有多密集，有近 4 亿。人类喜欢居住在平原上，华北平原是世界人口最密集的地区之一，是中国的大庭院。

华北平原北抵燕山南麓，南达江淮分水岭，西倚太行山和伏牛山，东临山东丘陵和大海，扇形的海河水系、高悬的黄河、树枝状的淮河水系三大水系贯穿其间，因此又被称为黄淮海平原。以黄河河床为界，它可以分为北边的海河平原、南边的黄淮平原。海河平原东北部的滦河平原，通常也被当作华北平原的一部分。

海河平原位于华北平原的北部。在太行山、燕山的山脚下，有众多的河流从山中流出，在山前形成一连串的扇形冲积平原，扇面与扇面连在一起，

黄淮平原上的城市和田园

组成了一个更大面积的冲积扇平原。

这些河流穿过冲积扇，在天津附近汇集到一起，形成海河平原上的海河水系。从地图上看，这些河流像是一根根扇骨，海河就是短短的扇柄，共同组成了美丽的大扇面。

当你在海河平原上旅行，时常会看见一道道像恐龙的脊梁骨架一样趴在平原上的小土冈，围着许多大小不等的浅平洼地，使得地面呈现出冈洼交错分布的景象。这些小土冈就是古代黄河遗留下来的河床。

纵横交错的土冈，成为天然的堤坝，扼住大大小小的河流，形成湖泊。古时候，海河平原上有许多大大小小的湖泊，也是一片水乡风光，可惜后来一个个湖泊都被泥沙填平了，只剩下白洋淀一直在滋润着大平原。

在华北平原南部，黄河与淮河之间的平原统称黄淮平原。

自古以来，黄河作为中国的母亲河，浇灌着北方大地，孕育出古老的中华文明。它从青藏高原一路走来，经历了百转千回，最终在山东流进大海，看上去似乎很温顺。

▲ 俯瞰辽阔的华北平原

其实，由于黄河含沙量非常大，泥沙经常阻塞水流，导致河水改道。历史上的黄河一点儿也不乖，它曾经沿着海河的河道，在天津、河北入海；也曾经夺取淮河的河道，在江苏入海；有时候还分成两股，同时在两个地方入海呢，老老实实走自己的路对它来说实在有点难！

瞧，它多像汽车前窗玻璃上面的雨刷！从南到北，又从北到南，来回摆来摆去，最终和海河、淮河一道，摆出了一个辽阔的平原！而河岸边的城市，则经常受到威胁。比如开封城旁的黄河河床比开封城还要高出 10 多米，这段黄河也因此被称为“悬河”。

在黄河的入海口，河水带来的大量泥沙不断堆积，使河口三角洲不断向外扩大，不停地制造出年轻的土地。这里也成了以景观旖旎迷人而闻名的黄河口湿地。

黄河南边的淮河就经常被黄河欺负。淮河本来是一条独立入海的大河，后来它的北岸出现了许多并排的而且很长的支流，这些支流大多发源于黄河河床南边的斜坡上，缓缓流经平原，注入淮河干流。这样的淮河水系看上去就像梳子一样。

唐宋时期，淮河流域是非常富裕的，俗话说“走千走万，不如淮河两岸”。可到了明朝嘉靖年间，一次黄河决口，滚滚洪流向南流进淮河，泥沙把淮河给淤塞了。从此淮河脾气变坏，河水再也不像从前那样通畅，时常泛滥成灾，而且失去了自己的入海通道。

中华人民共和国成立后，国家在淮河干支流上修建了许多水库工程，又在下游开挖入海新河，大大减少了水旱灾害的发生频率，如今黄淮平原又成了粮棉充裕的富饶之地。

华北平原是广阔的，也是富饶的。这么巨大的一片地，自然成为老百姓耕种的好地方，也成了历朝历代兵家必争宝地。这里诞生了许多城池，上演了一个又一个精彩的历史故事。如今，这里依然是中国精神文明和物质基础最为丰富的核心地区之一。

▼ 山东黄河三角洲

黄土高原

厚土上的不老故事

你也许见过大风天气。早晨，窗台上均匀地盖了一层细沙，让人看了不觉咯牙。可是你听说过大风能吹来一座高原吗？

大自然鬼斧神工，比你想象的还要厉害千万倍。在亚洲中部的沙漠地区，地表有着大量的细小尘土，每当大风骤起，就会飞沙走石、尘土弥漫。被卷起的沙土随西北风长途跋涉来到我国北方，呼啦啦从半空中撒落下来，慢慢堆积在地面上，日复一日，年复一年，沙土越堆越厚，越堆越硬实，渐渐就形成了如今这片广阔的黄土高原。

黄土高原面积达 40 多万平方千米，东起太行山脉，西至乌鞘岭，南抵秦岭山脉，北到长城一线，是世界上黄土覆盖面积最大的高原。虽然欧洲、北美等地也有黄土分布，但在厚度和面积上，与我国的黄土高原相比简直是小巫见大巫。黄土高原的沙土厚度一般有五六十米，少数地方甚至能达到 200 多米呢！

奔腾不息的黄河自内蒙古托克托县河口村开始转向南下，流向黄土高原，滚滚流水巨大的冲击力将黄土高原切割开来，再加上几座大山的阻隔，黄土高原大致可以分成三部分：东侧是山西高原，晋陕段黄河和六盘山之间是陕北高原和关中盆地，六盘山以西是陇中高原。

山西高原地势起伏较大，东有太行山，西有吕梁山，两座大山之间，有许多大小不一的山间盆地。美丽的汾河像一根红绳，自北向南贯穿了整个山西高原，串起一个个盆地。盆地里有开阔的河谷平原，地肥水美，五谷丰登，自古便是不愁吃喝不愁穿的好地方，因此也成了华夏文明的发祥地。人们用勤劳的双手和聪明的头脑，广泛种植优质的高粱、大麦、豌豆等谷物，并用它们酿制出了名闻天下的老陈醋。

翻过吕梁山，再越过黄河，就到了陕北高原。这里海拔 1000 米左右，虽然大山脉较少，但是绝不意味着这里很平坦。因为流水的作用，一条条深沟把陕北高原切得好像一块块剁碎的豆腐，形成了馒头状的黄土丘陵。

曾多次采访过毛泽东的美国记者埃德加·斯诺（Edgar Snow）在他的《西行漫记》一书中，曾这样描写过陕北的地形：“这一种黄沙土地面……成

▼ 黄土高原上的谷地

了各种形状的小山，有的像巨大的城堡，有的像成队的大象，有的像滚圆的大馒头……”可见这里地貌形态的怪异。

这里坐落着我国革命摇篮与红色圣地——延安，毛泽东、周恩来、朱德等老一辈无产阶级革命家，曾在这里生活战斗了13个春秋。

坐落在陕北高原和秦岭之间的是关中盆地，十三朝古都西安就坐落在这里。这片盆地是由渭河及其支流泾河、洛河等冲积而成，从东面的潼关到西端的宝鸡，长约300千米，南北两面受山地和高原的束缚，没法向两边展开，宽度较小，整个平原看上去是狭长形的。关中盆地气候温和，土壤肥

沃，自古就是有名的粮仓，号称“八百里秦川”。长篇小说《白鹿原》的故事就发生在这里。

陇中高原也称陇西高原，地形上属于青藏高原向黄土高原过渡地带。这里海拔较高，常年温差大，日照充分，泥土养分高，非常适合马铃薯的生长，因此这里还是我国五大马铃薯产区之一呢。黄河流经这里，形成了千沟万壑的峡谷，水位落差很大，蕴藏着巨大的水能。刘家峡、八盘峡等一连串水库大坝，正源源不断地将这里的水电能源输向全国各地。

讲到黄土高原，就不能不说一说窑洞。窑洞，是黄土高原上最古老的居住形式，它的历史可以追溯到 4000 多年前。窑洞多数建在向阳的山坡或土塬的边缘，依山向上呈现数级台阶式分布，下层窑顶为上层前庭，视野开阔。由于黄土的土层很厚，具有很好的保温效果，因此窑洞里总是冬暖夏凉，住在里面可舒服了，被人们称为“绿色建筑”。要是你来到黄土高原，可一定要去窑洞住一住，感受一下“穴居”的乐趣。

◀ 沟壑纵横的黄土高原

黄土高原的土层

黄土没有黑土肥沃，没有红土的经济价值高，但黄土地上长出了养人的小米，结出了名闻天下的大苹果，黄土下面还蕴含着丰富的煤炭资源，你可不要小瞧了它哦。

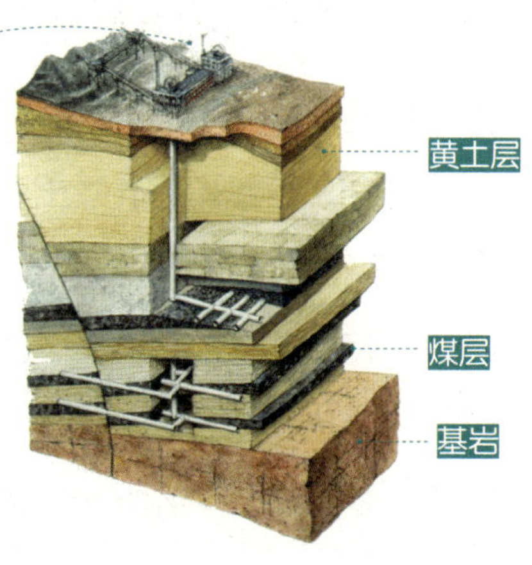

东北平原

中国第一粮仓

说起我国的东北，很多小朋友可能第一个想到的是大森林里的“东北虎”。的确，在长白山的大森林里，这些国家珍稀保护动物，敢在冰天雪地里奔跑、猎食。电影《智取威虎山》里，人虎搏斗的精彩镜头令人赞叹不已。

说到东北，我们常说“白山黑水”。“白山”指的就是东部的长白山，它和西部的大兴安岭、北部的小兴安岭一起围成马蹄形。这些山脉之间就是东北平原的主体部分——辽河平原和松嫩平原。“黑水”就是我国和俄罗斯的界河黑龙江。黑龙江支流众多，在和支流松花江、乌苏里江交汇的区域形成了三江平原。东北平原就是由辽河平原、松嫩平原、三江平原这三个平原组成的，面积达 35 万平方千米，是我国最大的平原。

位于最南边的是辽河平原，主要位于辽宁境内。辽河是我国七大河之一。这里早在汉代就属于中原王朝管辖，开发较早。辽阳是辽朝的东京，北镇在明朝是东北的军政中心，沈阳是如今辽河流域最大的城市。但在历史上，其南部沿海一带也曾被人们称为“南大荒”。现今，经过大力治理，辽河平原也是一个盛产稻米的大粮仓，还有一个和大庆油田同样有名的辽河油田。

松嫩平原是黑龙江的两大支流——松花江与嫩江冲积而成，位于东北三

黑土地上的“大粮仓”

省的中部，看上去普普通通，名气可不小！这里的土壤很特别，看上去黑黝黝的，好像浸透了浓浓的墨汁似的，这就是鼎鼎大名的黑土哦！因为每形成1厘米厚的黑土层，就需要400年的积累，所以土层中腐殖质和有机质的含量极为丰富，堪称地球上最珍贵的土壤资源。

过去，在广阔的松嫩平原上，生长着密密的野草，这些野草好像一张魔法绿地毯，覆盖着辽阔的大地，一年又一年不断地生长、枯死。死去的枯草积存在土壤里，慢慢分解成黑色的腐殖质，使土壤变得乌黑发亮，黑土层的厚度可达几十厘米，有的甚至超过1米。别的地方的土壤都没法和它相比，连号称“肥沃甲天下”的太湖平原水稻土，肥力也只有黑土的1/4。

难怪这儿流传一句顺口溜：“随意插柳树成荫，手抓一把攥出‘油’”，在这种天然沤积的肥料土上种庄稼，不丰收才是怪事呢！

其实，在中华人民共和国成立前，这里还是一片长满野草的大荒原，被人们称为“北大荒”，就像旧民谣里唱的：“北大荒，北大荒，又是兔子又是狼，光长野草不打粮。”

经过一代代劳动人民的勤劳垦荒，曾经荒凉的“北大荒”慢慢变成了如今的“北大仓”。人们用自己的双手把它开垦成了一片望不到边的田地，种上小麦、玉米、大豆等农作物。每年秋收后，大批来自黑土地的粮食都会通过铁路源源不断地输送到北京、上海等地。除了粮食，松嫩平原还是我国重要的石油“仓库”呢！这里发现了我国第一大油田——大庆油田。

沿着美丽的松花江往东穿过小兴安岭，是一个由松花江、黑龙江、乌苏里江三条大江共同孕育的“小女儿”，她叫三江平原，是我国最奇妙的一块平原。为什么这样说呢？

当你走进三江平原，只见这里、那里到处都是一汪汪水洼，当地人叫作“水泡子”。大大小小、深深浅浅的水泡子，不知有多少，数也数不完。有的地方杂草丛生，看似是一片肥美的大草地，可如果你冒冒失失地牵着牛去

吃草，那就倒霉啦！准会和牛一起陷进去，弄得万分狼狈。

原来，眼前的一切都是骗人的假象，那些看似草地的地方，其实都浸满了水，没准儿是一个很深很深的大泥潭。你也许会问，这还能算是正儿八经的平原吗？

当然算！三江平原一半以上都是这样浸透了水的沼泽湿地，而且还是我国面积最大的湿地。这里的土壤以草甸土和沼泽土为主，盛产小麦、大豆、玉米、水稻等粮食。同时，这里还是候鸟们的乐园、鱼儿们的天堂，是一个物产丰富的大宝库哩！

东北平原因位于山海关以东，曾经长期荒凉、苦寒，被称作“关东”“关外”，还发生过有名的“闯关东”移民潮。如今，这片美丽富饶的大平原，已变身为我国重要的大粮仓，人类的力量真是神奇啊！

“春天风大，冬天雪大，夏天雨大，秋天日头大。”东北正如歌曲里唱的一样，充满着变幻，充满着魅力。

一马平川的三江平原

↓辽东半岛

山东半岛、辽东半岛、雷州半岛是我国三大半岛。辽东半岛面积约3万平方千米，是我国第二大半岛，位于辽宁省东南部，黄海、渤海之间。

千山山脉横贯整个半岛，半岛沿海地带是平原，重要城市有大连、营口、丹东等。半岛海岸线曲折，多港湾和岛屿，海涂广阔。辽东半岛农业发达，是苹果的集中产区和最大的外销基地。

地 理 常 识

陆

长江中下游平原

鱼米之乡

叶圣陶有一篇著名的小说《多收了三五斗》，小说里水乡的原型就是江苏的甪（lù）直古镇。甪直古镇内水多、桥多，被人们称之为江南“桥都”，据说曾建有七十二座半的桥，至今还剩下四十一座。

甪直古镇是一处典型的江南水乡。它四面环水，水道纵横，被称为“五湖之厅”“六泽之冲”，也就是五个湖泊中的中央客厅，有六条江河环绕。类似这样的水乡，在我国长江的中下游地区有很多。它们都位于长江的冲积平原上，这里被地理学家称为长江中下游平原。

长江中下游平原西起巫山，东到东海，北接大别山及江淮分水岭，南至江南丘陵，东西沿长江绵延约 1000 千米，南北宽数百千米，总面积约 20 万平方千米。这个长长的带状平原，其实是由五个面积较小的平原组成的，即江汉平原、洞庭湖平原、鄱阳湖平原、苏皖沿江平原、长江三角洲及里下河平原。长江好比一根长长的绳子，把这些小平原串联起来。

读过小说《三国演义》的小朋友肯定对诸葛亮火烧赤壁、关羽大意失荆州的故事很熟悉。这些故事就发生在江汉平原上。长江流出三峡后，没有了山的阻碍，江面变得宽阔起来，河流变得弯曲起来，又在武汉容纳了它最长的支流汉江。江汉平原就是由长江与汉江冲积而成的，位于湖北省中南部。

江南园林

这里有几百个湖泊，为湖北省博得了“千湖之省”的称号，湖中水产丰富，武昌鱼、潜江小龙虾都名闻全国。

洞庭湖平原位于湖南省东北部，主要由湘江等四条注入洞庭湖的大河带来大量的泥沙冲积而成。洞庭湖平原是世界上最早人工栽培水稻的地方，湖南省是我国水稻产量最高的省份。这里也盛产淡水鱼，最大的鲟鱼一般重达二三百千克，最小而又最名贵的是银鱼。

沿着长江来到庐山脚下，就会看到一个烟波浩渺的大湖。这就是中国第一大淡水湖——鄱阳湖，它南宽北窄，像一个巨大的葫芦系在长江的腰上。鄱阳湖周围的湖滨地区就是鄱阳湖平原，它由赣江等几条注入鄱阳湖的大河带来的大量泥沙冲积而成。这里湖滩辽阔，水草丰美，有白鹤、鸿雁等珍禽候鸟到这里越冬，是观鸟的好地方。

从江西湖口到江苏镇江之间，沿长江两岸分布的冲积平原，就是苏皖沿江平原，平原上散落了不少丘陵，天柱山、九华山、敬亭山、琅琊山、紫金山就在平原旁。巢湖是这里最大的湖泊，秋浦河、秦淮河都是唐诗热词。南京、合肥、安庆在这片平原上讲述着千年的历史故事。

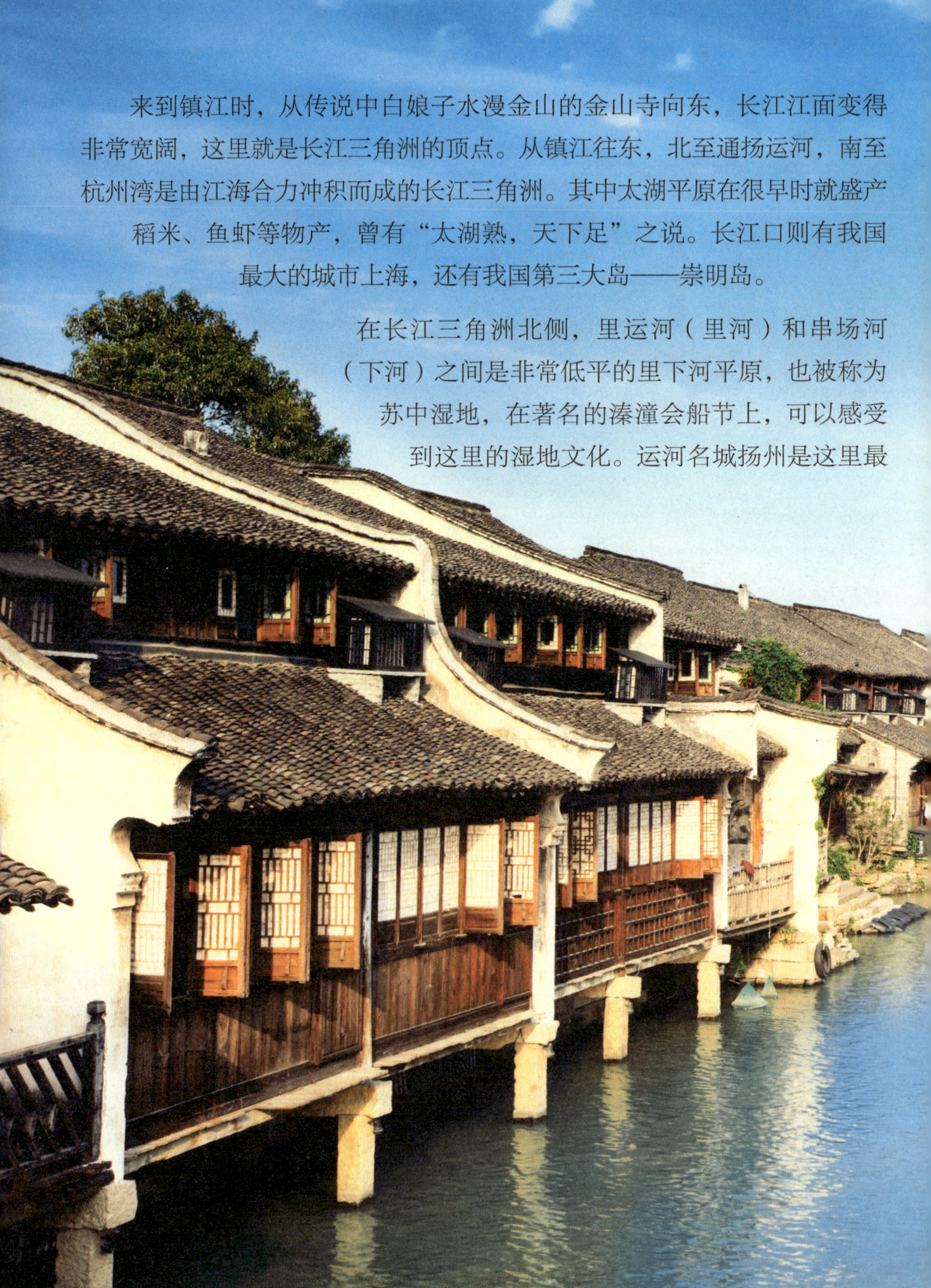

来到镇江时，从传说中白娘子水漫金山的金山寺向东，长江江面变得非常宽阔，这里就是长江三角洲的顶点。从镇江往东，北至通扬运河，南至杭州湾是由江海合力冲积而成的长江三角洲。其中太湖平原在很早时就盛产稻米、鱼虾等物产，曾有“太湖熟，天下足”之说。长江口则有我国最大的城市上海，还有我国第三大岛——崇明岛。

在长江三角洲北侧，里运河（里河）和串场河（下河）之间是非常低平的里下河平原，也被称为苏中湿地，在著名的溱潼会船节上，可以感受到这里的湿地文化。运河名城扬州是这里最耀眼的古城。串场河古代串起的是一个个盐场，如今这里成了绿色农产品基地，成了麋鹿、丹顶鹤等珍稀动物的乐园。

长江中下游平原的富饶其实是一步步发展起来的。在春秋战国以前，长江阻碍了交通，水田开垦困难，长江中下游平原地广人稀，经济落后。孙权建立吴国后，江南开始得到大力开发。这里充足的水、阳光，肥沃的土壤，都非常有利于水稻等农作物生长；同时河湖众多，水域辽阔也有利于渔业发展，农业日渐兴盛。到了南宋迁都临安（今杭州市），全国经济重心南移，长江中下游平原逐步成为富饶的“鱼米之乡”。如今，这里已经是我国经济最发达的区域之一。

悠久的历史也孕育了长江中下游平原丰富多彩的美景和美城：雅致幽静的江南园林，古色古香的水乡古镇，声名远播的江南三大名楼等，都是令人无限向往的江南好风光。

▲ 江南水乡古镇

专题

南北差异在哪里

都说秦岭和淮河构成了中国的南北分界线，那南方和北方到底有哪些差异呢？你们能说出几个呢？

项目	秦岭以北	秦岭以南
区域划分	北方地区	南方地区
温度带	暖温带	亚热带
气候带	温带季风气候	亚热带季风气候
水系	黄河水系	长江水系
植被	暖温带落叶阔叶林	亚热带常绿阔叶林
农作物	多旱地 以小麦为主要粮食作物	多水田 以水稻为主要粮食作物
主食	以面食为主	以米饭为主
干湿度	半湿润地区	湿润地区
水资源	过渡带	多水带
年降水量	小于 800 毫米	大于 800 毫米
1 月气温	平均气温 0℃以下	平均气温 0℃以上

陆

东南丘陵

青山绿水总相伴

在中国人的思想里，自古山水不分家。2000 多年前的孔子就说过“仁者乐山，智者乐水”，意思是人的品格要像山水一样沉稳而柔和。自古以来，很多中国人就喜欢寄情山水，讴歌自然。我们有山水画、山水诗，通过画笔与诗词，人们将这种“山水情结”代代相传。

青山绿水间的村庄

如果你觉得有点儿高深，不好理解，那么去东南丘陵走一走或许就豁然开朗了。东南丘陵占据了我国长江中下游以南的大部分区域，分布着崎岖连绵的山岭，山中流淌着细长清澈的河流，两岸是平坦开阔的谷地，完美诠释了“山水相依”的地理形态。

东南丘陵就是这样一幅巨型的山水画，它由江南丘陵、浙闽丘陵、两广丘陵三部分组成，北至长江，南至两广，东至东海，西至云贵高原，是一片最能体现我国传统山水生活理念的范本地带。

江南丘陵，是指在安徽南部、江西和湖南境内的丘陵，这里以海拔 500 米左右的低山为主，但也耸立着不少海拔达到千米以上的较高山岭，葱茏峻拔，气势巍峨，其中黄山、庐山、井冈山、衡山等均为著名旅游胜地。

见多识广的明朝大旅行家徐霞客游遍我国的名山大川，游到了黄山时他说“五岳归来不看山，黄山归来不看岳”，他认为黄山的风景胜过了五岳。黄山风光千姿百态，拥有其他名山所没有的独特景色。黄山脚下流淌着秀丽的新安江，一路东流汇入千岛湖，沿途景色幽美，堪称流动的中国画。

鄱阳湖畔的庐山比山下平原高出 1400 多米，山中森林茂密，时有阴雨天气，所以温度比山下低得多。很早的时候，就有人在山上修起别墅，每年天气一热，就会上山来避暑。后来，山上的别墅越修越多，在风光秀丽的牯岭上形成了一个小镇，成为我国非常知名的避暑名山。

江南丘陵的群山中，有千岛湖、太平湖、仙女湖、庐山西湖、雪峰湖等许多秀丽的湖泊，湖光山色，山水交融，构成了极美的画卷。

浙闽丘陵位于浙江和福建两省境内，这里山岭连绵，平原和山间盆地狭小而分散。起伏相连的山丘中，流淌着数百条或大或小、或知名或无名的河流，比如曹娥江、楠溪江、闽江等，它们像树枝一样密集分布在山谷里，一边在漫长的岁月里切割出千奇百怪的地形，一边以充沛的水源吸引人类在河边建造家园，诞生了水乡楼阁、福建土楼等独特的民居类型。

▼ 黄山初雪

▼ 庐山别墅群

雄伟的武夷山脉是东南地区最重要的大山，主峰黄岗山海拔约 2161 米，为东南丘陵之最。武夷山是福建和江西的界山，是长江流域和东南沿海江河的分水岭，也是天然的气候分界线。

武夷山拥有显著的丹霞地貌，灿烂的红色山岩与覆盖在山体上的绿色植被交相呼应，山脚下环绕着曲折蜿蜒的九曲溪，景色绚丽而奇特。这里是野生生物的乐园。生长在岩缝之中的武夷岩茶，兼有绿茶的清香和红茶的甘醇，是中国名茶之一。武夷山还有长角的青蛙、四条腿的泥鳅、白色的蝙蝠等有趣的小精灵，都在期待和你相遇呢！

除了武夷山，浙闽丘陵还有天台山、雁荡山、太姥山、清源山等许多名山，它们风采各异，秀色可餐。

两广丘陵是广东、广西两省份大部分低山、丘陵的总称，罗浮山、鼎湖

武夷山丹霞地貌

山、大瑶山、青秀山等点缀了郁郁葱葱的南国。我国第二大河流珠江就从这片辽阔的丘陵上横贯而过，大大小小数百条支流，不仅带来了神奇优美的桂林山水，更带来了繁荣富饶的珠江三角洲城市群。

丹霞地貌是两广丘陵的一大特色。位于广东韶关的丹霞山被称为中国红石公园。它由 680 多座顶平、身陡、麓缓的红色砂砾岩石构成。这种满是红色砂岩的山体，在两广丘陵地区分布非常广泛，它们有的圆溜溜很饱满，有的尖凸凸很瘦长，千奇百怪，十分有趣，在阳光下色彩鲜艳夺目，可好看了。

一道道青山，一条条绿水。一户户人家，就在东南丘陵的青山绿水间。

专题

珠江三角洲

在珠江的下游，河流密布，三江汇合，八口入海，形成了珠江三角洲，面积约 1 万平方千米，是广东省面积最大的平原。

基于珠江三角洲形成的城市群，有全球影响力的先进制造业基地和现代服务业基地，是我国最发达的地区之一。如今，“珠三角”在国家战略的推动下，正携手香港、澳门两个特别行政区建设粤港澳大湾区，成为世界四大湾区之一。

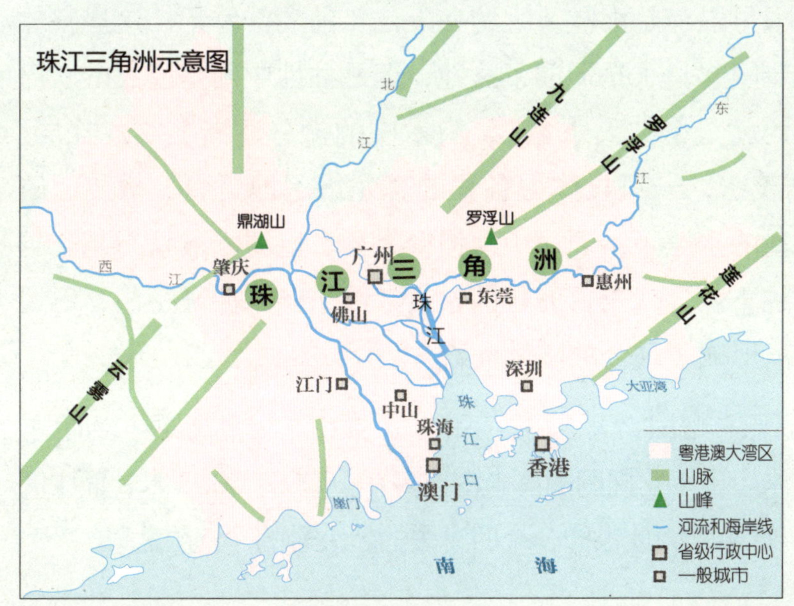

陆

四川盆地

中国的后花园

在乡村，很多地方人们吃水靠的是水井，水井通常有几米到几十米深。你知道有一种井深度可达千米吗？在四川自贡，有一口清朝开凿的燊（shēn）海井，深度超过1000米。挖这么深的井干什么呢？原来，自贡地区盛产井盐，有许多深井。据记载，历代盐工在自贡先后钻井13000多口，其总深度相当于凿穿了400多座珠穆朗玛峰呢！

盐不是来自于海水吗，自贡为什么产盐？这就要说到四川盆地的形成原因了。四川盆地地区很早以前是海洋，大约在上亿年前的侏罗纪，这里整体抬升，边缘的高山逐步隆起，于是形成了盆地，但是盆地中间是巨大的“巴蜀湖”，四川盆地当时就是个“大水盆”，海水中的盐分逐渐凝结成盐层。湖边草木环绕、森林茂密，一只只体型各异的恐龙悠闲地觅食、散步、嬉戏。后来，在地壳运动的挤压下，周边山地慢慢上升，巴蜀湖被挤得越来越小，气候也变得越来越干燥。二三百万年前，长江终于向东冲破巫山，巴蜀湖的水大量外流，逐渐形成了现今的陆地面貌。

四川盆地由青藏高原、岷山、大巴山、巫山、大娄山、云贵高原环绕而成，总面积约26万平方千米。由于它周围的高山海拔多在1000～3000米，而中间盆地只有海拔250～750米，因此很像一个凹进去的超大号的“洗脸盆”。

盆地四面的山就像高高的围墙一样，阻挡了盆地内水汽的扩散，因此四川盆地多云雾，一年中能见到太阳的日子是有限的。有人计算了一下，平均三天中，有两天都见不到太阳，甚至还因此诞生了“蜀犬吠日”的故事。据说，那儿的狗见到太阳，都会忍不住汪汪叫几声。你可千万别嘲笑它，少见多怪嘛！

古时候，住在四川盆地可安全了，四面八方的高山就是天然的屏障，人们想要进出只能靠几条藏在深山里的曲折危险的古道，行路非常困难，连大诗人李白都感叹“蜀道之难，难于上青天”呢！不过，正是因为它难进出，所以在战争时变成了非常

↓汉水谷地

在陕西南部，秦岭和大巴山两座大山之间，长江最长的支流汉江贯穿而过，形成了狭长的汉水谷地。谷地可以分为两部分。西部是稍微宽阔的汉中盆地，盆地中部平原上的汉中是汉文化的发祥地，全国历史文化名城。东部是比较狭长的安康盆地，主要城市是安康。

汉水谷地气候温和湿润，水稻种植历史悠久，满目是青山绿水，一派南国风光。

地　理　常　识

紧邻青藏高原的成都平原

有利的避难所，安史之乱时，唐玄宗就和臣子们一起逃到了这里。

拿出一张地图，在上面找到重庆云阳（靠近万州），以及四川叙永、雅安、广元几个城市，然后把它们用线连接起来，四川盆地的轮廓就出现了。仔细看它像什么？是不是像一个四四方方的信封？那就对了，四川盆地的别名正是“信封盆地”，很神奇吧！

打开“信封”，想象你正站在一座“手可摘星辰”的高山上，往下看，你会发现四川盆地内部不是平的，而是皱皱巴巴的，好像揉起来再摊开的信纸。这是因为盆地内到处都是崎岖的山丘，东部是川东岭谷，中部是川中丘陵，只有西部的成都平原才比较平坦和开阔，人们便选择在此定居，建村落、修道路，慢慢地形成了繁华又热闹的城市，如成都、乐山、绵阳等。

地理学家说，四川盆地是中国的“战略备份”，意思是说，近代以来，在面对来自海上和北方的威胁时，群山环绕、田园广阔的四川盆地是最能守得住的家底。

四川盆地的繁荣还要从一项著名的水利工程讲起。

很久很久以前，有一个地方叫蜀国，蜀国的岷江经常泛滥，因此这里的人民世世代代都在同洪水做斗争，连饭都吃不饱，痛苦极了。

后来，强大的秦国消灭了蜀国，秦王下定决心要彻底治理岷江水患。于是，他派出了精通治水的李冰出任蜀地的大当家。到任后，李冰亲自到岷江沿岸进行实地考察，确定了治水方案，并在当地百姓的帮助下建成了伟大的水利工程——都江堰。

都江堰建成后，蜀地不仅洪水没有了，还灌溉出了万亩良田，变出了一个巨大的金饭碗，生活在这里的人们，再也不用担心饿肚子了。一直到现在，哪怕 2000 多年过去了，这个巨大的金饭碗仍然在滋养着一亿人呢。这个金饭碗我们称它为四川盆地。

▼ 都江堰全景

陆

云贵高原

群山间的七彩文化

很多小朋友都喜欢观星星，通过天文望远镜，可以观察到许多精彩的天文现象，感受“手可摘星辰”的神奇。可是，你知道世界最大的望远镜坐落在哪里吗？答案就是云贵高原。

2016 年 9 月 25 日，贵州省平塘县的喀斯特洼坑里接收到了来自宇宙深处的第一束电磁波，它的接受者名叫 FAST，即 500 米口径球面射电望远镜。这是我国历时 22 年，自主研发而成的，是目前世界上单口径最大、最灵敏的射电望远镜，占地面积有 30 个足球场那么大。

也许你不禁会感到疑惑，中国那么大，为什么偏偏把 FAST 建在地形复杂、交通不便的云贵高原上呢？让我们来找找其中的原因吧！

云贵高原位于我国西南地区，西起横断山脉，东到武陵山，北至四川盆地，南抵边境线，总面积达 50 万平方千米，是个山奇水奇路也奇的地方。

云贵高原大致可以分为两部分。西边的高个子叫云南高原，平均海拔约 2000 米，高原上有许多大山和盆地。东边的矮个子叫贵州高原，平均海拔约 1000 米，高原上群山连绵，很难见到大块平地。

在云南昆明东南大约 80 千米的地方，有一片神奇的“森林”，它不是树木组成的，而是石头组成。几百平方千米的丘陵上，到处都是站立的石柱。其中一个石柱最有故事。传说有位美丽的姑娘阿诗玛，为了追求爱情而被黑心的土司活活害死，死后化身为一座石峰，永远和她的乡亲、爱人相伴。这块形如少女的巨石成了石林的标志景观。传说归传说，但是石林作为大自然的神奇造化，吸引着许多人去参观、探究。

在贵州和广西的一些山区，从空中俯视地面，会把你吓一跳，地上密密麻麻散布着许多深坑，像一个巨大的马蜂窝。这些就是石灰岩溶蚀生成的地

专题

奇特的喀斯特地貌

喀斯特，一个奇怪的名字！它指的是一种特殊的地貌，这种地貌往往千变万化，在咱们中国又叫它“岩溶”。它的典型特征就是奇峰林立、洞穴遍布。在雨水的不断侵蚀下就形成了千姿百态的地貌——峰丛、石林、溶洞、地下河等。

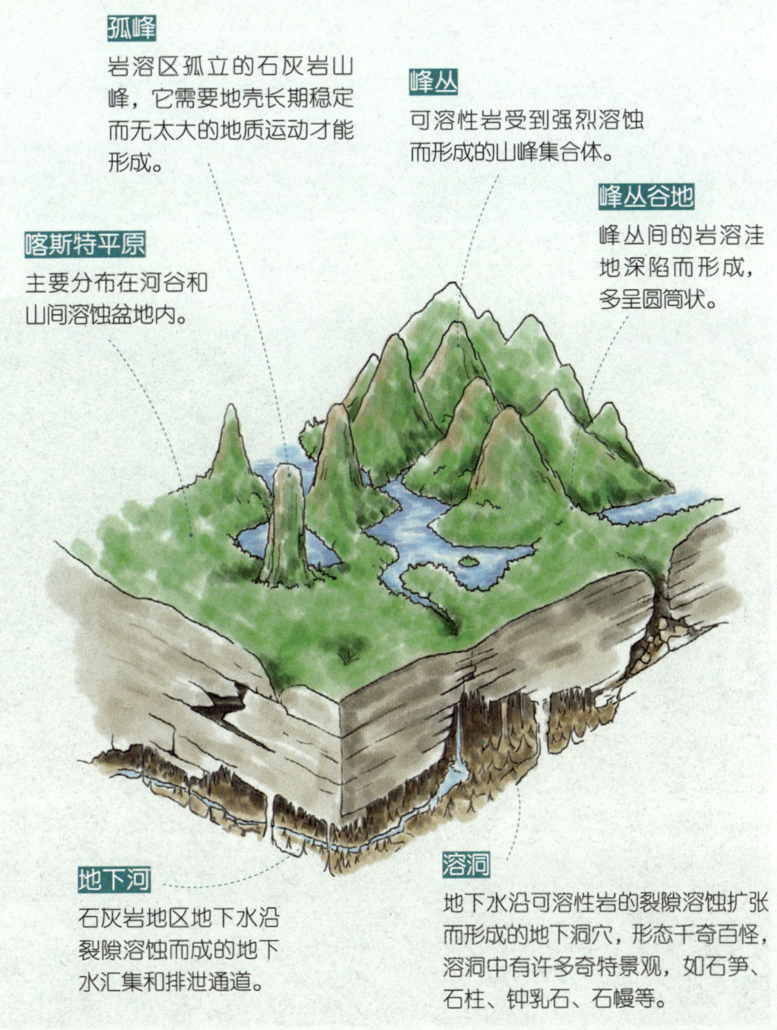

形，学名叫“溶蚀洼地”，当地人称之为“弄（lòng）”。不少瑶族、壮族村寨就深藏在弄场里，就像是生活在与世隔绝的桃花源。

石林和弄等奇特的地形，有个统一的名称——喀斯特地貌，这是云贵高原上非常常见的地貌。原来这里的岩石主要是石灰岩，这种石头比其他石头更容易“水滴石穿”，更容易被水冲刷。在地表和地下水流年复一年地渗漏、溶蚀中，云贵高原上形成了千奇百怪的喀斯特地貌：地表上有石林、峰林、

▼ 贵州茂兰喀斯特地貌

天坑、天生桥等，比如云南石林、广西乐业天坑群等；地下深处则生成了溶洞，洞中有石钟乳、石笋、石柱等，比如云南阿庐古洞、贵州安顺龙宫等。

喀斯特地貌中的水特别调皮。翻开云贵高原的地图你就会发现，这里河流特别多，像蜘蛛网一样铺在地上，可当你来到这里，又会发现这些河不见了，这是为什么呢？

原来啊，云贵高原的水特爱和人捉迷藏，不喜欢“露出真身”，而喜欢在地下钻进钻出，成为神秘的“暗河”。这些地下暗河也是因为在厚厚的石灰岩地面上，布满了纵横交错的裂隙，地表水沿裂隙渗入地下汇集而成。“地下水滚滚流，地表水贵如油”是云贵高原上水源分布的真实写照。

现在，你明白为什么选择云贵高原上的喀斯特天坑作为 FAST 台址了吗？一是喀斯特天坑地貌最适合 FAST 庞大的造型，工程开挖量最小；二是这里的喀斯特地形可以保障雨水向地下渗透，不会在表面淤积而损坏和腐蚀望远镜。科学家们是多么聪明啊！

山奇水奇不稀奇，这儿的路更神奇，是出了名的“云南十八怪”之一，“火车没有汽车快”。你听了是不是很纳闷？怎么火车跑得比汽车还慢呢？

原来，云贵高原地区是出了名的“地无三尺平”，起伏的山峰一个接一个，加之溶洞、天坑、漏斗等特殊地形对地表影响很大，修路要躲开这些不利的地形，这里的路也只好采取多拐弯、多盘旋的办法降低坡度，使路的弯度增大，桥梁、隧道增多了，极大地影响了车辆的行驶速度，笨重的火车自然赶不上灵活的汽车了。不过随着高铁的开通，云贵高原上的汽车可就被远远地甩在后面了。

陆

内蒙古高原

风吹草低见牛羊

辽阔的大草原风光

如果你从北京沿着 111 国道前往内蒙古，你会走很长一段盘山公路，翻山越岭，不断爬坡。当你来到京北第一草原时，会发现视野一下子开阔起来，高山不见了，前面是一望无际的大草原。对！你已经爬上了内蒙古高原。

在我国四大高原中，如果说青藏高原雪多、黄土高原沟多、云贵高原山多，那么内蒙古高原最大的特点就是草多，这里地势平坦，有一望无际的大草原。但是内蒙古草原不是平原，远比平原高，海拔大多在 1000~1200 米，南高北低，气候也和平原差别很大。

内蒙古高原是蒙古高原的一部分，东至大兴安岭，北达国境线，南部以长城为界，西抵祁连山，面积约 34 万平方千米，是我国仅次于青藏高原的第二大高原。按地形特点可细分为呼伦贝尔高原、锡林郭勒高原、乌兰察布高原、河套平原、鄂尔多斯高原、阿拉善高原六部分，从地貌来看，东边草原多，越往西，草地越少，沙漠越多。

阴山，是内蒙古高原上唯一的大山，横亘在高原中间。南北朝民歌《敕勒歌》里唱道："敕勒川，阴山下。天似穹庐，笼盖四野。"歌里的阴山脚下，有个敕勒川平原，就是内蒙古自治区首府呼和浩特所在地。

从呼和浩特向东，由远及近依次分布着呼伦贝尔高原、锡林郭勒高原和乌兰察布高原。

呼伦贝尔高原，背靠葱郁的大兴安岭，境内多河流、湖泊，拥有广袤而湿润的草原和湿地。这里一年四季气候分明，生长着碱草、针茅、苜蓿、冰草等 120 多种营养丰富的牧草，是我国最重要的牧区之一。蓝蓝的天空，矫健的蒙古族牧民，雄俊的马儿，悠闲吃草的牛羊，这里是一片没有污染的绿色净土。

“我一定会回来的！”这句口头禅是不是特别熟悉呢？灰太狼梦想中抓了无数次羊，可惜聪明的小羊们每次都逃脱了。狼与羊是天生的敌人，如今虽然很少见到草原狼，但它们曾经也是锡林郭勒高原上的主角之一。

这里以坦荡的草原为主，东、南部多低山丘陵，多样的地形生长着各种各样的牧草，吸引着许多的牛羊马和包括草原狼在内的野生动物来这里生活。那本著名的以狼为叙述主体的小说——《狼图腾》，讲述的就是 20 世纪六七十年代，主人公在锡林郭勒高原与草原狼、游牧民族相依相存的感人故事。可惜的是，由于放牧过度，环境恶化，如今的锡林郭勒高原上出现了一大片沙漠，就是浑善达克沙地。

你是不是很想乘坐宇宙飞船遨游太空？那你知道飞船回家时在哪儿着陆吗？答案就是乌兰察布高原上的四子王旗。那里位于内蒙古中部，地形平坦开阔；沙质草地，没有森林；干燥少雨，没有大河；而且人烟稀少——这些条件满足了飞船的着陆要求，因此科学家们就把神舟飞船回家的站点定在了那里。

翻过阴山，咆哮的黄河就像一个巨大的“几”字，从内蒙古高原的中部穿过，顶部的“一横”灌溉出如今被称为“塞上江南”的河套平原，人们常说“黄河百害，唯富一套”，指的就是这里。河套地区地形平坦，土地肥沃，灌溉水源充足，是内蒙古最主要的农耕区。

黄河“几”字湾内部就是鄂尔多斯高原，它本是内蒙古高原的一部分，可黄河从它的西、北、东三面流过，硬是把它从内蒙古高原的母体上割裂开来，成为孤零零游离在外的小高原。由于它深居内陆，气候干燥，这里的地貌以沙地和沙漠为主，一代天骄成吉思汗的衣冠冢（没有尸骨，只埋着死者衣帽的坟墓）就建在鄂尔多斯高原上的伊金霍洛旗。

阿拉善高原位于贺兰山西部、祁连山北部、马鬃岭东部，这儿很少能见到大片的草地，大部分都是黄沙滚滚的沙漠和荒凉的戈壁滩，巴丹吉林沙漠、腾格里沙漠、乌兰布和沙漠都在这里。只有西部的居延海一带，由于有祁连山融化的雪水注入，成为一片水草丰美的绿洲牧场。要是秋天来这儿，还能看到金灿灿的胡杨林哦。

在内蒙古高原上，马、牛、绵羊、山羊、骆驼被合称为草原五畜。草原和牲畜是草原人们生命的源泉。每年七八月牲畜肥壮的季节，草原人民为了庆祝丰收会举办盛大的那达慕大会。人们赛马、摔跤、射箭，悠扬激昂的马头琴声，伴着篝火旁男女青年的欢歌热舞，将大草原变成了一片热闹的海洋。

◀ 阿拉善的胡杨林秋色

河西走廊
文明大通道

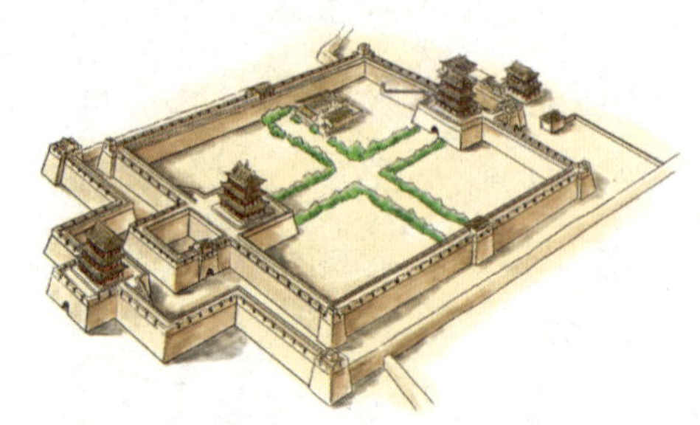

在两条大山之间，通常有大河，要么是比较宽阔的谷地，比如渭河所在的关中谷地，要么是比较狭窄的峡谷，比如长江三峡。但是在我国西北部，有两条山脉之间没有大河，却有一条闻名世界的大路——丝绸之路经过这里。

这里被称为河西走廊。一侧是高大的祁连山，一侧是连绵不绝的北山。河西走廊的宽度在几十千米到 200 千米不等，长度约有 1000 千米。为什么叫这个名字呢，因为它位于黄河以西。

兰州虽然在高原边缘，但是黄河贯穿这里，让人们觉得兰州离中原并不远。出了兰州往西，翻过乌鞘岭，景观一下子就变得不一样了。这里春风吹不到，夏天雨也少，属于内陆干旱区。进入河西走廊，虽然地势没升高多少，但是两侧的大山让人明显感觉到，这里地势险要，一定是兵家必争之地。

早在2000多年前的汉武帝时期，汉王朝面对北方游牧民族匈奴的威胁，决定联合西域诸国对付匈奴，就派使臣张骞出使西域，经过两次往返，终于打通了长期被匈奴人控制的河西走廊，让汉朝与西域诸国实现了贸易和文化往来。后来，大将霍去病先后两次出师河西，迫使匈奴王归降，河西走廊从此纳入中原王朝的版图。

雄才大略的汉武帝在这里设置了河西四郡：武威、张掖、酒泉、敦煌，作为通往西域的门户，从此河西走廊成为丝绸之路上的必经之地。

丝绸之路上有句俗语叫作“金张掖，银武威”，这句话说出了当地人对家乡的热爱之情，也点出了河西走廊优越的地理位置。

河西走廊南面翻过祁连山脉就是高寒的青藏高原，北面是难以逾越的大漠，环境非常恶劣。在遥远的古代，无论是翻越高山，还是穿越沙漠，都几乎是不可能的。幸运的是，河西走廊虽然非常干旱，但因有祁连山的冰川融水，发育出了石羊河、黑河和疏勒河三条内陆河，依托这些河流，河西走廊从东往西分别孕育出了石羊河流域的武威绿洲，黑河流域的张掖—酒泉绿洲，疏勒河流域的瓜州—敦煌绿洲。

▼ 通向远方的河西走廊

▲ 见证辉煌的敦煌月牙泉

有了绿洲就有了希望，绿洲上成长起来了一连串的城市。可光有水也不行，人们还要吃饭呀，好在上天特别眷顾河西走廊，人们利用冰川融水和地下水，发展起西北荒漠特色的灌溉农业，渐渐地，这里就有了“西北粮仓”的美誉。河西走廊日照充足，昼夜温差很大，因此这里生产出的瓜果特别甜，连蔬菜也带有一丝甜味。

其实，人们说“金张掖、银武威”，除了因为这里盛产粮食，还有另外一层意思，那就是河西走廊含有丰富的矿产资源。酒泉因出产用祁连山玉石雕琢的夜光杯声名远播，唐诗描写的“葡萄美酒夜光杯”，就是指这里出产的翠玉酒杯。在大庆油田没被发现之前，玉门油田是我国最重要的产油区。20 世纪 50 年代，地质工作者分别在白银和金昌发现了巨大的铜矿和稀有金属镍矿，随后在这里建起了大批工厂，白银和金昌很快就发展成两个工业城市。

然而，河西走廊在经历了最辉煌的时光后，逐渐失去了往日的光彩，同时面临着日益严峻的生态危机和环境污染。

随着全球气候的变化，在河西走廊东北部，巴丹吉林沙漠和腾格里沙漠有合拢趋势，给地处两大沙漠之间的民勤绿洲带来巨大威胁；在西边，库木塔格沙漠日益逼近敦煌，威胁着艺术宝库莫高窟的安全；祁连山冰川一天天萎缩，雪线一天天升高，很多河流下游越来越短；黑河和石羊河的盐碱水，任何牲口都没法饮用。

以上这四大生态危机，就像悬在河西走廊上的利剑，让人后怕。更可怕的是，有专家断言，倘若任由形势恶化，河西走廊生态环境有可能在 50 年内全面恶化。如何拯救这片荒漠中的绿洲，是当地人首先要思考的问题。

幸运的是，随着“新丝绸之路经济带”的建设，随着世界遗产“丝绸之路”的保护，河西走廊迎来了新的机遇。如今，祁连山国家公园正在建设，这个重要的生态安全屏障和水源涵养地，必将会带来河西走廊的新生。

陆

塔里木盆地
大漠有宝藏

如果哪个地方发生旱灾，人们肯定都会希望赶紧下雨，可我国有个地方不一样，越缺水的时候，人们越盼望晴天，而且最好是高温天气，是不是很奇特？它就是位于我国新疆南部的塔里木盆地。

塔里木盆地四周被天山、昆仑山、阿尔金山等高山环绕，面积达53万平方千米，是我国面积最大的盆地。由于它远离海洋，周围的高山阻碍南方湿润空气的进入，因此全年降水稀少，极为干旱。既然如此，为什么人们还盼望晴天呢？

原来，塔里木盆地的水源主要来自四周高山上的冰雪融水。日照越厉害，温度越高，冰雪融化速度自然就越快，那么汇聚在山下河里的水就会越多，这样用水问题就解决了，人们当然盼着天晴啦。

在盆地的边缘，有许多在高山冰雪融水的滋润下形成的绿洲，它们就像是镶嵌在瀚海沙漠上的美丽珍珠，闪烁着神奇而温润的色彩。这些绿洲也就慢慢成了人类的聚集地，像库尔勒、库车、阿克苏、喀什及和田等城市都是沿着盆地边缘的绿洲分布的，由于地理位置重要，它们都成了古丝绸之路上的商贸重镇。

这些绿洲上不仅有大片的棉花田、菜园和花田，更盛产香甜可口的瓜果。

塔里木河畔的胡杨林

由于塔里木盆地深居内陆，气候干燥少雨，光照充足，热量丰富，昼夜温差大，所以这里种出来的水果个大饱满，美味甘甜，库尔勒香梨、阿图什无花果、叶城石榴、和田红葡萄等，随便哪种水果咬上一口都会满口甜蜜蜜！

盆地内滋润绿洲的许多小河，最终都汇集到一起，形成了我国最长的内流河——塔里木河，缓缓东流，流向大漠。曾经，塔里木河还能注入东部大湖罗布泊中，后来由于水量减少，下游尾水不断退缩。21 世纪初，经过治理的塔里木河，开始有水流复达台特玛湖。而罗布泊则早已干涸，再难恢复。

沿着塔里木河，有我国最壮观的胡杨森林带。胡杨是沙漠中唯一的高大落叶乔木，它有着非常发达的根系，能牢牢地抓住土地并深入地下吸取水分和营养。耐寒、耐旱、抗风沙等特性造就了胡杨极为顽强的生命力，沙漠河流流向哪里，胡杨就跟随到哪里。正是有了胡杨林的存在，一些野兔、小鸟等动物便有了家，也为寂寞的沙漠增添了一点生机。

由于胡杨寿命很长，人们说它是“生而不死一千年，死而不倒一千年，倒而不朽一千年，三千年的胡杨，一亿年的历史”。其实，胡杨并不是长生不老的，它最多也就活 200 年。一旦沙漠河流的变迁过于频繁，没有了水源，胡杨树就会慢慢枯萎最终死去。

我国胡杨林的面积在世界上位居前列，其中 90% 以上都生长在新疆，而新疆的 90% 又集中在塔里木盆地。20 世纪以来，由于人类的不当采伐、毁林垦荒和过度放牧，这里的胡杨林面积急剧缩小，沙尘暴和荒漠化变得愈发严重。近年来，随着植树造林和建立保护区等措施的施行，胡杨林的面积终于又开始慢慢扩大起来。

一到秋天，大片胡杨叶在阳光下随风飘舞，簌簌抖动，远远望去就像金子般闪闪发光，加上河流的倒影，蓝天的衬托，景色别提多漂亮了！

塔里木河所贯穿的大漠，就是著名的塔克拉玛干沙漠，它是我国最大的沙漠，面积达 33 万平方千米，大到能把江苏、浙江、福建三个省藏在沙漠里呢！

孕育绿洲的塔里木河

这里的沙丘堆得和山一样高，许多沙丘会“走路”，在大风的吹拂下，沙子们一边唱着歌一边波浪式前进，整个沙山每年能走好几米甚至几十米。尤其是春季，强沙尘暴常常发生，使得大气充满沙尘。这里的气温变化也非常吓人，白天赤日炎炎，银沙刺眼，沙面温度有时高达 70～80℃，旺盛的蒸发，使地表景物飘忽不定，沙漠旅人常常会看到远方出现朦朦胧胧的“海市蜃楼”。晚上，气温往往一下子降到 0℃以下。

如此广阔的塔克拉玛干沙漠，只有枯燥无味的沙丘，还有人深入沙漠中吗？ 1995 年，第一条塔里木沙漠公路通车，全长 522 千米，这是世界上在流动沙漠中修建的最长的公路。塔克拉玛干沙漠不再那么遥不可及了，沿途风景壮美，有大片的胡杨林，还有壮观的沙丘群。勤劳的勘察人员还在塔里木盆地里找到了大量的石油和天然气，2020 年，塔里木油田年产超过 3000 万吨，成为我国第三大油气田，石油基地里，许多工人忙碌不停。“西气东输”工程早已把这里的石油和天然气输送到东部各大城市，荒凉的塔里木盆地也为祖国的工业和人们的生活默默奉献着。

塔克拉玛干沙漠公路航拍

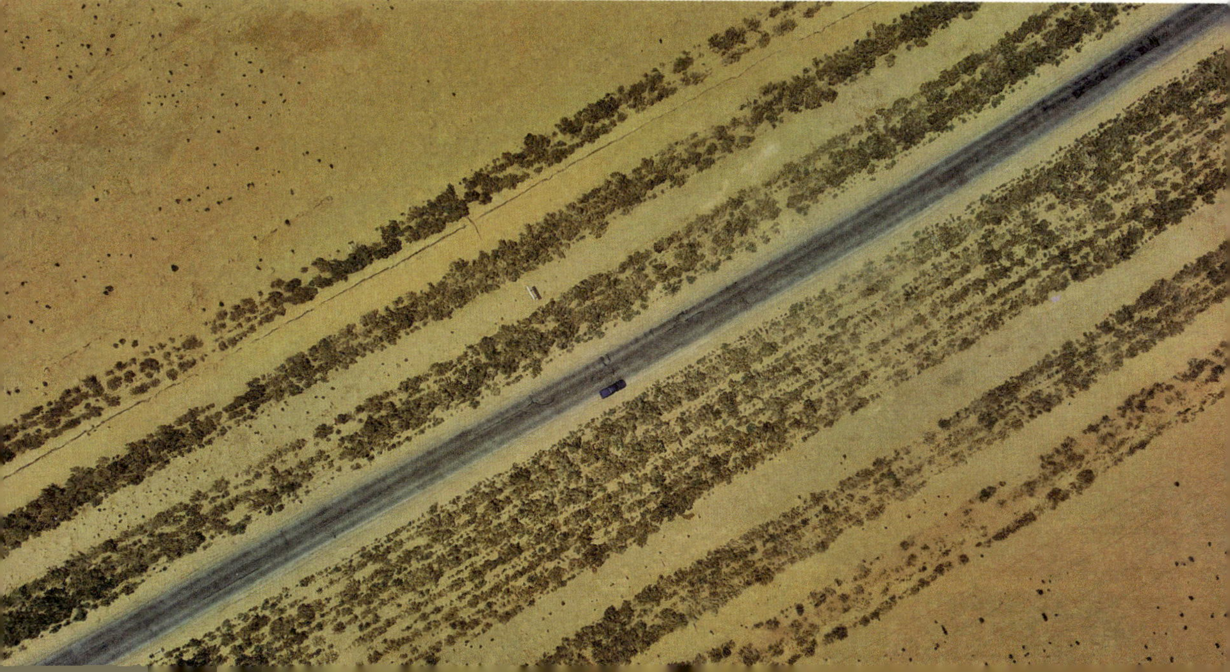

准噶尔盆地

多彩的戈壁

沙漠是什么样子的呢？是“大漠孤烟直，长河落日圆”？还是“一川碎石大如斗，随风满地石乱走”？那你见过“池塘生春草，园柳变鸣禽”的沙漠吗？

位于新疆北部天山山脉和阿尔泰山脉之间的准噶尔盆地，面积约 38 万平方千米，是我国第二大盆地，也是新疆“三山夹两盆”地形中的“第一盆”。

准噶尔盆地呈不规则的三角形，西低东高，西部有一个缺口，来自遥远大西洋的湿润气流可以沿着河谷吹进来，带来了相对较多的降水，在盆地内部形成了大片的草原和许多湖泊。自北向南，准噶尔盆地由北部平原、中部沙漠和南部平原三部分组成。

北部平原紧挨着阿尔泰山，分布着大片的山地草原和森林，这里的草场可按季节轮流放牧，是新疆最重要的畜牧业基地之一。有一首草原味浓浓的歌曲《可可托海的牧羊人》，歌里的可可托海就位于准噶尔盆地北部，阿尔泰山脚下。

我国的大江大河大都是从西向东一路奔向大海的，但发源于阿尔泰山的

五彩滩风光

额尔齐斯河却是一路西行奔向了遥远的北冰洋，它也是我国唯一一条注入北冰洋的河流。人们来到额尔齐斯河畔，可见两岸风光旖旎，河边植被茂密，次生林和草甸犹如一条蜿蜒的绿色飘带，飘扬在北疆大地上。河畔美丽的五彩滩是大风塑造的绚丽地貌。

穿过草原向南，进入中部古尔班通古特沙漠。这里没有漫天黄沙，却有湛蓝的天空，新鲜的空气；这里绵绵沙丘，蜿蜒流长，连绵不绝，起伏间见柔美，迂回中显百态。这里也并不缺少生机，梭梭树、红柳、仙人掌……各种沙漠植物努力生长着，似乎在向风沙宣泄着生命的顽强；黄羊、骆驼、野兔等旱地动物更是随处可见。

你会忍不住惊叹，这哪里是沙漠呀？简直是绿色的世外桃源嘛！的确如此。由于大西洋的湿润气流从西北口灌进来，沙漠中的降水多而集中，加上这里的沙漠表面以固定、半固定沙丘为主，植物更容易生根生长。每到春季，当冬雪融化，古尔班通古特沙漠特有的短命植物便会萌芽开花，届时沙漠就变成了绿草如茵、繁花似锦的绿洲，充满了蓬勃的生命力。因此说它是“带有绿意的沙漠”一点也不为过。

▲可可托海风光

▼魔鬼城日落

▲ 干旱炎热的吐鲁番盆地

> **↓吐鲁番盆地**
>
> 中国有四大盆地，面积第五大的盆地就是吐鲁番盆地，它长约 245 千米，面积约5万平方千米。盆地位于新疆天山南部，盆地中部极度下陷，最低处比海平面低154米，是世界上最低的盆地。
>
> 吐鲁番盆地气候极度干旱，极端最高气温曾达49.6℃，是中国最热的地方之一。盆地中的吐鲁番和哈密是古丝绸之路上的重镇。
>
> 地　理　常　识

当然，沙漠毕竟是沙漠，温柔的背后更多的是狂野。当它发狂时，狂风大作、飞沙走石、昏天黑地，变成了能掩盖一切的沙尘暴，同时也塑造出了千奇百怪的风蚀地貌。沙漠西北部的克拉玛依境内，有一处独特的风蚀雅丹地貌，每当大风到来，黄沙遮天，伴着怪异风鸣，凄厉呼啸，怪影迷离，令人毛骨悚然，于是人们称它为“魔鬼城”。

沙漠以南就是天山北麓的山前平原，这里迎着西北来的湿润气流，有着高山积雪融水和山地降水，气候温湿，降水较多，是十分优良的农垦区。其实几十年前这里还是一片荒野，后来国家组建了新疆生产建设兵团，官兵们千里迢迢奔赴此地，一手握枪，一手挥锄，轰轰烈烈地开展大生产运动，修水库水渠引水，种防护林治沙，向荒原索取粮食，终于在昔日荒无人烟的大漠上建起了一座座宜居新城，让沙漠重新焕发了生机。

准噶尔盆地不仅地上资源丰富，地下也蕴含着宝藏。1955 年，新中国的第一个大型油田在盆地西部的克拉玛依被发现，随后一座依托石油的城市拔地而起，至今仍然是石油重镇。你几乎可以在这里看到一切和石油有关的东西，保准让你大开眼界！

陆

青藏高原 世界的屋脊

你向往连绵的雪山吗？你向往纯洁的蓝天吗？来青藏高原吧，这里是地球上最高的地方，群山因为高耸而常年覆盖冰雪。这里也被称为“世界屋脊”。这里到底有多高呢？举个例子来说。青藏高原以外的全世界的人，来到这里，都有可能因为海拔升高、氧气稀薄而产生高原反应。这里大部分区域海拔超过 4000 米，是世界上海拔最高的高原。

青藏高原还是我国面积最大的高原，由喜马拉雅山脉等众多山脉围合而成，总面积约 250 万平方千米，约占我国陆地面积的 1/4。青海省和西藏自治区基本都在这座高原上。

地质专家惊奇地发现，在青藏高原这片远离海洋的地方，居然有鱼龙化石。生活在深海中的鱼龙，体型有鲨鱼那么大，它们为什么会出现在高原上呢？原来在很早以前，这里本是浩瀚的海洋，海底沉积层受地球内部的力量推动而产生挤压，就像老虎钳夹东西一样产生巨大的力量，把沉积层抬升，就形成了高原和山脉。青藏高原就这样一点一点地抬升上来，经过漫长的时间，成了现今的世界屋脊。

如今，青藏高原上有一条条因挤压而形成的山脉。在群山之间还有许多湖泊，著名的有我国第一大湖青海湖、西藏第一大湖色林错，还有纳木错、

林芝的桃花和雪山

羊卓雍错、玛旁雍错，都是旅游胜地。

在青藏高原最南部，是壮观的喜马拉雅山脉和雅鲁藏布江谷地。喜马拉雅山脉是世界屋脊上的屋脊，有现代冰川 17000 多条，海拔 7000 米以上的山峰 50 多座，其中，海拔 8848.86 米的珠穆朗玛峰是世界第一高峰，它是当之无愧的千山之巅。雅鲁藏布江谷地则是青藏高原上气候比较湿润、人口相对稠密的地区，“日光城”拉萨和“藏地江南”林芝都在这里。

在青藏高原中西部，有着世界上最大的无人区，从西藏狮泉河镇到青海格尔木市，直线距离约 1500 千米，沿途穿越茫茫羌塘大草原、可可西里，却只经过四座县城。这里独特的地理条件孕育了大量高原特有的动植物：牦牛、藏羚羊、青稞等。藏羚羊是国家一级保护动物，身上有一层保暖性极好的绒毛。由于其绒毛质量好，藏羚羊曾遭遇过大量偷猎，使其数量急剧下降。直到 20 世纪 70 年代，国家加大了对它们的保护，才让藏羚羊的数量有所增加。

在青藏高原中东部，由于雪山多、海拔高，这里孕育了一条条世界级的大河，这就是被誉为“中华水塔”的三江源地区，长江、黄河、澜沧江等河流都发源于此。小朋友们，若来到这里游玩请你不要乱丢垃圾，不要破坏草地，因为它们太脆弱了，需要我们一起去保护。如今，三江源国家公园正在建设中，它几乎占了半个青海省。这里是世界上高海拔地区生物多样性最丰富、最集中、特点最显著的地区，其中国家一级重点保护动物有雪豹、藏羚羊、野牦牛、藏野驴、白唇鹿、马麝、金钱豹等兽类，黑颈鹤、白尾海雕、金雕等鸟类，共 16 种。

在三江源的东南部，六条大河流进群山中，分割出七条山脉，形成了世界上峡谷最密集的横断山区，诞生了极为壮丽的山河景观，九寨沟、稻城三

▲ 青海三江源地区

神山都是闻名天下的胜景。如果有机会走一走川藏公路，翻过一道道山，跨过一条条河，你一定会感叹大自然的鬼斧神工。

在青藏高原最北部的祁连山脚下，有海拔相对较低的柴达木盆地、青海湖盆地和湟水谷地。这里气候比较干燥，但蕴藏着丰富的矿产资源，柴达木盆地可是被誉为高原聚宝盆呢。

日常生活中，你见到一个身材特别高的人，一眼就会感受到他的与众不同。青藏高原多“高”啊，它与相邻地区当然区别就更大了。比如它的地表气温远比相邻的四川盆地低，可以说是全国夏季最凉爽的地区。再比如它白天和夜间的气温差异很大，即使你夏天去青藏高原游玩也需要带保暖衣，注意夜间防寒。

正是因为“高”，青藏高原上空气稀薄但很干净，天空显得格外碧蓝，在朵朵白云的衬托下，景色十分美丽。当你去青藏高原欣赏蓝天、白云、雪山等美景时，可别忘了带太阳镜、遮阳帽、防晒霜等物品，因为这里的太阳光很强烈。

青藏高原的与众不同，不仅仅表现在自然方面，还表现在文化方面。藏族是这里分布最广的民族，在他们心里，高山为神山，湖泊为神湖，蓝天由天神主宰。他们总是挂起五彩经幡，唱起高原赞歌，以淳朴的心态享受着大自然的恩赐。

这片充满诱惑、充满神秘的雪域高原，期待你去慢慢探索。

▼ 青藏高原上的拉萨城

专题

青藏高原是抽风机

平均海拔超过4000米的青藏高原是世界上最高的高原，这里气候寒冷，地广人稀。那是不是说青藏高原没有多大价值呢？

当然不是，科学家研究发现，青藏高原相当于一个巨型抽风机，对于亚洲气候的塑造有着不可替代的作用。正是有了高耸的青藏高原，我国长江流域才能成为鱼米之乡，南亚次大陆才能养活十几亿人口。如果没有青藏高原，我国可能是世界上最大的沙漠国家。

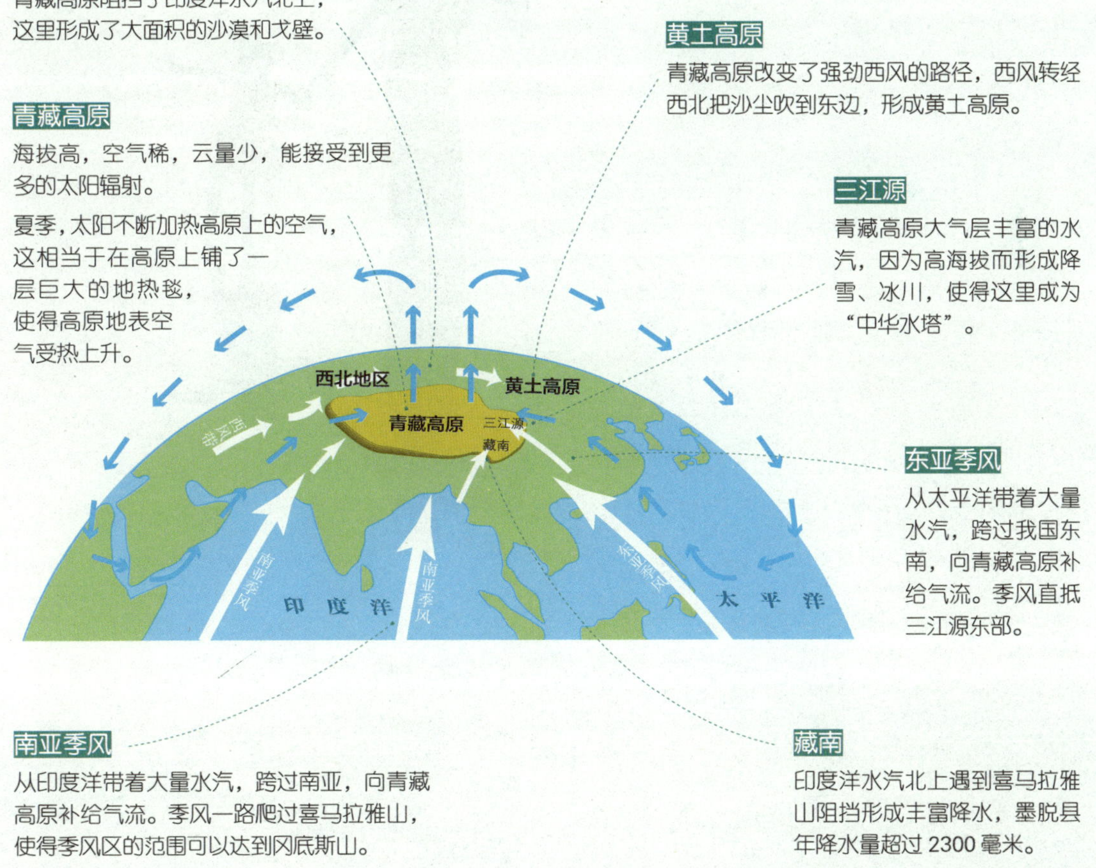

陆

柴达木盆地 辽阔聚宝盆

“南昆仑，北祁连，山下瀚海八百里，八百里瀚海无人烟。天上无飞鸟，地上不长草。氧气吃不饱，风吹石头跑。”

这是一首听上去就很凄凉的民谣，里面所说的地方荒无人烟，一片绝境，鸟飞不过去，草长不出来，还很缺氧。这是哪里？它真的这么可怕吗？

它叫柴达木盆地，不过它可一点儿也不凄凉，反而是一个货真价实的聚宝盆呢！

▼ 青海察尔汗盐湖日落

柴达木盆地位于青藏高原的东北侧，四周被昆仑山、祁连山与阿尔金山等高大的山脉所环抱，面积约 24 万平方千米。柴达木盆地地处青藏高原，加之四周高山环绕，降水稀少，风力强盛，呈现出一派荒漠景观。只有山边和河边的一些绿洲可以种农作物、放牛羊。那么这个巨大的聚宝盆里装了哪些宝藏呢？

第一类宝藏是白色的“盐”。在柴达木盆地的东南部，有着众多的大大小小的盐湖，比如被人们称赞为“天空之镜”的茶卡盐湖，以及面积巨大的察尔汗盐湖等。盐湖虽然不能养虾养鱼，但能生产食用盐，还蕴藏了大量的农业生产所需的钾肥，以及一些稀有的金属，如能生产电池的锂等。

察尔汗盐湖位于盆地的中南部，总面积超过 5800 平方千米，有“盐湖之王”的美称。“察尔汗”在蒙古语里的意思即“盐泽”，盐湖里蕴含着丰富的钠、钾、镁，储量甚至超过了死海和美国的大盐湖。

▲ 柴达木盆地水上雅丹地貌

由于盐盖异常坚硬，所以在察尔汗湖湖面上可以修公路、建铁路、造高楼，形成了湖面车水马龙、湖下碧波荡漾的奇观，人们也因此把它称为“不沉的湖”。横跨湖上长约 32 千米的“万丈盐桥”，是世界上最长的盐桥。整座桥由盐铺成，站在“桥”面，看到的不是碧波荡漾的湖面，而是千姿百态的盐花、盐脑、盐钟乳等自然奇观。察尔汗盐湖上建有多座钾肥厂，为全国各地的农业生产提供钾肥。

第二类宝藏是黑色的“石油”。柴达木盆地的地底下还蕴藏了丰富的石油、天然气及金属矿产。比如位于盆地西部的冷湖一带，在 20 世纪 50 年代就开始进行石油开采。随着石油勘探技术的进步，人们在柴达木相继找到了好几个亿吨级大型油气田，但这些都只是很小一部分，柴达木的地下宝藏仍有相当丰富的储量有待我们去不断探寻。

第三类宝藏就是黄色的“雅丹地貌”。这里是全国最大的雅丹地貌区，常年的狂风把这里的岩石雕刻得千奇百怪，远看似群鱼闹海，近观则如入迷宫。呼啸的风声让人不寒而栗，壮观的景象又令人叹为观止。夕阳西下，“古道西风瘦马”，大漠画境让许多摄影人远道而来，乐此不疲。最令人称奇的，是位于柴达木腹地的乌素特雅丹地质公园，雅丹群遍布于湖泊之中，微波潾潾的湖面映照着雅丹倒影，形象万千，丰富多彩。

除了白色的盐、黑色的石油、黄色的雅丹地貌，这个大聚宝盆里还有许许多多的宝物。比如我们常见的枸杞子都是红色的，而柴达木盆地里则生长着黑色的枸杞子，这种黑枸杞子最喜欢干旱少雨的极端环境，因此格外珍稀，成为中药、藏药材中的一枝奇葩。

如果你向往柴达木盆地，不妨沿着315国道驾车旅游，神秘的火星营地，绿到溢出来的翡翠湖，恶魔之眼艾肯泉……一个个美景也许会令你终生难忘。

↓盐湖

盐湖是咸水湖的一种，多分布在少雨干旱地区，属于湖泊发展到老年期的产物。

盐湖蕴含丰富的矿产资源，盛产盐、碱、芒硝、钾、锂、石膏等原料，具有非常重要的开采价值。

我国四大盐湖为：青海茶卡盐湖、青海察尔汗盐湖、山西运城盐湖、新疆巴里坤盐湖。

地　理　常　识

渤海

中华庭院的池塘

“东临碣石，以观沧海。水何澹澹，山岛竦峙……”曹操《观沧海》中的“沧海”就是渤海，当时曹操率军北征乌桓，胜利后班师回朝时，来到渤海边写下了这首诗。

渤海是我国的内海，西连人口密集的华北平原，可以比作是中华庭院中的“池塘”。渤海三面被陆地包围，形成三个大海湾——北部辽东湾、西部渤海湾、南部莱州湾，东边通过渤海海峡与黄海相通。它两边的山东半岛和辽东半岛好像一双伸出来的手臂，紧紧将这个“水葫芦”抱在怀里。

渤海的面积总共约 7.8 万平方千米，和它的三个兄弟黄海、东海、南海比，就显得很小了。渤海的水也不深，平均深度约 18 米，比青海湖还浅，有点“平底锅”的感觉。黄河、海河、滦河、辽河等主要河流在渤海入海。

渤海海峡是渤海和黄海的分界线，也是渤海对外海运交通的必经通道，更是横亘在辽东半岛和山东半岛间的交通天堑。在海峡的南部，纵向分布的庙岛群岛把海峡分成十几条水道，是进出渤海的咽喉要道。

从海峡北部的大连老铁山到海峡南部的山东蓬莱岬，直线距离约 105 千米。但是如果走陆上交通的话，要绕行天津、山海关，路程长达 1400 千米，费时费钱。乘船虽然距离短，但是船速慢，也要 7 小时左右，且有时会因风浪影响而停航。不过，如今陆海结合的烟大铁路轮渡已经运行，不仅火车可以开上巨轮，私家车也可以随船过海，轮渡长约 160 千米，承担了绝大多数的客货运输量。有许多桥梁专家建议利用渤海海峡的有利地势，建造“渤海跨海大桥”，也许不久的将来渤海天堑就会变通途。

“古今尘世知多少，沧海桑田几变迁。”研究表明，历史上由于全球气候变冷（冰河期），古渤海海平面比现在低得多，海面狭小，很多地方曾是辽阔坦荡的平原。平原上湖沼密布，水草肥美，鸟兽成群，一片生机勃勃，渤海海底还曾捞出过猛犸象、披毛犀等巨兽的化石呢！

冰河期之后，冰山融雪导致注入大海的水量增加，海平面上升，辽阔的华北平原许多地方被大海所淹没。可近 1 万年来，渤海随着地质运动和河流泥沙的大量汇入填充，水面越变越小，岸边出现了黄河三角洲、海河三角洲

▼ 山东蓬莱渤海风光

辽宁盘锦红海滩景观

等冲积地带，沧海变桑田。人类开始聚集于此围海修坝、建造港口、城镇，渤海流域一点点变成了如今的样子。

海河水数千年如一日的愚公移山精神，一点点推进的海岸线，是有可靠证据的。天津有个著名的贝壳堤，别名叫“蛤蜊堤”，堤坝中有无数的海生贝壳及其碎片，很明显可以看出这里在古代就是海岸。如果你阅读中国古代地图，会清楚地看到渤海海岸线古今位置的明显差别。要是有机会来到贝壳堤，你一定会为大自然的神奇魔力而惊叹！

在辽东湾，沧海变桑田的故事同样在上演着。曾经的沧海，借助辽河的力量，竟然变成了壮观的红海滩。海滩大部分都是黄色或者泛白色，这里的海滩怎么会是红色的呢？

在渤海辽东湾北岸的盘锦市境内，那片堪称天下奇观的“红海滩”，它可不是用红墨水染成的哦！这里的海滩没有细沙，有的是滩涂。

造就这片神奇红海滩的是一种红色的植物，学名叫碱蓬草，它的生命力极强，只适合在盐碱地生长，不需人工管理，周而复始，自繁自茂。每年 5 月开始生长时，它是嫩红色的，随着时间和季节的变化，会变为不同程度的红色，到了深秋则由红变紫，映衬着远处掺杂其中的绿色芦苇，如同一幅色彩浓烈的油画，艳丽而神奇！

渤海因为临近人口密集区，所以开发得比较早。丰富优质的渔业、港口、石油、景观和海盐资源，让渤海的海洋工业蓬勃发展。但是，经济的发展也带来了环境的污染。频频发生的赤潮现象，给环渤海地区的经济造成巨大损失，也危及到当地居民的正常生活和身体健康。从 2018 年开始，环渤海各地市对渤海开展综合治理工作并取得一定的成效。相信在不久的将来，渤海将重新向人们展露她美丽的容颜。

航拍渤海之滨的北戴河

专题

多样的海岸地貌

我们喜欢蔚蓝的大海，喜欢绵软的沙滩，可你知道沙滩是怎样形成的吗？大海里的波浪冲刷着海岸，同时，也将沙石带到了海边，从而改变了海岸线的形态。像悬崖、礁石、海蚀洞等，都是海浪与陆地长期碰撞、冲刷作用下形成的。

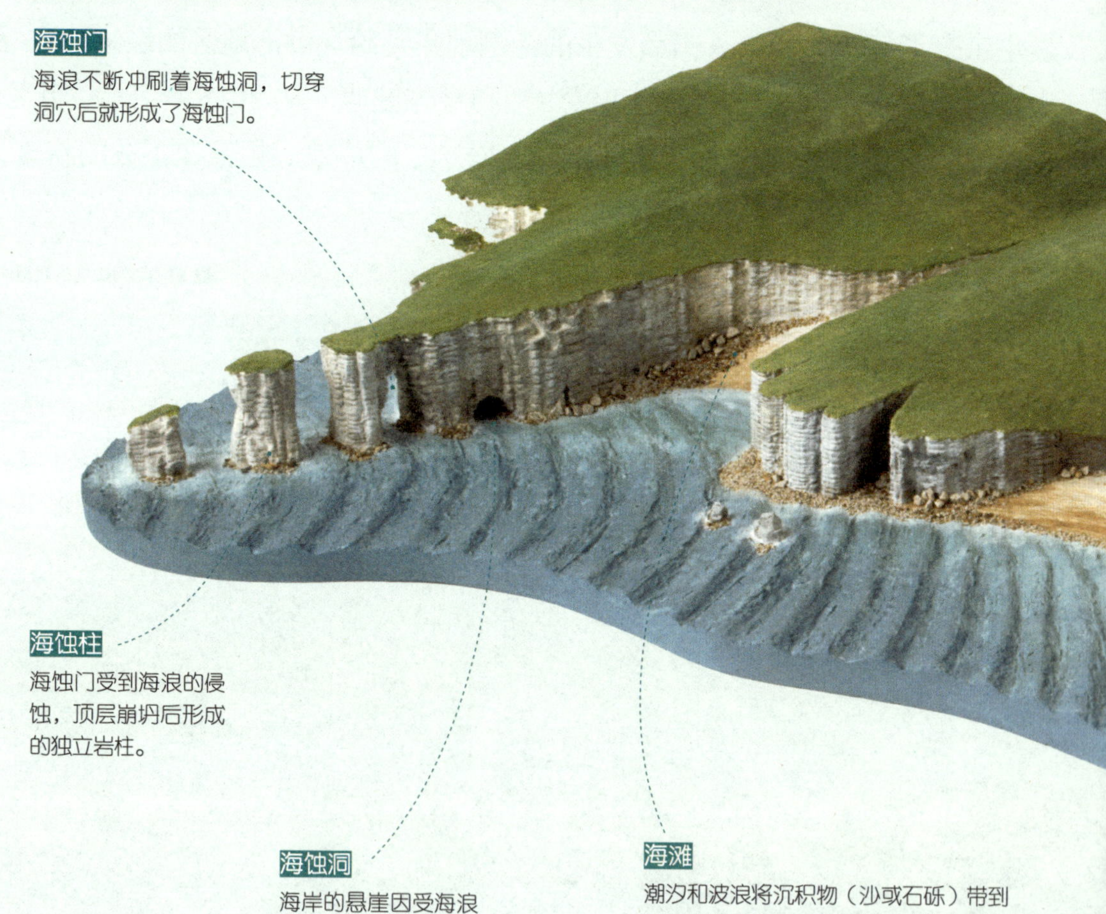

要想见识一下海边神奇的海蚀地貌，不妨去辽宁营口走一走，那里的海蚀崖、海蚀桥、海蚀洞、海蚀柱，形态各异，具有很高的观赏价值。

三角洲

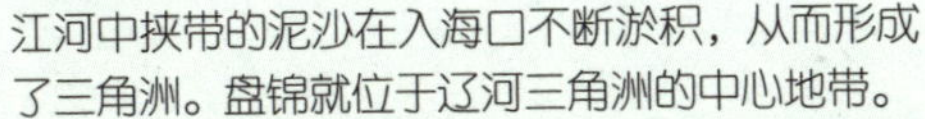

江河中挟带的泥沙在入海口不断淤积，从而形成了三角洲。盘锦就位于辽河三角洲的中心地带。

海崖

海岸受海浪侵蚀及重力崩落作用，从而形成的陡壁悬崖。

潟（xì）湖

浅水海湾因湾口被淤积的泥沙封闭而形成的湖，也指珊瑚环礁所围成的水域，有的潟湖涨潮时可与海相通。

黄海

湿地的生机

在大连老铁山西角海滨，站在陡崖上南眺大海，苍茫间一道弧形的浪潮分外明显，弧线西侧发黄的浊浪彭湃，弧线东侧发蓝的洪波汹涌，一片大海水色却泾渭分明，这就是著名的黄渤海分界线。

大连作家邓刚曾在小说《龙兵过》中，形象而生动地描写了太白金星为渤海龙王和黄海龙王调解矛盾，划清水界的神话故事：“老铁山头入海深，黄海渤海自此分；西去急流如云涌，南来薄雾应风生。”这首诗形象地描绘了黄渤海分界线的壮观景象。2000 年，“中国横渡第一人”张健就是从老铁山下海，历经 50 小时 22 分钟游过渤海海峡的。

神话毕竟是神话，黄渤海自然分界线景观的形成，究其原因，与海潮的流向、风向都有着很大的关系。渤海因为黄河沙多、水深较浅，所以颜色更显黄；黄海因为水深更深，所以颜色更显蓝。

从老铁山一直到山东蓬莱岬，这条分界线，就是黄海的北界。黄海和东海的分界线是长江口北岸启东嘴与韩国济州岛西南角连线。大致上，黄海在我国大陆与朝鲜半岛之间，总面积约 49 万平方千米，平均水深约 91 米。黄海整个海域海岸线曲折，滩涂众多。入海河流包括我国的淮河入海通道、中朝界河鸭绿江、韩国的汉江等。

▼ 辽宁大连黄海北界

刚才我们说黄海水比渤海水清，那为什么还叫黄海呢？它和黄河又有什么关系呢？

还真有关系！黄河这条数千年来一直不安分守己的“大龙”，干过好几次抢夺其他河道的事儿，一会儿从渤海钻出来，一会儿从黄海钻出来，特别顽皮。别看现在的黄河乖乖地流入渤海，其实在南宋时，黄河曾凶猛地袭夺淮河水道，并在盐城境内入黄海达700多年，与长江合力，将从上中游黄土高原上带来的大量泥沙携带入黄海，不仅染黄了海水，还不断堆积在沿海，形成了大面积的陆地。所以黄海很早以前海水就很黄。

在黄海南部海岸，河流有着惊人的造陆能力。比如江苏省南通市，在唐以前还只是黄海里的小小沙洲，经过大河大海数百年的吞吐吸纳，这里慢慢退海成陆，成了适合人类居住的土地。再比如北宋名臣范仲淹，曾在江苏省盐城市修筑过防海潮的海堤——范公堤，此堤位于当时的海岸线，如今已经变成了一条宽阔的公路，这里的海岸线早已整整东移了近50千米！

盐城沿海滩涂上的风车阵

除了陆地，黄海还造就了大片的滩涂。由于海水的潮汐作用，沿海地带有时被水淹没，有时又露出水面的区域，就是沿海滩涂，简单地可理解为浅水海滩。沿海滩涂是重要的后备土地资源，也是开发水产、海上石油、海运等海洋产业的前沿阵地。

江苏盐城沿海滩涂是黄海岸边面积最大的一块滩涂，而且它还在慢慢地生长。现在，国家在这里建立起了自然保护区，保护区孕育和繁衍着大量珍稀动植物。现在这里不仅是全世界最大的丹顶鹤越冬地，还是我国最大的一片麋鹿栖息地。沿海滩涂，可真是一个大宝藏啊！

黄海渔场是我国的重要渔场之一。由于黄海水流方向主要是从南向北，而南边的海水温度略高，这就为黄海地区的鱼类繁殖提供了很好的条件。黄海海域有鱼类约 300 种，主要经济鱼类有小黄鱼、带鱼、鲐鱼等。浮游生物主要有中国毛虾、太平洋磷虾和海蜇等。贝类主要有牡蛎、扇贝和鲍鱼等。

沿海的大连、烟台、青岛、连云港等城市都属水产大市，位于北黄海的长山群岛人更是以渔业为主业。如今，年产数千吨的人造深海渔场也开始在黄海海域安家，老百姓可以更实惠地品尝到更多海鲜了。

过度的开发破坏了黄海的生态环境，导致连续好几年暴发了大规模的绿潮。所幸国家加强了黄海的生态环境保护和修复，黄海再次实现了“水清滩净、岸绿湾美、鱼鸥翔集、人海和谐”。

东海

沿岸大港多

《西游记》里，东海有座漂亮的水晶宫，不仅有定海神针，还有一大群虾兵蟹将。孙悟空跑到东海龙宫，打败了虾兵蟹将，抢走了老龙王心爱的定海神针“如意金箍棒”，老龙王一气之下告到了玉帝面前，这才有了后面大闹天宫的故事。

真实的东海里虽然没有龙宫，也没有老龙王和定海神针，但是满满一海的虾兵蟹将可是真的，堪称名副其实的海鲜荟萃地啊！

东海，位于我国大陆、台湾岛和日本琉球群岛至九州之间，北部大致以长江口—济州岛为界，和黄海分开；南部以广东省的南澳岛至台湾岛南端的鹅銮鼻一线为界，和南海分开，面积达 80 多万平方千米。我国大陆流入东海的河流有长江、钱塘江、闽江等，杭州湾是东海沿岸最大的海湾。

大海边的浅滩通常被称为大陆架。东海是我国大陆架最宽的边缘海，从上海往东 600 千米，海水深都不到 200 米。东海海底平缓开阔，在海底许多地方埋藏着一层层泥炭，证明很久以前这里植被茂密，是一片广阔的陆地。如今波浪翻滚的东海水底还藏着一条古河床，它是长江藏在大海里的“尾巴”。

这是怎么一回事呢？

原来在远古的冰川时期，气温变低，地球上许多地方的水都结成了冰，流到海里的水少了，使海平面大大下降，大海退缩到很远的地方。向东流淌的长江，便在低平的大陆架上留下了很长的河床。

后来，气候回暖，高原山地的冰雪融化，雪水源源不断地再次流进大海，海平面又上升了，海水淹没了沿海低洼地带。于是，陆地上的长江古河床也被海水淹没了，深深地埋藏到了海底。

众所周知，有海洋的地方就有岛屿，我国辽阔的海域上分布着灿如繁星的岛屿，那你知道哪个群岛最大吗？答案就是东海里的舟山群岛！

舟山群岛位于杭州湾的东面，由 1300 多个大小岛屿组成，陆域总面积近 1400 平方千米。其中近百个较大的岛上有人居住。从近岸的六横岛开始，直到海的远处，一串串岛屿排成八行整齐的队伍，就像等待检阅的舰队，威风凛凛地守在那里。

东海中的洋山深水港夜景

这些岛屿原本是浙江东部天台山脉向东海延伸的余脉，后因地壳下沉，海平面上升，海水淹没了海边的大片低地，山峰才成为一座座海岛。远望如一只海上帆船的舟山岛是其中最大的岛，岛上有座号称“海天佛国”的普陀山，是我国佛教四大名山之一。

舟山群岛还是我国有名的大渔场，被称为中国海洋鱼类的宝库。

舟山群岛地处亚热带季风气候区，年平均水温 20℃左右，北方喜冷的和南方喜温的鱼虾贝类，在这里都可以过得很舒服。长江、钱塘江等河流日夜不停地入海，携带了大量泥沙和营养物质，丰富的浮游生物与海水营养盐类相结合，促使鱼儿迅速生长繁殖。

同时，舟山群岛海岸线曲折，岛礁众多，为各种海洋生物提供了有利的栖息场所。众多优越的自然条件结合，使舟山群岛及其附近海域成为我国最大的天然渔场。

海上石油钻井平台

在这里，春季有小黄鱼汛，夏季有大黄鱼和乌贼汛，秋季有海蜇汛，冬季有带鱼汛。小黄鱼、大黄鱼、乌贼和带鱼是舟山渔场捕捞量最多的鱼类，被称为“四大渔产”。

东海不仅有着丰富的渔业资源，而且蕴藏着极为丰富的石油资源。我国从 20 世纪 70 年代开始就在东海进行石油、天然气勘测，并开发了春晓、平湖等多个油田。

东海的优良港湾很多，如上海港、洋山港、温州港、福州港、厦门港，这些都是沿岸重要海港。上海港位于长江下游长江入海口，航道深阔，水量充沛，江内风平浪静，适宜巨轮停泊。

东海上的渔船

台湾岛

美丽的宝岛

群山环抱的日月潭

经常收看天气预报的小朋友可能会关注到，预报中提到的海洋除了我国四大海以外，还经常提到“台湾海峡”和“台湾岛以东洋面”两个概念，这两处海域分别位于台湾岛的两侧。

余光中先生有首著名的诗歌《乡愁》，字里行间都是对大陆沉沉的思念之情，让人非常感动。诗中的“海峡”就是指台湾海峡。

台湾岛是我国第一大岛，南北长约 400 千米，面积约 3.6 万平方千米。一道宽阔的台湾海峡，把它和大陆分隔开来。其实在很久以前，台湾岛和大陆的躯体是紧紧地连在一起的。台湾岛是从大陆伸展出来的大陆架上的一部分，只因漫长的地壳运动，让相连的区域盖上了一层厚厚的海水被子，它们才被迫分离，隔水相望。

台湾岛是一个美丽的宝岛。

台湾岛地处热带及亚热带气候交界带，岛上的自然景观与生态资源非常丰富。从高空俯瞰台湾岛，它的中东部完全被高山峻岭盘踞，像人体的脊

椎，将台湾岛分成东西两半，景色迥然不同。

地理学家将这些山地统称为台湾山脉，由雪山山脉、阿里山山脉、玉山山脉、中央山脉和海岸山脉共同组成。其中海拔 3952 米的玉山最高；中央山脉最长，有“台湾屋脊”之称，所以又被称为脊梁山脉。

阿里山是台湾名气最大的山，每年 3 月中旬至 4 月中旬是阿里山花季，山樱、吉野樱与八重樱等，将整座山装点成美丽缤纷的花海。人们乘坐可爱的阿里山小火车，只需花上几小时，便可畅游花山云海，并可以接连欣赏到热带、亚热带、温带、寒带四大类型的景观。

有人说，不去日月潭，等于没有到过台湾。

日月潭，卧伏在玉山和阿里山之间，水面面积比杭州西湖略大，水深却是西湖的 10 倍左右，是台湾岛上最大的天然湖泊。潭中有一小岛，远望好像浮在水面上的一颗珠子，名叫珠子屿（也叫光华岛）。以珠子屿为界，北半湖形状如圆日，南半湖形状如弯月，日月潭因此而得名。每当夕阳西下，

台湾岛东海岸风光

新月东升之际，日光月影相映成趣，更是充满了诗情画意。

台湾岛的山美，湖美，海更美。

台湾岛拥有长约 1100 千米的环岛海岸线，海洋景观瑰丽神奇。位于北部基隆市境内的北海岸，是个天然的地质美术馆，向世人展示来自海洋的珍藏品：烛台石、望夫石、仙女鞋、女王头……这些都是海浪的杰作。东海岸的潮汐和太平洋的浪花，像两个顽皮的小孩在这里做着雕刻游戏，塑造了许多惟妙惟肖的天然石头雕像，这里还是潜水爱好者的乐园，珊瑚、海星、海胆、虾蟹、热带鱼等交织成多姿多彩的海底世界。

↓钓鱼岛

钓鱼岛列岛位于台湾岛东北面的波涛汹涌的太平洋上，距基隆市 190 千米。列岛由 71 个岛屿组成，包括东边的赤尾屿，中间的钓鱼岛、黄尾屿、北小岛和南小岛等。这些岛中钓鱼岛最大，岛上盛产山茶、棕榈、仙人掌、海芙蓉等植物，栖息着大批可爱的海鸟。

地　理　常　识

台湾岛是一个富饶的宝岛。

水天一色的澎湖列岛

台湾岛西部平原土地肥沃，盛产稻米、甘蔗、茶叶，这三种农作物被称为“台湾三宝”。台湾岛气候湿热，盛产热带、亚热带水果，尤以香蕉、菠萝为多，号称“水果之乡”。岛上森林面积广阔，一半以上的土地覆盖着茂密的森林，有“亚洲天然植物园”的美誉。樟树是台湾岛最著名的树种，它是制作樟脑丸的主要原材料。

台湾经济发达，外贸繁荣。台湾的电子产品远销世界各地，新竹被称为台湾的“硅谷”。高雄是台湾最大的港口，台北是台湾最大的城市。

“晚风轻拂澎湖湾，白浪逐沙滩，没有椰林缀斜阳，只是一片海蓝蓝……”歌里的澎湖列岛，像一道水上跳板，坐落在台湾海峡的正中央，任凭风吹浪打，始终岿然不动，澎湖列岛也是联系台湾岛和大陆的纽带。

台湾岛附近，还有兰屿、绿岛、钓鱼岛等岛屿。钓鱼岛及其附属岛屿自古以来就是我国劳动人民捕鱼和采药的活动场所，是我国不容侵犯的固有领土。

南海

深蓝中有颗颗宝石

繁忙的南海捕鱼船

每年夏天，你是否在气象新闻中听过台风从南海向沿海移动相关的报道？位于我国大陆南部的这片大海，就是南海，南海每年都有一二十个台风生成或途经，是全球台风主要活动区域之一。不过台风并不能阻挡南海成为一个美丽的大海。

南海北边是中国大陆，南至加里曼丹岛，西至中南半岛，东抵菲律宾，是一个半封闭海洋，通过海峡或水道与太平洋、印度洋相通。南海是我国大陆边缘四个大海中的“大哥”，自然海域面积约 350 万平方千米，其中属于我国的领海面积约 210 万平方千米，比东海大了好几倍。

南海不仅大，还很深，平均水深在 1200 米左右。为什么这样深呢？因为它和东海、黄海、渤海的海底地形有所不同。南海海底地形，自外围至中心依次为浅海大陆架、大陆坡、中央海盆，略呈同心圆式的三层环状结构。周边的浅海大陆架，宽窄不一，深度一般在 200 米以内。再往里是陡峭的大陆坡，坡上有海山、峡谷、海槽和海沟。最中央是大面积的深水海盆，那里的海水平均深度超过 4000 米，其中最深处达到 5559 米呢。

中国人很早就在南海地区活动。三国时期的一位官员万震，在他的书里写到，当地老百姓不单在南海捕鱼，还在岛上开采磁石。到了东晋年间，高

▲ 三亚天涯海角风光

僧法显从印度回国就是取道南海。大宋水师时常巡航南海，更有剿灭海贼的日常任务。明朝郑和多次从南海下西洋，更给南沙群岛做了完整的测绘。

南海上有许多大大小小的岛屿，其中与大陆隔水相望的海南岛，是我国第二大岛，它带领着东沙、中沙、西沙和南沙共计 260 多个珊瑚礁和浅滩、暗沙，散布在万顷碧波间，好像点点繁星落在水面上。

海南岛面积约 3.4 万平方千米，就像一只雪梨横卧在大海上，隔着琼州海峡与雷州半岛相望。每当天气晴朗、万里无云之时，站在雷州半岛的南部海岸遥望，海南岛便隐约可见。

海南岛的地形中间高，四周低。在岛的中央偏南的地区，耸立着黎族圣地黎母山、《西游记》里压过孙悟空的五指山等山地，四周地形逐渐下降，直至海边，特别像岛上的黎族姑娘们头上戴的尖尖的笠帽。

最南部的三亚市，地势非常开阔，海滩上散布着许多花岗岩巨石，经过长期风吹雨打、波浪冲刷，棱角都磨圆了，兀立在海水里或海滩上，形成一处奇观。因为古代人曾在几块花岗岩巨石上刻着“天涯”“海角”等字，便成了热门的旅游胜地。

其实，在古代海南是蛮荒之地，山高林密，瘴气弥漫，不适合居住，一度是流放获罪官员的地方。比如苏东坡就曾被流放到岛上的儋州，留下了“他年谁作舆地志，海南万里真吾乡”的名句。

东沙群岛，是南海诸岛中位置最北、离大陆最近、岛礁最少的一组群岛。别瞧它小，地理位置却非常重要，因为它正好处在经台湾海峡通向南海的航线之上，是南来北往的海上十字路口。

西沙群岛，在历史上也叫千里长沙，位于南海的西北部。这里海域宽阔，岛礁星罗棋布，海产十分丰富，每年都会吸引大批渔民来岛捕捞作业。其中永兴岛是西沙群岛中最大的岛，我国最年轻的地级市三沙市的市政府驻地就在岛上。

中沙群岛，位于南海中部海域，包括两部分。一部分是中沙大环礁，由 26 座已经命名的暗沙及分散的暗沙组成。另外一部分叫黄岩岛，是个周长约 55 千米的环礁，礁缘有少部分露出海面。700 多年前，元代著名天文学家郭守敬奉旨进行“四海测验”，在南海的测量点就在黄岩岛。

南沙群岛，是南海诸岛中岛礁最多、散布范围最广的一组椭圆形珊瑚礁群。其主要岛屿有太平岛、郑和群礁、曾母暗沙等，其中曾母暗沙是我国领土的最南端。

茫茫南海，蕴藏着许多天然财富。水中鱼，天上鸟，海底石油、天然气等矿产，岛上香蕉、热带植物等，简直就是一个深藏不露的大宝藏呢！

南海上的海岛

专题

从海岸到海底

海洋是如此的辽阔和神秘，当我们站在海岸边看到一望无际的海水，你会对海里有什么感到好奇吗？其实，海里除了有鲸、海豚、乌龟、海马以外，那深深的海底还藏着堪比地表般丰富的多样地貌。

海底火山

多分布在洋脊附近。大部分海底火山都被海水淹没，也有少数像夏威夷群岛这样露出水面的火山。

海沟

大洋中两壁较陡、狭长且水深大于 5000 米的沟槽，地球上的主要海沟大都分布在太平洋底部。其中著名的马里亚纳海沟最深，超过 11000 米。

大陆坡

介于大陆架和海底之间，是联系海陆的桥梁，水深在 200~2000 米，表面分布着许多巨大深邃的海底峡谷。

海岸线

即大洋与陆地的分界线，更确切地是指海水到达陆地的极限位置连线。海岸线会随着潮水涨落而变动，并不是固定的，我国海岸线长约 3.2 万千米。

大陆架

陆地延伸到大洋的部分，水深不超过 200 米，拥有丰富的石油、天然气、煤炭等矿产资源，也是全世界海洋渔场的主要分布区。

洋脊

又名大洋中脊、中央海岭，指贯穿世界四大洋、成因相同、特征相似的海底山脉，是地球上最长、最宽的环球性洋中山系，水深 2500 ~ 2700 米。

深海平原

即大洋深处平缓的海床，水深 3000 ~ 6000 米，覆盖着较厚的沉积层，面积可延伸几千平方千米，是海底最平坦的部分。

① 1 海里 =1.852 千米。

海滨风光

地理有话说

中国的风和雨

周国宝 著

中国轻工业出版社

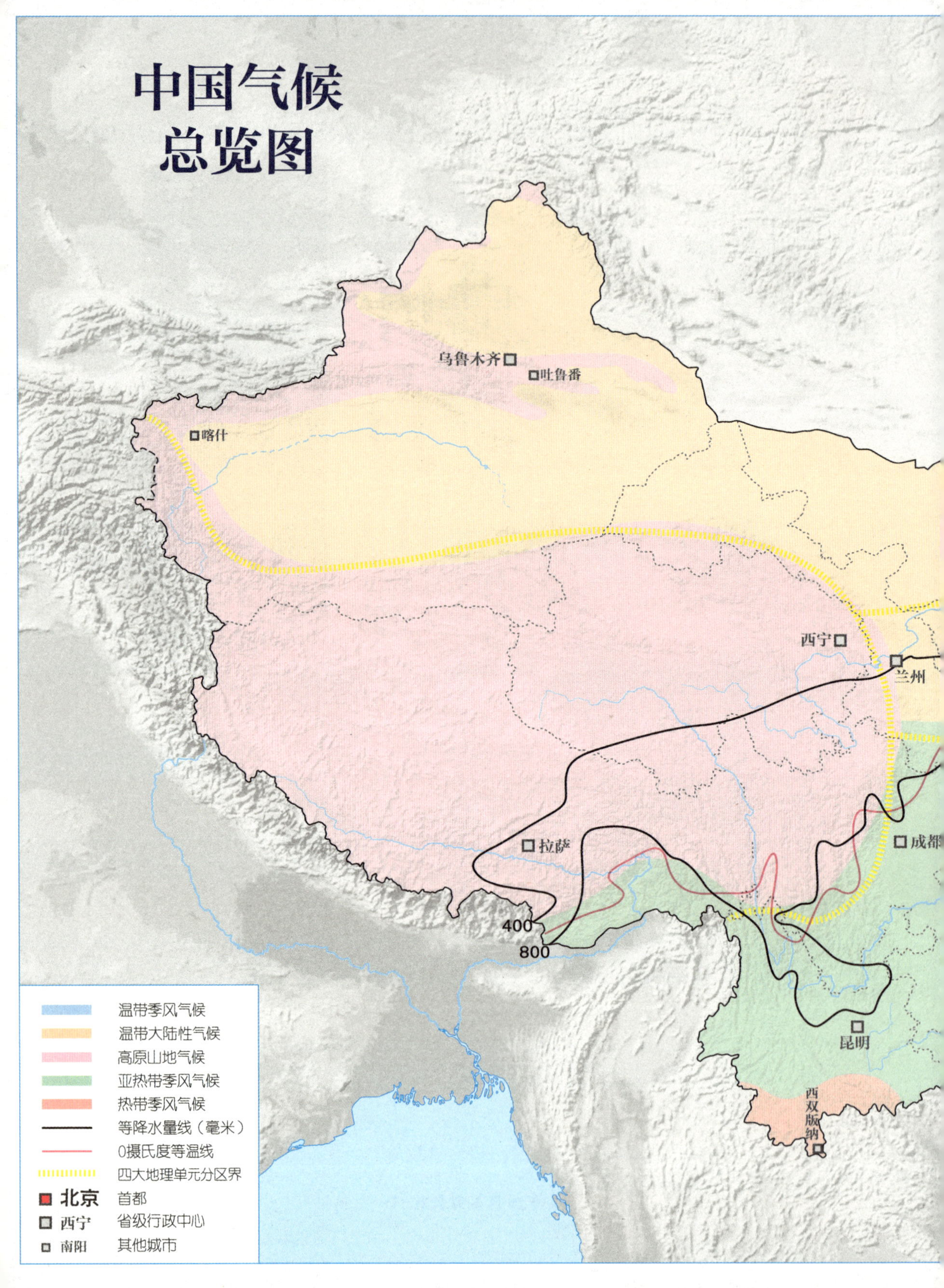
中国气候
总览图
乌鲁木齐
吐鲁番
喀什
西宁
兰州
拉萨
成都
昆明
西双版纳
400
800
温带季风气候
温带大陆性气候
高原山地气候
亚热带季风气候
热带季风气候
等降水量线（毫米）
0摄氏度等温线
四大地理单元分区界
北京 首都
西宁 省级行政中心
南阳 其他城市

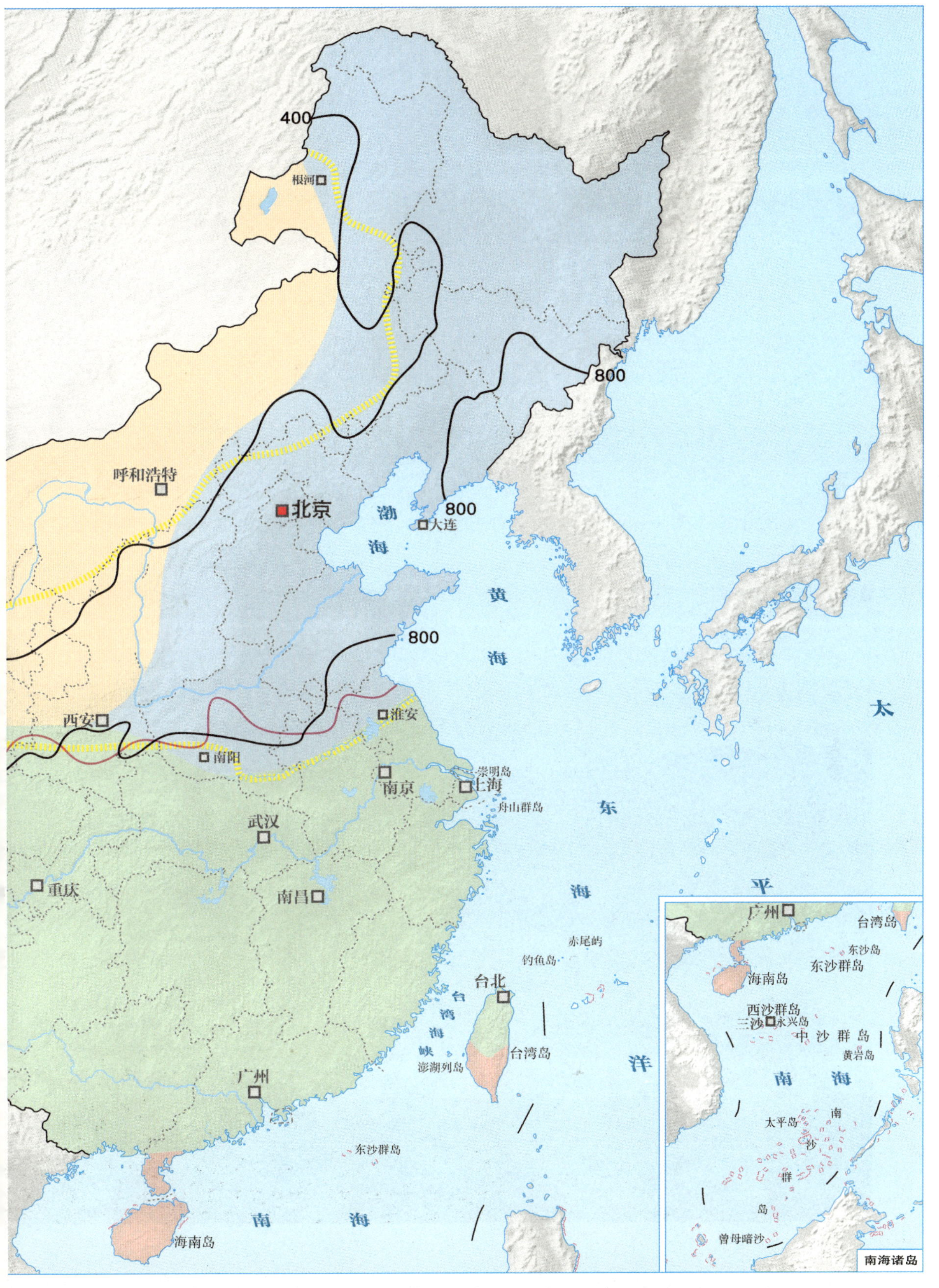

400
根河
呼和浩特
北京
800
大连
800
800
渤
海
黄
海
西安
南阳
淮安
崇明岛
南京
上海
舟山群岛
东
海
武汉
重庆
南昌
太
平
洋
赤尾屿
钓鱼岛
台北
台
湾
海
峡
澎湖列岛
台湾岛
广州
东沙群岛
南
海
海南岛
广州
台湾岛
东沙岛
东沙群岛
海南岛
西沙群岛
三沙
永兴岛
中 沙 群 岛
黄岩岛
南
海
太平岛
南
沙
群
岛
曾母暗沙
南海诸岛

▼ 重庆山村清晨的云雾

序言

在中国人的心中，风向决定了四季。春天“东风随春归，发我枝上花”，夏天“不怕南风热，能迎小暑开”，秋天“西风酒旗市，细雨菊花天”，冬天“北风利如剑，布絮不蔽身”。

风代表了冷热、气温。中国深受季风影响——风向随季节有规律轮回。正是这种风，孕育了农业文明——春种夏长，秋收冬藏。

在中国人的心中，晴雨决定了收成，也因此影响着诗人的心情。杜甫有《春夜喜雨》，陆游有《喜晴》诗句。缺雨时可以“斜风细雨不须归”，望晴时则说“天意怜幽草，人间重晚晴”。

雨代表了干湿、降水。中国大部分地区夏湿冬干，江南多梅雨，巴蜀喜夜雨，胶东好暴雪，云贵有冻雨，塞北雨贵如油，岭南雨多难眠。

风调雨顺，中国人最美好的祝愿，至今尤是，未来依旧。

目录

概说

南方地区

雨

风

北方地区

西北地区

青藏地区

概说

天气、气候、生活

每天，大家都会关注天气预报，那么，你真的能完全看懂吗？大家看天气预报，一般最关心的有两点。

第一点是关注晴还是雨？ 晴天防晒，雨天防雨，雪天防滑。天气预报图上会有很多天气符号，能直观判断出你所在的地区未来的阴晴雨雪。

第二点是关注冷还是热？ 气温的变化往往决定着人们如何选择衣物，这个在播报具体城市天气时，就能看到了。

有时天气预报还会对一些灾害性天气发出预警，比如台风、暴雨、泥石流……所以，小朋友们，学会看懂天气预报对于生活出行还是很有必要的哦！

一天的晴雨和冷热变化，称为气象。一年的晴雨和冷热变化，就称为气候。人们为了区分一年的气候变化，把一年分为四季——春、夏、秋、冬。

中国幅员辽阔，并不是所有地方都是四季分明、冬冷夏热的，像海南就长夏无冬，而黑龙江北部却长冬无夏。由北向南，可以大致划分为寒温带、中温带、暖温带、亚热带和热带。

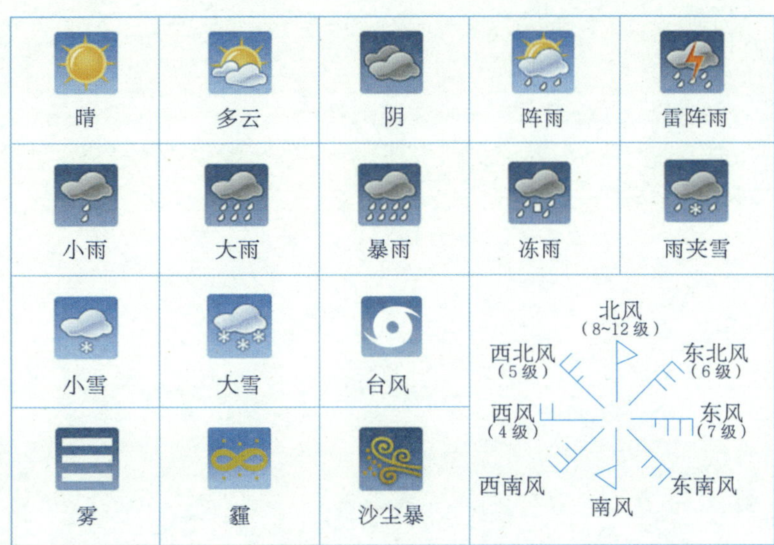

天气符号

气温划分了温度带，降水则主导了干湿区。我国的降水规律主要是取决于一种风——冬天刮干燥的北风（来自大陆），夏天刮潮湿的南风（来自海洋），风向跟着季节变，这种风叫季风。

以大兴安岭—阴山—贺兰山为界：这条线的西北，夏季风影响小，所以下雨少，只能放牧；这条线的东南，夏季风影响大，所以下雨多，可以种旱地；这条线东南的东南，离海更近，所以下雨更多，可以种水田。

也许，你认为气象学离你很遥远，可气象在我们生活中无处不在，它通过气温、降水、风向等形式，从衣、食、住、行各方面影响着我们的生活。

衣：海南、广东南部等地区，年平均气温都在20℃左右，这样的气温注定了羽绒服在这里没有销路。新疆地区早晚温差之大，从俗语“早穿棉袄午穿纱”中就可窥见一二。同样，气温对西藏地区的影响，看看他们的服饰就知道了：天热或劳作时，可将右臂或双臂的袖子系于腰间；天凉或闲暇时，则穿上袖子，非常方便。

食：南方人爱大米，北方人喜面食，这就是气候决定了农作物的种植，从而对饮食习惯产生的影响。我们可以再细看，为什么湖南、四川、贵州多爱吃辣，这与当地的湿度大，通过吃辣来祛湿有着直接的关系。而广东人爱喝汤，也是因为广东气候常年湿热，身体的水分比较容易流失，于是当地人就地取材，以汤水解暑热湿毒。

住：温度、降水、光照、风向都会影响着建筑的形态。在降雨或降雪多的地区，房顶的坡度普遍很大，以加快排水和减少屋顶积雪。新疆日照强，降水少，所以有了四面通风的荫房来晾晒葡萄，这要是在南方，湿热早就让葡萄发霉了。傣族人住的竹楼就是为了躲避地上炎炎暑热和潮气，防止蛇虫侵害而特意设计的。

行：江南水乡水网密集，乌篷船、摇橹船比比皆是，不仅出行方便，还别有一番风味；而北方草原，骏马就成了常见的交通伴侣；青藏铁路为什么那么难修，就是因为冻土的流变性，如果不能使它的温度稳定，铁路的路基就会不平，容易发生意外。东北的冬天，在严寒的天气下，连高铁运行的速度都会受到强劲寒风的影响，比夏季慢多了。

气候深深地影响着我们的生活，懂点气候，生活更多一份从容。

雨中嬉戏的小孩

东北雪乡冬景

春夏秋冬不一样长

每年到了10月，南方慢吞吞的“秋老虎”始终难走，在广州，穿裙子吹空调的日子还在继续。而在华北，真的是一秒入冬的节奏，头几天还是艳阳高照，午休都睡出一头汗，突然间一场秋雨，冻得赶紧爬起来找秋裤，心里还在想垫着凉席盖被子一定舒服，可到半夜还是熬不住把凉席卷了起来。在更北的哈尔滨，10月就到了漫天飞雪的时节。

在气候学上，四季的交替是以气温的高低来判断的。日平均气温连续5天超过22℃，就算进入夏天；日平均气温连续5天低于10℃，就算进入冬天。

在我国，各地季节的长短差别很大。

在南岭以南，基本长夏无冬，秋去春来，几乎感觉不到冬季的存在。比

如云南的西双版纳一年只有旱季和雨季，终年温暖，阳光充足，热量丰富，湿润多雨，雨季降雨虽多，但雨下得骤，停得也快，极少有连阴雨，大雨后天气转凉，更觉舒适宜人，有“常夏无冬，一雨成秋”的特点。

我国长城以北，特别是东北地区，夏季特别短促，即使白天最高气温偶尔超过 35℃，但一到晚上就很凉爽，是安然入睡的模式；而冬季则漫长严寒，一年中有半年需要取暖，甚至我国最冷的地方——根河的“冷极村”，村民长达 9 个月的时间都需要烧火墙来取暖。所以东北地区属于长冬短夏，春秋相连，夏季差不多可以忽略不计。

南岭以北长城以南的广大地区，既没有岭南全年的炎炎热情，也没有塞北长久的凛然风雪，而是冬冷夏热，四季分明。不过中间因为秦岭淮河的存

◀ 海南海滨夏日

在，又有些变化。秦岭淮河以南冬季平均气温在0℃以上，以北则在0℃以下，这一线之隔有时就是“咫尺天涯”，气候、农业、饮食、风俗等都有极大的不同。从“橘生淮南则为橘，橘生于淮北则为枳”可见一斑。

在云贵高原地区，四季则又是另一番景象。虽然它靠近热带，但它的高海拔抵消了热带温度影响，使得这里的夏季比较凉爽。

另外，在云贵高原上，夏季有来自印度洋的西南季风，带来大量的水蒸气，经常下雨，云雨减弱了太阳照射的热量，雨水的蒸发也带走了不少热量，所以地面温度不高；而冬季，在干燥的西南暖流影响下，天气晴朗，少阴雨，因此阳光充足，气候温和，很少有严寒的日子。云南的昆明被称为“春城”就是因为四季如春，特别适合居住。但在号称“世界屋脊”的青藏高原地区，平均海拔在4000米以上，由“高”带来的另一个显著特征就是“寒”，高海拔带来了全年皆冬的高寒气候，高寒缺氧，使这里成为生命的“禁区”。

造成我国南北、东西气候差异那么大的原因，正是在于我国幅员的辽阔。

↓二十四节气歌

二十四节气是古人通过对自然的细心观察，根据太阳在黄道（地球绕太阳公转的轨道）上的位置确立的。它可以让人们预知冷暖，指导农事。为了便于记忆，人们编出了二十四节气歌。

春雨惊春清谷天，夏满芒夏暑相连。

秋处露秋寒霜降，冬雪雪冬小大寒。

上半年逢六廿一，下半年逢八廿三。

每月两节不变更，最多相差一两天。

地　理　常　识

从“日出江花红胜火，春来江水绿如蓝”的江南，到“千里冰封，万里雪飘”的北方，再到“早穿棉袄午穿纱，围着火炉吃西瓜”的西北地区，现代便捷快速的交通工具能让你一夜之间感受春、夏、秋、冬。

不过，全球气温的变化也让各地的“个性”变得不那么鲜明，温暖如春的地方也会一夜忽如寒风来，我国最北的漠河也有 39℃以上的高温天气。

北方人调侃南方人:“你在南方的艳阳里大雪纷飞，我在北方的暖气旁四季如春”。一到冬天，北方虽冷，但有厚袄厚裤加暖气，而以前南方人的取暖方式纯粹靠“抖”。

南方人不服气回复道:“北方寒风呼啸，出门露的每一寸肌肤都是赤裸裸的坚强，头发衣服全带着静电，谁敢跟你犯横，保证让他尝够电击的滋味。”

北方与南方的气候之争并没有胜负，那迷茫的我们，就去不同地方领略各自的春夏秋冬吧!

种稻、种麦、养羊

夏秋之交，湖北洪湖的阿姨正在荷塘里一边哼着小调一边采莲，而陕北高原上农民伯伯却在忙着收谷子，再看新疆喀纳斯，牧民们正在赶着大批牛羊进行转场。

我们的祖国如此辽阔，农民的生活方式也差别巨大。前面提到的三幅场景，第一幅是水乡，第二幅是旱地，第三幅是牧场。

为什么会有这么大的差别?

答案就在降水。是雨水的多少决定了农业的形式，也因此决定了人民的生活方式。

地理专家喜欢用降水量来判断雨水的多少。如果你有一个雨量筒，那就能很轻松地测量一次下雨产生的降水量，看刻度表对应的刻度是多少毫米就可以了。一天的降雨量小于 10 毫米的是小雨，达到 25 毫米的算大雨，如果达到 50 毫米那就算暴雨了。

降雪则需要经过折算变成降水量。一个地方一年的总降水量就叫年降水量。这个数字就非常能反映一个地方的湿润和干旱情况了。

▲ 鱼米之乡

年降水量大于 800 毫米的地方，是湿润地区，地面上可以长很多树。农业上可以养鱼种稻，可称之为“鱼米之乡”。

年降水量在 800 毫米和 400 毫米之间的地方，是半湿润地区，地面上可以长草甸和一些树。农业上可以种旱地作物，可称之为“面食之乡”。

年降水量小于 400 毫米的地方，是干旱地区，地面上主要是草地和荒漠。农业上很难种庄稼，适合饲养牛羊，可称之为“牛羊之乡”。

所以，800 毫米等降水量线和 400 毫米等降水量线是分割这三个区域的重要界线。

首先，来看 800 毫米等降水量线。

我国东南方有广阔的太平洋，来自太平洋的夏季风，裹挟着暖湿的气流从东南方向一直往西北方向移动，因此，“近水楼台先得月”，东南地区成为我国降水最丰富的地区。烟雨迷蒙的江南自然就成了富饶的鱼米之乡。

▲ 面食之乡　▶ 牛羊之乡

而西南地区由于靠近印度洋，所以降水也比较多，大部分位于 800 毫米等降水量线内。湿润多雨的成都平原也成了天府之国。

因此，我国 800 毫米等降水量线的走向是：沿淮河—秦岭向西，再折向西南的青藏高原东南边缘。这条线与我国一月份 0℃等温线也大体一致，是我国南方与北方的分界线、南方水田与北方旱地的分界线、水稻与小麦种植分界线、河流不结冰与结冰的分界线。

接下来，看 400 毫米等降水量线。

我国 400 毫米等降水量线的走向是：大兴安岭—张家口—长城—兰州—拉萨。这条线是我国的半湿润和干旱区的分界线，同时也是森林植被与草原植被的分界线，更是农耕文明与游牧文明的分界线。

在 400 毫米等降水量线以南 800 毫米等降水量线以北，主要有东北平

原、华北平原、黄土高原和青藏高原东南部。华北平原盛产小麦和玉米，每到初夏，麦浪翻滚，金涛千里，形成了壮丽的丰收景象。

在 400 毫米等降水量线以北，包括内蒙古高原、河西走廊、新疆、青藏高原西北部。这个区域属于牧区。古代游牧民族居无定所，一旦发生饥荒他们就会南下来抢夺农耕民族储藏的粮食。秦始皇修建万里长城，主要就是为了抵御游牧民族的侵扰。如果仔细看万里长城的走向，其东段大部分和 400 毫米等降水量线都是重合的。这也说明长城是牧区和农业区的主要分界。

如今，由于禁止过度放牧，牧区的沙漠化得到遏制，牧民的生活也越来越好。而随着育种技术的提供，农业科技的发展，农业已经和古代发生了翻天覆地的变化。但无论如何，我们国家仍然拥有世界最丰富的农产品，我们也得以品尝到花样无穷的中国菜。

风

寒潮

最容易冻哭人的日子

寒潮带来暴风雪

说起寒潮，想必大家都听过这样一句俗语：“一场春雨一场暖，一场寒潮一场冬”。

这话什么意思呢？就是说，春天每下一场雨，气温就要暖上一分；而秋冬季节，北方每次来一股冷空气，天气则要冷上几分。唐朝大诗人岑参的那句“北风卷地白草折，胡天八月即飞雪”，说的就是寒潮来的时候，北风呼啸着卷过大地，刮断了早已枯干的荒草；虽然只是农历八月，塞北的天空却已飘起了雪花。

那么，寒潮是什么呢？

专业的说法是，北方的冷空气大规模地南下侵袭，造成剧烈降温的天气活动。简单地说，就是很冷很冷的冷空气来了……一般来说，两天内降温10℃，而且能降到4℃以下，就会发布寒潮蓝色预警了。如果降温不够前面说的级别，就称之为冷空气南下。如果发布了红色预警，那就非常吓人了。2018年12月初，黑龙江漠河一天内就降温22℃，那 -41.1℃的酷寒可以让“滴水成冰”，空气中都能凝结出冰晶。如果运气好的话，在出现冰晶时，还有可能看到天空中反射出多个太阳的“幻日”奇观。

寒潮来的时候，不仅会剧烈降温，通常还会北风呼啸，大雪纷飞，破坏

力极大。低温能冻死庄稼，大雪会压坏建筑，狂风能吹坏设备；刚下的雨立即变成冰，会让电线、树枝不堪负重，路面则会变成溜冰场；停电停水、交通瘫痪，让人们无法正常生活。另外，气温骤降也容易使我们的身体抵抗力下降，给感冒病毒以可乘之机。

寒潮来的时候，家在北方的小伙伴们，如果只能用一个字来形容这最切身的感受，恐怕就是“冷”字了，充分地体会到了“透心凉，心飞扬”的“冰爽”。南方的小伙伴们也未必能逃脱，说不定昨天还在秀短袖，第二天秋裤甚至是棉裤就该上身了！

寒潮有多“冻人”就有多伤人，它是从何而来？又是怎么形成的？我们该如何“对付”它？北半球进入冬季后，我国北面的西伯利亚、蒙古等高寒地区，太阳很少光顾，日照少，空气冷，冰雪又多，冷空气在那里聚集得越来越多，可以说是冷空气的“生产基地”。攒足了冷劲儿的空气被挤得不行啦，于是，就像储存在高山上的洪水，一有机会就向南，向空气没有那么挤的地方泛滥倾泻，因此形成了寒潮。

不知道小朋友听说过 2008 年初的大雪灾没有，那年就连气候一向温暖的广东也受到了大雪的侵袭，被迫停运的铁路让 200 多万外来务工人员滞留

广州，无法回家过年。湖南郴州的电网当时几乎完全崩溃，全城断水断电近10天，全市460万人生产、生活受到严重威胁。

你见过“最凶猛”的寒潮是什么样的呢？2021年刚过元旦，那场超级寒潮许多人应该忘记不了。中国天气网制作了“全国冻哭预警地图”：东北平原、内蒙古高原、黄土高原大部分地区在 -25℃以下，分分钟泼水成冰，皮肤裸露在外能冻伤；华北平原、河西走廊、南疆、青藏高原等地的小伙伴在风寒效应下，实际体感温度低于 -15℃，出门不“捂装”，当心被冻僵；长江

▲ 黄河壶口瀑布冬景 ▲ 河北的一处冰瀑
◀ 北京司马台长城雪景

流域多地最高温仅有个位数，没有暖气，分分钟“冻傻”你；岭南、云南南部也能把你“冻哭”，穿上加绒衣裤是对寒潮起码的尊重。

虽然我们都不喜欢寒潮，但是寒潮也不是百害无一利。寒潮带来大范围的雨雪天气，可以缓解冬天的旱情，有“瑞雪兆丰年”之说。为什么这么说？因为富含氮化物的雪水可提升土壤中氮素含量，还能大量杀死潜伏在土中过冬的害虫和病菌。

不过，在最容易被冻哭的寒潮天气里，小伙伴们，别忘了及时添衣哟。

风

陕北高原
天很高土很厚

夏日雨后黄河壶口瀑布

说到陕北，你的脑海里是不是马上响起来那悠扬的陕北民歌呢？或者是那各式各样的陕北美食？陕北民歌也好，美食也罢，它们都是广袤黄土高原上特有的民俗风情。试着想象一下，你站在天高土厚的黄土高原之上，聆听着随风飘来的陕北民歌，再尝一尝陕北艳阳暴晒过的五谷，和缠着羊肚头巾御寒的大爷拉家常，是不是别有一番滋味在心头——这样独特的环境，孕育了这样豪气的陕北人。

陕北就是陕西省的北部，陕北高原属于黄土高原的腹心地带，这里拥有典型的黄土地貌。这儿属于温带大陆性气候区，冬季严寒，夏季暖热。

和多春雨的江南不一样，陕北高原的春天，冬季风衰退，而太平洋暖湿气流也没力气吹到这里来，导致春旱现象严重。偶尔下一场春雨，却充满了凉意，让人感觉盼不到春天花会开似的。春风倒是经常有，但是是狂风，冷气顺着脖颈耳根和衣领往身体里钻。谁说"春天的风像妈妈的手"啊？陕北的春风，像拳击运动员的手，吹在脸上疼啊！黄土高原上未被植被覆盖的泥土，在遒劲有力的西北风的抽打下，颗颗尘埃弥漫空中，空气里流动着灼热苦涩而让人窒息的味道。如果遇到狂风肆虐的"黄风天"就更难受了，从塬畔到沟底，整个世界都会淹没在一片混沌的世界里。

陕北高原的降水多集中在夏季和秋季。夏季时，抵达这里的太平洋热带海洋气团湿度较大，经过冷空气的激发作用，形成了大面积的降水。但是陕北夏天的雨不是连阴雨，多为雷阵雨，甚至大暴雨，说来就来，有“六月的天，孩儿的脸，说变就变”的说法。一时三刻，风起云卷，电闪雷鸣，然后就是大雨滂沱，满坡径流，在山脊上、坡面上漫无边际地冲出一条条的泥沟，汇入山涧最终形成山洪，气势极其震撼。

陕北的夏天绝没有南方的闷热、中原的焦热，就是在盛夏季节，早晚也十分凉爽，晚上也需要盖上被子。外边即便再热，一进窑洞，就会瞬间凉快下来。清晨，从山洼中弥漫着水汽的薄雾，滋润着庄稼旺盛地生长着，把黄土塬和黄土峁（mǎo，馒头状山包）点缀得五颜六色。所以陕北的夏天，绿深几许，干热爽快，给人以热烈奔放的感觉，生机勃勃的愿景。

到了秋季，冷空气进入黄土高原地区，暖湿的海洋气团向南退却，受到高大的秦岭山脉的阻挡，最终在陕北高原又形成了较多的秋雨。

但总的来说，陕北高原降水偏少，而且年降水量差异非常大，丰水年的降水量往往是枯水年的好几倍，甚至几十倍都有。想象一下大暴雨噼里啪啦冲刷着黄土大地的情景，是不是觉得既震撼又害怕！

陕北高原有一条比较特别的河，叫无定河。这条河流经榆林市多个县，最后在清涧县河口注入黄河，是陕北最大的河流。你知道它为什么叫无定河吗？其实啊，无定，无定，是因它自唐朝以来，常常水流量不定，深浅不定，清浊不定，于是便有了这个名字。河水以降水补给为主，但受到季风影响，降水的年际变化比较大，才导致了它流量“无定”的。

水，在黄土高原尤为珍贵，这里的黄土含有丰富的矿物质养分，适合耕作，农业用水主要靠雨水。在高原上耕作生息的陕北人民，他们住在冬暖夏凉的窑洞里，用自己的双手，守护这一方蓝天下的黄土地。

陕北高原是黄土高原的一块缩影，近些年来，由于退耕还林等生态治理等措施，它正在慢慢地由“黄”变“绿”，努力扩张着它的“绿色版图”。风沙会越来越少的，陕北的气候也会越来越舒适的。

▼ 陕北高原上的耕地

冷极

还有比漠河更冷的地方吗

冷极，寒冷的极点，顾名思义，就是最冷的地方。

每年一进入 11 月，北方大部分地区便如同进入“速冻”模式一般，纷纷大幅度降温，雪花也翩跹而至。走到室外，即使不被呼啸的大风吹走，估计也差不多会被冻成“汪星人”。那么问题来了，我国最冷的地方在哪里呢？看过本篇后，相信大部分小朋友都会觉得自己的家乡温暖如春了。

说到最冷的地方，大概很多人都会把目光转向东北。

在我国版图最北端，黑龙江省大兴安岭北麓，有这样一个地方，北与俄罗斯隔江相望，它是中国最北端的一个县级市——漠河，这里冬天极度寒冷，人称“中国北极”。

同样在中国东北，在大兴安岭北段西坡，呼伦贝尔市北部，也有这样一个地方，南连牙克石市，北接漠河市，冬天也非常寒冷，世人称之为“中国冷极”，这就是根河市。

可能有小朋友要问了，一个是“中国北极”，一个是“中国冷极”，那么这两个地方，到底哪个更冷呢？我们用事实数据来说话。

1969 年 2 月 13 日，漠河北极村诞生了我国现有气象资料中被正式承认的极端最低气温：-52.3℃，再加上漠河冬天长期平均气温都在 -30℃左右，因此漠河作为“中国最冷的地方”，和新疆吐鲁番作为“中国最热的地方”一道成为“国民常识”的一部分。

但在 2009 年 12 月 31 日凌晨，内蒙古根河市测出了传说中的 -58℃的极端最低气温，后经国家环境保护部门的专业团队实地考察，承认此数据，至此，根河市正式成为“中国冷极”，至今纪录未被打破。居然还有比漠河更冷的地方！但为什么世人只知道漠河，而不知道根河呢？就连地理教材上都写着“我国冬季最冷的地方是黑龙江省的漠河”。这很有可能与漠河名气更大有关，毕竟根河市 1994 年才设立，以前只是个小镇子，交通不便，人烟稀少，知道的人不多。而漠河地处中国版图的最北端，知道的人更多。

虽然数据是真实可靠的，不过总有点疑虑。

黑龙江省的漠河与内蒙古的根河都地处北纬 50° 左右，两地相隔 300 多千米，属于相同的气候带。但作为“中国北极”的漠河纬度更高一些，也就是说更靠北，更冷才是呀。

▼ 在漠河演示泼水成冰

实际上，如果两地纬度差不多，而且处于同一气候带的话，那么决定它们气温高低的另一个重要指标就是海拔。根河虽然并非在中国最北端，但海拔高于漠河，因此气温低于“中国北极”——漠河。

要是单纯来比冷，西北也不甘示弱。在新疆有个富蕴县，这里的 1 月平均气温为 −27.5℃，但由于海拔高的原因，你要真在这里，实际感受到的温度会远远低于这个温度，那寒风呼呼地刮着，吹得你都睁不开眼！要知道，富蕴县历史最低气温曾达 −49.8℃，那可真要冻掉眉毛了。

如果说海拔越高，温度越低，那你肯定要问：世界上最高的珠穆朗玛峰，那得多冷啊？珠穆朗玛峰所在的青藏高原确实有气温低的特点，这里的冬季漫长寒冷，风也很大，为什么中国的冷极之争很少提到它呢？大概因为这里环境恶劣，是没人居住的地方，谁又会去测量它的最低温度呢？

所以说，虽然根河在“冷”上比漠河更胜一筹，但实际上作为世界最高峰的珠穆朗玛峰，完全有可能出现比根河更低的温度，只不过没人去测量而已。如果是这样，那么“中国冷极”的桂冠是有可能属于它的。小朋友们，你们觉得呢？

新疆富蕴县冬景

中国雪乡

争做雪界的老大

我国幅员辽阔，从南到北，横跨热带到北寒带。一到冬天，来自西伯利亚的冷空气就屡屡南下，它像个大怪兽，所到之处，气温骤降，天寒地冻。这时候我就要问你，你喜欢下雪吗?

说到下雪，我们总爱说“鹅毛大雪”，诗人李白有句名诗“燕山雪花大如席”。其实，雪花是很小的，别说“大如席”，就连“鹅毛大雪”也难得一见。事实上，我们肉眼看到的单个雪花，一般直径都在 0.5~4.5 毫米。不过雪花还是比较沉重的，一大碗雪花大约有一枚鸡蛋那么重。积雪厚度超过 10 厘米会对房顶、树枝产生很大的压力。所以，下大雪后，一定不能在树下、简易棚下停留。

每年冬天，我国下大雪的地方不少。放眼全国，谁才称得上雪界老大呢，这大概要在东北和西北之间比一比了。

在东北人眼里，东北是当之无愧的雪界老大哥，哈尔滨、长春、沈阳、呼伦贝尔几大城市每年都少不了几场大雪。尤其是哈尔滨，一年 365 天下 30 天雪那是很正常的。

要是一朵雪花运气好，风婆婆会把它带到东北一个叫“雪乡”的地方，那里每年 10 月就开始下雪，雪可以整整停留 7 个月而不融化。

雪乡，是一个童话般的冰雪世界，它在黑龙江省和吉林省交界处的一片大森林当中。这里到处都是白茫茫的一片，连房子都被厚厚的雪包裹起来了，出门时你要穿一层又一层的衣服，走在路上会产生“咯吱咯吱”的声音，你会喜欢上那里吗？

走进雪乡，最先看到的是家家户户房顶上突出来的雪檐，就像圣诞节时迪士尼的店铺。雪檐大都一两米宽，十几厘米厚，伸出房檐几十厘米还挂着不落，像极了生日蛋糕上包裹着的厚厚的奶油。有趣的是，有的雪檐竟然在空中拐了个弯，一直伸到地上，和雪地长在了一起，于是就把房子严严实实地包裹起来，成了一个完整的雪屋。如果你从很远的地方望向雪乡，它们就像是一个个膨胀开来的面包屋，白白胖胖的，别提多可爱了。

▼ 雪乡冬景

雪乡的房子外面的小院儿都是用木栅栏围起来的，当栅栏披上了银色的外衣以后，就像是一根根即将融化的奶油冰棍，和中间的“蛋糕”相映成趣。晚上，屋檐上挂的大红灯笼亮起来，非常梦幻，就像走进了童话王国一样。

大家都知道，东北是我国降雪最多的地方，哈尔滨冰雕、吉林雾凇、查干湖冬捕，还有一座座装备齐全的滑雪场，都是东北冰雪文化的代名词。可是，东北下雪的地方那么多，为什么只有雪乡的雪一整个冬天都不融化呢？这当然与当地的气候有直接的关系。

雪乡所在的地方海拔高，而且森林密布。来自俄罗斯贝加尔湖的冷空气与来自日本海的暖湿气流在这里交会，形成了独特的小气候。这里降雪频繁，雪期又长，合适的雪质和风力造就了这里神奇的雪景。

但比起谁的下雪时间长，西北从来都不甘示弱，尤其是新疆北部。西伯利亚的寒潮经常被高大的天山截住，结果就是乌鲁木齐和北疆经常下雪，不说雪山顶终年积雪，就是山下有的地方也能半年不化雪。这么好的冰雪资源，催生了乌鲁木齐的一大批滑雪场，最著名的丝绸之路国际滑雪场就是5S级滑雪场。

青海的降雪虽然没新疆那么频繁，但也让华北很多城市羡慕不已。位于华北的北京虽说是个标准的“北方汉子”，可每年下的雪还没有位于海滨的烟台和威海多呢！因为处在冬季风的迎风坡，冬天烟台和威海经常漫天飘雪，还由此得了一个“雪窝”的美称。

晨光下的雪乡雪景

专题

雪花的形状

雪花，大多数都是六角形的。这是因为雪花“胚胎”的小冰晶主要有两种形状：一种呈六棱体状，细细长长的，叫柱晶，但有时它的两端是尖的，样子像一根针，叫针晶；还有一种是六角形的薄片状，就像从六棱铅笔上削下来的薄片那样，叫片晶。所以，古人有“草木之花多五出，独雪花六出”的说法，雪花也因此有“六出”的别名。

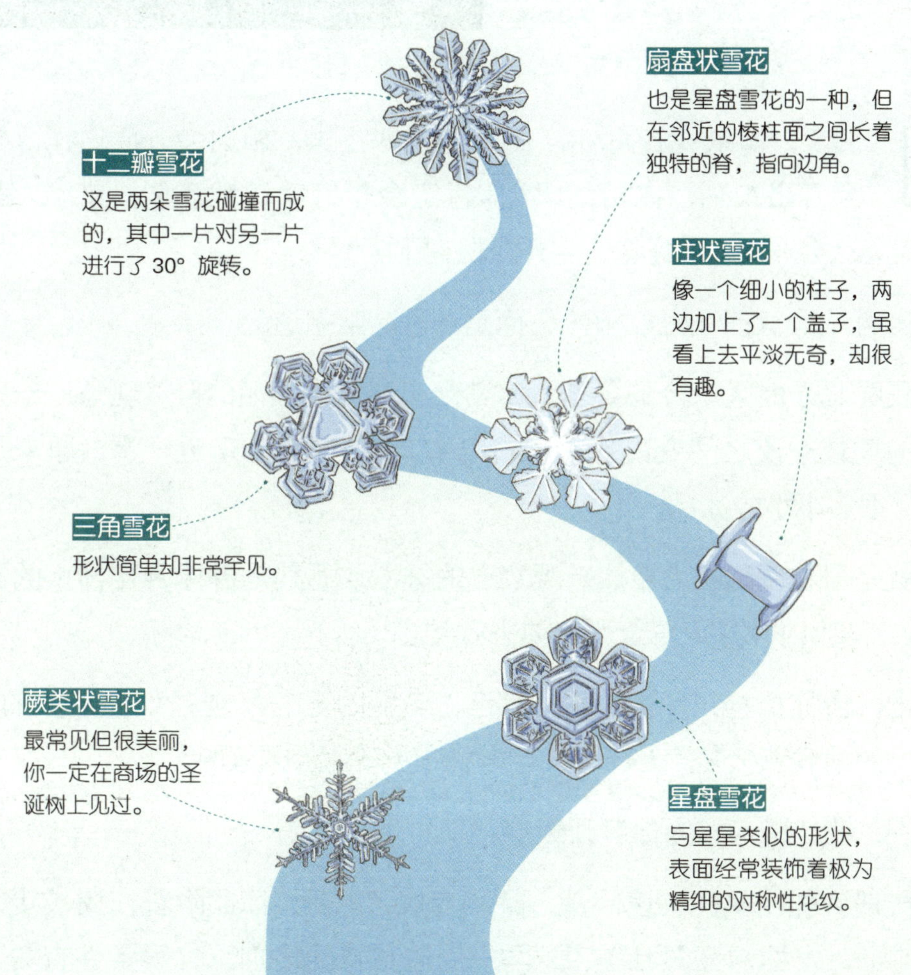

吉林雾凇

寒冬里的美景

长白山冬日雾凇

小朋友，如果我告诉你，在吉林的寒冬里，柳树会开满白花，松树会开出银菊，你相信吗？你肯定会斩钉截铁地反驳，错了，错了，柳树冬天怎么会开花？银菊怎么会开在松树上呢？

其实啊，此“花”非彼“花”，而是一种晶莹剔透的小冰晶。

在我国北方地区寒冷的冬季，常常会出现一种美丽的自然现象：一些掉了叶子的树枝一夜之间变白了，银光闪闪，非常漂亮。走近一看，原来是树枝上结了很多小小的冰晶。

这就是号称中国四大自然奇观之一的雾凇，尤其是吉林省吉林市的雾凇最为有名，吸引了很多人冒着严寒前去欣赏。

雾凇，俗称树挂，非冰非雪。那么，美丽的雾凇景观是如何形成的呢？冬天寒冷的地方那么多，为什么只有吉林市的雾凇最壮美呢？

现在，我们来一一为你解开疑惑。

雾气遇到强冷空气快速冷却，凝华变成了冰晶，冰晶附着在树枝上，就形成了雾凇。吉林雾凇最壮美，这与它周边独特的地理、气候条件有关。吉

林市处在我国的东北地区，冬季气候寒冷，这里存在“严寒的气候和温暖的江水”互相作用的自然条件。

说得更详细点儿就是，雾凇形成需要很低的气温，而且水汽要很充分，这两个相互矛盾的自然条件能同时具备更是难得。每年从 12 月至次年 2 月，松花江上游丰满水库里的水从发电站排出时，水温在 4℃左右。这样，松花江水流经吉林市区的时候，非但不结冰，而且江面上总是弥漫着阵阵雾气。每当夜幕降临，气温下降到 -30℃左右时，这雾气便随风飘荡，涌向两岸，笼罩着十里长堤，树木被雾气淹没了，渐渐地，灯光、树影模糊了。这蒸腾的雾气，慢慢地，轻轻地，一层又一层落在松针、柳枝上，仿佛为它们披上了银装，最初像银线，逐渐变成银条，最后十里长堤上全都是银松雪柳了。

吉林雾凇的形成是一个复杂的大气物理变化过程，它的降临固然不易，“存活”更是难上加难，气温稍微升高或者风速加大都会造成它的脱落，因而大规模的雾凇现象较为罕见。雾凇来时“忽如一夜春风来，千树万树梨花开”；雾凇去时“无可奈何花落去，似曾相识燕归来”。真正的说来就来，说走就走，一派天地使者的凛凛之气。

难能可贵的是，雾凇不仅让人大饱眼福，而且雾凇初始阶段的凇附（吸附空气中的大量微粒沉降到地面）能净化空气，因此被称作“空气清洁器”。

根据当地人的经验，晚上七八点松花江的江面上如果出现大雾，并且没有大风，那么第二天就有可能出现雾凇了。但是，影响雾凇形成的条件有很多，因此雾凇是可遇而不可求的美景，能不能看到就要看你的运气了。

对于雾凇的欣赏，当地有“夜观雾，晨看挂，待到近午赏落花”的说法。夜里一般不会出现雾凇，只有满天的大雾。到了清晨，低温下雾凇得以形成。

吉林市有不少适合欣赏雾凇的地段，比如雾凇岛、朱雀山、北大壶等。雾凇岛是吉林市最有名的雾凇欣赏区，它坐落在吉林市区的北部，是松花江江心的一个天然小岛。独特的地理环境，使得这里在冬天常常被雾气笼罩，雾凇因此经常会出现。

在语文课上学过《雾凇》这篇课文的小朋友，是不是对吉林留下了很好的印象？如果有机会到吉林，去亲眼看看雾凇吧，一定会让你更加难忘！

◀ 雾凇特写　▼ 松花江畔雾凇

缺水区

饥渴的华北

人类在很久很久以前就知道，水，是人们的生命之源。

在中国地图上，有个一望无际的华北平原，那是黄河、淮河、海河、滦河等大河，以及数不清的支流小河，共同塑造出的一个大平原。平原上分布着城市、村庄、农田、湖泊。这里是中华文明的发祥地，也是我国重要的粮棉基地，这里还盛产苹果、梨等温带水果，是一片富饶的土地。

可是，你知道吗？华北平原是个不折不扣的缺水的大粮仓。又是粮仓，又缺水，这不是矛盾吗？

其实，这一点儿也不矛盾。

虽然我国在世界上属于水资源丰富的国家，但水资源分配不均的现象十分严重，这就造成了许多地方会出现缺水的情况，比如华北平原、天山北麓和河西走廊等地，都是我国重点缺水地区。

华北平原大部分属温带季风气候。具体来说，就是冬季寒冷干燥，偶有降雪；而夏季高温多雨，偶有洪涝；春秋季短促，干旱少雨，且蒸发强烈。

别看华北平原这么大，但它的降水量却明显不够充沛，且时间、地区和季节差异很大。其降水主要集中在7～8月，这两个月的降水量占全年降水量的80%以上，并且多暴雨，尤其在迎受夏季风的山麓地带，暴雨常常会形成洪涝灾害。在冬春季，这里却常常会出现连续的干旱。不仅如此，华北平原有的年份降水特别多，有的年份降水又明显偏少，这种雨水分配不均的现象也造成了华北平原水资源的不足。

与降水偏少形成鲜明对比，华北平原消耗着大量的水资源，这里聚集的人口近4亿，这里的耕地面积约占全国总耕地的40%，这里的工业产值占全国总产值的10%（京津唐工业基地是我国四大工业基地之一）。这里每天都需要大量的工业用水、农业用水和城市居民用水。

在古代，华北地区由于人口有限，生产水平低下，除了居民日常用水和农业灌溉，几乎没有其他地方需要用水。可是到了近现代，随着生产力的发展，这里出现了很多工厂，人口也增长很快。尤其是新中国成立后，全国各地的人

华北平原上的菜园基地

纷纷来到北京、天津等大城市参与建设，大量的荒地被开垦出来，种上了大豆、小麦和棉花，华北平原很快成为全国著名的粮棉油基地。农业高产的背后，需要大量的水来浇灌，可由于人们节水观念的滞后，往往采用大水漫灌的方式，造成了水资源的大量浪费，这也加剧了水资源缺乏的严峻形势。

华北平原的水资源只占全国的6%，人均水资源远远低于全国平均水平。可以说，华北平原的水资源是承载不了这么巨大的用水量的。

于是华北平原成了我国最缺水的地方，它太“渴”了，太需要“喝水”了。人们为了解决这个难题，想出了各种各样的办法。

现在，国家通过南水北调工程，从长江调来了“救命水”，再加上对河流的改造，人们用水意识的提高，华北平原的用水危机得到了极大缓解。这片希望的田野上，依然处处生机勃勃，依然是人们生活的乐土。

▼ 华北平原上的村庄和田地

专题

雨慢慢往北跑

雨带指有明显降雨的范围，由云和降水所构成。我国是以季风气候为主的国家，雨带是由暖气团和冷气团交战形成的锋面雨带。每年四五月开始，雨带最先出现在南部沿海，随着夏季风的不断加强，雨带也会随之移动。下面，来看看雨带的移动轨迹吧！

7~8 月雨带

位置：主要位于东北和华北地区。

特点：7~8月，北上的暖气团推进到华北和东北地区，在这里碰见南下的冷气团，形成雨带。这段时间我国的降水范围较大，唯独江淮地区容易形成炎热干旱的伏旱天气（因为太平洋上的副热带高压势力强），此时若台风频繁登陆，可极大地缓解这里的旱情。

6~7 月雨带

位置：主要在长江中下游地区（梅雨天气）。

特点：6~7月，来自太平洋和印度洋的暖气团与北方南下的冷气团在长江中下游地区相遇相持，形成梅雨锋，形成长达一个月左右的降雨天气。

4~5 月雨带

位置：南方沿海地区。

特点：4~5月，暖气团刚刚登陆，势力较弱，南下的冷气团经过长途跋涉并受到山岭的阻挡，使两股气团势力相当，形成我国南方春季的阴雨连绵的天气。

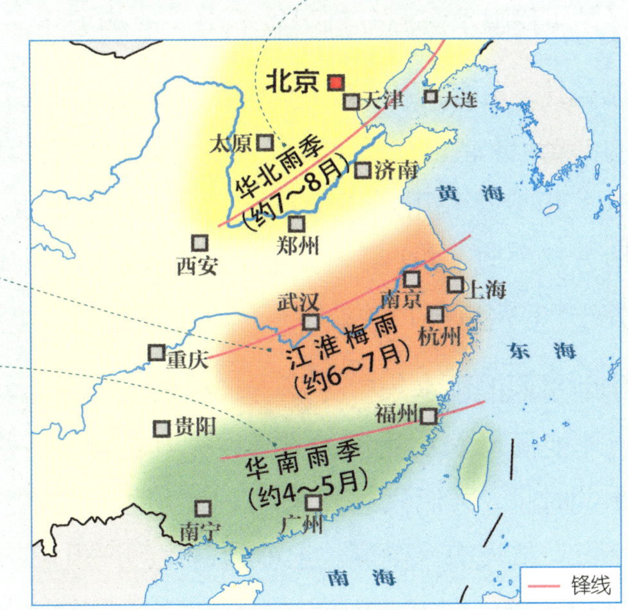

中国东部雨带移动示意图

9 月雨带

位置：西南地区（华西秋雨）。

特点：冷暖气团在秦巴山地和横断山区间徘徊，形成多雨带。

南水北调

雨水不均渠来帮

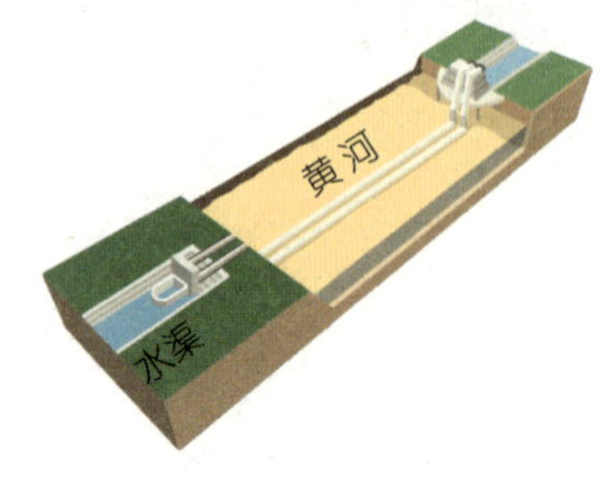

众所周知，我国幅员辽阔。受季风、地理位置、地形等因素的影响，我国水资源分布明显不均——南方水多，北方水少。

据统计，黄淮海流域人均水资源量为 462 立方米，勉强能达到全国平均水平的 1/5，像北京、天津这些人口密集的大城市就更少了。近几十年来，随着全球气候变化和用水需求量增大，华北平原上几大河流的水量逐年减少，很多地方都出现了断流。比如黄河下游连续多年出现季节性断流，海河流域基本处于“有河皆干”的状态。

华北平原的雨水集中在夏季，常常洪水泛滥。可是其他季节又长时间不下雨，不能满足农业生产的需求，尤其是春天万物生长，正是农作物需要大量用水的时候，人们只好开采地下水，地下水越挖越深，形成一个个大漏斗，地面下沉，造成海水倒灌，土地盐碱化，严重影响了生态平衡。

早在 20 世纪 50 年代，就有人提出南水北调的宏伟构想，可惜当时技术水平有限，所以很多年都没实现。进入 21 世纪，终于在 20 多万建设者的不懈努力下，加上 40 多万沿线居民的无私配合，南水北调东、中线一期工程分别于2013年、2014年建成通水。

南水北调工程规划东、中、西三条调水线路分别从长江下游、中游、上游向北方地区调水，三条线路与长江、淮河、黄河、海河相互连接。

东线工程起点在江苏的扬州，利用京杭运河，一路向北输水到海河，解了天津的燃眉之急。所以相比较来说，东线工程是最简单的，工程量和施工难度都是最小的。

中线工程起点在湖北的丹江口水库，丹江口水库的主要水源为长江最大的支流汉江，汉江的支流丹江是水库的另外一个注入源。因为华北平原比丹江口水库的地势低，所以聪明的施工人员利用这个地势差，让长江水在郑州附近穿越黄河，自己流到北京、天津去啦。

小朋友们一定很好奇，这水怎么能自己流呢？难道水有方向盘不成？长江

南水北调和颖河交叉口

水又是如何穿越黄河的呢？这里面可凝聚着技术人员的智慧结晶呢！

南水北调中线工程从丹江口水库出发的渠道宽为 9.5 米，到北京变成了 3.5 米，总干渠长 1432 千米，途中要经过宽阔的黄河。我们都知道水往低处流，可黄河挡住了长江水的去路，怎么办呢？人们想出了一个绝妙的办法——顺势而为，修建穿黄工程，让水从黄河底下穿过，这样既节约了工程量，又减少了水在地面受到污染、蒸发等不必要的浪费。清澈的长江水沿着地上明渠从南面奔腾而来。长江水和黄河水在这里“会师”，北上的长江水通过两条穿黄隧洞在此与黄河立体交叉，以“江水不犯河水”的气魄，穿越万古黄河。是不是很奇妙呢？这说明，只要肯开动脑筋，集思广益，什么困难也难不倒我们。

▼ 宽阔的南水北调水渠

▼ 西电东送

↓ 跨区域资源调度工程

北粮南运：以前是“南粮北运”，随着东北粮食产量的大幅提高，黑龙江和吉林已经成为粮食大省，主要输向东南。

北煤南运：我国煤炭资源的80%分布于北方，需要采用铁路、海运和内河水路运输的方式，把煤炭从北方生产区运往南方消费区。

西气东输：把西北丰富的天然气，通过管道运输，输向长三角、珠三角等工业区。

西电东送：把西南、黄河上游丰富的水电资源，通过特高压、高压电线，输向东北和沿海地区。

地理常识

长江水一路长途奔袭，终于来到了首都北京，我们常说首都人民喝上了长江水，可为什么没有修建渠道和水库来蓄水呢？原来南水北调总干渠从北京境内的北拒马河开始就进入地下了，绝大部分在地下。这样就与北京的地下管道直接相连，我们一打开自来水管，就能直接喝到长江水啦。

为什么南水北调工程要从长江调水呢？那是因为长江是我国最大的河流，水资源丰富且较稳定。人们会问长江水调到华北去了，会不会长江就没水了？这个完全不用担心啦，长江是世界上水量最多的河流之一，南水北调东、中、西三线调水量加起来也仅占长江年径流量的5%不到。长江水资源完全可满足南水北调的需要，不存在无水可调的问题。

事实证明，南水北调确实是一个充分利用长江水资源的水利工程，而且还解决了北方众多人口的生产、生活问题，从长远看，真是个利国利民的好主意。如今南水北调主体工程已经完工了，北京、天津的人们用上了千里之外的长江水，再也不用担心缺水的问题了。

专题

一方水土养一方人

你平时吃米饭多，还是吃面食更多呢？俗话说：百里不同风，千里不同俗。中国那么大，不同的地域，气候不同、水土不同、植被不同、饮食不同，养出的人自然也就各不相同了。

那你知道，我国都有哪些气候，各地都种哪些农作物吗？通过下面的表格看看吧！

温度带	主要范围	作物熟制	主要作物
热带	海南，广东、台湾和云南的南部	一年三熟	水稻、甘蔗、荔枝、香蕉
亚热带	长江中下游平原、东南丘陵、四川盆地、云贵高原	一年两熟 一年三熟	水稻、冬小麦、油菜、柑橘
暖温带	华北平原、黄土高原、河西走廊、新疆南部	两年三熟 一年两熟	冬小麦、玉米、棉花、甘薯、苹果
中温带	东北平原、内蒙古高原、新疆北部	一年一熟	春小麦、大豆、高粱、玉米、蓝莓
寒温带	黑龙江和内蒙古的最北部	一年一熟	春小麦、马铃薯
高原气候区	青藏高原	一年一熟	青稞、春小麦

季风
夏有凉风冬有雪

在古诗中，风是经常出现的一个词，有各种风向的诗句。“等闲识得东风面”，是能吹出万紫千红的春风；“南风草木香”，是白居易对夏日微风的赞美；“古道西风瘦马”，带着秋风的忧伤；“北风吹寒江”，充满冬天的寒意。在诗人笔下，每个风向都有特指的季节含义。

这有道理吗？还真没错。我国大部分地区的风向都很有规律，风向随着季节的变化而变化，地理学家把这种风叫季风。

季风和风相比多了一个“季”字，这便是“季节”的意思，那么季风肯定是和季节变化相关的风。夏季时风由海洋吹向大陆，将湿润的海洋空气吹进内陆，形成雨季；而冬季时风自大陆吹向海洋，空气干燥，天气晴好，形成旱季。

我国在古代就已经对季风有研究了，那时对季风有各种不同的叫法，如信风、黄雀风、落梅风，在沿海地区又叫舶风。由于古代海船航行主要依靠风力，冬季的偏北季风不利于从南方来的船舶驶向大陆，只有夏季的偏南季风才能使它们到达中国海岸。因此，偏南的夏季风又被称作“舶风”。明朝郑和七次下西洋，有六次都是冬季出发，借着北风对船帆的推动开始向南航行，乘风破浪，返回时则是在南风强劲的夏季，从南海方向返回。

北宋苏轼曾写道:“三时已断黄梅雨，万里初来船棹风。”这里所说的“船棹风”，指的就是夏季从海洋上吹来的东南季风。王之涣在《凉州词》中写道:“羌笛何须怨杨柳，春风不度玉门关。”玉门关位于我国季风区与非季风区的分界线(大兴安岭—阴山—贺兰山—巴颜喀拉山—冈底斯山一线)以西，当然受不到夏季风(即诗中的“春风”)的影响了。

我国是世界上季风气候最明显的国家之一，虽然季风对我们的生活有很大的影响，夏天闷热潮湿，而冬天干燥寒冷，但也不完全是坏事。比如说南方的冬天气温偏低，让四季的温差极为明显，为物产富饶奠定了基础。而北方的夏天也能得到季风带来的较高气温，甚至在我国东北漠河地区也能种植水稻呢!

不过，季风只是主流的风向，也有一些例外的。对历史感兴趣的小朋友们，应该都听过火烧赤壁的故事吧?

公元208年，平定了北方的曹操为实现全国统一，开始率兵南下，进攻的矛头直指荆州的刘表、刘备。不久，刘表病死，他的儿子向曹操投降。刘备战败后，逃到江夏(现在湖北省的武汉附近)，并积极联合孙权一起抵抗曹操。孙权知道唇亡齿寒的道理，接受了联盟，并派都督周瑜进军赤壁，与曹军隔江相对。

长江以北的曹操军队有20余万人，并且都是百战精锐之士，而江南的孙刘联军不过5万人，众寡悬殊。周瑜在仔细思考后，认为只有火攻才能击败曹军，可是要用火攻，肯定要借助风力，周瑜所需要的东南季风，夏天常有，可那个时候正值隆冬，我国吹的是西北季风，风向极为不利，可这并不表示冬季就不会出现东南风。这个故事后来被《三国演义》演化成“诸葛亮借东风”，其实是周瑜依靠出色的气象预测能力，来确定火攻计划的。

该怎么准确地预测东南风呢?这可难不倒周瑜，要知道周瑜观察敏锐，加上他一向有收集情报的习惯。因此他知道，赤壁一带的长江在农历的十一

扬州瘦西湖的春风荡漾

月中旬，也就是每年隆冬时节，总会出现几天温度较高的大晴天，随之必定会产生临时性的东南风。

唐代大诗人杜牧经过赤壁这个古战场时，有感于三国时代的英雄成败而写下“东风不与周郎便”。他认为周瑜胜利得很侥幸，如果在周瑜与曹操之间的战役中没有东风，那么周瑜就会失败。可事实上，周瑜抓住了东风，所以在这场战役中获得了最后胜利。三国鼎立的格局由此确立，而周瑜也一战成名。

在历史上，东吴陆逊趁夏夜的东风火烧连营，唐朝鉴真第六次东渡终于到达日本，清朝施琅妙用台风缝隙渡海统一台湾，其实都是借助了对风向和天气的正确把握。如果你了解季风，解读历史会更有趣，解读气候也更容易。

▼ 长沙岳麓山的秋风瑟瑟

避暑地

远离空调屋

一年四季里，夏天应该是最让人期待的了。夏天多好呀，有一个长长的暑假，可以不用上课；夏天有吃不完的西瓜和冰激凌；嗯，还可以去游泳，在水里尽情嬉戏。

但夏天真的太热了！有句俗话叫“大暑小暑，上蒸下煮”，意思是小暑过后，天气就开启了“蒸煮模式”。期间的三伏天，最是酷热难当。我国的长江干流一线被称为我国火炉城市集中营，东有南京，中有武汉、长沙、南昌，西有重庆，这些城市夏季闷热，高温期长，如同火炉。

面对炎炎夏日，你们都是怎么度过的呢？是不是窝在家吹空调、吃雪糕？但比起待在空调屋，要是有个天然的避暑地，那不是更好吗？打开地图找找看，咦，还真有这样的地方呢！

我们常说温暖的昆明四季如春，当全国大部分地区都被高温笼罩的时候，昆明却依旧凉爽，难怪每年夏天有那么多人选择去云南避暑呢！还有东北也是大家夏天旅行的热门地，美丽的“冰城”哈尔滨，壮丽的长白山，都是不错的消暑地。

其实啊，除了昆明和东北，我国还有公认的“四大避暑地”，你知道是哪里吗？

庐山、莫干山、鸡公山、北戴河就是我国著名的“四大避暑地”，三座山，一湾海，山深海阔，正是我们要寻找的天然空调房。

位于江西九江的庐山，大家应该都不陌生，李白的一首《望庐山瀑布》让它扬名古今。庐山北望长江，东临鄱阳湖，绵延90余座山峰，如同一扇屏风，放置在江西的北大门前。每到夏天，当长江中下游地区、鄱阳湖盆地都在接受烈日的炙烤时，庐山上却是一片清凉，这是为什么呢？

庐山主要山峰海拔均在1000米以上，最高峰汉阳峰海拔达1474米，且山上树林密布，山下江湖环绕，加上常年雨水多，空气湿度大，使山上夏季平均气温只有22℃左右，真是名副其实的避暑胜地啊！

位于浙江湖州的莫干山是竹的世界，它虽不及泰山之雄伟、华山之险峻、

黄山之奇绝，却以绿荫如海的修竹、清澈不竭的山泉、星罗棋布的别墅、四季各异的迷人风光称秀于江南。每到夏天，山上翠竹满坡，气候凉爽宜人，真不愧有“清凉世界”的美称。

而位于河南信阳的鸡公山，由于地势形成的风洞走廊，使得这里整个夏季的平均气温只有 24℃左右，“三伏炎蒸人欲死，清凉到此顿疑仙”的美誉真是一点儿也不夸张。

说完三座山，我们再一路向北，去看看这唯一的海滨又是怎样的清凉世界吧！北戴河最多时曾经拥有 719 座中外别墅，这些“老房子”几乎涵盖了英式、美式、法式、日式等所有建筑样式，历史跨度长达百余年。每到夏季，这里就变成了一个海风沁润的悠闲小城。清爽干净的街巷和滨海栈道让整个

避暑胜地庐山

↓ 三伏天和三九天

一年中什么时候最热？人们口中常说的三伏天又是指什么呢？

三伏天出现在小暑和处暑之中，是一年中气温最高且又潮湿、闷热的日子。“伏”就是天气太热了，宜伏不宜动。此时天气炎热，但小朋友们不要贪凉，吃太多寒凉的东西，可以适当地多吃一些酸性的食物，比如：李子、桃子、菠萝及芹菜等。

一年中“三伏天”最热，那一年中最冷的时候当数“三九天”了。

三九天是指从冬至算起的第三个“九天”，是人所感受到的最冷时段。正如我们传统的节气口诀中唱的那样：“一九二九不出手，三九四九冰上走，五九六九沿河看柳，七九河开，八九雁来，九九归一九，耕牛遍地走。”

地　理　常　识

度假区都显得幽雅清静，掩映在密树之间的各种别墅各自张扬着神采。

同样是面朝大海，为什么三亚那么炎热，而北戴河却可以作为避暑胜地呢？原来呀，北戴河地处中纬度的暖温带，属半湿润大陆性气候，受我国东部沿海季风环流的影响，海洋性特征明显，因此北戴河多风、湿度大，盛夏日平均气温在 22 ~ 25℃，真是避暑休闲的理想地。

你可能会说，那避暑山庄呢，不就是用来避暑的吗？没错，承德避暑山庄可是清代皇帝消夏的行宫，山庄里自然山水相映成趣，兼收塞外江南的风光。最重要的是，避暑山庄地处华北平原和内蒙古高原的交界地带，地势较高，根据大气的气温垂直分布原理，气温随高度的增加而降低，所以这里温度相对较低。再加上承德四周环山，夏季时外部的湿热气流很难进入，这就是承德避暑山庄凉爽的原因了！

▼ 北戴河别墅群

避寒地

寻找冬日暖阳

不知道小朋友们是不是跟我一样，在夏天的时候会特别想念冬天，可真正到了冬天，又感觉到，被窝以外的地方都叫远方。北方好歹还有暖气，南方只能在艳阳里看大雪纷飞了，早上起床很痛苦，写作业手也快要冻僵了，衣服里里外外套了好几件，可还是瑟瑟发抖。唉，南方的冬天真难熬！不过，虽说我们不能真像候鸟一样，天气变冷就南飞，但是找个暖和的地方避避寒，也是很不错的。

提到冬天避寒，首选肯定是海南了。海南省位于我国最南端，地处热带北缘，属热带季风气候，素来有“天然大温室”的美称，这里长夏无冬，年平均气温在 25℃左右，来这里避寒最合适不过啦！去海洋潜水，逛热带雨林，去渔村赶海，住临海民宿，泡溪野温泉，玩海上摩托艇、香蕉船、冲浪……这样的寒假真是乐翻天啊！

如果你嫌海南旅游的人太多、没新意，那么广西的北海了解一下。北海是一个浪漫的城市，沙软如毯的银滩铺成直通大海的走廊，炊烟袅袅的涠洲岛犹如远离尘世的天堂。这里没有雾霾，也没有冷冷的空气，只有着碧澄的海水、悠久的古街，还有浓郁的人情味，即使在冬季，日平均温度仍在 20℃左右。特别一提的是，被《中国国家地理》评为“中国最美的小岛”——北海涠洲岛，岛上景致梦幻如画，民风自然淳朴，令人心生向往。

其实，除了海岛这类传统的避寒地，很多人并不知道西南的河谷，同样是冬天的福地。可西南河谷在哪儿呢？这个温暖的河谷从墨脱、察隅大峡谷到横断山三江并流区，最后，以著名的避寒之都——西双版纳作为它温暖的收尾。不过，这一切都要感谢磅礴的青藏高原和乌蒙山、哀牢山等重重山脉，它们像巨大的挡风墙，挡住了从北方和东北方来的冷空气，使得西南河谷成为大自然天造地设的一根特殊的“暖气管道”。

当全国大部分地区都是冰天雪地、草木枯萎、满目萧瑟的时候，春城昆明却是风和日丽、鸟语花香的景象。昆明年日照时间可长达 2500 小时，阳光充沛，一年四季都有鲜花盛开，把春城装点得绚丽多姿。所以来昆明，当地的花市很值得一逛。可为什么昆明可以一年四季温暖如春呢？

这可以说是准静止锋（锋是冷暖气团接触地带）的功劳了。西伯利亚的

如画的北海涠洲岛

冷空气常不远万里南下而来，不过，来到云贵高原便遇到了困难，一是这里平均海拔约 2000 米，如同一道天然屏障；二是经过长途跋涉，冷空气到了这里已经“人困马乏”，更何况还有当地暖气流的阻挡。如此一来，冷气团只得在山坡前放慢脚步，冷暖空气激烈对流的结果就是：成云致雨！于是出现了锋后贵阳等地阴雨寡照，锋前昆明一带阳光充足的奇观！

由于西南地形和气候的眷顾，北方是寒冷的冬天时，怒江河谷也是温暖的旱季。上游是拥有茂密森林的大山深谷；中游是可可、胡椒和甘蔗的种植园；下游则是拥有火山热海的腾冲，一条热气蒸腾的河谷唤作“热海”，就连随手摸到的岩壁都是温热的。在寒冷的冬季，从北方来到这里，泡进这里的泉水中，全身毛孔会发出温柔的感叹。

所以这样看来，冬季除了暖和的被窝，其实能去避寒的地方还是挺多的嘛！小朋友们，你们知道冬天还有哪些地方比较温暖呢？都来说一说吧，也许今年的冬天就可以去哦！

风

春城
看四季繁花似锦

春夏秋冬，四季各有各的美，你最喜欢哪个季节呢?

对我来说，夏天太热，冬天太冷，秋天太单调，所以我喜欢春天，喜欢盛开在春天里的花，五颜六色的花！你可别不信，咱们国家还真有四季如春的地方，在那里可是一年四季都繁花似锦哦，特别是山茶花的绽放，格外美丽。

那个地方就是被称为“春城”的昆明。当江南雪花飘飘的时候，它温暖如春；当华北烈日似火的时候，它凉爽宜人。无论什么时候，它都是春光明媚的，天空碧蓝又高远。太阳肆意地迸发着耀眼的光芒，照耀着每一位在这座城中漫步的人。

其实不光是昆明，在云贵高原上，许多城市都四季如春，夏天可避暑，冬天可避寒。贵州的省会贵阳就有“第二春城”的雅称，对外以“爽爽的贵阳”来吸引避暑度假的人们。夏凉冬暖的六盘水市则被称为“中国凉都”。

为什么这些城市会四季如春呢?这是由其地理位置和地形特点决定的。

这些城市属低纬度西南内陆地区，夏季受来自印度洋的暖湿气流影响，因此阴雨天多，云雨减弱了太阳辐射，而雨水的蒸发也会带走不少热量，再加上海拔较高，气温随高度而降低，所以相比其他地方，更为凉爽。冬日，附近印度半岛的干暖空气被西南风吹过来，高大山脉又能阻挡着北方冷空气南下，所以这里气温变化小，冬暖夏凉，四季如春。

虽然同是四季如春，但是昆明是四季干湿分明，贵阳当地则有“天无三日晴，地无三尺平”的说法，这又是怎么回事呢？是指这里没有连续三日的晴天，一年四季都多雨吗？其实不是。

夏季，昆明和贵阳都受夏季风的影响，雨水都比较多。但在通常降水较少的冬季，昆明不怎么下雨，而贵阳却经常下雨，这是为什么呢？冬季，南下的冷空气可达贵州高原，受地势较高的云南高原阻挡而徘徊不前，而西南风带来的印度洋暖湿空气也能到达贵州高原，冷暖空气交汇就形成了贵阳冬天

▼ 贵州西江千户苗寨

↓ 冻雨

在冬季多雨的贵州，如果遇到较冷的气温，就容易形成冻雨。雨滴落在树木、高楼、山岩、电线杆等物体上，立即结成了冰（雨凇），大家习惯叫它“滴水成冰”。

冻雨与一般的雨滴不同，而是一种过冷雨滴（温度低于0℃），在云层中它本该凝结成冰粒或雪花，因为找不到冻结时必需的凝结核，只能以雨滴的形式降落，遇到地面和物体就能结冻，便成了冻雨。

地　理　常　识

的多雨天气。

“风雨声里到钟山，钟山盘水起雾岚，酷暑时节半分寒，凉都令人心自安”。六盘水的夏天哪里像夏天呀，明明是春天呀。空调在这个城市根本是不需要的，冬天不需穿羽绒服，夏天不需短袖，春秋相连，风景秀丽，这样一个地方你不喜欢吗？如果你来到这里，一定会发现“中国凉都”名不虚传。

当然，春城也不是“恒温”的，小范围和短时段的气温起伏，为这里的气候增添了多样性。“一山分四季，十里不同天，四季衣服同穿戴”，是云贵高原的真实写照。

因为云贵高原海拔高，地势起伏大，随着山体高度不断增加，温度逐渐降低，从山麓到山顶气候的垂直变化显著。不同的气候条件，造就了不同的植物类型和自然面貌，也就形成了“一山分四季”的自然风光。

“四季衣服同穿戴”也和地理有关。这句话可以有两种理解：一是在一天之内，人们可能分别穿着四季的衣服；二是在一年当中，几乎可以穿着同样的衣服度过四季。要么四季同在，要么四季不分，正是这种气候特点令云贵地区呈现出如此特殊的穿戴。

从春色满园百花开，到“四季衣服同穿戴”，当你在这片神奇的高原上每多一刻逗留，就会多一分新鲜的感受。

江南

黄梅时节家家雨

你喜欢吃酸酸甜甜的话梅吗？你知道这些话梅产自哪里吗？你知道每年梅子成熟的时候，会出现什么天气吗？在我国的一些地区，一年之中某一个特定的时期总会出现某种天气特征，成为该地的特色气候。最为小朋友们熟知的例子，就是长江中下游地区的梅雨了。梅雨时节，阴雨连绵，连日不断，此时正好江南梅子成熟，所以称为“梅雨”。

许多诗词都有提及梅雨，如宋代赵师秀的《约客》：黄梅时节家家雨，青草池塘处处蛙。有约不来过夜半，闲敲棋子落灯花。

初夏的某个夜晚，约了客人，客人却久等不来，窗外是连绵的细雨……“家家雨”正是说明梅雨时节雨水之多。

梅雨天气是长江中下游地区所特有的，但它的出现却不是一种孤立现象，而是和大范围的雨带南北位移息息相关，梅雨天气就是因为雨带停滞在这一地段所致。那这条雨带又是如何形成的呢？

每年从春季开始，海洋上的暖湿空气“力量”逐渐加强，从海上进入大陆以后，就与从北方南下的冷空气狭路相逢，但初夏时期在长江中下游地区，冷暖空气旗鼓相当，这两股不同的势力就在这个地区对峙，互相胶着，互不相让，吵闹不休，展开一场较为持久的“拉锯战”，因而形成了一条稳定的降雨

▲ 梅雨中的梅子 ▶ 梅雨时节插秧

带，造成了这种绵绵的多雨天气。这就是江南地区初夏季节梅雨形成的原因。

一般说来，梅雨约在6月中旬开始（入梅），7月上中旬结束（出梅），也就是出现在“芒种”和“夏至”两个节气之间，长20~30天。但老天爷并不总是按常规出牌，梅雨有时早有时晚，有时长有时短，甚至个别年份一直没有出现连续的阴雨天气，形成“空梅”现象。

梅雨季节，天空一直阴沉沉的，降水连绵不断，时大时小。江南一带，好像天漏了一样，几乎天天都在下雨。一会儿阴雨绵绵，雨点飘洒着钻进雨伞，湿了行人的头发衣衫。一会儿倾盆大雨，豆大的雨点从变黑的天空倾泻下来，地上很快积成水洼，浸透了行人的鞋袜。即使不下雨的时候，空气也是闷热潮湿，感觉身上黏糊糊、湿漉漉的，特别难受。

由于这一时段的空气湿度很大，家里的食物、衣服特别容易受潮霉烂，所以人们又给梅雨起了一个别名，叫作“霉雨”，有发霉的意思。明代医学家李时珍在《本草纲目》中说：“梅雨或作霉雨，言其沾衣及物，皆出黑霉也。”

怪不得有人说，江南的梅雨天和北方的沙尘暴天一样令人讨厌。在梅雨季节，人们如果能够遇上几天晴好天气，就像久旱遇甘霖一样，心情都是轻快舒畅的。不过，梅雨季节的充沛雨水对农作物生长，尤其是水稻插秧倒是十分有利，是一年中农耕的最佳时间段。古人和现代人一样，也是怀着一种“让我欢喜让我忧”的复杂情感看待梅雨的，不过古人对待梅雨的心态似乎远比今天的我们洒脱得多。

宋代词人贺铸，以那句“试问闲愁都几许，一川烟草，满城风絮，梅子黄时雨”享誉天下，因此获得“贺梅子”的雅称。

此外，宋代大诗人梅尧臣的《梅雨》这样写道：“三日雨不止，蚯蚓上我堂。湿菌生枯篱，润气醭（bú）素裳。”诗中的“蚯蚓上我堂”“湿菌生枯篱”，实在是写得太形象逼真了，甭说在农村，就是城里的老房子中，梅雨天也可见到这种“蚯蚓爬进屋子，霉菌从篱笆上长出来”的景象。

至于讲到古人对梅雨天心态为何比今人洒脱，可能当时的生态环境远比今日好，即使是阴雨绵绵的天气，也能青梅泡酒，与友人煮茶谈天。在这样天地广阔、绿植覆盖、空气清新的场景，我们也会感到很惬意。

▼ 梅雨中的江南园林

贵州

天无三日晴

如果你不喜欢下雨天出门的话，我建议你最好不要去贵州旅游。你一定会问我，这是为什么呢？

去过贵州旅游的朋友们，应该发现了一个奇怪的现象：那就是当你走在街头，几乎看不到伸出窗口晾晒衣服的竹竿，是贵州人不晒衣服吗？其实，不是贵州人不晒衣服，而是贵州人晾晒衣服从来不放在窗外，都是在阳台上或者屋子里晾干的。

是不是很奇怪，让你忍不住想问为什么？这个答案呢，也是我第一段提问的“为什么”的答案。

原来啊，是贵州这边雨天多，晴天少，空气特别潮湿，衣物晾晒在外面反而更潮。“天无三日晴”是古人对贵州天气状况的客观描述。冬季时，由北方来的冷空气，受山脉和云贵高原的层层阻挡，势力微弱，它与来自青藏高原南侧的西南气流在昆明到贵阳之间相遇，形成昆明静止锋。在静止锋以东的贵阳，在冷气团的控制下，云雾笼罩，阴雨冷湿，“天无三日晴”之说由此产生；而位于静止锋以西的昆明，在暖空气一侧，天气晴朗温暖。

贵州当地有个顺口溜：四川太阳云南风，贵州落雨如过冬。

四川山多瘴气重云层厚，故年平均日照时间很少；云南除冬末春初风较大外，其他时间风很小；而贵州和四川一样日照少，又和云南一样风也小，却经常连日阴雨、阴冷，从里到外的冷，像冬天一样。这种气候和贵州的海拔较高有关系，一般下雨之后气温会立马下降。即使在夏天，下了雨仍然会感到一丝凉意。现在贵州省会贵阳的对外宣传语就是“爽爽的贵阳·中国避暑之都”，可见这边的天气是多么凉爽。

虽然整天阴雨绵绵的天气有点烦人，但如果换个角度去看“天无三日晴”，这恰好是贵州气候资源的一大优势。

用一个新的角度来看“天无三日晴”，也可以说是“三晴两雨好天气”。

▼ 贵州黔东南的梯田风光

可不是吗？三天下雨两天晴，这样既不会因为长久无雨而干旱，也不会因雨量太多而成水灾。水是生命之源，因为有水，大地生机勃勃，葱绿一片。由于贵州雨量充沛，贫瘠的喀斯特地面上草木旺盛，连石头上也长出了大森林。雨热同季，有利于农作物生长，倘若不是“天无三日晴”，贵州哪里会有这么多青山绿水？哪里会有如此丰富的水资源？又哪能成为最适宜人居住的地方之一呢？面对这样潮湿的天气，贵州老百姓就不会怨天尤人，反而会认为这是大自然赐予贵州的恩惠。在贵州还有句民谚说，“二四八月乱穿衣”，说明春、秋的这几个月气温忽高忽低，穿多厚的衣服没有规律可循。

其实，除了贵州，四川盆地因为四面高山的阻隔，水汽散不出去，也常年

雾气缭绕，阴霾多雨。还有台湾岛的火烧寮，因为处在迎风坡，降雨量更为惊人，有全台“暴雨中心”之称。

以前贵州地处偏远，交通不便，经济落后，所以当时被人们视为“蛮荒之地”。诸葛亮在《出师表》中有“五月渡泸，深入不毛”一语，人们便误以为云贵是“不毛之地”。《史记·西南夷列传》明明白白地写道：“西南夷君长以什数，夜郎最大。”可是，在蒲松龄的《聊斋志异·绛妃》中，“夜郎最大”却变成了“夜郎自大”。差之毫厘，失之千里，一字之差使贵州人蒙受了不白之冤。在柳宗元的文章中，明明写的是“黔无驴，有好事者，船载以入”，可是好事之人却偏偏把“黔驴技穷”强加在贵州头上。

现在，随着越来越多的人到贵州去旅游，许多人走出了对贵州“夜郎自大”“黔驴技穷”的误区，重新看待“天无三日晴、地无三里平”的利与弊，也重新认识了贵州的天时、地利和人和，认识了它别具一格的美。

▼ 在贵州苗寨回廊中躲雨的人们

专题

看云识天气

小朋友在外面旅游、打球、聚会的时候，有没有因为突然变化的天气而措手不及呢？有没有因为上学路上没有带伞而后悔呢？不如学学看云识天气吧。下文中出现的“积”字表示云的形状为块状，“层”表示天空布满了阴沉的云。

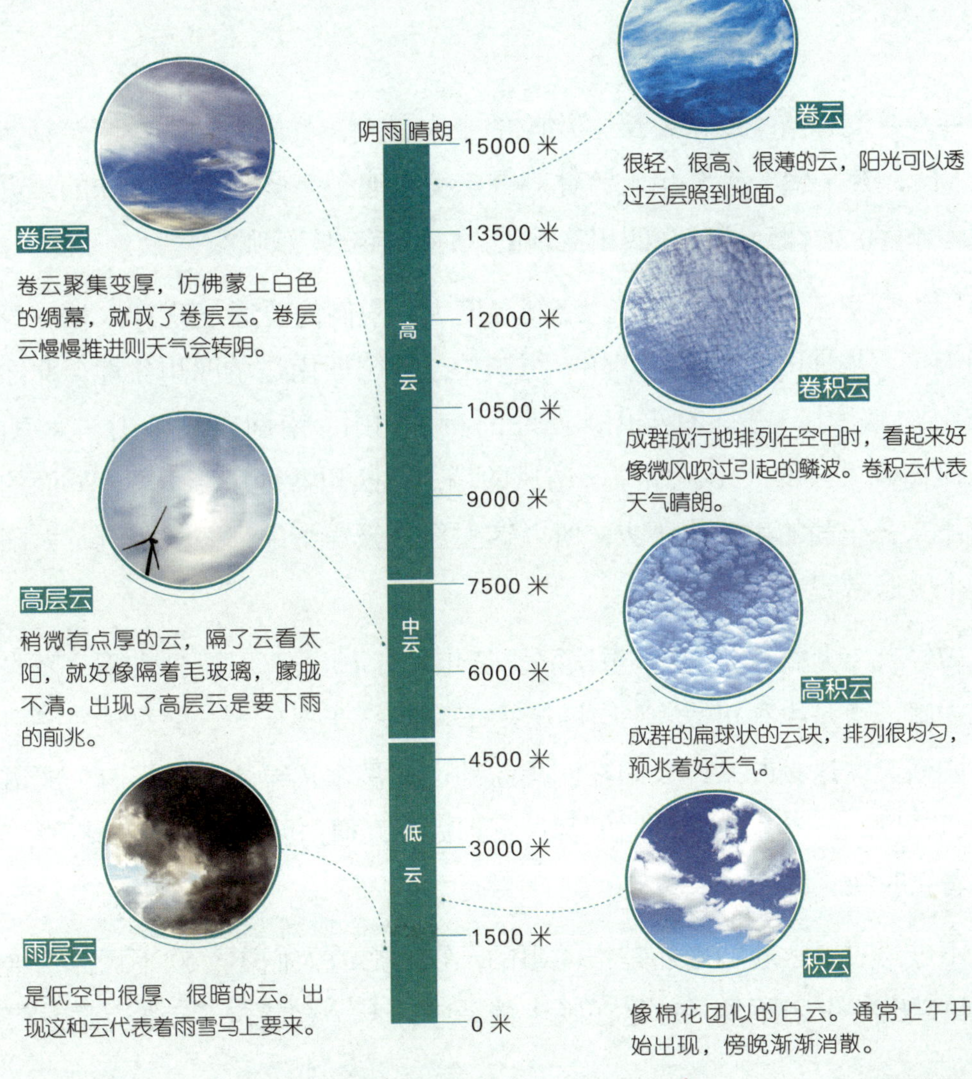

四川盆地

夜雨涨秋池

有人总结了成都人最喜欢吃的十大美食，其中有冒菜、麻辣烫、麻辣干锅、鸡公煲、钵钵鸡、麻婆豆腐……多半都是辣味的，重庆菜也差不多。为什么居住在四川盆地的人，都喜欢吃辣呢？

因为这里云雾多，雨水多，空气湿度大，人们需要通过吃辣来祛除身体里的湿气。从地图上来看，四川、重庆位于我国西南边的四川盆地，北面有米仓山、大巴山，东面有巫山，西北面有龙门山，南面有大娄山、大凉山，一座座高耸入云的大山，如同不透风的墙，把四川盆地围了个圈，外面的水汽进不来，里面的水汽出不去，所以这里经常云雾缥缈，天气阴沉，太阳公公连个笑脸都没有。

曾经有人大概算了一下，重庆平均每年只有 40 天可以见到太阳，而成都一年中晴天更是少得可怜，平均每年只有不到 25 天是晴天，其余的日子多数都是阴雨天。这么说来，太阳在四川盆地可真是个稀罕物。难怪有个成语叫“蜀犬吠日”，一年里大部分时间都见不到太阳，狗狗见着它，当然感到陌生，要对着它叫唤。

不过，四川盆地的雨还是很懂事的，它们知道人们不喜欢下雨，怕给人们的日常出行带来不便，总是在晚上悄悄来，天一亮就走了。难道是龙王爷

四川蜀南竹海的潮湿天气

听到了人们的祈祷，特意选在晚上来布雨？

唐朝大诗人李商隐有一首特别有名的《夜雨寄北》诗，是当时他身处异乡巴蜀，写给远在北方的妻子的。诗中那句“君问归期未有期，巴山夜雨涨秋池”，道出了诗人回家的日期还不确定，但巴山绵绵不尽的夜雨已经涨满了秋池，表达了自己的孤寂和深深的思念之情。

“何当共剪西窗烛，却话巴山夜雨时。”李商隐用这样的诗句来表达自己的伤感情绪，那这“巴山夜雨”到底是一种什么样的天气现象呢？

夜雨就是夜里下雨，“巴山夜雨”泛指多夜雨的四川盆地。四川盆地夜雨多，主要是由于盆地内空气潮湿，天空多云。厚厚的云层就好像一床大棉被，白天云层遮挡了部分太阳热量，云下气温不易升高，所以空气比较稳定。到了晚上云层对地面有保温作用，云层的下部温度较高，可是在云层的上部没有了太阳的照射，由于云体本身的散热作用，使云层上部温度偏低，这就形成云层上冷下暖的特征。于是加速了空气的上下对流，催生了夜雨。

另外，秋季，原本滞留在四川盆地的暖空气，和被南面云贵高原阻碍南下的冷空气，在四川相遇，好比势均力敌的两个小孩打架，难以决出胜负。因而我国西南山地在冬半年常常受冷暖空气交锋的影响，两种空气交锋的地方是最容易下雨的地方，这就形成了著名的“华西秋雨”——绵绵细雨下个不停，因此相应地增加了四川盆地的夜雨率。

四川峨眉山市的佛教名山峨眉山每年平均下雨 264 天，在 1958 年曾创下下了 291 天雨的纪录，当之无愧成为我国大陆雨天最多的地方。峨眉山有云海、日出、佛光、圣灯四大奇观，不过因为雨天的关系，人们很少有机会能看见日出和佛光。

我们总说秋雨连绵，尤其是每年白露之后，长江中下游就开始被阴雨所笼罩，下不完的雨可真烦人。在四川西部，也有一座城市一年四季都霪雨霏霏、云遮雾绕，它就是“雨城”雅安。雅安一年里下雨的日子多达 280 天。

传说人类始祖女娲炼五彩石补天。当别处天空都已补全，唯剩雅安上方的天空时，女娲筋疲力尽，元气大伤，最终因劳累过度坠于雅安地界，呕血而亡，从此雅安便被阴雨笼罩。

当然了，传说归传说，雨城“天漏”，其实是由雅安自身所处的特殊地理环境造就的。雅安的西侧，是号称世界屋脊的青藏高原，而东面则是相对平坦的四川盆地，雅安处于这两种天壤之别的地貌环境之间，受到东西夹击，只有一个出口。“喇叭”形的地形构成，造成东来的暖湿气流只能进不能出。一到夜间，四周山上的冷气流下沉，冷暖气流一经交会，雨城就只能以泪洗面。这才是雅安夜雨较多的原因。

▼ 云雾缭绕的四川瓦屋山

台北

下不完的雨

有一篇散文这样写道："常听说台北是个多雨的城市，尤其是冬季，雨下得更是非同凡响，为世界上许多城市所不能比。"无休无止的雨给人带来惆怅，年轻人却喜欢台北冬季里的雨，因为呀，年轻的心在雨中容易滋生浪漫的情怀。

可你知道为什么冬季的台北多雨呢？

这里的"多"是相对于同处冬季的台湾省其他城市，比如高雄、台中而言，并不是和夏季的台北相比。事实上，由于湿热的海洋水汽和台风影响，台北的夏季降雨量是冬季的数倍。

台北的冬季多地形雨，说明雨一直下，这是跟地形以及季风的移动方向有关的。那么什么是地形雨呢？

降雨类型主要分四种：对流雨、锋面雨、台风雨和地形雨。所谓地形雨，就是暖湿的空气在前进途中遇到高山的阻碍被迫抬升，在抬升过程中逐渐冷却凝结成水滴形成降雨。因此，迎风的山坡经常成为多雨地带，而背风的山坡则因为水汽之前就已凝结降落，所以干燥少雨。世界上年降雨量超多的地方基本都跟地形雨有关。

台湾岛地势东高西低，山地、丘陵约占全岛总面积的2/3。台湾岛位于欧亚大陆板块和菲律宾板块的交界处，地壳被挤压抬升而形成的山脉，从南到北纵贯整个台湾岛。台湾岛全年受偏东向季风影响，夏季是东南季风，冬季东北季风，季风经过海洋带来丰富的水汽，遇到中央山脉阻挡产生地形雨，这是造成台湾岛降雨量东多西少的原因。

台湾岛有四个著名的盆地：台北盆地、台中盆地、埔里盆地、泰源盆地，其中以台北盆地降雨最多。

台北盆地地势很低，海拔几乎和海平面相当。盆地四面环山，但盆地并不封闭，西北向有入海口，东北向则有一直通往基隆的狭长丘陵走廊，呈东北—西南走向。这条丘陵走廊是台湾北部地区降雨最强悍的“雨带”。

在冬季，蒙古高压操控着西北季风向南部侵袭，由于地球自西向东自转产生的地转偏向力作用，在台北登陆的季风风向偏东北，季风途经海洋带来

▼ 多雨的台北

湿润的水汽进入地形复杂的台湾北部丘陵地带，产生持续的地形雨。所以，冬季台北下雨是不干脆的，不像夏季那般轰轰烈烈，冬季的台北是细雨霏霏，绵长悠远。

位于基隆、台北、宜兰三县市交界处平溪乡的火烧寮，年平均降雨量达五六千毫米，不仅远超过全台湾的年平均降雨量，也是东亚最高。为什么一个降水量如此之大的地方竟被称为“火烧寮”呢？据当地的一个村长说，乾隆年间来此地开垦的先民曾因煮饭造成火灾，将全村的茅草屋烧为灰烬，因此有了“火烧寮”这个名字。

台湾火烧寮降水多，主要是位置、地形、冬夏季风和台风等诸多因素影响造成的。

火烧寮地处亚热带地区，位于台湾山脉东北端海拔 420 米的迎风坡上，面向大海。这样的位置和山海区位，为丰富降水提供了便利。

火烧寮是夏季风必经之路，夏秋季节，自东南海上吹来的湿热夏季风登陆时被地形抬升作用造成丰沛的降水。若逢台风，瞬间降雨量更惊人，因而有全台“暴雨中心”之称。

冬季时，火烧寮又受到东北季风的影响，由于东北季风经过了广阔的海洋，特别是掠过了日本暖流水面后水汽剧增，气流到达火烧寮时，又受到地形的抬升便形成了大量的降水。

1912 年，火烧寮创下的 8409 毫米降雨量，至今仍是台湾乃至东南亚地区年降雨量的最高纪录，也是我国的“雨极”。和我国的“干极”——吐鲁番盆地托克逊比较一下，托克逊年平均降水量才 5.9 毫米。单单是纳莉台风为火烧寮带来的降雨，就超过托克逊 100 年的总雨量，真是让人感到不可思议呀！

台北的雨，时而热烈，时而温柔。如果有机会，不妨这个冬季去台北看雨吧！

呼伦贝尔

河湾边牛羊成群

你听过《草原上升起不落的太阳》这首歌吗?“蓝蓝的天上白云飘，白云下面马儿跑，挥动鞭儿响四方，百鸟齐飞翔……”这首动听的歌曲，是不是勾起了你对大草原的无限向往呢?祖国的版图形似雄鸡，在酷似鸡冠的地方就有一片广袤的草原——呼伦贝尔大草原。蓝天、白云、碧草、牛羊、蒙古包、牧民……这里能满足我们对大草原的所有遐想。

呼伦贝尔大草原位于内蒙古东北部，总面积约10万平方千米，是世界三大著名的草原之一。这里属于非季风区。“非季风区”是什么意思呢?就是全年的风向，没有明显的季节变换规律，只盛行一种风向。呼伦贝尔大草原上的主要风向是西北风，民间打趣称“一年刮两次风，一次刮六个月”，可见这里风能资源有多丰富。多风对这里的气候产生了深刻的影响——冬冷夏凉，晴多雨少。

来到呼伦贝尔大草原，你才会明白天有多高，天有多蓝，地有多宽，草有多绿。抬头仰望，天空一碧如洗，从浅蓝色到宝石蓝，但每一种颜色都有它独特的风味，一朵朵白云触手可及，游走在人们心头。举目所及，没有了高楼大厦的遮挡，到处是一望无际的青青碧草，让人忍不住想打个滚儿，翻个跟头。

蓝天和白云，两个巨大色差的颜色，竟然在呼伦贝尔表现得如此让人惊羡！呼伦贝尔草原的天得益于空气的纯净，呼伦贝尔草原的云得益于这里的自然生态，所以美得大气磅礴，美得清澈圣洁。

呼伦贝尔草原的云，形态万千。它不同于江南晴空的云，小巧精致；也不同于雪峰顶上的云，悬停如盖。草原天空无边无际，硕大的云朵有着广阔的空间来设计造型，或如银河的浪花，或如昆仑的白雪，一会儿像盛开的棉田，一会儿又像迁徙的羊群。

呼伦贝尔草原的云，自由奔放。云来云去，云卷云舒，像是传说中供神仙交通的“神毯”。草原云又像是畅快淋漓的行云流水，说走就走，想下就下，随时都可能落到草原上。因此，太阳雨在草原上就显得那么随心所欲。

▼ 呼伦贝尔草原上的乌云闪电

呼伦贝尔草原上的蓝天白云

有了云，草原因此而灵动起来。太阳光芒穿透云彩的缝隙照到草原上，形成了草原上光芒四射的炫目视觉。白云被照得就像羊脂玉一样温润透亮。满地的绿则在云影的作用下，或深或浅。这浅绿、深绿，再配上棕马、黑牛、白羊，还有那一排排雪白的大风车……好一幅美丽的画卷。

一年四季，呼伦贝尔的蓝天非常多。但是也偶有降雨和降雪。

夏季降水集中在5～9月。雨未到，风先来。蒙古包的顶棚鼓荡起伏，厚厚的毡布“蓬蓬”作响，风是如此强劲。平时“喂养”着大风车的草原风，这会儿却变脸成了风魔王，似乎要掀翻蒙古包。几分钟前还是明净艳丽的天色，此刻已经完全暗沉下来。乌云愈来愈厚，愈压愈低，绿草压低了头，弯下了腰，羊群挤缩在羊圈里。

一场天崩地裂的巨响，把暗黑的天际划开一道口子，厚重的天幕顷刻坍塌了，成千上万支疾驰的箭狂泻而至，把天与地连成了一片白茫茫的汪洋，好一场大雨。

草原的雨来得迅猛，走得也快。当急促的阵雨过后，不仅可以在草原上呼吸清新的空气，还可以看到美丽的草原彩虹，这样的美景相信你一定会陶醉在其中。

冬天的呼伦贝尔，是另外一个世界。虽然降雪次数不是很多，但是存雪时长绝对称雄。呼伦贝尔绝对称得上是冬季最长的地方。每年从10月底就开始冰封雪飘，直到来年5月底冰雪才逐渐消融。长达7个月的冰雪期，壮观的雪景和多民族的冰雪文化，让呼伦贝尔的冬天令人魂牵梦萦。

呼伦贝尔的雪，与南方的雪有着天壤之别。南方的雪飘渺、细碎、黏湿；呼伦贝尔的雪，硕大洁白，下起来铺天盖地。草地盖上了白茸茸的棉被，大草原变成了一个银装素裹冰清玉洁的人间仙境。天空就像块蓝水晶，透明澄澈，白云与白雪相映，雪山与雪原相衬，整个天地间都是那么的晶亮、自然、洁白，完全没有了尘埃之气。

有了雪，就有了孩子们的欢乐。观雾凇、滚雪球、堆雪人、打雪仗、滑冰车、抽冰嘎，或者来一场雪地赛马，体验一下狗拉爬犁。在这里，你一定会爱上冰雪运动的。玩累了，再用呼伦贝尔冬季特有的美食犒劳一下自己，烤羊肉、炖大鹅、冻梨……实在是种快乐惬意的幸福享受。

乌鞘岭

东风无力翻此山

乌鞘岭的“鞘”，可不是念作“刀鞘”的“qiào”，而是读作“shāo”。如果我不说，你一定想不到它是什么意思！据说，它原本是突厥语，意为“和尚岭”。至于它为什么叫和尚岭，也没有确切史料可以解释清楚，在东晋时它又称“洪池岭”，到了清代才叫乌鞘岭。

作为横亘在甘肃中部、海拔3500多米的“不知名”高山，在地理学家眼中却是名山。古诗里说“春风不度玉门关”，地理学家却说“东风不过乌鞘岭”。乌鞘岭不仅把河流阻隔变成内流河，顺着雪山蜿蜒流入茫茫大漠；就连从太平洋吹来的轻飘飘的东风，来到此处也无力翻越，成了强弩之末。这座阻风隔河的青黑色山脉，神奇之处可远不止这些。

由于山上没有树林，只有平坦的草原，因此，当地的藏族人把乌鞘岭称为“哈香聂阿”，也是和尚岭的意思。它位于兰州的北边，天祝藏族自治县中部，属祁连山脉的支脉。乌鞘岭最高峰海拔超过4000米，虽然是名副其实的高山，但是由于山势起伏不大，只能称为“岭”。

虽然乌鞘岭在个头上比祁连山稍微矮了些，可是位置却非常特殊，它是黄土高原、青藏高原、内蒙古高原三大高原的交会处。你或许要问，这能说明什么呢？告诉你吧，这意味着乌鞘岭是我国季风区和非季风区、内流区域和外流区域的分界线。乌鞘岭以东为季风区和外流区域，以西为非季风区和内流区域。换句话说，从东南海洋上吹来的暖湿季风最远到乌鞘岭就彻底丧失影响力了，所以它也是我国半干旱区向干旱区过渡的分界线。

乌鞘岭在气候上的意义非凡，而它在地质上的分界意义也值得一说。它是我国地形第一阶梯与第二阶梯的边界，乌鞘岭的西南为地形第一级阶梯，东北为第二级阶梯。它还是陇中高原和河西走廊的分界线。

虽然乌鞘岭这么重要，可是人们却很少听说它。那是由于乌鞘岭海拔高，周围都是茫茫雪山和高山草场，两边景观截然不同，人烟稀少，所以人们忽

乌鞘岭北麓蜿蜒的长城

视它也就不足为奇了。但是乌鞘岭作为一条天然的界山，无论在哪本地理教科书上，都能找到它的名字。

乌鞘岭的重要性不仅体现在地理上，它还是扼守河西走廊东大门的一把钥匙，是丝绸之路必经之地。西汉张骞探险西域，卫青、霍去病西征匈奴，唐代玄奘西天取经都曾经过乌鞘岭。由于乌鞘岭地势险峻，易守难攻，自古就是兵家必争之地。汉代和唐代都曾在这里修筑长城，用来抵御西北游牧民族南下侵扰。宋明时期，人们还在这里修筑了安远和安门两座古城，古城紧挨着长城，设有高高的城墙和烽火台。平时，古城供驻守长城的将士和他们的家属居住，丝绸之路上络绎不绝的商旅和僧人，在这里交验过文书后，才能通过；战争期间，这里就是抗击北方游牧民族的前线阵地。

不过经历千年的风雨洗刷，现在留下来的都是明代的长城，汉长城只剩下一小段残墙，早已不见了当年的模样。虽然乌鞘岭气候恶劣，昼夜温差很大，可以说是“一山有四季，十里不同天”，但其实一点也不荒凉。究其原因，还要说到分界线的作用。

由于乌鞘岭海拔高，地形复杂，南方的暖空气与北方的冷空气在这里相遇，所以降水比较丰沛，再加上祁连山冰雪融水的滋润，所以自然条件相对优越。有水就有希望，丰美的水草喂养了优质的牦牛和骏马，古时候乌鞘岭一带就是匈奴、突厥、羌等游牧民族的领地，现在还有很多蒙古族、藏族的牧民来这里放牧。

乌鞘岭南麓的牧场

河套平原

黄河造就塞上江南

在了解河套平原之前，我们得先说说一条特殊的河，它就是我们的母亲河——黄河。

黄河从青藏高原启程，先是一路高歌，向东北方向奔流；在进入内蒙古高原后，却屡次受到大山的阻隔。它先是在贺兰山脚下突然调头北上，后又遇到阴山的阻挡而改道向东流，最后又沿着吕梁山向南流，形成了这世界上独一无二的“几”字形大弯曲。

黄河常年改道所形成的泥沙，肥沃极了。“几”字形大弯曲就像一条绳索将这片沃土牢牢地套在怀中，人们由此给这里取名“河套平原”。在沙漠和草原广布的塞外，竟然有这样一方适宜农耕的乐土。因此，人们用“黄河百害，唯富一套”来形容这片土地的珍贵。

在西北地区，大面积的是戈壁、沙漠，能有河套平原这块“塞上江南”，的确难得。为什么这里能成为牧区中的农区呢？

我们先来看一下河套平原的组成。黄河在这片土地上共孕育了三块沃土——前套、后套和西套，它们就像三块绿宝石，镶嵌在原本荒凉的塞外。

前套平原位于河套平原的东部，它西起乌拉山东麓，东至呼和浩特以东，北靠大青山，是一个近似三角形的肥沃平原。生活在这里的农民，经常会哼起那首好听的民谣："黄河北，阴山南，八百里河套米粮川，渠道交错密如网，阡陌纵横似江南。"内蒙古的两大城市——呼和浩特和包头就处在前套平原的怀抱中。

后套平原位于巴彦淖尔，黄河原来走北线，后来改道海拔稍低的南线，使得这里出现较大的平原。而黄河处于低海拔处，很难用黄河水灌溉后套平原。清末水利专家王同春经过仔细观察，总结水流规律，在这里开凿了 8 条大干渠和 270 多条支渠，灌溉了 3 万多顷农田，使后套平原成为塞外有名的富庶之地。

西套平原也叫银川平原，这里流传着民谣："宁夏川，两头子尖，东靠黄河西靠贺兰山，金川银川米粮川。"原本处于干旱区的银川平原根本无法满足农作物的生长，因为黄河的出现，这里才成为传唱了千年的金川银川米粮川。这里产出的珍珠米大名鼎鼎，还是枸杞的重要种植区。

▼ 后套平原上的向日葵　▶ 俯瞰阴山和河套平原

现在，我们知道河套平原是重要的农业基地。农业和牧业最大的区别，就是对降水的要求。年均降水量低于 400 毫米的地方，基本上很难种庄稼。

河套平原属温带大陆性气候，年降水量大多在 150 毫米至 400 毫米，自西向东逐渐增多。从西向东距太平洋越来越近，受夏季风影响逐渐增强。再加上地处阴山南侧，六盘山西侧，迎风坡区位也一定程度上增加了降雨量。但是这样的降水量仍然是很难支撑这里发展农业的，为什么这里粮食仍然能丰收呢？这涉及到一个重要的因素，就是黄河，黄河水可以灌溉河套平原。所以才有“黄河百害，唯富一套”的说法。

此外，河套地区海拔较高，日照时间长，夏天气温不低，而且夏天也是雨季，雨热同季，这更适合农作物生长。再加上冬季气温低，来年的病虫害少，也促进了这里农业的发展。如果你来到河套平原，请一定要记得尝一尝这里的甜瓜、枸杞等农业特产。

雨

吐鲁番

充满生机的“火炉”

对不了解新疆的朋友而言，新疆是个太神奇的地方！而在新疆众多神奇的地方里，吐鲁番又是个倍加神奇的地方。你瞧，这里是我国海拔最低的地方，既有着我国最炎热的天气，也是我国降水量最少的干旱地带，却长出了甜蜜多汁的葡萄，多么神奇！

从地形来看，吐鲁番盆地北接东天山，南面有一条相对低矮的山脉，是一个被两山夹持的山间盆地，连上东边的哈密盆地，总面积超过 5 万平方千米。正是由于这里四面环山，盆地像一口巨大的锅，加上地处沙漠，太阳光照强烈，大地吸收了大量的热量却又散发不出去，所以吐鲁番成了著名的“火洲”，是我国夏季最热的地方，最高气温有过 49.6℃的纪录，那叫一个热啊。

《西游记》里挡住唐僧师徒四人西天取经路的火焰山就取材于此。这是一座绵延百余千米的红色砂岩山，远看就像一团火焰在燃烧。不过，由于这里昼夜温差大，虽然白天酷热难耐，一旦太阳下山，夜幕降临，天气很快就凉爽起来。所以有“早穿棉袄午穿纱，围着火炉吃西瓜”的俗语。

据说，火焰山地表温度可高达 80℃，这都能把鸡蛋烤熟了呀。唐代有个诗人到过火焰山，写道：“火山突兀赤亭口，火山五月火云厚。火云满山凝未开，飞鸟千里不敢来。”一连四个“火”字，光读着都会觉得浑身发烫，大汗淋漓。

说完了气温，我们再来说降水。吐鲁番是一个巨大的断陷盆地，低于海平面的土地就有 4000 多平方千米，其中最低点艾丁湖低于海平面约 154 米，是我国陆地最低的地方。不过虽然海拔这么低，艾丁湖水量却不多，原来这里降水非常少，蒸发却很旺盛，有时候，艾丁湖甚至会变成一片盐碱地，连一滴水也没有。

吐鲁番属于典型的温带大陆性气候，全年温差大且少雨，年降水量约 16.6 毫米，主要集中在夏季，其余 10 个月几乎滴水不下，强烈的日晒导致蒸发非常旺盛，地面上几乎没有河流。不过终年积雪的博格达峰却为盆地提供了丰富的水源，为了留住宝贵的水，人们在地面挖了很多竖井，把下面疏通，让冰川融水从地下沟里流过，这样就不怕水源被外面火辣辣的烈日蒸发了，这种独特的竖井叫作坎儿井。

坎儿井的水在地下流淌，不受太阳暴晒，非常清凉甘甜。炎热的夏季，坐在坎儿井底的水边，凉快极了。当地维吾尔族就是依靠坎儿井在这里种出

▼ 火焰山

▲ 高昌故城 ▶ 干涸的吐鲁番盆地

了最甜的葡萄。火焰山下的葡萄沟，就是新疆最甜的无子白葡萄的产地。等到葡萄丰收，人们还会将葡萄一串串挂在四面通风的特殊荫房里慢慢阴干，制成我们常吃的葡萄干。

新疆民谣说:“吐鲁番的葡萄哈密的瓜，库尔勒的香梨人人夸，叶城的石榴顶呱呱”，道出了新疆有名的四种瓜果和瓜果之乡，吐鲁番独居榜首。吐鲁番的葡萄特别甜，也正是当地独特的气候所致。大自然就是这样的神奇，一方面要显示它的天威，而另一方面却又赐予这里丰厚的物产。

除了美味的葡萄，吐鲁番盆地里还有许多宝藏，比如风能。由于盆地高低悬殊的地势，温度振幅很大，导致这里多大风，每年3~6月西北风尤为强烈。在达坂城至托克逊之间有个白杨河大峡谷，狭长的地势和强大的气压让它素有“风库”之称。这里强大的风能，可是最佳新能源呢。

吐鲁番，自古以来就是西北地区的经济文化中心，保留了众多古迹，有新疆现存最大古城遗址——高昌故城，也有世界上保存最完好的生土建筑城市——交河故城，还有柏孜克里克千佛洞、苏公塔等知名景点。有机会不妨来吐鲁番，品尝甜蜜的葡萄，欣赏名胜古迹，体会一下“火洲”的魅力!

拉萨

高原日光城

清晨，拉萨河谷中薄雾缭绕，大昭寺还静悄悄，大街上也鲜有人迹，早起的阳光却已穿透雾霭，照在布达拉宫的金顶上，闪耀出迷人的光芒。不多久，那光芒发散开来，像从九天飘然而下的泉水，让八角街、小昭寺、罗布林卡……从头到尾都尽情沐浴着。拉萨城在沐浴阳光之后，露出了新的容颜，焕发了新的朝气，新的一天开始了。

拉萨，许多人都景仰的高原圣城，有个非常美丽空灵的名字，叫“日光城”。那它为什么被誉为“日光城”呢?

因为呀，拉萨年平均日照总时数多达3000小时以上。不对比不显得多，我们来看看，西安年平均日照总时数约2000小时，上海年平均日照总时数不到1700小时，成都年平均日照总时数约900小时。拉萨的日照时长是成都的3倍多，平均每天就有8小时以上的阳光，你说是不是应该叫日光城呀?

由于海拔较高，日照较多的拉萨并不炎热，夏季还很凉爽。不过这里的紫外线很强烈，高原人红红的脸蛋就是因为紫外线辐射偏多。平原地区的人们去拉萨，一定要做好防晒、防紫外线的措施。

晴天的温差总是比阴天大。除了冬天，拉萨总能拥有温暖的午后，以及清凉的早晨。即使在寒冷的冬天，午后的气温虽然在0℃以下，但是温暖的

拉萨城的清晨

阳光总是能驱除你心头的寒意，让阳光下的你我，享受到快乐。生活在这里的藏族人民，他们早已适应了这样的气候。早上出门劳作时，会穿着厚厚的外袍；等到中午温度升高时，就只穿左袖，将右袖从后面拉起搭在肩上，有的干脆脱下两只袖束于腰间。

那拉萨为什么这么多日光呢？原来呀，拉萨位于喜马拉雅山脉北侧，雅鲁藏布江支流拉萨河北岸，海拔高达 3000 多米，空气稀薄，水汽含量少，空气中含尘量小，大气透明度良好，阳光照到拉萨时，被云遮住的概率极小，这就使得拉萨获得的日光特别多。

大概没有别的人比拉萨人更懂得休闲了。每至节假日，拉萨所有的林卡（公园）都扬溢着欢歌笑语。一家老少，选择一块绿茵茵的草地围上布幔，拉上帐篷，围住一方阳光。他们在阳光下分享食物，唱歌跳舞，在阳光中尽情享受。

入秋的沐浴节，是拉萨阳光最富诗意的表现形式。虽然秋意甚浓，但人们相信初秋之水有很多优点，纷纷来到拉萨河畔，在清澈的河水中，洗涤肌肤，沐浴阳光。这些阳光的宠儿，正用为古老的高原造就青春和童话。

细心的小朋友也许会有疑问，拉萨平均每天日照时间七八个小时，那不等于白天全是晴天吗，难不成拉萨不下雨？的确，拉萨降水稀少，年降水量为 200～510 毫米，集中在 6～9 月的雨季。但是拉萨的降雨大多是夜雨，白天偶尔下雨也只是阵雨，有时候还出现东边日出西边雨的独特天气。

拉萨是一座有着 1300 多年历史的高原古城。如果有机会，不妨来一趟拉萨，来感受一下日光城的魅力。当你踏足在这片神奇的高原大地上，沐浴着洒落满身的阳光仰望蓝天时，你一定会感受到藏族同胞赤诚的信仰，感受到他们对这片土地的热爱。

雨

川藏公路

雨季里的惊险

说起川藏公路，很多人都知道，它东起成都，西至拉萨，沿途分布着众多冰川、草原、峡谷、河流、湖泊、温泉、森林、村寨等原生态自然景观和丰富多彩的人文景观，被誉为“中国最美景观大道”。如果你在七八月的雨季踏上川藏公路，那一定充满了惊险和惊喜。

每年夏天，印度洋温暖湿润的气团从西南方向吹到横断山区。由于横断山区主要山脉走向接近南北走向，非常有利于西南风长驱直入。但是西南风又无法翻越青藏高原，因此在横断山区形成了丰沛的降雨。多雨的盘山公路，泥泞、塌方、泥石流、堵车……只有在路上，才清楚川藏线最新路况。

川藏公路从成都到拉萨全长超过 2000 千米，穿越 14 座大山，横跨 16 条江河，其工程之浩大、施工之艰险，实属世界公路史上的奇迹。如今，这条道路已经成为著名的旅游公路。我们来分段说一说这条道路的惊险之处。

成都到二郎山段，相对平坦。二郎山是千里川藏线上的第一道咽喉险关，这里常年冰雪、暴雨、浓雾，泥石流、滑坡不断，盘山路事故多发，断道频繁。当地有谚语：“车过二郎山，像进鬼门关，侥幸不翻车，也要冻三天。”1999 年底，二郎山隧道群通车，大大提升了路况。2017 年，全长 13459 米的新二郎山隧道让成都和康定之间通了高速公路。

▼ 川藏公路雨季风光

过了二郎山，川藏公路迎来了第一条大峡谷——大渡河峡谷。以前过河就是红军“飞夺泸定桥”那座有着传奇色彩的铁索桥，后来架起了公路桥，公路在峡谷中蜿蜒，一边壁立千仞，一边波涛汹涌，令人心惊胆颤。

从康定西部的折多山开始，川藏公路真正进入了高原。折多山垭口海拔4298 米，与康定市的海拔落差达 1800 米，因此有“康巴第一关”之称。盘山公路九曲十八弯，来回盘绕就像“多”字一样，难怪当地人有句话叫:“吓死人的二郎山，翻死人的折多山。”

从折多山开始，往西一直到西藏波密，都属于横断山区。这一段路海拔高，城镇少，最大的特点就是不断地翻山过江。川藏南线 14 座大山，有 11 座在这段，河流也有 10 多条。其中过巴塘措普沟风景区后很长一段都是沿着河谷行驶，还能看见壮观的金沙江峡谷风光。

▼ 川藏线的盘山公路

在夏天，川藏公路澜沧江边的气温可以达到 20℃以上。峡谷西边的觉巴山和东达山相连，其中东达山垭口海拔超过 5000 米，这儿常年积雪，气温多在 0℃以下，被称为“生命禁区”。下了山来到河谷中的左贡，气温又升起来了，真是“十里不同天，一天有四季”。

过了波密，离开了横断山区，川藏公路迎来了最激烈的起伏，因为他撞到了喜马拉雅山的尾巴，这里有著名的通麦天险。

这段 14 千米的险路穿行在世界第三大峡谷帕隆藏布大峡谷中。帕隆藏布是雅鲁藏布江水量最大的支流，而帕隆藏布最大的支流易贡藏布就在通麦镇汇入。更糟糕的是，这里的峡谷与雅鲁藏布江大峡谷相通，印度洋的水汽可直抵这里，年降水量惊人，终年雨雾弥漫，山体含水量常年处于饱和状态。通麦路段几乎每年都会因山体塌方和泥石流而中断，因塌方被埋或被冲入江

▼ 川藏线折多山口

中的车辆不在少数，被司机们称为“通麦坟场”。2000 年夏，这里曾经发生了一次足以载入中国灾害史的地质大灾难。上游的易贡堰塞湖发生了溃坝，高达 100 多米的水墙，一路下泻，巨量的湖水加上巨大的高度差，力量非常恐怖，所到之处席卷一切，下游的通麦大桥处水头高出桥面 30 多米。如今这里经过大力改造，架桥，修隧道，路况有所好转，但仍需十分谨慎。

过了通麦天险就是林芝，川藏公路进入了相对平坦的尼洋河谷，虽然后面还有个米拉山隧道，但是峡谷风光已难再见，高原风光尽收眼底。

这就是川藏公路，有着极高的海拔，有着复杂的地质，有着无数的弯道。这里路况极差，或上云端，或抵深壑，或听江河咆哮，或沐交加风雪。这里昼夜温差极大，天气变化无常，“六月飞雪，一天四季”。不过，也正是它多变的气候特点、魔幻的地理特征、绚烂的人文景观、奇绝的自然景色，才令许多探险者无限神往。

↓两条川藏公路

川藏公路不止一条线路，而是有南北两大线，在两条主线之间还有多条联络线。

川藏南线全长 2146 千米，是 318 国道的一部分，经过康定、理塘、林芝等地，经过的地方县城更多，沿线都是高山峡谷，风景秀丽。

川藏北线全长 2412 千米，是 317 国道的一部分，经过马尔康、德格、昌都等地，所经过地区大多为牧区，海拔更高，人口更为稀少，景色也更为原始壮丽。

地理常识

地理有话说

中国的山和水

周国宝 著

中国轻工业出版社

中国山河总览图

图例

河流　　雪山　　首都

运河　　一般山峰　　一般城市

湖泊　　山水景观　　四大地理单元分区界

大兴安岭
黑龙江
松花江
长白山
白云峰
哈尔滨
阿尔山天池群
辽河
阴山
燕山
北京
渤海
贺兰山
黄河
恒山
五台山
太行山
海河
京杭运河
泰山
黄海
壶口瀑布
六盘山
西安
华山
嵩山
秦岭
淮河
大别山
上海
武当山
黄山
成都
长江三峡
巫山
武汉
长江
庐山
龙虎山
雁荡山
峨眉山
赤水丹霞
梵净山
洞庭湖
鄱阳湖
武夷山
武夷山水
东海
衡山
台北
南岭
桂林山水
丹霞山
玉山
珠江
广州
元阳梯田
南海
南海诸岛

▼ 安徽南部的山水风光

序言

“青山行不尽，绿水去何长。”我国是个多山多水的国家。

古人认为山是神灵的居所。祖先把中原及其四周的几座大山峰，称为“五岳”，在此封禅祭祀。五岳之外则有远离中原的“三山”仙境，雪山奇观。如今地理学上则更偏重介绍山脉。纵横交错的山脉（三横三竖三小段）构成了我国大地的“骨架”。

古人也崇拜河湖，祭拜河神、龙王。长江、黄河、淮水、济水四条著名河流合称“四渎”，其主要支流合称“八流”。依赖水运的古人还开凿了许多条运河。湖泊则有“上古九泽”。如今，地理学家把我国的河湖划分为七大水系，两大湖泊群。

“水是眼波横，山是眉峰聚。”山水在古人眼里，被赋予了精神内涵。因为，山水不仅是我们的家园，也是我们的心园。

目录

概说

南方地区

水

山

概说

◆

最美山峰

一万种美只因家乡

我国是一个多山的国家，那一座座巍峨险峻的山峰，有时是虔诚信徒的心灵寄托，有时是人们向往的旅行天堂，有时是高不可攀的顶点，有时是科学探险的终点。它们耸立在平原的尽头，矗立在高原的脊上，像大地的骨骼，分割出一片天地，串联起一方水土。

我国幅员辽阔，数得上名号的山峰真不少，可是若来评一评哪座山最美，那就众口难调了，有人爱圣洁雄壮的山，有人爱巍峨险峻的山，有人爱青翠秀丽的山，有人爱自然野趣的山……

2003 年《今日国土》杂志社组织评选的“中华十大名山”，代表了兼具自然和人文视角的名山。

第一名和第七名是五岳中的山东泰山和陕西华山。泰山如坐，华山如立，恒山如行，衡山如飞，嵩山如卧，五岳围起来的中原是中华文明的发源地。

五岳之首泰山，东望黄海，西襟黄河，在华北平原旁以拔地通天之势巍然坐立，极具视觉震撼力。孔子曾有“登泰山而小天下”之叹，而唐代诗人

▲ 黄山飞来峰、泰山十八盘、峨眉山金顶

杜甫面对泰山，则写下了“会当凌绝顶，一览众山小”的豪言壮语。自古泰山便是帝王告祭、百姓崇拜的神山，更有“泰山安，四海皆安”的说法。

“自古华山一条路”，华山陡峭的山壁像被刀子削过一样，直插云霄，四处都是上百米甚至数百米的悬崖断壁，真是看着都能让人惊出一身冷汗。

第二名和第四名是“三山”中的安徽黄山和江西庐山，它们和浙江雁荡山都是中原边缘的奇山，借蓬莱三山之意合称“三山”。

黄山 72 峰，或雄浑，或峻峭，或秀丽，布局错落有致，天然巧成。黄山有四绝，你们知道是什么吗？答案是形态奇特的松树、嶙峋有趣的怪石、瑰丽壮观的云海和甘美清澈的温泉。除此之外，黄山还有日出、晚霞、华彩、佛光、雾凇等奇幻景观，真不愧被人们赞为“上帝的盆景”。

庐山是避暑胜地。风格多样的别墅，波澜壮阔的云海，吸引了许多人来消夏。大诗人李白、大文豪苏轼都曾被庐山的风光深深打动，留下了《望庐山瀑布》《题西林壁》等诗作。

第三名和第十名是四川峨眉山和山西五台山，它们和安徽九华山和浙江普陀山合称四大佛教名山。

海拔 3099 米的峨眉山有“峨眉天下秀”的赞誉。金顶中心处的十方普贤像，是峨眉山的标志，也是世界上海拔最高的金佛。站在金顶，你可以看到绚丽的日出、壮观的云海，还有神圣的佛光呢！

华北地区最高山五台山是清凉圣地，更是佛国世界。相传五台山是文殊菩萨显灵说法的道场，现存 40 多座寺庙，有不少历史极为悠久的古建筑。

第五名的西藏珠穆朗玛峰是地球之巅，威武雄伟，有着奇特的地理、生物景观，吸引着全世界登山者的目光。第六名吉林长白山是东北地区的高地，群峰间的天池是我国最大的火山湖，也是世界上最深的高山湖泊。

第八名福建武夷山是三教名山，有丹山碧水，更有地球同纬度地区保护最好、物种最丰富的生态系统。第九名台湾玉山以 3952 米高的海拔雄踞我国东部之冠，拥有极为丰富的地质奇观和生物资源。

2005 年《中国国家地理》杂志评选的“中国最美十大名山”，则更看重自然景观。

◀ 南迦巴瓦峰　▲ 亚丁三神山

这份榜单的第一名属于西藏南迦巴瓦峰，这座海拔 7782 米的巨大三角形山峰终年积雪，云雾缭绕，从不轻易露出自己的真面目，宛若羞涩的闺中少女。雅鲁藏布江流到这里，绕着南迦巴瓦做了一个马蹄形的大拐弯后，形成了世界第一大峡谷——雅鲁藏布大峡谷的壮丽景观。

第二名四川贡嘎山被称为“蜀山之王”，是横断山脉的最高峰。第三名珠穆朗玛峰是世界最高峰，以 8848.86 米的个头昂首天外。

还有四座雪山也入选，它们是：海拔 6740 米的“雪山之神”云南梅里雪山，祥和的净土四川亚丁三神山；世界攀登难度最大的雪山、海拔 8611 米的新疆乔戈里峰；多个宗教中的神山，四条国际大河发源地的西藏冈仁波齐峰。

东部地区则选了三个最具代表性的山峰：“三山”中的黄山，“五岳”中的泰山，以及“四大佛教名山”中的峨眉山。

不同版本的十大名山，你觉得怎么样呢？若是不同意，不妨和你的小伙伴一起，把心目中的名山列出来，大家都来投票评比一下咯！也许，最美的山，就是你家乡的那座山。

◆

秦岭淮河

华夏以此分南北

你喝豆腐脑的时候，喜欢甜的还是咸的呢？豆腐脑的“南北之争”由来已久，却可以看出南北方人们饮食习惯的差异。

基于气候和地势的区别，我国南北方文化有着比较明显的差别。但关于南北方的界定，一直存在争议。东北人说，过了山海关都是南方。广东人说，不下雪的才是南方，安徽人则在河南人面前说自己是南方人，在江西人面前说自己属于北方。

许多人简单地把我国南方和北方，归结为长江流域和黄河流域。其实准确来说，打开中国地图，把横亘东西的秦岭和淮河连成一条线，中国的南方和北方才算划分好了。你可以对照一下，看看自己的家乡在南方还是北方？

为什么说秦岭和淮河才是南北方的分界线呢？居然有淮河？凭什么不是黄河，也不是长江？

气候是最基础的决定条件。1月平均气温：秦岭淮河一线往北在0℃以下，大河冰封，城市集中供暖；往南在0℃以上，大河不结封，城市无集中

▲ 秦岭北麓风光

供暖。年降水量：秦岭淮河一线往北在 800 毫米以下，在旱田里种植小麦，主食面食；往南在 800 毫米以上，在水田种植水稻，主食米饭。由此可见秦岭淮河一线南北两侧的巨大差异。我们来分别看一下秦岭和淮河。

秦岭是一条东西向的大山脉，东西绵延约 1600 千米，由南至北宽 100 多千米。南坡缓长，坡势较缓，北坡短急，地形陡峭。每到冬天，陡峻的北坡就像一堵“挡风墙”阻止了冷空气南下，让汉中盆地、四川盆地、南阳盆地的气候相对温暖。南来的水汽使得南坡降水更加丰富，森林也更加茂密、葱郁。人们在这里种植茶叶、水稻、橘子、油菜等作物，良田千顷，一派江南风光；而北方则地形崎岖，容易受到流水的侵蚀，农作物也以不需要大量水源的小麦、苹果、柿子为主。

秦岭主峰太白山海拔 3771.2 米，“太白积雪六月天”可是有名的关中八景之一呢！除此之外，我们熟知的终南山、华山、崤山等都属于秦岭山脉，真可谓“连山接海隅”，现在你大概可以想象它到底有多大了吧。

今天的秦岭横亘在我国南北的分界线上，它使得天分南北，地割江河。它孕育了古老的中华文化，也成了动植物的天堂。它的巍峨险峻和连绵壮阔使得人们难以窥其全貌，却又吸引着人们不断地探索追寻。

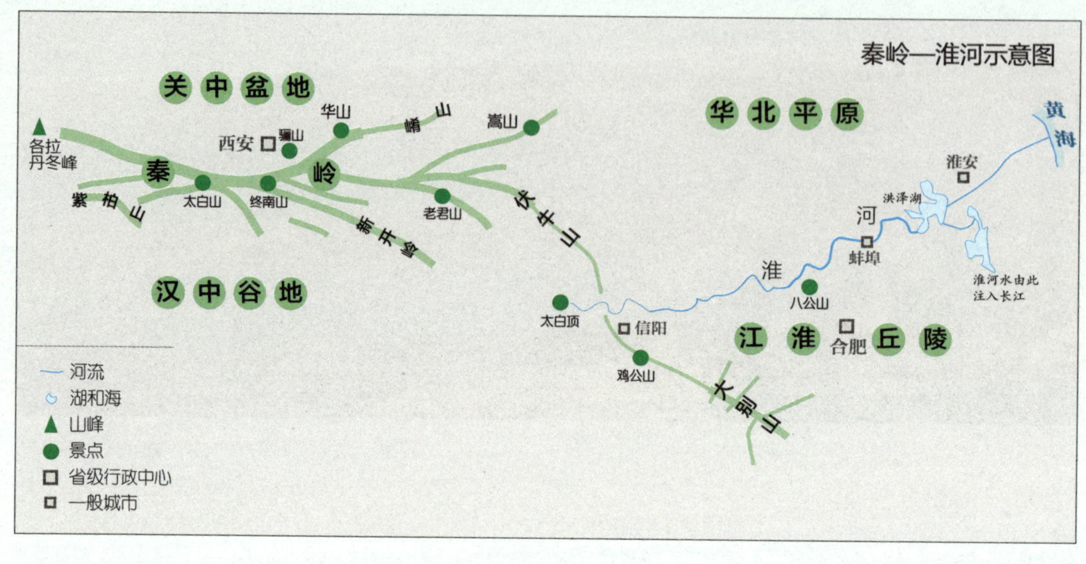

秦岭的延长线—— 淮河，则是平原上的南北分界线。古人常说“橘生淮南则为橘，生于淮北则为枳”。什么意思呢？就是说淮河以南的橘树移到淮河以北就变成枳树了。怎么会这样呢？这其实说的是气候环境对农业的影响。

其实，淮河两岸都是平原，在气候上也并非有非常明显的差别。但是淮河所处的位置，正处于气候带交替区，一条大河又加深了地理的分割。因此淮河就成了非常合适的南北方分界线。

淮河从河南出发，经安徽流到江苏的1000多千米路程，经过的地方大多是平原，既没有雄壮的雪山，也没有幽深的峡谷。但我们可千万不能因为这样就小瞧了它。古时候，它可是和长江、黄河以及济水并称“四渎”，都是直接流入大海的。秦朝以前，中国文明的中心都在淮河以北，战国七雄有六个在淮河以北。三国时期，淮河以南才开始加快开发。到南宋时，国界就在秦岭淮河一线，南方经济开始反超北方。

▲ 淮河风光

淮河处于南北方交界处，历史上也一直多灾多难。黄河数次奔涌而下，侵夺淮河流向黄海的河道，这就是“夺淮入海”。黄河“夺淮入海”后，挤得淮河只能流入长江。现在黄河经过治理后又回到了故道上去，而淮河的大部分河水流经洪泽湖后再流入长江，小部分河水经过苏北灌溉总渠流入黄海。

由于淮河流域降水集中在夏季，中上游地势落差大排水快，中下游地势缓水道不畅，暴雨后极易成涝。为了治理淮河，人们修建了很多水利工程，这才使得淮河的生态有了很大改观。2020 年夏季，淮河干流王家坝开闸，蓄洪区人们将过剩的洪水引入自己的家园，为下游的平安做出了自我牺牲。

秦岭、淮河，是分割线，也是联络线。秦岭山谷间，古代有多条蜀道，今天高速公路、高速铁路都已贯通。淮河两岸，许多码头昼夜忙碌，船舶运载着物资通江达海。秦岭、淮河，也正是因为它们的存在，中国大地才更加丰富多彩。

◆

京杭运河

一条长河贯南北

古人想要运输货物，可不像我们现在这么方便，既有长长的火车，又有灵活的货车。大多数时候，古人需要马车，有时候甚至还要靠人力，如果是长途运输的话，就只能靠水运了。

我国有许多大河，长江、黄河、汉江、淮河、渭水……在古代都是水运兴盛。但是这些大河基本上都是东西走向，把物资从东运到西难度不大，可是要把物资从南运到北，那就不大方便了。

京杭运河的出现可是帮了古人的大忙。早在春秋末期，位于长江中下游地区的吴国为了争夺中原霸主的地位，想要北上去讨伐齐国，可是却没有合适的路。吴王夫差就调集民夫在扬州的邗城附近开凿了一条“邗沟”。这条全长不到 200 千米的沟渠沟通了长江和淮河，帮助吴国军队顺利渡江到了北边。这就是京杭运河最早修建的一段。

虽然吴王夫差挖了运河的“第一铲土”，但运河真正的缔造者却是隋朝的隋炀帝。当年，隋炀帝把都城定在北方的洛阳，为了把南方那些好吃的和好玩的快速送到洛阳供他享受，也为了缓解北方资源的短缺状况，他才决定挖通航道。所以说京杭运河开通伊始，是用来帮皇帝运输物资的。当年隋炀帝征调了上百万人疏通通济渠，改造了吴王夫差挖的邗沟，后来又开凿了永济渠，沟通了江南河，这样洛阳和杭州、洛阳和北京之间就能直通船舶了。

到了元朝，位于北方的北京成了政治经济中心，住在北京的统治者需要南方丰富的物产资源，南北运输显得尤其重要。当时的元世祖忽必烈觉得从北京出发到杭州还要绕道洛阳太麻烦了，于是又重新修整了一下运河，开通了会通河。这样一来，北京和杭州连成了一条线，将海河、黄河、淮河、长江和钱塘江五大水系连接起来，运河成了仅次于长江的第二条“黄金水道”。如今现存的运河主要就是元朝运河，全长约1800千米，是世界最长的运河。

京杭运河在历史上可是发挥着举足轻重的作用。不过随着现代交通工具的发展，运河的作用已经逐渐减小了。不过台儿庄以南的运河却还是“活着的运河”，尤其是镇江以南段，至今仍然航运繁忙。

京杭运河杭州段

山水中国

山为骨骼，水为血液

我国是一个多山的国家。在祖国的辽阔大地上，如果把一条条河流比喻成祖国母亲的血液，那么，纵横交错的山脉就像大地隆起的脊梁，构成了我国地形的“骨骼”。

这些“骨骼”要怎么看呢？一般根据山脉的走向，可以把它们大致分为“三横三竖三小段”共九系列山脉。

横向的山脉主要有三行，自北向南依次是：1. 北边的天山—阴山—燕山；2. 中间的昆仑山—秦岭—大别山；3. 南边的喜马拉雅山—苗岭—南岭。

纵向的山脉主要有三列，自西向东依次是：1. 西边的贺兰山—六盘山—横断山；2. 中间的大兴安岭—太行山—巫山—雪峰山；3. 东边的长白山—泰山—黄山—武夷山。

另外，还有三条比较重要的山脉环绕在祖国的四周，它们分别是，位于西北的阿尔泰山、位于东北的小兴安岭、位于东南的台湾山脉。这种概括方法虽然没有包含祁连山、武陵山等山脉，但是非常好记。

长白山区牡丹江上的镜泊湖瀑布

我国有许多源远流长的大江大河，其中流域面积超过 1000 平方千米的河流就有 1500 多条。这些河流就像是祖国母亲身体里的血液，它们滋养着中国大地上的一草一木。

受地势西高东低的影响，我国河流大部分自西向东流，最后注入太平洋。只在西南有几条河流向南流入印度洋，在新疆北部有一条河流向北流入北冰洋。我们把这些最终流入海洋的河流，叫作外流河。

注入太平洋的河流：长江、黄河、珠江、淮河、黑龙江等。

注入印度洋的河流：雅鲁藏布江、澜沧江、怒江、象泉河等。

注入北冰洋的河流：额尔齐斯河。

我们把最终没有流入海洋的河流，叫作内流河。我国的内流河大多分布在西北内陆。塔里木河是我国第一大内流河。

我国湖泊众多，其中面积在 1 平方千米以上的天然湖泊就有 2300 多个，主要有两大湖泊集中分布区。长江中下游地区分布着最大的淡水湖群，鄱阳湖、洞庭湖、太湖、洪泽湖、巢湖被称为中国五大淡水湖。青藏高原上有很多内陆咸水湖，著名的青海湖、纳木错。

山

太行山

西山不挡水东流

1200多年前，诗仙李白笔下的那句“欲渡黄河冰塞川，将登太行雪满山”，向世人诉说了黄河难渡、太行难登之险阻。但你能想象到吗？如此巍峨陡峭的太行山，曾经居然是一片无人踏足的海洋。

大约6亿年前，太行山地区还是一片汪洋大海，随着地壳的不断运动，海水退去，茂密的森林开始出现。在此后一次次的地壳活动中，太行山脉逐渐隆起，慢慢形成了如今太行东部陡峭、西部徐缓的地貌形态。

从地图上看，绵延的太行山就像一堵墙，横亘在华北平原的西边。它不仅是华北平原和黄土高原的分界线，还是中国第二阶梯和第三阶梯的分界线。

古时，人们常说“八百里太行”，那是因为太行山北起北京西山，南达豫北黄河北崖，整体宛若一个“丿”形，像一条巨龙，绵亘八百余里（400多千米）。太行山脉一直以山势高大险峻著称，其山峰海拔大多在1200米以上，陡直的峭壁，幽峭的深谷，嶙峋的怪石，巍峨的群峰，在中原大地上筑起了一道难以逾越的巨大屏障。

巧合的是发源于这座大山的多条大河，最终都汇入海河，塑造了海河平原。

整个太行山纵跨北京、河北、山西、河南四个省市，人们便按照省界，

▲ 太行山秋色

将它分为三段：北太行、西太行、南太行。虽是同一座山，可是这三段的风光却大不相同。

位于北京市和河北省境内的北太行，植被稀少，岩石裸露，雄壮磅礴。太行山最高峰小五台山海拔 2882 米，位于这里。抗日战争期间狼牙山五壮士的故事，就发生在这一段。

北太行最有名的山当数白石山，此山因山岩多呈白色而得名。白石山最壮观的景致，是我国唯一的大理岩峰林地貌，100 多座高低错落、相对独立的峰林巍巍壮观，最大落差可达 600 米，峭壁陡崖，外形如兽、如塔、如剑、如笋、如仙，鬼斧神工。如逢云海，更若仙境。

位于山西省的西太行，大多被黄土覆盖，一派苍茫之色。这里的娘子关有“万里长城第九关”之称，是历代兵家必争之地。因唐朝平阳公主曾率兵驻守于此，平阳公主的部队当时人称“娘子军”，故得此名。连接石家庄和太原的铁路就是从娘子关经过的。

这里的嶂石岩地貌不同于丹崖地貌、张家界地貌等砂岩地貌，因而被地质学家专门命名。绵延数千米的岩墙峭壁，三叠崖壁，远远望去，如屏如画，极为壮观。

位于河南省的南太行，则呈现了一片生机勃勃的景象。这里水量充沛，树木繁茂，再加上壮观的云台地貌，让这里兼具了北方的雄伟和南方的秀丽。在红石峡中，陡峭的山崖上有壮观的飞瀑，峡谷中，水潭一个接一个，秀丽无比。主峰茱萸峰海拔1308米，据说王维《九月九日忆山东兄弟》“独在异乡为异客，每逢佳节倍思亲，遥知兄弟登高处，遍插茱萸少一人”，就是登此山有感而作。

在愚公移山的故事中，快90岁的愚公，因为太行、王屋两座山阻塞自家的交通，就带领全家人要挖平两座大山。这事受到了智叟的讥笑，愚公却说：“即使我死了，还有儿子在，儿子又生孙子，子子孙孙无穷无尽，可是山却不会增高，还怕挖不平吗?”天帝被愚公的诚心感动，安排大力神夸娥氏的两个儿子背走了那两座山。

◀ 生机勃勃的南太行　▲ 太行山挂壁公路

也许你也觉得愚公太笨了，挖走两座山，真是太难了。

可是，你知道吗？太行山脉中有很多东西向的横谷，这里地形险峻，自古就是交通要道，历来被视为兵家必争之地，从春秋战国直到明清，2000多年间烽火不息。古时候，人们要想翻越这座险峻的屏障，只能一点点地凿山，历经千辛万苦，才开凿出军都陉（xíng）、蒲阴陉、飞狐陉、井陉等八条咽喉通道，这就是著名的“太行八陉”。

科技在不断发展，人们的智慧也是无穷无尽的。如今，在八百里巍巍太行山，人们依山就势，顺崖凿洞，共凿出了七条挂壁公路，真是一项了不起的工程啊！

山

五岳

守卫中原的王者山

五嶽獨尊

上古时代，华夏先民生活的范围，主要集中在黄河中下游流域，就是我们常说的中原地区。这一片属于平原丘陵地带，在四周，有一些非常高耸峻峭的山，先民们给这些山专门起了一个称呼“岳”，他们认为有“岳神”在守护着他们的家园。

最初，先民们认定了“四岳”，他们分别位于中原的东、南、西、北四个方位。这个范围基本上在我国的北方地区。后来，先民们又增添了一个位于“天地之中”的中岳，形成了“五岳”。在汉武帝时候，“五岳”受到皇家的空前重视，皇帝亲自去“五岳”封禅、祭祀，向“岳神”求安。

现在我们说的“五岳”就是：东岳泰山、西岳华山、南岳衡山、北岳恒山、中岳嵩山。你可能有点儿纳闷：珠穆朗玛峰世界最高，为什么五岳里没有它呢？这是因为，“五岳”是华夏先民早期家园周边的山，所以都在华北平原周边。

“五岳归来不看山”，这五座山以象征中华民族的高大形象而名闻天下。论景观，五岳又各具特色：泰山雄，衡山秀，华山险，恒山奇，嵩山奥；泰山如坐，衡山如飞，华山如立，恒山如行，嵩山如卧。

接下来，让我们来分别认识下五岳。

五岳中，地位最为崇高的便是位于山东省的东岳泰山了。泰山东望黄海，西襟黄河，虽然海拔在五岳中不突出，但其四周皆平，相对海拔和视觉冲击力谁与争锋？孔子曾有“登泰山而小天下”之叹，而唐代诗人杜甫面对泰山，则写下了“会当凌绝顶，一览众山小”的豪言壮语。

古有“泰山安，四海皆安”的说法。自秦始皇到清代，先后有6位帝王亲登泰山封禅。东岳大帝更是掌管生死贵贱，地位尊显。如今，这里古建筑林立，摩崖石刻都成了人民币图案了，来此看日出的游客更是络绎不绝。

西岳华山位于陕西省，北瞰大河，南接秦岭。华夏文明的“华”就源于华山。起初，当国都在华山以西时，一般不称华山为西岳。当国都在华山以东的洛阳时，称华山为西岳。到东汉时，西岳指华山逐渐固定下来。

华山险居五岳之首。陡峭的山壁像被刀子削过一样，“自古华山一条路”，百米陡崖上的山道，真是看着都能让人惊出一身冷汗。华山这么险，许多皇帝不敢爬，可坐在轿子里也上不去啊！怎么办呢？只好在华山的脚下修建了一座西岳庙，在那向华山朝拜，意思一下就好了。

北岳恒山原来是指位于河北省的大茂山，到清朝，改成了更偏北的山西省大同市的恒山。恒山有东、西两峰对峙，一条浑水从中间流过，是南北交

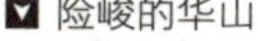
险峻的华山

五岳海拔和位置

东岳泰山，海拔1532.7米，位于山东泰山。

西岳华山，海拔2154.9米，位于陕西华阴。

南岳衡山，海拔1300.2米，位于湖南衡阳。

北岳恒山，海拔2016.1米，位于山西浑源。

中岳嵩山，海拔1491.7米，位于河南登封。

地理常识

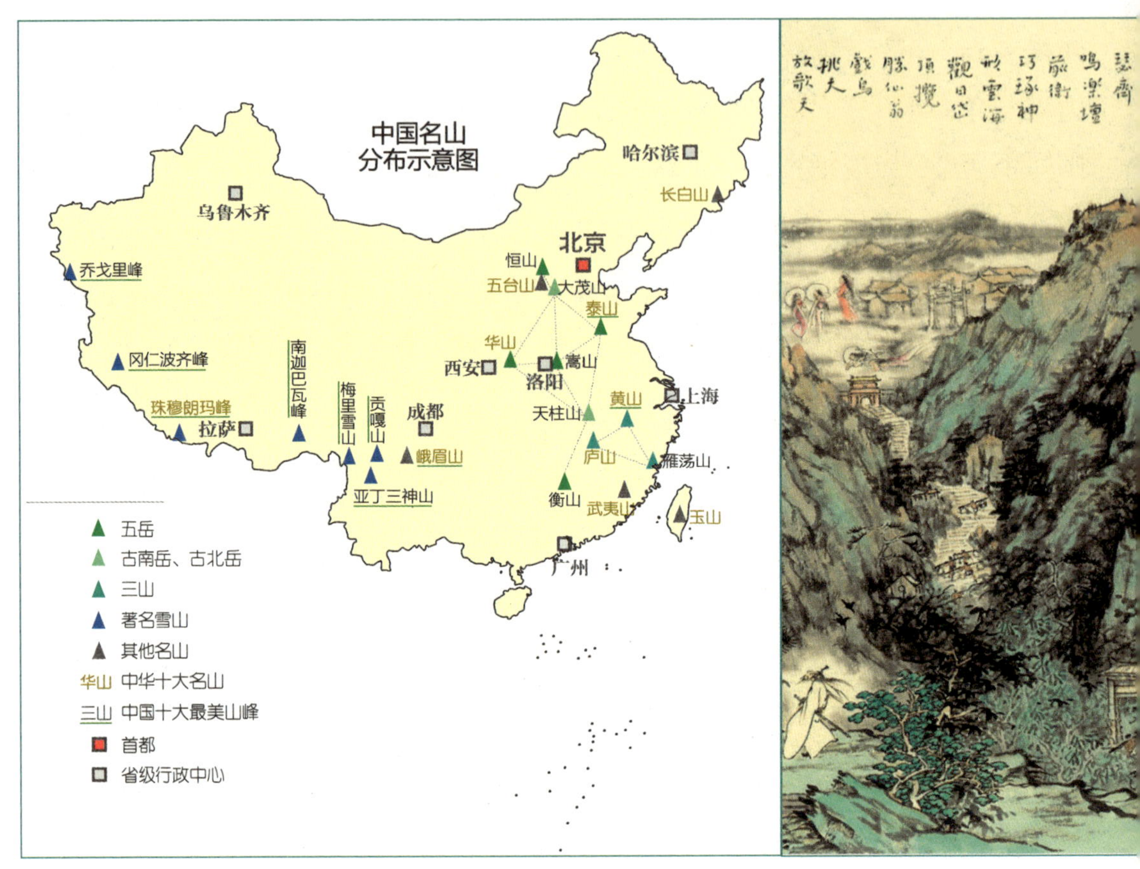

通的咽喉，也是大同地区过倒马关、紫荆关，进入华北平原的必经之道。

恒山双峰之间还有一处奇观，那就是悬空寺。你是不是不相信，那么沉重的寺庙，怎么会悬挂在半空中呢？原来，人们修建寺庙的时候，在峭壁上打洞，插进了粗大的木头横梁，这才托起了这座悬空寺。

南岳原来位于安徽省，在大别山脉的天柱山。汉武帝曾经亲临祭拜，李白写诗赞誉“奇峰出奇云，秀木含秀气”。后来，随着中原概念的扩展，从隋文帝开始把南岳改成了湖南省的衡山。衡山以秀丽著称，南方温暖湿润的气候，使得这里茂林修竹，奇花异草，终年翠绿。衡山又有“寿岳”之称。后人祝寿常说“寿比南山”，就是从这儿来的。

中岳嵩山位于河南省，这里紧邻洛阳，西望群山，东通平原，被古人认

雄伟的泰山（国画）

定为“天地之中”，周公在这里设立了最早的观星台，划分了四季。嵩山有很多名胜古迹，其中最有名的莫过于少林寺了。你是不是在很多电影中都见过武艺高强的少林僧人？至今还有很多人在少林寺学习武艺呢。

五岳劈地摩天，气冠群伦。千百年来，皇帝在这里祭祀，僧道在这里修行，信徒在这里许愿，文人在这里吟诗，游客在这里沉醉。五岳已经成了中国人的一种信仰，攀登过高山，才更理解人生的历程。

文 化 常 识

↓泰山封禅

封禅在中国古代历来是一件大事，皇帝号称天子，天子受命于天，当然要向天地汇报自己的功绩。祭天为封，祭地为禅。

上古很多贤王都曾来泰山祭祀。效法先王，祭拜泰山就成为了后世帝王的不二选择。

封禅帝王有：秦始皇、汉武帝、汉光武帝、唐高宗、唐玄宗、宋真宗。

宋真宗签订过屈辱的“澶渊之盟”，也敢封禅，成为笑料。所以自宋真宗后，泰山只有祭祀没有封禅。

专题

万里长城

长城是不是山？万里长城是世界上最长的山吗？很多小朋友都会有这样的疑问。

其实长城不是山，长城是建在山上的墙，古代人想通过这道大山上的墙来阻挡北方的敌人。长城的墙绝大部分都是建在山岭上（比如燕山、雁门山、贺兰山），因为只有这样才好拦住敌人啊，也有部分长城是建在平地上的。在北京、河北、山西等地方，我们都能看到壮观的长城。

嘉峪关关城

嘉峪关是万里长城的西端起点，是一座保存完好的军事城堡。

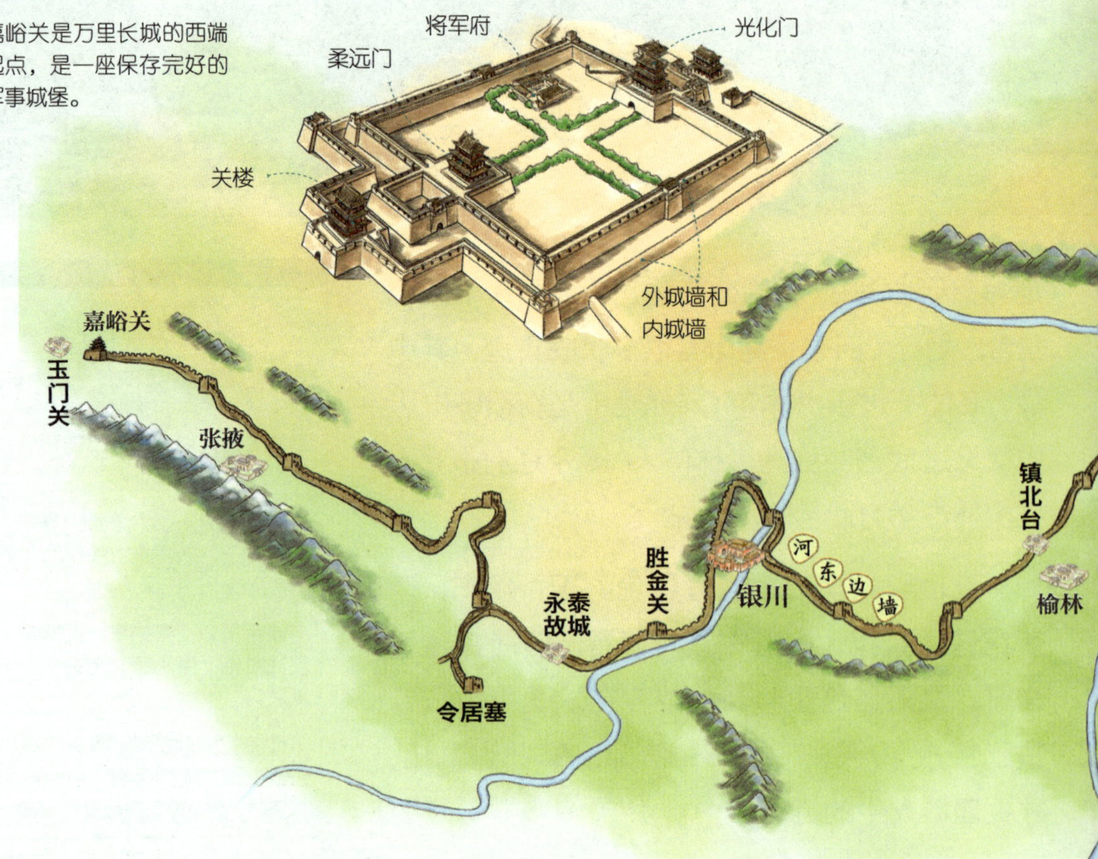

敌楼

敌楼是长城上的主要设施，可用来休息、瞭望、发起攻击。

垛墙

守楼士兵瞭望敌情和射击敌人时掩护自己之用。垛口上有小窥孔，可察看敌人动向。

马道

进出敌楼的通道 。

挡墙

敌楼内部有很多朝向不同的穹隆顶挡墙，能更好地掩护与防卫。

箭窗

用来发射弓箭等武器的窗口。

外部宇墙

起到栏杆的作用，防止士兵坠落。

山

大兴安岭

寒地上的大森林

说起大兴安岭，你一定觉得熟悉又亲切，但又感觉遥远和陌生。“兴安”其实是满语，意思就是“极寒之处”。人们常常把中国地图的形状比喻成雄鸡，在中国地图的鸡冠位置，有一片生长在寒地上的原始森林，那就是大兴安岭。

大兴安岭位于我国东北部，也是我国纬度最高的地区。大兴安岭全长1200多千米，宽200~300千米，怪不得名字里有个“大”，它可真是一座“大山岭”。

夏季，从渤海和日本海吹来了湿润的季风，给大兴安岭的东坡带来了充沛的雨水，越往西，雨水越少。因此大兴安岭以西，植被逐渐稀少，渐渐由森林演变为草原和荒漠。

大兴安岭被称为“绿色宝库”，这里有数不清的樟子松、白桦、红毛柳，几千米连绵不绝，堪称一片树的海洋。

春天，山上的冰雪消融，汇集成小溪淙淙地流着，时常有小鹿来溪边喝水，林间的树木抽出了新芽，杜鹃也开出了娇艳的花朵。

夏天，树木已经长得葱葱茏茏，林海翻浪，绿满山川，茂密的枝丫遮住了蓝蓝的天空。不知名的野花开得漫山遍野，红的、黄的、蓝的、紫的……

▲ 大兴安岭莫尔道嘎森林公园秋色

五颜六色，将草地山坡点缀得好看极了。

秋天，云淡风轻，白桦树和栎树都变黄了，可松柏却依然挺拔苍翠。金黄色的林海间夹杂着点点翠绿，层林尽染，色彩斑斓。山间的野葡萄这时也成熟了，还有香脆的榛果、珍贵的人参，真是一个收获的季节啊！

冬天，大兴安岭是冰雪的王国，雪花时常在空中飞舞，地上、树间早已是厚厚的一层积雪，又松又软，要是一脚踩下去，差不多要没过膝盖了。这么冷的天，森林里已经没有了黑熊的踪影，它们早就躲到山洞里冬眠啦！

一年四季，大兴安岭都有着不同的迷人风景，这里也是勇敢的鄂伦春人的故乡。鄂伦春人被称为“林木中的百姓”。狩猎是鄂伦春族人生存的需要，一年四季他们都游猎在茫茫的林海中，马和猎狗是他们不可缺少的好帮手。

在大兴安岭北端，有一个叫莫尔道嘎的森林公园，这里山峦起伏，古木参天，植被丰富，保存着我国最后一片寒温带明亮针叶原始林景观。走进宁静祥和的老村落，到处都是木头搭成的小房子，仿佛闯入了童话世界中的森

林小屋，当地人把这样的木屋称作“木刻楞”。在莫尔道嘎，满眼都是郁郁葱葱，无边的绿地变成了森林与草原、河流交相辉映的场景。登上山巅极目远眺，大兴安岭的深邃与辽阔尽收眼底。

在大兴安岭中段，还有一个阿尔山国家森林公园。这里有郁郁的森林、澄澈的天池、神奇的矿泉、奇特的火山岩地貌，是著名的度假胜地。

阿尔山现在还留有 50 多座火山堆，其中摩天岭是最高的火山堆，海拔 1700 多米。登上摩天岭，可以看到杜鹃湖、鹿鸣湖、仙鹤湖等很多漂亮的湖泊，这些湖泊都是由火山熔岩堵塞河道形成的堰塞湖。其中最大的一个火山湖叫阿尔山天池，东西长达 450 米，是我国第三大天池。

▲ 阿尔山秋色

◀ 大兴安岭的茂密森林

在大兴安岭南端，则有最高峰黄岗梁，2034 米的海拔虽然不算高，却足以容纳丰富的物种。

美丽的大兴安岭不仅有着绚丽的北国风光，还有丰富的物产馈赠给生活在这里的人们。我们常说“靠山吃山，靠水吃水”“一方水土养一方人”，这些话是大兴安岭的真实写照。

这里盛产各种野果，如酸甜的山葡萄、蓝莓；还有营养丰富的榛子；茂密的林木也滋养了大量的野菜和菌菇；而那些大大小小的河流湖泊，还盛产鲟鳇鱼、哲罗鲑、江雪鱼等珍贵的冷水鱼。难怪当地人用“棒打獐子瓢舀鱼，野鸡飞到饭锅里”来形容大兴安岭物产丰富，真是一点儿都不为过呢！

山

长白山

关东第一山

熟悉东北地区的小朋友，一定听说过“白山黑水”，这个“白山”呢，就是长白山。

早在4000多年前的文献中，就出现过关于长白山的记载，不过那时它叫“不咸山”。据说是因为它有盐一样的白，但没有盐那样的咸，所以叫“不咸山”，是不是很有意思呢？

广义的长白山指东北地区东部山地的总称，北起乌苏里江畔的完达山，南抵渤海之滨的老铁山，绵延1300多千米，是欧亚大陆东缘的最高山系。

长白山的北段有茂密的原始大森林，是“森林之王”东北虎的家园，现在兴建了东北虎豹国家公园。高大的红松矗立林海，千年的东北红豆杉藏身林间。除了东北虎、东北豹，还有棕熊、猞猁、水獭、紫貂、梅花鹿、原麝等兽类。每年春去秋来，壮观的雁鸭类迁徙大军便在此停息补充能量，然后沿着国家公园内南北走向的山脉继续南下。这里是世界少有的“物种基因库”。

长白山的南端是辽东丘陵，有着许多名山景观。千山由近千座状似莲花的奇峰组成，由奇峰、岩松、古庙、梨花组成四大景观。本溪水洞是迄今发现的世界第一长地下充水溶洞。老铁山是渤海和黄海的分界点。

▲ 长白山天池

狭义上的长白山，即长白山脉风景区，位于吉林省的安图县、抚松县和长白朝鲜族自治县交界处，也是中国和朝鲜的界山。我国境内长白山的最高峰为白云峰，海拔 2691 米，也是东北地区最高峰。

众所周知，长白山是一座休眠火山，历史上曾记载过它的三次喷发时间，最近的一次是 1702 年。不过据近代地震观测，尚无火山喷发的征兆。

除了火山这个身份标签外，长白山还是多条大河的发源地，也是满族的发祥地，更是很多北方游牧民族心中不可动摇的神山。这里旅游资源丰富，有神奇壮观的火山地貌景观，山清水秀的自然风光，典型完整的山地森林生态系统，种类齐全的动植物资源，独特奇异的北国冰雪风情，独具特色的历史遗迹和民俗文化风情。

在长白山山脚下，有一座自然博物馆，由四个大厅组成，展出长白山山川地貌、垂直景观、自然资源及其历史与现状。

长白山北坡，人称“南天门”的黑风口就处于岳桦林带与高山冻原的交界处。在这里居高临下，可以饱览长白瀑布的全貌，“U”形谷尽收眼底。

长白瀑布是东北地区最大的瀑布群，水自长白山天池漫出后，从龙门、

天豁两峰之间骤然跌下，落差高达68米，被列为“世界上落差最大的火山湖瀑布”大世界基尼斯之最。

鸭绿江大峡谷位于长白山南部，是去往长白山天池的必经之路。峡谷两侧悬崖绝壁如削，中间奇峰异石林立，两壁火山岩和火山碎屑，经数百年的风雨剥蚀，形成千姿百态的图案。

长白山天池在主峰火山锥体的顶部，是火山喷发后自然形成的火山口湖，它略呈椭圆形，像一颗璀璨的明珠，镶嵌在雄伟壮丽的长白山群峰之中。而它海拔2189米的高度一直被人们牢记。

天池之所以有资格成为“天池”，不仅仅是因为它海拔“高”，还因为它足够“大”，绕湖一圈超过13千米。长白山天池是我国面积最大，也是湖水最深的火山口湖，最深处达373米，总蓄水量约20亿立方米，它犹如一面硕大的镜子镶嵌在巍巍群山中，是我国最高最大的高山湖泊。

长白山天池没有入水口，但是却作为鸭绿江、松花江、图们江三江的源头，长白山天池这么多的水，究竟是从哪里来的呢？这当然少不了天上的雨水和山峰上雪水的功劳了，不过最大的功臣还是天池底下不断涌出的泉水。

这汪湖水可是非常神秘呢！因为长白山气候往往瞬息万变，它时常被云雾包围，让人以为来到仙境里一样，什么都看不清楚。要想目睹它的真容，最好是夏天或者是天气晴朗的时候过来。那时，你会看到一潭平静的湖水被16座山峰紧紧簇拥着的景象，在蓝天的映照下，这潭湖水深邃幽蓝，格外迷人。

长白山作为名副其实的关东第一山，亿万年来，用它挺拔逶迤的身姿，矗立在东北大地之上，书写着“千年积雪万年松，直上人间第一峰”的传奇。

◀ 长白瀑布

水

海河

九河入海滋润华北

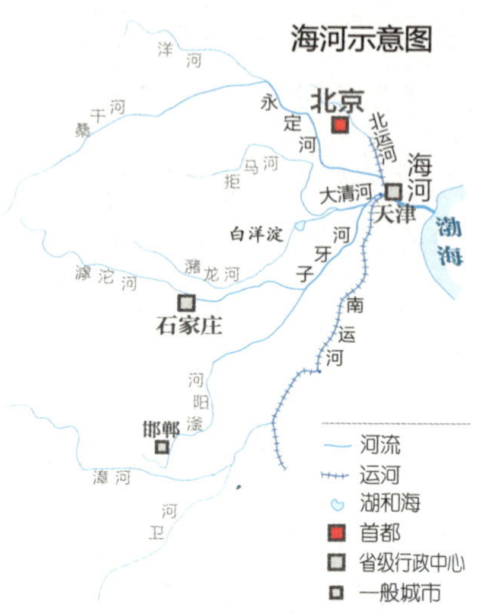

2017年，国家决定在白洋淀畔设立雄安新区。白洋淀是华北平原最大的湖泊，素有“华北明珠”之称，古人描述它“波涛吞乎日月，云雾变乎春秋”。新中国成立后，形成了以白洋淀为发源地的文学流派——“荷花淀派”，《新儿女英雄传》《白洋淀水战》《小兵张嘎》等文学和影视作品几乎妇孺皆知。

这个著名的白洋淀其实就是海河支流大清河上的一个湖泊。

一提到海河，我们首先想到它是天津的母亲河。其实海河的流域很广，它是华北地区最大的水系，流域总面积达26.5万平方千米。它的发源地在太行山，天津只是海河干流所在地。

天津素有“九河下梢”之称，北运河、永定河、大清河、子牙河、南运河5条河流和一些小河流在天津汇聚成海河干流。如果把海河水系比作一把斜放在华北大地上的扇子，我们会在地图上看到，北京、天津的全部以及河北的大部分地区，都在这扇面上。海河冲积成的海河平原上，有着我国三大城市群之一的京津冀城市群。

北运河也就是著名的京杭大运河的北段，它的干流在北京东部的通州，古时候天津人要想去北京，沿着北运河一直往上走就能到。北京的主要河流温榆河、潮白河都汇入北运河。

永定河发源于山西，经河北、北京流入天津，全长700多千米。永定河的上游叫桑干河，丁玲的小说《太阳照在桑干河上》就是以这条河为背景创作

▼ 海河流经天津城区

的。永定河对北京的诞生和繁荣有着至高的贡献，历史上一直有“先有永定河，后有北京城”的说法，它被誉为北京的“母亲河”。

南运河也是京杭大运河的一部分，是通向北京的重要漕运河道。京杭大运河的水不是一直自南向北流，也不是一直自北向南流。南运河这段的河水就是从山东经河北流入天津。南运河现在还是两条重要河流的入海通道，一条是漳河，一条是卫河。战国时期魏国大臣西门豹，曾经在漳河开围挖掘了12渠，灌溉出大片良田，为魏国的崛起奠定了基础。《三国演义》里曹操用许攸之计，决了漳河之水，攻下袁绍的冀州城。卫河是隋唐大运河的一部分，上游在河南，曾经被称为运粮河。

大清河也发源于太行山，是河北保定的最主要河流，其支流拒马河因为蜿蜒于群山间，已经成立“京西百渡休闲度假区”。子牙河同样发源于太行山，西柏坡景区前的平山水库，就在子牙河的上游。

子牙河、南运河、北运河在天津城内交汇，就形成了一个三岔河口。这个三岔河口就是海河干流的起点。

▼ 天津海河风情线

▲ 滹沱河

早在隋炀帝开凿运河时，三岔河口就已经成为航运要道。那时候海河还叫“沽河”，河边有捕鱼、晒盐为生的人家。慢慢地，三岔河口成了漕运船队的必经之路，一时间河中几百里都扬着白帆，那景象真是繁荣啊！也就是那个时候，海河开始叫“海河”。在它的两岸新建的码头、商店、客栈也像雨后春笋似的一家挨一家相继出现。这片码头的繁荣带动了全天津城的繁荣，所以天津人常说“先有三岔口，后有天津卫”，也难怪他们把三岔河口称为“天津摇篮”。对了，“沽”也是天津的别称，所以也有人把天津叫作“津沽”。

你喜欢坐摩天轮吗？在三岔河口的永乐桥上就横跨着一座超大的摩天轮，它就是大名鼎鼎的“天津之眼”。为什么称它为天津的眼睛呢？这是因为人们坐在上面可以从各个角度欣赏天津的美景，尤其是当摩天轮达到最高处的时候，天津城方圆十几千米的景色都可展现在眼底。

发源于太行山的海河，干流蜿蜒约 76 千米，串起了天津七十二沽，最后流入了东部的渤海湾。

海河不是一条流经旷野或崇山峻岭的河流，但它依然有着无限的生命力，生生不息地滋养着华北大地。即使穿越这么多座城市，经受过世间百态，它也要坚持流入大海的怀抱。

黄河

巨龙哺育华夏

面对源远流长、一泻千里的黄河，李白提笔写到:“君不见黄河之水天上来，奔流到海不复回。”如果你站在这条中国第二长河的边上就会感受到，他笔下对黄河的描写一点儿也不夸张。

打开我国地图，一眼就能看到一条大大的“几”字形河流，那就是黄河。它从青海浩浩荡荡地穿过我国北方 9 个省份，最后在山东流入渤海，全长约 5464 千米。

黄河发源于海拔 5000 多米的巴颜喀拉山脉，卡日曲是它的正源。如果站在它的山脚下向上看，河水可不就像是从天上倾泻下来的吗? 在黄河上游，有着许多峡谷，龙羊峡、李家峡、刘家峡、青铜峡，黄河水带动着发电机组飞速旋转，为人们送去了电。黄河的上游其实不黄，在“九曲黄河第一湾”你能看到碧绿的河水，在贵德则有“天下黄河贵德清”的说法。

那黄河是从哪里开始变黄，而且变成“一碗黄水半碗沙”的呢? 黄河之所以变黄，成为世界上含沙量最大的河流，原因当然是多方面的。其中最大的自然因素就是黄河从青海出来后便流入了黄土高原，这里土质疏松、植被稀少，被河水一冲刷，大量泥土就混入到了河水中，这真是“近黄者黄”啊。从兰州开始，黄河已经明显呈现黄色了。

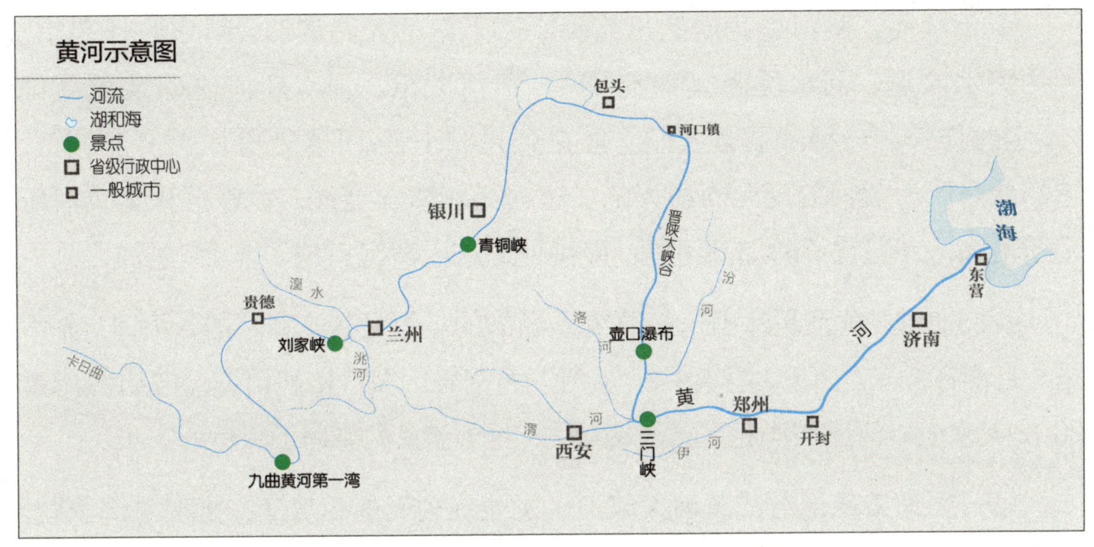

虽然黄河因为泥沙太多不能直接供人饮用，但在河水的冲刷作用下，却冲积出了大片适合我们人类生存的平原，像河套平原、渭河平原、华北平原都是这样出现的。几千年来，如巨龙一般的黄河，由西至东，养育了华夏土地上一代又一代的中华儿女，人们把黄河称为我们的母亲河。在甘肃省会兰州市内，有一座黄河母亲雕塑，雕塑上的黄河母亲抱着一名男婴，就和我们小时候妈妈怀抱着我们的情形一模一样。

千百年来，黄河不仅养育了我们，更为我们造就了无数壮观的景色。晋陕大峡谷就是黄河在黄土高原“切”出来的一处绝美景观。它到底有多壮观呢? 我们先来看看它的长度，从内蒙古托克托起，到山西省河津市禹门口，全长 700 多千米。再来看一下它的“弯度”，晋陕大峡谷最大的特点就是山连山、峡连峡，曲径如走蛇。黄河九曲十八弯，在这里得到了最完美的呈现。

在晋陕大峡谷的南段，有被誉为我国第二大瀑布的壶口瀑布。在壶口，汹涌的黄河水被两山收成一束，水流从高处跌落，惊涛怒吼，水雾腾空，形成“千里黄河一壶收”的气势。

毫无疑问，黄河是我们的母亲河，可下游的人们常常会对它心怀恐惧。因为河水改道、河水泛滥、堤坝决口、黄河凌汛、河水断流这些现象就像“不定时炸弹”一样威胁着人们。现在开封城下3~12米处叠压着6座城池，它们就是因为黄河的泛滥而湮灭的。黄河下游水流变缓，泥沙沉积导致河床不断增高，人们就不断加高河堤，慢慢地，这段黄河就成了地上“悬河”。

我们知道，黄河是从山东东营流入渤海的。但是其实黄河的入海口，并不是一直都在山东。2000多年来，“悬河”黄河曾因泥沙堵塞河道，被迫经历过26次大改道。河道在华北平原摆来摆去，给下游人们带来了深重的灾难。

第一次有文献记载的黄河大改道，发生在公元前602年。那时是周王朝，据说黄河洪水从宿胥口夺河而走，北合漳河，至今河北沧州入海。

从汉代到北宋时期，黄河都有过几次改道，比如西汉中期、东汉末年和北宋中期，但这几次改道都没有影响黄河流入渤海。

▼ 黄河壶口瀑布

到了南宋时，为了抵御南下的金兵，黄河被人为决堤，部分流向黄海。后来北流绝断，黄河尽入淮河，开始了长达 660 多年的由淮入海。换句话说，黄河这条巨龙，自此不再进入河北平原长达 660 多年!

淮河原本是有天然入海口的，但被黄河带来的大量泥沙堆积，导致河底渐高，入海口堵塞严重，黄河和淮河不得不放弃这条淤塞不通的入海河道。现在的淮河是几经周折后，才从长江入海口汇入大海的。

1855-1938 年，黄河在一次次决口后再次改道，一个扭头，全河北上。自金代以来黄河夺淮入海的局面，到此结束。1947 年，黄河回归北道，从山东的东营市入海，一直到今天。

虽然黄河是有缺点的，但不管怎样，在孩子的眼里母亲总是美丽的。这条壮美的河流和黄土地、黄皮肤等中华民族的象征一起，激发着我们每个华夏儿女的民族自豪感。

黑龙江

滋润大粮仓

现在你知道啦，“白山黑水”的白山是长白山，那黑水呢？答案就是黑龙江！因它的河水冲刷黑土地，水色发黑而得名。如果让你在地图上准确找出它的身影，你能做到吗？

对了，在我国最北端的漠河，流经俄罗斯和蒙古境内的石勒喀河和源于我国大兴安岭西坡的额尔古纳河在当地的洛古河村汇合，形成了这条壮观的大河——黑龙江。

黑龙江可是一条流经蒙古、中国、俄罗斯的国际河流，它的上游叫额尔古纳河。额尔古纳河有两个河源：以发源于大兴安岭的海拉尔河为源算起，黑龙江全长4440千米；以位于蒙古国的克鲁伦河为源算起，黑龙江全长则是5498千米。克鲁伦河先注入呼伦湖，然后再流入额尔古纳河，而呼伦湖由于水位下降，经常不能流入额尔古纳河，所以，现在通常以海拉尔河为正源。黑龙江在俄罗斯的尼古拉耶夫斯克注入鄂霍次克海峡。

作为我国第三大河流，黑龙江流域水量丰富，滋养着东北众多林区和平原。其中，松嫩平原和三江平原是全球三大黑土区之一，土地肥沃，盛产大豆、玉米、稻米、高粱和小麦。但你可能不知道，这块现在被称为“北大仓”的广大区域，曾是一片荒芜人烟的“北大荒”。经过半个多世纪的开垦后，才成为我国重要的粮食基地。

黑龙江还是中国和俄罗斯的界河呢。上游额尔古纳河河道特别弯曲，是典型的自由式“蛇曲”，好似恋家的孩子舍不得走，在草原上打转转。河畔有一个叫室韦的小镇，是中俄口岸，风景非常优美。额尔古纳河流到洛古河村的时候，接纳了石勒喀河，正式叫黑龙江。在洛古河村，每年冬天河面结冰后，对岸俄罗斯的木材就会通过黑龙江冰面运过来。

度过封冻的冬天，每年 4 月下旬黑龙江的冰层就会逐渐融化，这时候的江面上到处都漂着大小不一、形态各异的冰块，某一天，冰块在水流的作用下浩浩荡荡顺江而下，这就是“开江跑冰排”。

跑冰排的时候，冰与冰相撞之声不绝于耳，就像千军万马在奔跑一样，这场面真是壮观啊！在黑龙江看跑冰排的最佳河段在黑河市，这里的气温特别低，冰排厚实而透明，冰层厚度达半米以上。

▼ 黑龙江中俄边界秋色

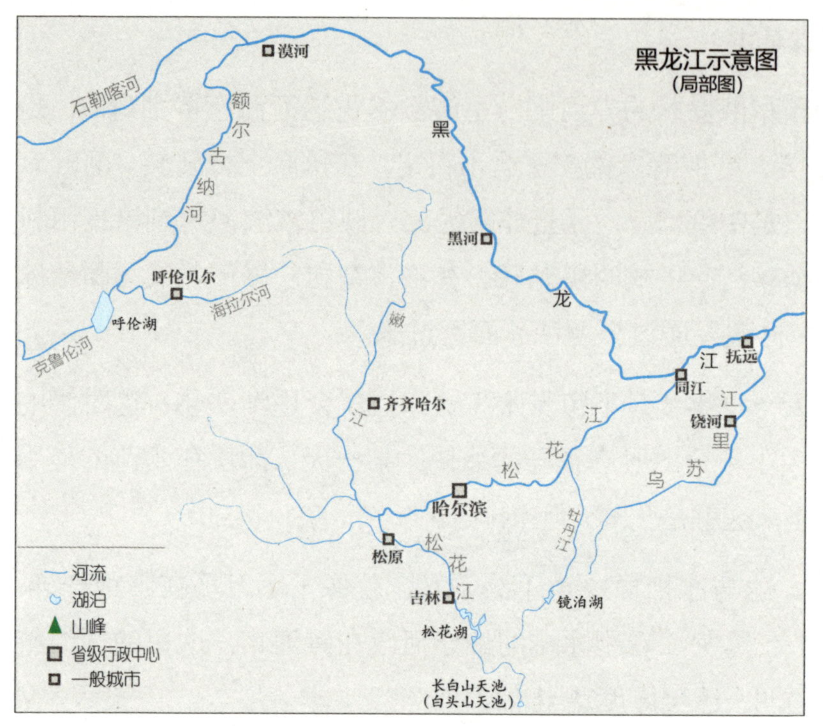

美丽的松花江是黑龙江在我们国家内最大的支流，全长近 2000 千米。而且，松花江全部水系都在我国境内，流域面积约 56 万平方千米，是我国的七大水系之一。松花江有南北两个源头，北源是发源于大兴安岭支脉的嫩江，南源是发源于长白山天池的第二松花江。

对吉林人民来说，松花江是他们的母亲河，它身上承载着当地人太多的故事和感情。《松花江上》这首几乎人人耳熟能详的歌曲，唱的就是抗日战争时期松花江流域人民的流亡惨状。时过境迁，如今的松花江用它顽强的生命力养育着两岸的人民。人们夏天在江畔散步、乘凉，冬天在江面滑冰，日子过得真幸福啊！冬天的松花江尤其美丽，吉林雾凇的壮观可是名满天下呀！每当雾凇来临，松花江岸十里长堤就成了“忽如一夜春风来，千树万树梨花开”的诗意画境，而且雾凇还是让人欢欣鼓舞的丰年吉兆呢！

乌苏里江也是黑龙江的一大支流。在乌苏里江和黑龙江交汇处的抚远乌苏镇，是一个常住人口极少的小镇。别看这个镇子小，但是每天来这里游玩的人却络绎不绝。因为镇子在我们国家的最东端，是我国能最早看到太阳的地方。镇上的那座哨所就是响当当的“东方第一哨”。

在抚远的乌苏里江畔，人们还能看到凶猛的大马哈鱼，这里可是“大马哈鱼之乡”。每年秋天一到，乌苏里江就聚满了大马哈鱼。居住在两岸的赫哲族人就会欢呼雀跃地喊：“达依马哈（音）”，意思是说定时往来的鱼儿到了，这就是大马哈鱼名字的来源。

黑龙江一直是一条除东北人外其他地方的人们很少涉足的河流。比起长江、黄河来，它的名气虽然小一些，但千百年来它一直默默滋润着这片土地，滋养着东北人民。在当地人心中，它是东北大粮仓的源泉，也是无比重要的母亲河。

乌苏里江虎头镇风光

山

大别山

水乡旁的幽静

地处闹市边的山，即使不高，也往往比偏远处的高山名气大很多。比如南京的紫金山、苏州的虎丘山、广州的白云山。这就是人口密集区的优势。同样的，在华北大平原这个人口密集区周边，有许多山因此而游人如织。大别山就是因为这样得天独厚的位置，而广为人知。

如果你坐车沿着京九铁路从北京一直往南奔驰，1000 千米内你几乎看不到山，一路都是辽阔的平原。当你惊喜地发现沿途第一座大山出现时，那它一定是大别山。这座位于安徽、湖北、河南三省交界处的绿色大山，东西绵延约 380 千米，南北宽约 175 千米，是一片连绵起伏的大森林。

大别山，这么个性的名字，是有什么与众不同的地方吗？这要从大别山独特的地理条件说起。大别山绵延数百千米，是我国长江与淮河的分界线，山南的水流入长江，山北的水则流入淮河，因此大山南北两边的环境和景观大有差别，难怪汉武帝来到大别山，发出“山之南山花烂漫，山之北白雪皑皑”的感慨。

大别山可是我国著名的革命老区。当你走进山中，时常能听到林间激流

大别山山麓的万佛湖

的回响，那声音仿佛是整齐的红军队伍绕过山梁时惊天动地的脚步声。

大别山位置独特，这里是北京南下的第一座大山，也是南京和武汉两大城市之间唯一的大山，具有重要的战略地位。

1947 年夏天，刘伯承、邓小平带领一支解放军挺进大别山。漆黑的夜空被战火照亮，英勇的解放军战士如猛虎出山，杀向敌人。他们攻占了一个又一个村庄，拿下了一个据点，又进攻另一个据点，大军像决堤的洪水，一路向西南方向奔去。刘邓大军千里挺进大别山，像一把钢刀插进了敌人的心脏，从此，揭开了全国性大进攻的序幕。

时光流转，如今的大别山早已没有了炮火硝烟，那里独特的秀丽风光，吸引了大批游人的目光。

位于大别山中心地带的白马尖（海拔 1777 米）是大别山的最高峰，山虽不高，却形似天马飞腾，一峰独秀，群山俯首。人们在天高云淡之际，穿梭于山林之间，听潺潺溪水，看娇艳山花，真是心旷神怡！

在大别山的西段，有著名的天堂寨。你是不是要惊叹一声：什么村寨这么美，居然取名天堂寨？错啦，这个天堂寨可不是什么小村寨，而是大别山西段的主峰，是一处环境清幽的森林公园。大自然的鬼斧神工，将天堂寨的山峰、岩石雕凿得奇形怪状，仿佛一个妙趣横生的盆景园。

如果白马尖和天堂寨这两座山峰你都不大了解，那么大别山东南部的天柱山你大概听说过吧。早在汉武帝时期，天柱山曾是“五岳”中的南岳，无数的文人墨客游至此处，除了赞叹美景，还向往把这里作为自己的终老之地。

天柱山的山体几乎都是赤裸巨石堆砌而成，其高耸的巨石主峰好似“擎天巨柱”，山因此而得名。山上多奇石，山石冷峻无情，可这里却流传着很多经典的凄美爱情故事。董永与七仙女的《天仙配》，焦仲卿和刘兰芝的《孔雀东南飞》都发生在这里，这些经久不衰的爱情故事，令人感慨不已。

在大别山的群峰之间，为了兴修水利，国家修建了五大水库。佛子岭水库大坝被称为“新中国第一坝”。梅山水库大坝是当时世界第一连拱高坝。龙河口水库（万佛湖）大坝被称为世界第一人工土石大坝。水库群连同蜿蜒的干渠、支渠，灌溉农田千万亩，是全国三个特大型灌区之一。

◀ 大别山上的茶园　▲ 天柱山主峰

风光优美、幽静宜人的大别山，拥有一颗红色的革命之心，她用丰富的物产滋养着一代又一代的大山子孙。这里盛产茶叶，六安瓜片、舒城兰花、霍山黄芽、金寨翠眉、岳西翠兰、桐城小花等，形成了著名的六安茶谷，这些名茶让大别山的春天满是茶香。而罗田的板栗和柿子更是甜到人们的心尖上。

三山

仙境就在不远处

你相信世界上真的有“神山”“仙境”吗？大名鼎鼎的西汉史学家司马迁的《史记》中就有关于它们的记载。相传东海中有五山，那里是仙人居住的地方，后来有两座山漂走不知踪迹，只剩下蓬莱、方丈、瀛洲三座神山了，被人们称为“三山”。据说，当年秦始皇为了求得长生不老仙丹，还曾拜访过三山。

然而这毕竟只是传说，后人为了延续三山五岳的美丽神话，就在五岳之外的名山中选择了新的三山，广为流传的是：安徽黄山、江西庐山、浙江雁荡山。

提到黄山，应该很多小朋友都去游玩过，那棵形态优雅的迎客松就是黄山的“代言人”。黄山位于安徽省南部，最高峰莲花峰海拔 1864 米。明代旅行家徐霞客曾两次游黄山，留下了“五岳归来不看山，黄山归来不看岳”的感叹。这句话也成为对黄山美景最好的总结。

黄山被称为“天下第一奇山”，山中有名可数的山峰有 72 座，或雄浑，或峻峭，或秀丽，布局错落有致，天

然巧成。天都峰、莲花峰、光明顶高耸于山区中部，鼎足而立，海拔皆在1800米以上。

黄山有四绝，你们知道是什么吗？答案是形态奇特的松树、嶙峋有趣的怪石、瑰丽壮观的云海和甘美清澈的温泉。除此之外，黄山还有日出、晚霞、华彩、佛光、雾凇等奇幻景观，真不愧被人们赞为“上帝的盆景”。

“三山”中的第二座山是庐山。说起庐山，人们首先想到的就是避暑胜地，令人悠然向往。可是，庐山的夏天为什么很凉爽呢？

黄山风光

这是因为庐山各处山峰海拔均在1000米以上，最高峰汉阳峰海拔有1474米，山上树林密布，山下江湖环绕，加上常年雨水多，使夏季山上山下的气温差异较大。每年盛夏，鄱阳湖平原赤日炎炎，最高气温可达到39℃，要是大中午把鸡蛋放在地上，都能煎成荷包蛋，而庐山上夏季平均气温只有22℃左右，真是天然的空调房啊！

得天独厚的自然条件，使得庐山成为中外著名的避暑胜地。目前，庐山有英、俄、美、法等20余国建造的别墅群，环境清幽，来这里避暑的人烦热顿消。每当雨过天晴，还能欣赏到波澜壮阔的云海景观。连大文豪苏轼都曾被庐山的风光深深打动，留下了《题西林壁》这首发人深省的哲理诗作。

我们再转向东南沿海，去看看浙江温州雁荡山的美妙风光吧！沈括在他的《梦溪笔谈》中，对这座浙江沿海的古火山进行了科学分析，让人们对它有了更多的期待。

◀ 庐山瀑布　▲ 雁荡山风光

因为经常有大雁一类水鸟从山中飞进飞出，人们便猜测山中有湖，并把它称为“雁荡”（荡为湖的意思）。雁荡山的名字就是这样来的。

雁荡山分为东、西、南、北、中五部分，我们通常所说雁荡山指的是北雁荡。“雁荡四尖”是指雁荡山主脉上最重要、最高的四座山峰，从西至东依次排开，分别是雁湖尖、凌云尖、百岗尖、乌岩尖，其中海拔 1108 米的百岗尖西峰为雁荡山的最高峰。

古往今来，无数的文人墨客留恋于“雁荡三绝”的灵峰、灵岩、大龙湫，留下了 5000 余首诗词，即便是摩崖石刻，也有 400 处之多。徐霞客更是三进雁荡山，爬遍大大小小的山峦，写下了 7000 多字的游记。

我们常说“三山五岳”，和五岳一样，三山也对中华民族的文化有着重要意义，山中的古迹反映了中原文化的传播，也代表了当时人们对名山的向往。

南岭

岭南和江南的分界线

说到南岭，你可能第一反应是那个“日啖荔枝三百颗，不辞长作岭南人”里的“岭南”，但是，此“南岭”非“岭南”也。

古时候，中原地区人们的生活区域主要集中在黄河流域，后来慢慢地向南扩展到了长江一带，而更南的地方则被大山隔绝了，鲜少有中原人活动，那里被人们称作“岭南”，就是今天的广东、广西及周边一带。

岭南，顾名思义是在山岭的南边吗？那这座山岭叫什么呢？

这座阻隔了古代中原和南方往来的山岭，叫南岭。是不是有点晕，一会儿岭南，一会儿南岭，别急，听我慢慢说。

南岭是我国南边最大的一条山脉，它东边连接着武夷山脉，西边与云贵高原相连，从东向西，绵延 600 多千米。这条大山脉横亘在江西、湖南和广东、广西之间，广东和广西在它的南边，因此被称作岭南。

南岭可不是一条孤单单的山脉，它主要由五岭组成，从西向东，分别是越城岭、都庞岭、萌渚岭、骑田岭和大庾岭。西边的山有许多桂林山水式的风光，东边的山则有着红艳艳的丹霞风光。虽说南岭是长江以南最大的山脉，可这些山都不算高，就连最高的越城岭的主峰猫儿山，海拔也只有 2100 多

南岭风光

米，和西部那些大山脉相比，简直是小巫见大巫。

你不要觉得南岭不够巍峨，就小瞧了它，这座低矮的山脉可是长江和珠江的分水岭。在古代，因为山路崎岖，气候炎热，这里远离政治中心，极易造成地方割据。

早在公元前 221 年，秦始皇统一六国，剩下的对手，也只有北方的匈奴和南方的南越了。于是，秦始皇派出重兵，向南越进军，而阻挡在秦军面前的，是一座天然的屏障，那就是南岭。

虽然南岭算不上什么险峻高山，可它山路崎岖难行，气候闷热潮湿，给行军造成了很大的麻烦。想要征服南越，就必须攻破眼前的这座南岭，保证军队粮草充足。可是，南岭之间，道路险阻，狭窄的梅关古道根本无法大规模运输粮草，怎么办呢？

别担心，山路不好走，可以换成水路啊。南岭是湘江（长江支流）和漓江（珠江支流）的分水岭，如果能开凿出一条河道，把二者相连，那么北方的粮草就能通过长江，再顺着湘江，一路进入岭南了。有了解决的办法，秦始皇立马派人开凿出了一条长达 37 千米的水道，这就是我国的第一条运河——灵渠。直到今天，它依旧连通着长江和珠江，发挥着重要的作用。

有了这样一条能深入岭南的运河，公元前 214 年，秦始皇再次出兵，一举拿下了南越国。

南岭虽然不高，可作用还真不少，虽然北方的寒流吹到这，已经没有多少威力了，可南岭还是挺起它的身躯，拼命阻止寒流南下，保证了广东和广西的气候温暖。而从南海吹来的温润的海风，也被南岭拦截，留下了丰富的降雨。

因此，南岭南北两边气候有着很明显的区别。南边四季雨水均多，冬季难见霜雪；而北边则四季分明，冬季可见霜雪。

气候影响植被，如此一来，南岭两边的物产也就不大一样了。

我们都知道，江南地区每年可以收获两季粮食，可是在岭南地区，这里的

水稻可以一年三熟，大大增加了粮食的产量。不仅如此，这里还有很多热带水果，如荔枝、芒果、菠萝、香蕉等。岭南有这么多好吃的水果，实在是令人向往啊！

这座看起来不太起眼的南岭，将岭南和江南划分开来，用其独特的一方水土，孕育出了韵味无穷的地方特色！

广西猫儿山

南方喀斯特

地上地下美景多

喀斯特，多么奇怪的名字！其实它指的是一种特殊的地貌，这种地貌往往千变万化，在咱们中国又叫它“岩溶”。它的典型特征就是奇峰林立、洞穴遍布。在雨水的不断侵蚀下就形成了千姿百态的地貌——峰丛、石林、溶洞、地下河等。

我国是喀斯特地貌分布面积最大的国家，各种喀斯特地貌类型齐全、包罗万象。而我国南方地区的喀斯特地貌非常具有代表性，多分布于广西、云南、贵州等省区。对于喀斯特地貌的研究，我国早在明朝就已经开始了。

我国著名的地理学家徐霞客在游历广西、贵州、云南时，对当地石灰岩分布情况进行了详细考察。他探索了数百个溶洞，对石灰岩地区的地貌形态做了详尽细致而又朴实生动的描述，并对它们的成因进行了科学解释。

徐霞客的著作《徐霞客游记》，可以说是世界上研究喀斯特地貌最早的一本书。它系统地记载了我国西南地区喀斯特地貌的分布和区域特征以及洞穴形态、气象和水文情况，是我国古代研究喀斯特地貌最为系统的著作。

在云南的罗平县，山峰林立。站在高处望去，锥状喀斯特山峰星罗棋布，峰下是片片油菜花海。这是典型的峰林平原景色，早春油菜花开，峰林如花海中的岛屿，泛着青铜般的光泽。

◀ 云南罗平喀斯特峰林　▼ 贵州织金洞

在南方地区，还有一种地表陷坑，宽度和深度达数十米甚至数百米。最具代表性的天坑有贵州打岱河天坑，它深约 540 米，南北走向约 1800 米，东西走向约 1700 米。险峻高耸的悬崖绝壁和繁茂高大的原始森林包围着天坑，共同构筑了一个深邃、壮美的地貌奇观。

地上的喀斯特地貌美景没让你过足眼瘾的话，我们再一起去看看地下的溶洞。

溶洞就像是一座神奇的地下宫殿，千奇百怪的钟乳石、石笋、石柱和神秘莫测的地下河都在你的眼前一一展现。

在贵州织金县就有一个美丽无比的大溶洞——织金洞。织金洞又叫打鸡洞，它是人们偶然间发现的。织金洞巨大无比，总面积有 70 多万平方米，真是大啊！洞内怪石林立，众多“罗汉”齐集谛听，有的手捧经卷，有的托腮凝思，有的问讯于邻，有的低头默想……

在织金洞洞内有一顶巨大的“帽子”，人们把它称为“霸王盔”，它实在是太大了，让人想戴也戴不上……织金洞内迷人的风景真是一下子都讲不完。

置身于织金洞，仿佛是在崇山峻岭之中，头顶着漫天星光，穿过一条条狭窄的山路，“疑无路”之间不断出现“又一村”，一个个世外桃源接连出现。

位于广西壮族自治区东北部的桂林市，山环水绕。整个桂林市大多是丘陵地形，有着独特的喀斯特地貌，遍布全市的石灰岩经过亿万年的风化侵蚀，形成千峰环立、一水抱城、洞奇石美的独特景观。因此，桂林的山水一直有着“甲天下”的特殊地位。

桂林的山，并不是特别的高大，它有别于高耸入云的奇峰险石，以一种柔美的形象展现于人们面前，显得小巧玲珑，形态万千。

象鼻山是桂林市最有名的一座山，也是桂林的标志之一。除此之外，桂林市里还有翠绿优雅的叠彩山、孤峰耸立的伏波山、挺拔高峻的独秀峰。当然，桂林不仅有秀丽的山峰，还有芦笛岩和七星岩等多处神奇的溶洞。洞内有无数玲珑剔透、奇形怪状的石笋、石乳、石柱，在灯光的照射下，一进入洞中就仿佛进入了奇妙的魔幻世界，一会儿有仙人下棋，一会儿有妖怪打架，让人目不暇接。

漓江是桂林的灵魂，它从桂林市中心穿城而过。漓江是珠江水域的一部分，它发源于桂林市东北部的老山界南麓，至平乐县汇入桂江为止，全长约164千米。随着江水蜿蜒，漓江两岸分布着大小各异的喀斯特峰林和峰丛，其间点缀着众多古朴安静的古镇小城，比如阳朔县的兴坪古镇等。

桂林的山水，就像壮族歌仙刘三姐唱过的一首首山歌，飘荡着动人的旋律，它集美丽、婉约、壮观、神奇于一身，恍如人间仙境，俘获了无数人的心。

这大概就是喀斯特地貌景观的魅力吧！无论是地上，还是地下，都让人不由得赞叹大自然的鬼斧神工。经过了千百万年的不懈雕琢，造就了这一处处令人叹为观止的美景。

▶ 广西桂林山水

山

南方丹霞

绚丽无比的红崖

打开中国地形图，你能很快找到东南丘陵地区吗？在我国这块土地面积最大的丘陵上，有着一座座如同彩霞般美丽的山峰，它们有的像玫瑰色的云彩，还有的像深红色的霞光。这些在南方大地上奔腾的绚丽红崖，有着同一个名字——丹霞地貌。

那么，到底什么是丹霞地貌呢？地理学家把丹霞地貌定义为“有陡崖的陆相红层地貌”。原来，有一种沉积在内陆盆地的红色砂砾岩层，这种岩层在千百万年的地质变化过程中，被水流切割、被大风侵蚀，慢慢就变成了大型的红色山块群，这就是丹霞地貌。

从世界范围来看，丹霞地貌主要分布在中国、美国、中欧一些国家和澳大利亚等地，其中以中国分布最广。而在中国，又以南方丹霞最为美丽独特。

“丹霞”一词来源于魏文帝曹丕的一首《芙蓉池作》诗，“丹霞夹明月，华星出云间”。丹霞，原指天上的彩霞，后被用来指代丹霞地貌。说到这，就不得不提到一位老爷爷——冯景

兰（1898—1976），他是我国现代著名的地质学家和地貌学家，“丹霞地貌”的概念就是他提出来的。

1928 年，冯景兰在广东省韶关市仁化县丹霞山考察时，注意到了分布广泛的第三纪（距今 6500 万年—距今 180 万年）红色砂砾岩层。这些岩层常年被流水、风力等侵蚀，形成了千姿百态的奇石、石桥、石洞和各种形态的山峰，冯景兰立刻意识到这是一种独特的地貌景观，并把形成这一地貌的红色砂砾岩层称作“丹霞层”。

▼ 广东仁化丹霞山

厚厚的丹霞层在经风化侵蚀后，好似被巨斧劈过巨铲挖过一样，形成悬崖峭壁，到处奇峰林立，仅丹霞山内大大小小形态各异的石峰、石堡、石墙、石柱就达 380 余座。于是，冯景兰就把这种以赤壁丹山、峰林峡谷为特征，“色如渥丹，灿若明霞”的地貌命名为“丹霞地貌”，至今仍为中外学者所沿用。

除了丹霞山，浙江江郎山、江西龙虎山、湖南崀（làng）山、福建泰宁地质公园等，都是丹霞地貌中的佼佼者。它们与贵州的赤水丹霞一起，共同组成了“中国丹霞”，被列入《世界遗产名录》！

江郎山位于浙江省衢州市境内，以雄伟奇特的“三爿（pán）石”著称于世，是世界上罕见的典型老年期丹霞地貌类型，它周围同时形成于白垩系的地层，大部分都被侵蚀为低地，只有三爿石孤峰高耸，非常独特。

来到江西省鹰潭市的龙虎山，我们可以全面地了解丹霞地貌，见证它是如何从孩童期的深沟和一线天嶂谷，发育成青壮年期的峰林、峰丛，再退化至老年期的河谷、矮坡，仿佛目睹了一场地质演变。

湖南省邵阳市的崀山属于中等侵蚀程度的丹霞地貌，好比一个“风华正茂”的青壮年。山中发育完全的石峰、石柱、峡谷随处可见，展示了红色砂砾岩所能达到的最好状态，实在是丹霞地貌中的精品。

▼ 江西龙虎山　▲ 湖南崀山

福建泰宁世界地质公园的丹霞地貌正处在积极发育的青年时期，因此拥有数量众多的峡谷、悬崖、洞穴和一线天等景观。

正如它们的名字一样，这些如丹霞般绚烂美丽的山峰，在等待着我们去欣赏的同时，也需要我们努力去保护，让它们可以一直散发着耀眼的光芒。

水

长江

大江的大恩惠

要怎么形容，才能说明长江的特殊呢？那我这样告诉你：古时候，唯一叫“江”的河流只有长江！后来，人们感叹“江”或者“大江”都不足以形容这条河的源远流长，所以才改叫它“长江”。

那长江究竟有多长呢？这么说吧，它自西向东几乎贯穿了我们国家整个南方，全程约 6300 千米，是我国当之无愧的第一长河，也是世界第三长河。

有一首歌曲里这么唱长江：“你从雪山走来……你向东海奔去……”从歌词里我们可以看出长江的发源地在雪山。1978 年，科学考察队确定，青藏高原唐古拉山脉格拉丹冬峰是长江的发源地，山麓的姜古迪如冰川就是长江最初的水源。在长江源头区域，正源沱沱河和北源楚玛尔河、南源当曲河，共同汇成通天河。小说《西游记》里唐僧师徒四人西天取经就经过通天河，如今河畔还有唐僧晒经台讲述着这段故事。

长江过了玉树，开始叫金沙江。穿行在青藏高原东部，一路都是大峡谷，其中最有名的就是虎跳峡。冲破崇山峻岭，来到四川盆地的宜宾，长江开始正式称长江。在四川盆地，长江容纳了岷江、沱江、乌江、嘉陵江等许多支流，水势大增。可是前面的巫山却挡住了长江的去路。

不可一世的长江以彭湃的力量开路，冲出了一条壮观的大峡谷，这就是

▲ 长江三峡西入口白帝城

长江三峡。“两岸猿声啼不住，轻舟已过万重山”，奔涌的长江塑造了绮丽的瞿塘峡、巫峡、西陵峡这三段峡谷，使得白居易、苏轼、陆游等古代文人墨客也要倾力过来一睹它的风采。

从重庆奉节到湖北宜昌，这段峡谷约有 193 千米长，而且还有高达百米的落差，蕴含着丰富的水力资源，这也正是三峡水库建立的原因。耗时 16 年建成的三峡大坝，就矗立在西陵峡的三斗坪。大坝轴线全长约 2309.5 米，坝顶高 185 米，正常蓄水位 175 米。这么大的工程能容纳多少水呢? 库容 393 亿立方米! 真不愧是世界上规模最大、技术最先进的水利枢纽工程啊。

长江从宜昌开始为中游，也是长江中下游平原的起点。在湖北段，长江蜿蜒曲折，有“九曲回肠”之称。这里湖泊众多，湖北号称“千湖之省”，湖南则有“八百里洞庭”。洞庭湖畔的岳阳楼，武汉江边的黄鹤楼，南昌赣江（长江支流）边的滕王阁。这三个楼阁合称为“江南三大名楼”，古往今来，许多文人骚客，都留下了精彩的诗篇和画作。

从江西湖口往下，属于长江下游。长江下游支流较少，江宽水深，是优良的航道。巢湖和太湖两个大湖的水都注入长江，更让长江下游河湖交错，水网密布，成了水乡泽国。

得益于长江，南京港成为我国最深入内陆的国际深水港湾，约 10.5 米的水深能满足 3 万吨级的海轮通航。站在港口的码头上，一眼就能看见雄伟的长江大桥。对南京人来说，长江大桥是一种无法言说的骄傲。它是长江上第一座没有外国人员参与，完全由中国人自己设计、建造的大桥。

在 2000 年前，长江在江苏镇江开始入海，如今镇江成了长江三角洲的起点。长江在现今的长江口，堆积出一个巨大的岛屿——崇明岛。崇明岛如今是我国第三大岛。

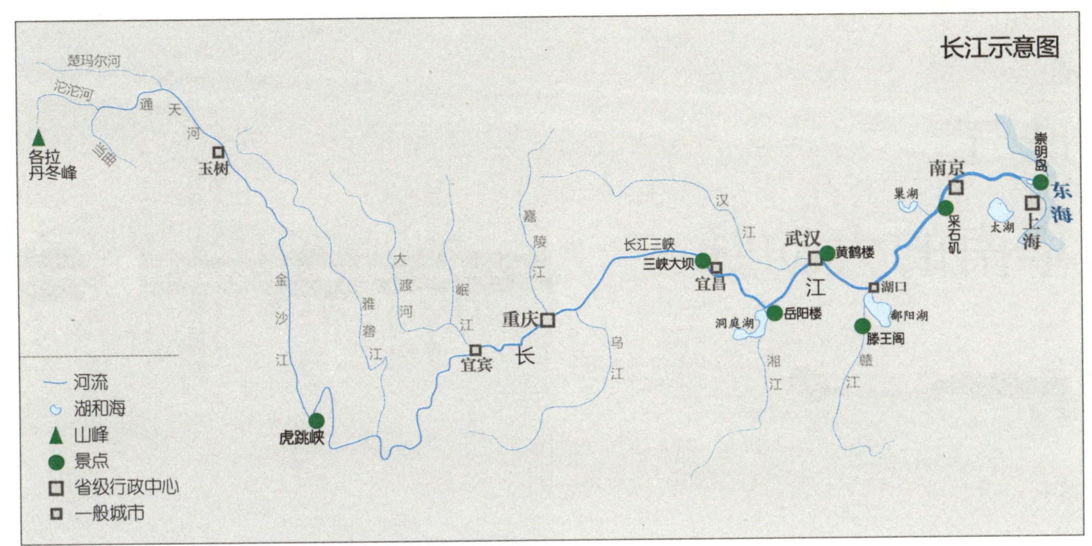

在长江口有着我国最大的城市上海。上海的母亲河黄浦江成了长江的最后一个支流。在历史发展的长河中，上海以港兴商，以商兴市，至唐宋逐渐成为繁荣的港口。明清两代经济发达，有“衣被天下”“江南之通津，东南之都会”的称誉。如今，上海作为长江经济带的龙头，正在蓬勃发展，已然成为一个国际化大都市。

长江，这条哺育了中华民族的大江，一路从雪山走来，留下了很多美丽的景观和故事，历代很多文人骚客、英雄名流歌颂过它。直到今天，长江依旧给我们带来无限感动与遐想。

◀ 南京长江大桥

珠江

华南的大动脉

比起长江、黄河的名气，珠江在你的印象里是不是只是一条“盘踞”在广州城内的观赏河流？大错特错！其实，广州城内的这段观赏河只是珠江的一小段哦。

珠江长 2214 千米，虽然长度比不上长江、黄河，但论径流量，它可是我们国家的第二大河。珠江流域涉及我国的 6 个省份，甚至还“伸出一支触角”到了国境外的越南，水系可是比黄河还要丰富呢，是实实在在的华南大动脉。

它的名字为什么叫珠江呢？这还得从广州著名的海珠岛说起。人们原来只是把从广州到入海口的一条流经海珠岛的河段叫作珠江，后来才发现这条河段和西江、东江、北江以及珠江三角洲上的各条水系都属于同一条水系，于是就用珠江这个名字称呼这条水系了。一般的河流只有 1 个入海口，但珠江有 8 个，西、北两江在广东省佛山市思贤窖，东江在广东省东莞市石龙镇，分别汇入珠江三角洲，经虎门、蕉门、洪奇门、横门、磨刀门、鸡啼门、虎

▲ 珠江流经广州城区

跳门及崖门等八大口门汇入南海，这就是有趣的“八门入海”。

通常人们把最长的西江称为珠江的主干，南盘江、红水河两段是它的上游，黔江、浔江两段共为中游，西江段为下游，西江段以下至磨刀门为河口段。这条江几乎贯穿了整个广西，它和喀斯特地貌的座座山峰一起造就了广西的“山水画廊”。

闻名天下的漓江就是西江的一条支流。这里可是世界上规模最大、风景最美的岩溶山水游览区。岩溶地貌的主要成分是易溶于水的石灰岩，它很容易被奔腾的江水切割。在珠江流域，峡谷、溶洞多得数不胜数，著名的红水河第一湾也是这样的地貌。在漓江，又数阳朔河段的岩溶地貌最美、最典型。

也许你早在课本里见过“桂林山水甲天下”这句话，但还有一句话这样说：阳朔风光甲桂林。你手里有 20 元人民币的纸币吗？纸币背面那澄澈透底的风景就是阳朔兴坪古镇境内的风景。这里水平如镜，青峰倒映在水中，给人一种“分明看见青山顶，船在青山顶上行”的感觉。

也许在人们的印象中多认为发源于青藏高原的长江、黄河是我们国家最有“激情”的两条河流，其实珠江比它们还“狂野”。珠江从云贵高原的马雄山奔流而下，一路上经过的大部分地区是山地和丘陵，所以形成了很多瀑布。我们国家著名的黄果树瀑布、德天瀑布就都在珠江水系中。

贵州黄果树瀑布是我国的第一大瀑布，也是世界上最壮观的瀑布之一。它到底有多壮观呢？它宽约 101 米，落差达到了 77.8 米，差不多有 27 层楼那么高。在这个大瀑布周围还流着 17 个雄、奇、险、秀风格各异的小瀑布。

▼ 广西桂林漓江

凡是来过黄果树瀑布的人都会对这里为什么有一座徐霞客雕像充满好奇。这是因为多亏了徐霞客，黄果树瀑布的名气才变得越来越大。在信息流通不发达的古代，很多人是读了《徐霞客游记》才知道黄果树瀑布的，可以说徐霞客是用文字为黄果树瀑布宣传的第一人。

除了溶洞、瀑布，其实珠江还有好多可能被人们错失的风景，像峡谷套峡谷的“谷中谷”，喀斯特地貌的“天窗”景观，隐藏很深的地下河，像龙卷风一样的梯田“龙卷地”。所以，可不要再把珠江当作一条在繁华都市间悠然流淌的河流了。它的“狂野”，它的迷人，还等着我们去探索呢!

▼ 贵州黄果树瀑布

山

天山

从草原到雪峰

天山脚下的公路

“我们新疆好地方！”也许你常常会听到人们这样夸赞新疆。那你对新疆了解多少呢？不会以为那里就是一大片茫茫沙漠吧？其实，新疆不仅有大面积的戈壁沙漠，也有很多绿洲、牧场、高山冰川。今天我们要说的就是新疆最大的山脉——天山。

岑参在《天山雪歌送萧治归京》写道：“天山雪云常不开，千峰万岭雪崔嵬。”天山是世界上最壮观的山系，它东起新疆哈密的戈壁荒漠，一直向西，延伸到中亚，全长约 2500 千米，南北宽 250~350 千米。天山绵延中国、哈萨克斯坦、吉尔吉斯斯坦和乌兹别克斯坦四个国家，大部分在中国境内。

从东西方向上看，天山大致可以分三段——西段、中段和东段，其中西段大部分在国外。从南北方向来看，天山大致可以分为平行的三列——北天山、中天山和南天山，其中南天山最为雄伟。

在天山中段，中天山和南天山的多条山脉在汗腾格里峰会合。汗腾格里峰在蒙古语里意为“（顶）天的大王峰”，它海拔 6995 米，高峻而雄伟，终年积雪。特别是南壁宽阔的冰雪坡，像一堵玉壁高耸于苍穹之下，使人望而却步，至今都还没有登山家们拜访的足迹。

在汗腾格里峰周边地区 800 多条冰川中，汗腾格里冰川最长，长达 60.8 千

米，是世界八大山谷冰川之一。冰川之上有无数水深莫测的冰面湖、数百米深的冰裂缝，还有浅蓝色的冰融洞、冰钟乳、水晶墙、冰塔、冰椎、冰蘑菇、冰桌和冰下河等冰川奇景。

汗腾格里峰地区，天气多变，雪崩频繁。有时晴空万里，突然霹雳一声震天响，抬头望去，不远处的雪尘滚滚飞扬，飞泻而下，掀起数十米至数百米高的雪浪。

汗腾格里峰周边地区地势极其高峻，山岭海拔多在4000米以上，6000米以上的高峰多达40座，山地大面积突出于雪线之上。其中就有海拔7400多米的天山主峰托木尔峰。托木尔在维吾尔语里是“铁山”的意思，因为被发现得比较晚，地位不及汗腾格里峰，所以才有天山双主峰之说。

托木尔峰往东，山势渐缓。位于乌鲁木齐西南的天格尔峰海拔4562米，这里分布着大小77条现代冰川，其中1号冰川最大，它长约2.4千米，平均宽500米，古冰川遗迹保存完整清晰，有“冰川活化石”之誉。由于1号冰川是世界上离大城市最近的冰川，所以成了观测和研究冰川的最佳地点。

乌鲁木齐所在的20多千米宽的谷地，是天山东段和中段的明显分界线，乌鲁木齐以东为东段。如果说托木尔峰是傲视群山的冰川之王，那天山东段的最高峰博格达峰则是令人膜拜的神灵之山。从飞机上俯瞰，那洁白的冰川连绵不绝，在蓝天的映衬下，闪闪发光，它们孕育了一条条河流，是天山为新疆贡献的巨型水塔。

天山天池位于博格达峰的山腰，古称瑶池，相传这里是西王母的居住地。这么大的一个湖泊，可是经过了长达 200 多万年的第四纪冰川期才慢慢形成的。在这漫长的过程中，天池的湖水起起落落，从未停歇，它始终仰卧在天山的怀抱中，像一面明镜，映照着博格达的伟岸和森林的浩瀚。

天山是世界上距离海洋最远的山系，以乌鲁木齐来算，距离最近的海洋都超过 2400 千米。深居内陆，造就了天山南北干旱的气候。南边是塔里木盆地，有塔克拉玛干沙漠；北边是准噶尔盆地，有古尔班通古特沙漠。

由于南边有青藏高原阻挡，所以天山的水汽更多来自北冰洋。从北方来的北冰洋的水汽使北疆雨雪稍丰，南疆降水稀少，因此新疆南北呈现出了不同的地貌和人文特征。

天山山地气候在一年中明显分成冷、暖两季。冷季天气多晴朗，多雾霜，积雪深厚。暖季低海拔地区气候凉爽，高海拔地区多雨雪。

同样在天山，天山西段降水量多，天山东段降水量少，迎风坡（北坡）降水量多，背风坡（南坡）降水量少。天山西段北坡的昭苏年均降水量超过 500 毫米，部分森林地区竟达 1139.7 毫米。天山东段南坡的托克逊年降水量最少，只有 6.9 毫米，被称为中国旱极。

2013 年 6 月，新疆天山被列入世界自然遗产名录。保护范围，除了前面所述的托木尔峰、博格达峰之外，还有巴音布鲁克草原、喀拉峻草原、库尔德宁森林等片区。

巴音布鲁克位于中天山，这里河流九曲十八弯，河渠景观已经被演绎到了一种极致的美。这里是我国最大的天鹅繁殖地，也是全球野生天鹅繁殖的最南缘，夏季天鹅湖水丰草茂，食料丰足，气候凉爽湿润，适合多种水鸟繁衍生息。

▼ 天山东段博格达峰下天山天池

在库尔德宁，你能看到一棵棵云杉高耸挺拔，那里是天山山脉森林最繁茂的地方，也是雪岭云杉自然保护区。远眺雪山，近观林海，来到雪山脚下，又是一派一望无垠的草原景象。

每到夏天，喀拉峻草原上总会开出五颜六色的鲜花，牛羊成群，骏马奔腾，牧羊人的歌声是那么悠扬顿挫，飘向远方。

天山之美，美在壮观的雪山冰峰、优美的森林草甸、清澈的河流湖泊、宏伟的红层峡谷，更美在广袤荒漠中所展现出的独特景观和自然美。

阴山

草原和荒漠的分界线

“敕勒川，阴山下。天似穹庐，笼盖四野。天苍苍，野茫茫。风吹草低见牛羊。”耳熟能详的南北朝时期民歌《敕勒歌》，描写的就是阴山脚下的风光。

千万年前，地壳抬升便形成了内蒙古高原。但是强烈的造山运动，在高原上挤压出一条东西走向的巨大山脉，把内蒙古高原分割成气候、植被差异很大的两部分，这便是阴山山脉。

阴山山脉磅礴大气，从遥感地图上可以很清晰地看到它的雄姿。它西起狼山，中部为大青山，东为大马群山，东西绵延 1000 多千米，南北 50~100 千米，宛如一条巨龙，横卧在中国北部。

以呼和浩特为界，西段的阴山地势高峻，脉络分明，最高峰呼和巴什格山位于狼山西部，海拔 2364 米。呼和浩特以东的阴山东段，海拔一般在 1500 米左右，山势不明显，一直延伸到燕山地区。

冬季，来自西北方的寒潮南下，遇到高大的阴山却再也迈不过去，所以阴山以南要比阴山以北温暖很多；夏季，来自太平洋的暖湿气流跋山涉水来到阴山脚下，给阴山以南带来了宝贵的降水后，再也没有力气翻越阴山，令阴山以北无法得到降水滋润。

阴山以南是典型草原带，农业和牧业过渡地带。由于黄河以世界独一无二的“几”字形蜿蜒行走，临近阴山，使得这片地区的西部水源充足，造就了沃野千里的河套平原。而阴山的北面则为荒漠草原，平缓的地表只适合有限放牧。阴山就像一条神奇的分界线，分出了草原和荒漠，也分出了南北截然不同的自然景观。

几千年来，生活在阴山南北的人们并没有和平相处。你可能会奇怪，有了阴山的阻隔，为什么他们还能打起来呢？

当然是为了生存呀！那时，生活在阴山以北的人们过着游牧生活，哪里有丰美的水草，他们就搬到哪里去居住。如果当年风调雨顺，牧草长势好，牛羊就养得健壮肥美，那他们就能过上衣食无忧的生活。遇到灾年，如降水稀少的夏季或是持续下大雪的冬季，牛羊没有了吃的，那他们就得受冻挨饿了。

▼ 内蒙古阴山风光

每到这时，他们就渴望得到阴山以南那片宜农宜牧的土地，于是战争一触即发。秦汉与匈奴、北魏与柔然、隋唐与突厥……没有人知道，在这片土地上到底发生过多少场战争。屡次向南进犯的游牧民族让中原王朝头疼不已，朝廷多次派大将北逐，但他们又多次卷土重来，因此才有了“但使龙城飞将在，不教胡马度阴山”的千古名句。

后来，秦始皇在绵延的阴山之上修筑长城，他希望利用这道气势宏伟的边墙阻挡住北方游牧民族南下的马蹄。秦长城就是大名鼎鼎的民间传说“孟姜女哭长城”的发生地。其实，早在秦统一六国前，赵国和燕国为了抵御游牧民族侵犯，都曾在此修筑过长城，我们称为赵长城、燕长城。

现在，阴山南北的战争早已成为历史云烟，人们在这里过着平静祥和的生活。阴山山下还有煤、铁和稀土等丰富的矿产资源，是一座地地道道的宝山！

▼ 俯瞰阴山和河套平原

祁连山

守护丝绸之路

你听过丝绸之路，也许你知道河西走廊，可是你知道吗？若不是祁连山，河西走廊早成了一片浩瀚的沙海。是祁连山的冰川融水，使这里形成了一个个绿洲连缀而成的狭长地带，是这座荒漠中的森林滋养了河西走廊，哺育了丝绸之路。

在甘肃省和青海省长长的省界上，有一条被黄色荒漠包围起来的绿色高地，那就是祁连山。

为什么这么说呢？你可以打开地图看一下：祁连山的北面是巴丹吉林沙漠，西面是库姆塔格沙漠和塔克拉玛干大沙漠，南面是柴达木荒漠，东南面是黄河，可不就是被一片黄色包围起来了嘛。

祁连山可不是一条孤立的单薄山岭，要是你能够登上祁连山的山脊，站在高处向四周望去，你会发现，这里山连着山，岭挨着岭，简直就是一片山的海洋。

这逶迤壮观的千山万岭才是祁连山真正的面貌，这组山脉群长 1000 多千米，宽 300 多千米，像一个巨大的屏风，把甘肃省和青海省隔开了，也构成了青藏高原和河西走廊的天然分界线。

祁连山可真高啊，一排排银光闪烁的山，仿佛冲破了天空。其中最高的团结峰有5800多米，真是巍峨雄伟。

如果你乘坐飞机，从空中俯瞰祁连山，这里的山顶是皑皑白雪，可是山下的景观是什么样子的呢？也是冰雪覆盖，寸草不生吗？不是的，祁连山下有森林，有草地，还有荒漠。

明明是一座山，为什么差异这么大呢？这可能要去问问东南季风了。

我们可以将祁连山从东向西分为三段。第一段在祁连山的东部，就是青海省的省会西宁那一块，来自太平洋的东部季风吹啊吹，最先吹到这里，风里夹带着大量的水汽，所以丰富的降雨让祁连山东部一片郁郁葱葱，这里分布着许多国家森林公园，如仙米森林公园、坎布拉森林公园等。

再往西去，位于祁连山南坡的祁连县卓尔山，在藏语里意为“美丽的红润皇后”。卓尔山属于丹霞地貌，随处可见红色的岩石裸露着，可不就是红润吗！这里山清水秀，牛羊成群，每年6月时节，山下大片大片的油菜花盛开，宛如仙境一般。

季风接着向西吹，力量却是越来越弱，所带的水汽也越来越少，因此在哈拉湖和青海湖之间的祁连山中段，降雨减弱，森林稀少，不过茫茫草原倒是随处可见。其中有一处著名的山丹军马场，那里可以看到万马奔腾的景象，夏季还有无边无际的花海。

除了一望无际的绿色的军马场，张掖市还有彩色的丹霞地貌群。

你能想象大地是什么颜色的？如果我告诉你，这世界上有一块彩色的大地，就像画画用的调色板，你相信吗？

其实啊，这七彩画一样的大地，就在张掖市郊的七彩丹霞地质公园里。

张掖丹霞地处干旱的河西走廊旁，海拔有两三千米，属于丘陵地貌。因常年受风沙侵袭，风化很严重，大地显示出红色的砂岩，后来地质变迁，上面又覆盖了一层白色的泥岩。由于张掖丹霞的垂直节理发育，一层一层的垂直纹路特别明显，远远望去，好像一条条彩带随风飘荡，气势磅礴，非常震撼。作为干旱地区最典型的丹霞地貌，由于所处位置特殊，与南方常见的丹霞地貌有很多地方不一样，这里还有很多未解之谜，等待人们去破解。

现在我们来到哈拉湖以西，这里有好几座大山，如党河南山、柴达木山，等等。东部季风吹到这里，差不多已经成了强弩之末，这一带降雨稀少，植被稀稀拉拉，因此呈现出一片荒漠景象。

但是在祁连山的高峰上有积雪和冰川啊，冰川融化形成了一条条河流，因此即使在祁连山干旱的西部，也有河流从雪峰流下，有不少的河谷中也会出现草地和植被，这里是野牦牛、野驴和藏羚羊的家。

古代，匈奴人从北方来到这里，在祁连山下扎根住下，他们看着冰雪皑

青海祁连山风光

皑的山峰，把它叫作祁连，就是“天”的意思。李白《关山月》有诗句：“明月出天山，苍茫云海间。长风几万里，吹度玉门关。”诗中的“天山”就是祁连山，并不是新疆的天山。

祁连山的冰雪融水使得山谷盆地间水草丰美。这里牛羊成群、牧歌阵阵，以至于后来，匈奴人被汉武帝的大军赶走时，他们不禁悲伤地唱道：“失我祁连山，使我六畜不蕃息；失我焉支山，使我嫁妇无颜色。”

后来，为了防止匈奴入境，长城修了一段又一段，那些历经沧桑的残破土墙、土墩台、壕沟，是战国、秦、汉乃至明朝陆续修筑的，它们代表着中原王朝面对西域或攻或守的坚定决心。

如今，祁连山正在兴建国家公园。这里是世界高寒物种的重要栖息地，野生动物迁徙的重要廊道，有野牦牛、藏野驴、白唇鹿、岩羊、冬虫夏草、雪莲等珍稀濒危野生动植物。最有名的当数极为珍稀的雪豹。美丽的祁连山正在成为人与自然和谐相处的典范。

▼ 祁连山下的嘉峪关市

专题

内流河

本书介绍了很多外流河，其实不是所有的河流都可以奔向大海的，还有部分没有流入大海的河流，被称为内流河。我国的内流河多处于西北部，它们是由于降雨或高山融雪产生的，因为远离海洋，得不到充足的降雨水汽补给，而山峦环绕、丘陵起伏的地形又阻断了它们入海的通路，所以最终消失在沙漠里或汇集于洼地，或形成尾闾湖。

塔里木河

位置：新疆塔里木盆地

我国最长的内流河。由发源于天山的阿克苏河，发源于喀喇昆仑山的叶尔羌河，发源于昆仑山的和田河，三条河汇流而成，最终汇入塔里木盆地的台特玛湖（以前注入罗布泊）。

黑河

位置：甘肃西北部

我国第二大内流河，发源于祁连山北麓中段，最终注入内蒙古戈壁滩中的居延海（这里的海指湖）。

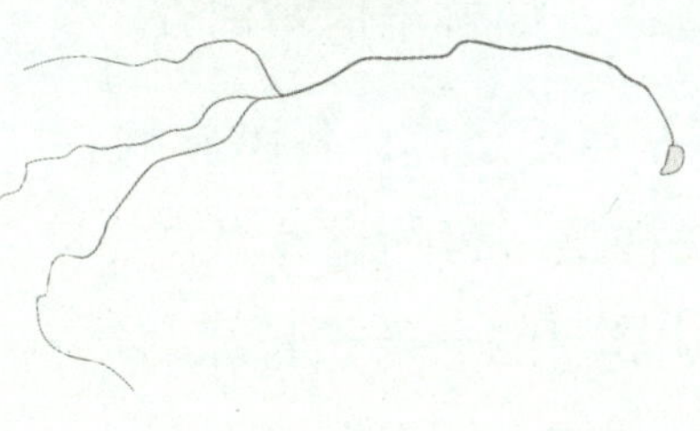

孔雀河

位置：新疆巴音郭楞蒙古自治州

罕见的无支流水系，其唯一源头来自博斯腾湖，从湖的西部溢出，在流经大西海子水库之后便季节性断流（以前注入罗布泊）。

乌伦古河

位置：新疆准噶尔盆地西北边缘

发源于阿尔泰山，是一条自东向西流的较大河流，最终汇入乌伦古湖。河中浮游生物丰富，盛产鱼类。

水

伊犁河谷

雪山下的绿廊

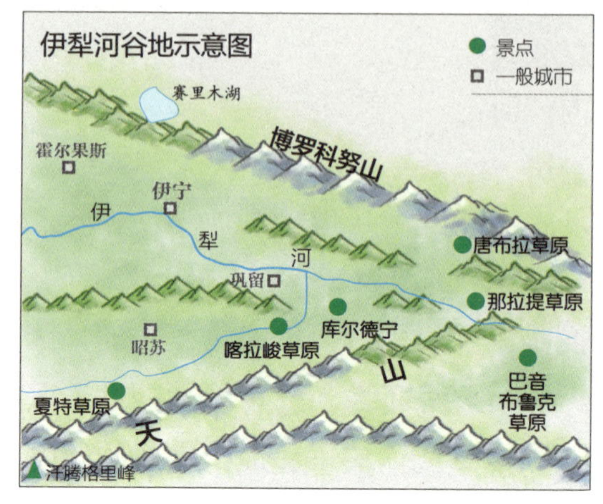

在交通不便、信息传递比较闭塞的以前，新疆给人的感觉，都是与大漠、戈壁、雪山这些荒凉、高寒的词汇有关。其实，在天山的群山之中，还隐藏着一个鸟语花香、鱼米满仓的“湿岛”，那就是伊犁河谷。

在这里，风沙和干旱早已远离，各民族的人融洽相处，有的插秧种稻，有的逐水牧羊，有的经商行旅，它是雪山脚下的一条长长绿廊，仿佛一处世外桃源般，正等着人们去探访呢。

河谷中最著名的自然是伊犁河。伊犁河是一条国际河流。主源特克斯河发源于天山汗腾格里峰北侧，自东向西流入特克斯谷地，在巩留县又大拐弯，和巩乃斯河汇合后称伊犁河。伊犁河孕育了美丽的伊犁河谷后，进入哈萨克斯坦境内，注入巴尔喀什湖。从河源至入湖口全长 1236 千米，其中中国境内河长 442 千米。

伊犁河谷形状像一把三角形的大铲子，连绵不断的天山在这儿张开，留下一片平地，伊犁河从中穿过。伊犁河谷是一个向西开口的山间谷地，正因为西边有个缺口，来自遥远大西洋的湿润水汽，才能一路越过欧洲和中亚，一直吹进这个三角形谷地。它就像是张口的“大网”，一下子把大西洋的风给兜住了。风没法越过周围的高山，就在山的迎风坡形成了降水。这里降雨，比新疆别处的都多，气候特别湿润。山坡上都长满了绿油油的树木和庄稼，山脚下是大片草场。人们把伊犁河谷叫作干旱大地上的“湿岛”，真是再合适不过了。

伊犁河谷风光

这里有最好的牧场，最出名的当数巩乃斯草原和昭苏草原。巩乃斯草原出产新疆细毛羊和伊犁马；昭苏草原则生长着大片大片香紫苏。

伊犁河谷还是新疆著名的粮仓，大量出产小麦、玉米、胡麻、甜菜和棉花。这里也是水果的产地，苹果、蟠桃、草莓等都特别有名。最引人注目的是在伊犁河谷的果子沟和南山、北山的许多山沟里，散落着一些野生的苹果树和杏树。这些野果林在别的地方早已绝迹了，可是在这里却依旧生机勃勃，真是一个不解之谜。

伊犁河谷有个地方叫库尔德宁，“库尔德宁”在蒙古语中是“横沟”的意思。与众多东西走向的沟谷不同，库尔德宁是南北走向，有点儿特立独行。在这条宽阔的“横沟”中，只要赶上晴朗的天气，清晨时分便会飘起一层浓雾，将山间的雪岭云杉和野果林隐藏起来。雪岭云杉是一种稀有的高大乔木，是天山林海中特有的一个树种。库尔德宁生长着天山最为壮观的雪岭云杉，

早在 1984 年这里就被辟为新疆雪岭云杉自然保护区。

库尔德宁除了生长着珍贵的雪岭云杉之外，还是天山山脉森林最繁茂的地方，各种各样的森林景观在这里都能找到。有了森林，野生动物就有了栖息的乐园，所以人们在库尔德宁的原野里常常能发现雪豹、狗熊、盘羊、金雕、雪鸡等珍稀动物的身影。

2013 年新疆天山成功申请成为世界自然遗产，库尔德宁作为天山针叶林最典型代表成为新疆天山自然遗产的组成部分，名气更大了。

在伊犁河谷的霍城县南郊，有一位民族英雄林则徐居住过的惠远古城。惠远古城是清朝伊犁将军的驻地，至今还保留着文庙、将军府等文物古迹。1841 年鸦片战争后，林则徐被道光皇帝发配到这里。林则徐虽然受了极大委屈，爱国热情却丝毫没有减少。他在惠远帮助当地人兴修水利、开垦农田，受到各族人民的爱戴。直到现在，惠远古城里还能听到许多关于林则徐的传说呢。

伊犁河谷秋色

山

昆仑山

中国的脊梁

“横空出世，莽昆仑，阅尽人间春色”，毛泽东诗词中，昆仑是一种雄伟。“我自横刀向天笑，去留肝胆两昆仑”，谭嗣同的诗中，昆仑是一种气魄。

在中国悠久的文化中，号称“万山之祖”的昆仑山，既神秘又伟大，是中国人最天马行空的想象。

古时，昆仑山被称为昆仑虚，很多神话故事中都有关于它的传说。不知道你有没有听过希腊神话中的宙斯，他是万神之王，住在奥林匹斯山上。昆仑山在我国的地位，就和奥林匹斯山差不多。在《封神演义》中，道家最高神之一元始天尊就居住在昆仑山玉虚宫。元始天尊在我国神话体系中那可真是威名赫赫，他门下弟子众多，个个身怀绝技，道教的十二金仙就是他的得意弟子呢。

《山海经》中就多次提到了昆仑山。相传，昆仑山是西王母的地界，她拥有一个“瑶池”，里面的泉水用来酿制琼浆玉液，如果你好奇它的味道，不如去尝尝昆仑山矿泉水，说不定口感差不多呢！周穆王是西周在位时间最长的周王。《穆天子传》中记述了周穆王姬满游历天下之事。前四卷详细记载了周穆王驾八骏西巡天下，行程三万五千里，会见西王母之事。

▲ 终年积雪的昆仑山

这里是神话传说的摇篮，我们熟知的《嫦娥奔月》《封神演义》《西游记》都与昆仑山有关。

然而，神话传说中的“昆仑神山”毕竟是文学角度，地理学家眼中的昆仑山是什么样的呢?

昆仑山全长约 2500 千米，西起帕米尔高原，横贯新疆、西藏，延伸至青海境内，总面积达 50 多万平方千米。这么大的气势，难怪古人把它称为中华的“龙脉之祖”。

昆仑山大致可分为东、中、西三段，昆仑山口以东为东段，琼木孜塔格以西为西段，中间为中段。

昆仑山的西段有“三雄”：九别峰与公格尔峰并肩而立，犹如一对亲密的姐妹，慕士塔格峰终年覆雪，像一位头戴银盔、傲然峙立的卫士，又像一位白发苍苍的老者，呵护着山前水草肥美的河谷牧场。三座山峰以“三足鼎立”之势矗立在昆仑山脉中，守卫着这片晶莹壮阔的世界。其中海拔 7649 米的公格尔峰是昆仑山脉的最高峰，山顶常年积雪，山间悬挂着条条银光闪闪的冰川，极为壮观。

昆仑山的中段，虽然没有 7000 米级别的高峰，但是仍然雪山连绵。海拔 6860 米的布喀达坂峰是这里的最高峰，南边是辽阔的可可西里，北侧是阿尔金无人区，这里是我国最人迹罕至的地区之一，很多人不知道这里的山峰名。但是这里的荒野上，有着许多珍稀的野生动物，藏羚羊、藏牦牛、藏野驴……

昆仑山的东段，也矗立着一对姐妹花：玉珠峰和玉虚峰，传说它们是玉帝两个妹妹的化身。玉珠峰是昆仑山东段的最高峰，玉虚峰是青海昆仑玉的产地，2008 年北京奥运会 3000 多枚“金镶玉”奖牌使用的便是这昆仑玉。东昆仑地区群山连绵，河湖众多，是三江源国家公园的一部分。

“天苍苍，野茫茫。风吹草低见牛羊”，在牧民眼中，水草丰沛的地方就是放牧的天堂。但是在昆仑山脚下生活的牧羊人，他们有的宁愿让牛羊饿死在戈壁滩上，也不敢进入昆仑山深处，那片牧草繁茂却极其沉寂的山谷。

这是为什么呢？难道里面有什么鬼怪吗？

这个谷地号称昆仑山的“地狱之门”。谷里布满了狼的皮毛、熊的骨骸、猎人的钢枪，向世人渲染着一种阴森诡异的死亡气息，想想都毛骨悚然。我们都知道，世上并没有鬼怪。但这个山谷究竟有什么秘密呢？地质队的考察工作，为我们一步步地揭开了“死亡之谷”的神秘面纱。

原来，这里的磁场极为明显，而且分布范围很广，越深入谷地，磁场异常值越高。在电磁场作用下，云层中的电荷和谷地的磁场相互作用，导致电荷放电，使这里成为多雷区，而雷电往往以奔跑的动物作为袭击对象。这就是山谷中有很多动物骸骨的原因了。

也不怪人们把这里说得神乎其神。古人说，昆仑山是通天的山，把凡人与神仙相连。现如今，人们依旧对它充满了好奇与敬畏，而昆仑山的美，早已藏在了深山峡谷里，藏在了高原戈壁里，藏在了那些传奇的神话里。

昆仑山，以其独一无二的人文历史地位，承载着华夏民族的底蕴，绵延横贯青藏高原，矗立在中国的土地上。

▼ 青海昆仑山东段风光

山

喜马拉雅山
冰雪的制高点

▶ 珠穆朗玛峰周边

首先，我想考考你，世界上最高的山峰叫什么？这个问题一定难不倒你，因为珠穆朗玛峰举世闻名。那么，你知道珠穆朗玛峰属于哪座山脉吗？

在“世界屋脊”青藏高原的南边，有世界上海拔最高的山脉——喜马拉雅山脉，这里汇聚了一批高海拔的山峰。在加错那山口，你甚至可以一眼看见 5 座海拔超过 8000 米的山峰（全世界共 14 座）——珠穆朗玛峰、洛子峰、马卡鲁峰、卓奥友峰和希夏邦马峰，而珠穆朗玛峰就是其中的最高峰。

这里真是一片冰雪的世界，坐上飞机从空中俯瞰，放眼望去，云雾缭绕间雪峰连绵，冰川四溢，白茫茫的一片。

喜马拉雅山脉是地球上最年轻和最雄伟的高山，从南到北跨度达 200~300 千米。从最西边的世界第九高峰南迦帕尔巴特峰（海拔 8125 米，在巴基斯坦境内），经过珠穆朗玛峰，到最东边的南迦巴瓦峰（海拔 7782 米），绵延 2400 多千米。喜马拉雅山脉是中国和巴基斯坦、印度、尼泊尔、不丹等国家的边境山脉。

这么大的一座山脉，在地球上存在多久了？难道地球诞生的时候就出现了？要是我告诉你，早在 20 亿年前，喜马拉雅山脉的广大地区还是一片汪洋

大海，你会不会惊讶地张大嘴巴？从海洋变为如此高海拔的山脉，喜马拉雅山到底经历了什么？

我们知道，地球表面由很多板块拼接在一起。20 亿年前，地壳发生了一次强烈的造山运动，印度洋板块从南侧慢慢挤压亚洲大陆的边缘，这部分地壳无处可去，只能向上抬升。

正是在这次地壳运动中，喜马拉雅山逐渐隆起，形成了世界上最雄伟的山脉。山脉北侧的青藏高原也成了世界最高的高原。而且，这个造山运动至今还未结束，最新数据表明，珠穆朗玛峰平均每年会增高 1 厘米，如此下去，世界最高峰还会越来越高，真是太神奇了！ 位于喜马拉雅山脉南边的印度板块则是抬升的主力，如今它仍然以每年 15 厘米的速度在挤压喜马拉雅山脉。

我们知道，海拔越高，温度越低。除了南极和北极，高海拔的喜马拉雅山是地球上冰雪沉积最多的地方。数十亿立方米的冰，随着山势缓缓下滑，形成了冰川。

在喜马拉雅山中段北坡，山谷冰川尤其密集，这里有世界上最雄伟壮丽、形态多姿的冰塔林。冰塔高度从数米到 30 多米不等，形状不一，如丘陵、如金字塔、如高耸的城堡、如刺向蓝天的宝剑……有的冰塔表面晶莹闪耀；有的冰塔间有星罗棋布的冰湖；有的冰塔内部有河道，在冰水的冲刷下，又形成了冰桥和水晶宫殿般的冰洞、冰帘、冰钟乳石、冰柱和冰笋等奇观，好像山上住了一位技艺高超的雕刻家，一点一点地造就了如此壮观的冰雕群。

海拔如此之高，山顶又是终年积雪，你猜，有没有鸟儿能飞越喜马拉雅山？就算有鸟儿能飞到这么高，可山上那么低的温度，鸟儿怕是也会被冻僵吧！

其实，还真有这样一种鸟——蓑羽鹤，它们无惧世界上最高大、最为寒冷的喜马拉雅山，为了抵达温暖宁静的印度北部，每年的 11 月初至翌年 3 月中旬，它们不畏最严酷的寒冷和最可怕的死亡，在西伯利亚、蒙古、中国与温暖的印度之间往返，进行着动物世界里最为漫长而神奇的穿越之旅。

鸟儿尚且如此，更何况喜欢征服高山的人类。每年都有成百上千的登山爱好者来到珠穆朗玛峰脚下，想要征服世界最高峰，这可不是一件轻松的事，他们一般会请善于登山的当地人作为向导和挑夫，其中最多的就是夏尔巴人和僜人。

夏尔巴人久居深山老林，过去几乎与世隔绝，后来因为给攀登珠穆朗玛峰的各国登山队当向导或背夫而闻名于世。

这座有着世界最大高度的巨型山脉，为人们欣赏山之美提供了最好的范本。人们把喜马拉雅作为心中的“圣山”，因为它的挺拔和雄壮，更因为它的豪迈。

◀ 珠穆朗玛峰近景

▼ 卓奥友峰风光

专题

垂直自然带

我们登山时都会感觉到，山顶比山下风大、凉快。在相对海拔数千米的山区，山上和山下虽然相距不远，但是气候绝对是两重天，这就产生了山地垂直自然带。

喜马拉雅山脉东端最高峰南迦巴瓦峰，海拔 7782 米，是世界第十五高峰，山下是举世闻名的雅鲁藏布江大峡谷。高山峡谷有着 5000 米以上的巨大落差，造就了“人类最后的秘景”，我们在这里可以看到类似我国海南岛到北极的全部自然景观。

山

横断山脉

大山大河的集体舞

横断，横断，横行阻断，听名字就知道是个霸气的角色！我国是一个多山的国家，而横断山脉无疑是其中最独特的那一个。

在四川、云南、西藏接壤的地方存在着一系列南北走向的山脉群，它们紧凑而密集。作为中国地势第一阶梯与第二阶梯分界线的一部分，这组山脉好比青藏高原“屋顶”的屋檐，让水流倾泻而下，凶猛地砸向云贵高原和四川盆地。这组山脉就是横断山脉。

横断山脉一直都是一个特立独行的存在，为什么说它最有个性呢，那是因为它的走向。我们知道，青藏高原上的一些巨大山脉都是东西走向延伸的。唯有横断山，好像被人撞了一下，在东南部突然调转方向，向南而行，“我行我素”，尤其显得与众不同。

横断山脉因“横断”了东西间交通而得名。那横断山脉范围有多大？究竟有多少条“脉”呢？外界说法并不统一。

后来，人们普遍认为横断山脉东起岷山，西至伯舒拉岭—高黎贡山，北至川北，南抵中缅边界山区，面积约 36.4 万平方千米。海拔 7556 米的贡嘎山，是横断山脉的最高峰。在约 700 千米宽的范围内共有 7 列山脉，6 条江河，它们被称为“七山六水”，山夹水、水连山，摩肩接踵，十分紧凑。

横断山区壮观的峡谷

也许你会不以为然：我国高大的山脉那么多，区区一个横断山脉，能有多难走呢？不信你来看一下，横断山在转向南北走向的时候，各山脉间的空间也被急剧压缩了。在山区内不到 60 千米的宽度里，奇迹般地容纳下了沙鲁里山、云岭、怒山、高黎贡山四列山脉和金沙江、澜沧江、怒江三条大江并列相间而行，形成了著名的三江并流的奇观。

三江并流有多神奇呢？

如果从空中俯瞰，所有山脉和河流并排紧挨，形成细密紧凑的褶皱。“江水并流而不交汇”，三条大江，像三个同行的好朋友，完全由北向南相间并行，其间澜沧江与怒江的最短直线距离不到 19 千米。

它们一路相伴同行，金沙江率先拐出一个近 300 度的“U”形弯，然后依依不舍地一步三回头，向南向东，留下两个惊世大拐弯后，义无反顾地直奔

大渡河峡谷

长江而去。而澜沧江和怒江则始终结伴南行，直到最后，一条流经老挝、缅甸、泰国、柬埔寨、越南，注入太平洋，另一条由缅甸投入印度洋怀抱。

这三条大江都发源于青藏高原，流向同一个方向，却始终不会交汇！

你也许会疑惑，这究竟是为什么呢？

据说在4000万年前，亚欧大陆板块和印澳板块发生陆陆碰撞，引发了横断山脉的强烈挤压、隆升、切割，形成了高山与江河交替分布的现象。河流流到这里时，不得不随着地势和地形展现出相应的“姿态”，所以就形成了这三江并行奔流的奇观。

三江并流区域处于云南省、四川省、西藏自治区的交界处，这里除了有三条大江以外，还有许多壮丽的雪山景观，其中最著名的要算位于金沙江东侧的稻城县亚丁三神山和位于怒江东侧的梅里雪山啦。

◀ 梅里雪山风光

这座横断东西的山脉，不仅为我们展现了自然界的奇观，还形成了独特的人文风情，造就了坚韧不拔的长征精神。

1934 年 10 月，第五次反“围剿”失败后，中央主力红军为摆脱国民党军队的包围追击，开始了二万五千里的长征路途。他们四渡赤水，巧渡金沙江，强渡大渡河，飞夺泸定桥，翻雪山，过草地，历经千难万险才取得了胜利，真是人类历史上的伟大奇迹！

你知道我国哪个省的少数民族最多吗？答案是云南省。

横断山脉中狭窄纵长的山脉河谷造就了多样的自然生态环境，有的部落从事农耕，有的部落选择放牧，还有捕鱼的、狩猎的。不同的生活方式又进一步导致了文化习俗的差异。要知道，仅云南一省，就有 20 多个世居民族。

你能说上几个少数民族呢？嗯，有傣族、白族、纳西族，还有彝族、哈尼族、傈僳族、拉祜族、佤族等，真是太多了！

这里有冰川雪岭、高山峡谷、湖泊森林、高原草甸，还有那大面积的高大山体，源远流长的大江大河，辽阔秀美的自然风光和人文荟萃的民族风情聚集在此，随着岁月更迭，舞动不朽。怎么能不承认，神奇壮丽的横断山脉无处不让人心生向往。

专题

山脉的组成部分

在有山的地方，高低起伏较大的地方，我们称为山地，高低起伏较小的地方，我们称为丘陵。

一座山，有高有低，还有平缓的部位。这些部位都有自己的名字，让我们来认识一下吧。

水

雅鲁藏布江

最大峡谷的奔腾

发源于冈仁波齐峰的雅鲁藏布江

你对雅鲁藏布江的第一印象，是不是那条地球上河流峡谷中最深、最长的大峡谷——雅鲁藏布江大峡谷？那我告诉你，雅鲁藏布江在我国的地位，可以说是“河流里的珠穆朗玛峰”了。

在了解雅鲁藏布江之前，我们需要先了解一下冈仁波齐峰。冈仁波齐峰是世界人民心目中地位崇高的神山。山峰上终年被冰雪覆盖，融化后的雪水沿着大大小小的水沟汇聚、分散和融合，最终流淌成为西藏阿里地区著名的狮泉河、象泉河、孔雀河和马泉河。你发现了没？这四条河流的名字都和动物有关，是不是很有趣？

马泉河是因为像从骏马嘶鸣的口中

喷流直下才得了这个美名，它是藏南大河雅鲁藏布江的源头。

雅鲁藏布江是我们国家最长的高原河流，也是我国第五条大河。它发源于冈仁波齐峰附近的杰马央宗冰川，顺着马泉河曲曲折折一路向东流去。到达喜马拉雅山最东端的南迦巴瓦峰后，大河突然来个马蹄形的大拐弯，再向南进入墨脱县。在我国流了近 2100 千米后，这条大河便从一个叫“巴昔卡”的地方流入了邻国印度。进入印度后名为布拉马普特拉河，最终在孟加拉国与恒河汇流后，注入孟加拉湾。这条国际大河全长约 2900 千米。

这条流淌在高原上的河流是世界上海拔最高的河流之一，尤其是源头马泉河的平均海拔可是在 5200 米以上呢。

▲ 雅鲁藏布江大峡谷

进入藏南谷地后的雅鲁藏布江显得温柔，默默地滋润着四周的田野。这段碧绿的江水，由于没有大山的阻挡，可以尽情地在河道中撒欢，河水被分成了一条条，一道道，水流时而分时而合，就像小姑娘的发辫一样，于是雅鲁藏布江便有了个“辫江”的外号。

雅鲁藏布江的“辫江”水系非常庞大，使河面看起来七零八落的，不过丝毫不影响它对西藏人民的哺育。这片水系灌溉着西藏最富庶的农业区——藏南谷地，而且这里还是西藏人口密集的地方，拉萨、日喀则等城市就在这里。

本来雅鲁藏布江是自西向东流的，可是到了林芝的南迦巴瓦峰，突然调皮地向南而下，于是就切割出了一个马蹄形的大拐弯。这个大拐弯一直进入墨脱县，最后到达巴昔卡，这就是闻名世界的雅鲁藏布大峡谷。

大峡谷全长 504.6 千米，超过了原本有着世界最长峡谷之称的美国科罗拉多峡谷。它的最深处有 6009 米，比本来有着世界最深峡谷之称的秘鲁科尔卡峡谷还要深。

你闭上眼想象一下：站在雅鲁藏布大峡谷最深处，两旁都是高达 6000 米的大山和悬崖峭壁，一眼望不到头，壮观而又让人心生畏惧。

峡谷深处的高原地带，处处是雪山冰川，而山峰与拐弯峡谷的组合，巨大的地势落差，让峡谷的河水流得更急促。峡谷内的雅鲁藏布江内山高谷深，水流湍急。尤其是从派镇到墨脱县这一段更是有着令人叹服的奇景——在直线距离不足 40 千米的两地间，水面高差竟达 2230 米！在大峡谷的一些无人区河段，由于地势的剧烈落差，多处都有罕见的大瀑布。如果你站在这些瀑布前，看飞流急速而下，心灵一定会受到极大的震撼！

雅鲁藏布大峡谷位于亚热带季风气候区，加之丰富的冰川和巨大落差的地势，所以也是世界上水能源最密集的地区，丛林灌木的数量非常多。

雅鲁藏布大峡谷的主体就在冒险者的神往之地——墨脱境内，它是青藏高原难得看到的海拔低、气候温和、雨量充沛的一个县城。除此之外，它的原始风貌保存得也是最完好的。当地人把雅鲁藏布江的大拐弯称为果果塘大拐弯，也叫蛇形弯。这里还是门巴族和珞巴族人的居住地。

墨脱曾有“高原孤岛”之称，以前只能徒步才能进入。随着 2013 年墨脱公路正式通车，我国最后一个不通公路的县——墨脱县终于通公路了！

通了公路之后，越来越多的人都去墨脱游玩了。那里有布裙湖，传说那里曾有喜马拉雅野人出没呢；有被称为“鬼门关”的多雄拉山口；还有嘎隆拉雪山……看到这里，是不是勾起了你对墨脱无限的向往？那还在等什么，有机会就行动吧！

墨脱风光

任务牌
地理有话说
中国的陆和海
任务牌
地理有话说
中国的陆和海
任务牌
地理有话说
中国的陆和海
任务牌
地理有话说
中国的陆和海
任务牌
地理有话说
中国的陆和海
任务牌
地理有话说
中国的陆和海
任务牌
地理有话说
中国的陆和海
任务牌
地理有话说
中国的陆和海

维吾尔族民居阿以旺采用宝顶还是平顶?

答案：平顶

答对 前进一步 + 继续答题
答错 暂停答题一次

哪座城市因为和鸭相关的美食特别多而被称为“鸭都”？

答案：南京

答对 前进两步
答错 对方前进一步

什么动物被称为“沙漠之舟”？

答案：骆驼

答对 前进一步
答错 后退一步

《枫桥夜泊》里提到的“姑苏”是哪座城市?

答案：苏州

答对 前进一步
答错 后退一步

我国最大的内流河是哪条河?

答案：塔里木河

答对 前进一步（优先蓝线捷径）
答错 原地不动

我国第三大岛是哪个岛?

答案：崇明岛

答对 前进两步
答错 对方前进一步

“早穿棉袄午穿纱”说的是哪个省份的穿衣现象?

答案：新疆

答对 前进一步（优先蓝线捷径）
答错 原地不动

长江入海口在哪座城市?

答案：上海

答对 前进一步
答错 后退一步

什么动物被称为“高原之舟”？

答案：牦牛

答对 前进两步
答错 对方前进一步

“五岳归来不看山”的“山”是指哪座山?

答案：黄山

答对 前进两步
答错 对方前进一步

世界海拔最高的新藏公路连接哪两个省份?

答案：新疆和西藏

答对 前进两步
答错 对方前进一步

马头墙是哪种民居的特色?

答案：徽派民居

答对 前进两步
答错 对方前进一步

歌曲《天路》中的“天路”是指哪条铁路?

答案：青藏铁路

答对 前进两步
答错 对方前进一步

我国五大淡水湖中的哪个湖位于合肥？

答案：巢湖

答对 前进一步（优先蓝线捷径）
答错 原地不动

哪座城市有“日光城”之称?

答案：拉萨

答对 前进两步
答错 对方前进一步

请说出京杭运河和长江交汇附近的运河名城。

南京
棋子在此时
可走红线捷径

答案：扬州或镇江

答对 前进一步 + 继续答题
答错 暂停答题一次

任务牌
地理有话说
中国的陆和海
任务牌
地理有话说
中国的陆和海
任务牌
地理有话说
中国的陆和海
任务牌
地理有话说
中国的陆和海
任务牌
地理有话说
中国的陆和海
任务牌
地理有话说
中国的陆和海
任务牌
地理有话说
中国的陆和海
任务牌
地理有话说
中国的陆和海

哪个省有“千湖之省”之称？

答案：湖北省

答对 前进一步
答错 后退一步

兰州牛肉面是哪个省的美食？

答案：甘肃

答对 前进一步
答错 后退一步

湖北武汉市黄鹤楼下的大江是哪条江？

武汉
棋子在此时
可走红线捷径

答案：长江

答对 前进一步
答错 后退一步

哪座城市不在河西走廊中？
A. 武威　B. 张掖　C. 兰州
D. 敦煌

答案：兰州

答对 前进一步（优先蓝线捷径）
答错 原地不动

台湾最高的山峰叫什么？海拔达 3952 米。

答案：玉山

答对 前进一步 + 继续答题
答错 暂停答题一次

羊皮筏子是哪里的交通工具？
A. 黄河中上游　B. 长江上游
C. 渤海

答案：黄河中上游

答对 前进一步 + 继续答题
答错 暂停答题一次

下列哪座城市冬季多雨？
A. 青岛　B. 台北　C. 成都

答案：台北

答对 前进一步 + 继续答题
答错 暂停答题一次

“塞上江南”是指哪里？
A. 河套平原　B. 河西走廊
C. 三江源

答案：河套平原

答对 前进一步（优先蓝线捷径）
答错 原地不动

我国第一大淡水湖是哪个湖？

答案：鄱阳湖

答对 前进一步
答错 后退一步

河套平原中的“河”是指哪条大河？

答案：黄河

答对 前进一步 + 继续答题
答错 暂停答题一次

赣南红壤有利于哪种水果生长？
A. 火龙果　B. 雪梨　C. 脐橙

答案：脐橙

答对 前进一步 + 继续答题
答错 暂停答题一次

“天下第一关”是哪个关？

答案：山海关

答对 前进一步
答错 后退一步

避暑胜地庐山夏季湿度大的原因之一是邻近什么湖？

答案：鄱阳湖

答对 前进一步 + 继续答题
答错 暂停答题一次

哪座城市被称为“青城”？

答案：呼和浩特

答对 前进一步 + 继续答题
答错 暂停答题一次

汉江和长江汇合于哪座城市？

答案：武汉

答对 前进两步
答错 对方前进一步

内蒙古大草原上，牧民的“移动之家”叫什么？

答案：蒙古包

答对 前进一步
答错 后退一步

任务牌
地理有话说
中国的陆和海
任务牌
地理有话说
中国的陆和海
任务牌
地理有话说
中国的陆和海
任务牌
地理有话说
中国的陆和海
任务牌
地理有话说
中国的陆和海
任务牌
地理有话说
中国的陆和海
任务牌
地理有话说
中国的陆和海
任务牌
地理有话说
中国的陆和海

"长风几万里，吹度玉门关。"玉门关位于哪个省？

答案：甘肃

兰州 棋子在此时可走红线捷径

答对 前进两步
答错 对方前进一步

请说出一种福建名茶。

答案：铁观音、大红袍

答对 前进两步
答错 对方前进一步

青海的"三江源"是指哪三条大河的发源地？

答案：长江、黄河、澜沧江

答对 前进一步（优先蓝线捷径）
答错 原地不动

福建哪座城市是海上丝绸之路的起点之一？

答案：泉州

答对 前进一步 + 继续答题
答错 暂停答题一次

"中华水塔"是指青海哪个区域？

答案：三江源

答对 前进一步（优先蓝线捷径）
答错 原地不动

在福建西部山区，有一种大型的传统民居叫什么？

答案：福建土楼

答对 前进两步
答错 对方前进一步

窑洞是哪个高原的特色民居？

答案：黄土高原

答对 前进两步
答错 对方前进一步

下列哪个不是台湾名小吃？
A. 蚵仔煎 B. 卤肉饭 C. 担担面

答案：担担面

答对 前进一步
答错 后退一步

羊肉泡馍是西安美食，说明当地及周边盛产哪两种食材？

答案：羊、小麦

西安 棋子在此时可走红线捷径

答对 前进两步
答错 对方前进一步

石库门是南方哪座城市的传统民居？

答案：上海

答对 前进一步 + 继续答题
答错 暂停答题一次

"春种一粒粟"，粟是旱地作物还是水田作物？

答案：旱地作物

答对 前进一步 + 继续答题
答错 暂停答题一次

在哪个省可以看到壮观的钱塘江大潮？

答案：浙江省

答对 前进一步
答错 后退一步

新疆是"瓜果之乡"，请列举一种新疆盛产的瓜果。

答案：哈密瓜、葡萄、石榴、香梨

答对 前进一步
答错 后退一步

丝绸是著名的纺织品，哪座城市丝绸很有名？（答对一个即可）

答案：苏州、杭州、湖州

答对 前进一步 + 继续答题
答错 暂停答题一次

新疆哪里有"火洲"之称？

答案：吐鲁番

答对 前进两步
答错 对方前进一步

江南水乡传统的水上交通工具是什么？

答案：乌篷船

答对 前进两步
答错 对方前进一步

任务牌
地理有话说
中国的陆和海
任务牌
地理有话说
中国的陆和海
任务牌
地理有话说
中国的陆和海
任务牌
地理有话说
中国的陆和海
任务牌
地理有话说
中国的陆和海
任务牌
地理有话说
中国的陆和海
任务牌
地理有话说
中国的陆和海
任务牌
地理有话说
中国的陆和海

山西省哪座城市出产的老陈醋闻名全国？

答案：太原

答对 前进一步 + 继续答题
答错 回到起点

“十件壮锦九件凤”，美丽的壮锦是哪个民族的手工艺品？

答案：壮族

答对 前进两步
答错 对方前进一步

请问鹳雀楼位于哪条河边？

答案：黄河

答对 前进两步
答错 对方前进一步

“江作青罗带，山如碧玉簪”说的是哪里的山水？

答案：桂林

答对 前进一步 + 继续答题
答错 暂停答题一次

哪个省现存古建筑最多？

太原 棋子在此时可走红线捷径

答案：山西省

答对 前进一步（优先蓝线捷径）
答错 原地不动

哪座城市“半城绿树半城楼”，被誉为“绿城”？

答案：南宁

答对 前进一步（优先蓝线捷径）
答错 原地不动

河北省位于黄河以北，哪座山以东？

答案：太行山

答对 前进一步 + 继续答题
答错 暂停答题一次

哪座城市既被称为“山城”，又被称为“江城”？

答案：重庆

答对 前进两步
答错 对方前进一步

驴肉火烧是源自河北省哪座城市的美食？

答案：保定

答对 前进一步（优先蓝线捷径）
答错 原地不动

哪座城市被称为“东方之珠”？

答案：香港特别行政区

答对 前进一步
答错 后退一步

雄安新区位于哪个省？

答案：河北省

答对 前进一步 + 继续答题
答错 暂停答题一次

椰子主产地在哪个省？

答案：海南省

答对 前进一步
答错 后退一步

蓬莱阁临近哪个海？

济南 棋子在此时可走红线捷径

答案：渤海

答对 前进一步 + 继续答题
答错 暂停答题一次

三亚的哪个海湾被称为“天下第一湾”？

答案：亚龙湾

答对 前进一步 + 继续答题
答错 暂停答题一次

鲁菜是哪个省的菜系？

答案：山东省

答对 前进两步
答错 对方前进一步

三沙市是我国最南部的城市，“三沙”指哪三个群岛？

答案：西沙、中沙、南沙群岛

答对 前进一步（优先蓝线捷径）
答错 原地不动

任务牌
地理有话说
中国的陆和海
任务牌
地理有话说
中国的陆和海
任务牌
地理有话说
中国的陆和海
任务牌
地理有话说
中国的陆和海
任务牌
地理有话说
中国的陆和海
任务牌
地理有话说
中国的陆和海
任务牌
地理有话说
中国的陆和海
任务牌
地理有话说
中国的陆和海

山东省盛产哪种水果？
A. 苹果 B. 橘子 C. 草莓

答案：苹果

答对 前进一步
答错 后退一步

哪里人喜欢煲汤？
A. 广东 B. 四川 C. 山东

答案：广东

答对 前进一步
答错 后退一步

天津的母亲河是哪条河？

答案：海河

答对 前进两步
答错 对方前进一步

广州人把早餐叫作什么？

答案：早茶

答对 前进两步
答错 对方前进一步

狗不理包子是哪座城市的美食？

答案：天津

答对 前进一步
答错 后退一步

澳门的市花是什么花？

答案：莲花

答对 前进一步（优先蓝线捷径）
答错 原地不动

泥人张彩塑是哪座城市的特色手工艺品？

答案：天津

答对 前进一步 + 继续答题
答错 暂停答题一次

请说出香港特别行政区的区花。

答案：紫荆花

答对 前进两步
答错 对方前进一步

北京的传统民居是什么？

答案：四合院

答对 前进两步
答错 对方前进一步

“杂交水稻之父”袁隆平是哪个省的人？

答案：湖南省

答对 前进一步 + 继续答题
答错 暂停答题一次

请说出一种以家禽为食材的北京美食。

答案：北京烤鸭

答对 前进一步
答错 后退一步

剁椒鱼头属于哪个菜系？

答案：湘菜

答对 前进两步
答错 对方前进一步

请说出京杭运河北端的起点是哪座城市。

答案：北京

答对 前进一步
答错 后退一步

我国哪个省份水稻产量最高？
A. 湖南 B. 四川 C. 黑龙江

答案：湖南

答对 前进一步（优先蓝线捷径）
答错 原地不动

用动物鲜乳制成的奶皮子是草原美味还是雪山美味？

答案：草原美味

呼和浩特
棋子在此时
可走红线捷径

答对 前进两步
答错 对方前进一步

哪座城市被称为“花城”？

答案：广州

答对 前进一步
答错 后退一步

任务牌
地理有话说
中国的陆和海
任务牌
地理有话说
中国的陆和海
任务牌
地理有话说
中国的陆和海
任务牌
地理有话说
中国的陆和海
任务牌
地理有话说
中国的陆和海
任务牌
地理有话说
中国的陆和海
任务牌
地理有话说
中国的陆和海
任务牌
地理有话说
中国的陆和海

哪个菜系以麻辣著称?

答案：川菜

答对 前进两步
答错 对方前进一步

洛阳、开封、安阳等古都都位于哪个省?

答案：河南省

答对 前进一步
答错 后退一步

都江堰让哪个平原成了“天府之国”？

答案：成都平原

答对 前进一步 + 继续答题
答错 暂停答题一次

少林寺所在的中岳是什么山?

郑州 棋子在此时可走红线捷径

答案：嵩山

答对 前进两步
答错 对方前进一步

“巴山夜雨涨秋池”指的是哪个盆地的天气现象?

成都 棋子在此时可走红线捷径

答案：四川盆地

答对 前进两步
答错 对方前进一步

《清明上河图》展示了哪个城市的繁荣景象?

答案：开封

答对 前进一步 + 继续答题
答错 暂停答题一次

请说出长江三峡其中的一个峡谷名称。

答案：瞿塘峡、巫峡、西陵峡

答对 前进一步 + 继续答题
答错 暂停答题一次

下列哪个民族主要分布在大兴安岭地区? A. 鄂伦春族 B. 满族 C. 土家族

答案：鄂伦春族

答对 前进一步（优先蓝线捷径）
答错 原地不动

贵州茅台酒产地临近的“美酒河”指哪条河?

答案：赤水河

答对 前进一步（优先蓝线捷径）
答错 原地不动

内蒙古阿尔山天池是火山喷发形成的吗?

答案：是的

答对 前进一步
答错 后退一步

哪个少数民族的民族服装以银饰著称?

答案：苗族

答对 前进两步
答错 对方前进一步

貂皮做的衣服保暖性很强，在哪个区域很受欢迎?

答案：东北地区

答对 前进一步 + 继续答题
答错 暂停答题一次

“天无三日晴，地无三尺平”说的哪个省份?

贵阳 棋子在此时可走红线捷径

答案：贵州

答对 前进一步 + 继续答题
答错 暂停答题一次

哪座城市有“冰城”之称?

答案：哈尔滨

答对 前进一步
答错 后退一步

《蜀道难》诗题是指哪两座大城市之间的交通艰难?

答案：成都和西安（长安）

答对 前进一步（优先蓝线捷径）
答错 原地不动

东北平原上的“北大仓”土质肥沃，主要是什么土壤?

答案：黑土

答对 前进一步
答错 后退一步

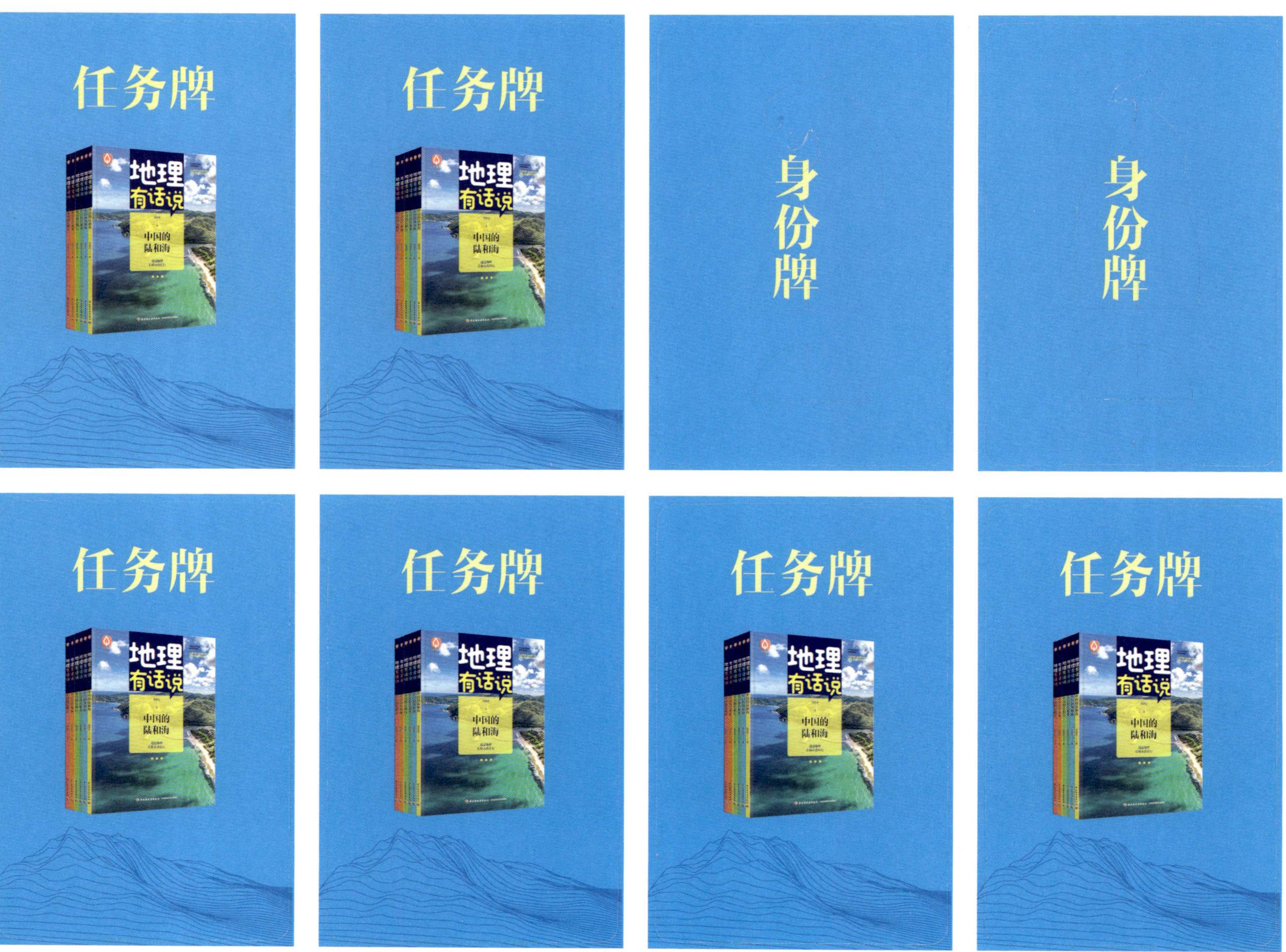
任务牌
地理有话说
中国的陆和海
任务牌
地理有话说
中国的陆和海
身份牌
身份牌
任务牌
地理有话说
中国的陆和海
任务牌
地理有话说
中国的陆和海
任务牌
地理有话说
中国的陆和海
任务牌
地理有话说
中国的陆和海

虎跳峡是哪条江上的大峡谷？

答案：长江

昆明 棋子在此时可走红线捷径

答对 前进一步 + 继续答题
答错 暂停答题一次

“白山黑水”是指什么山、什么江？

答案：长白山、黑龙江

答对 前进一步
答错 后退一步

哪座城市冬季温暖，四季如春，被称为“春城”？

答案：昆明

昆明 棋子在此时可走红线捷径

答对 前进一步
答错 后退一步

东北哪个城市的雾凇最壮观？

答案：吉林市

答对 前进两步
答错 对方前进一步

泼水节是哪个民族的节日？

答案：傣族

答对 前进两步
答错 回到起点

哪座城市被誉为“北国春城”？

答案：长春

答对 前进两步
答错 对方前进一步

普洱茶产地在哪个省？

答案：云南省

答对 前进一步 + 继续答题
答错 暂停答题一次

辽河主要位于哪个省？

答案：辽宁

答对 前进两步
答错 对方前进一步

请说出一种藏族美食。

答案：糌粑、青稞酒、酥油茶

答对 前进两步
答错 对方前进一步

哪个区域的民居冬季采用火炕取暖？

答案：东北民居

答对 前进一步 + 继续答题
答错 暂停答题一次

度假城市大理的主体少数民族是哪个族？

答案：白族

答对 前进一步（优先蓝线捷径）
答错 原地不动

哪座城市是辽东半岛最南端的海滨城市？

答案：大连

答对 前进一步（优先蓝线捷径）
答错 原地不动

环游中国闯关游戏说明

为了让小朋友们更好地了解中国地理，我们设计了环游中国闯关桌面游戏。中国有着许多美丽的风光，你肯定想和小伙伴们一起去环游中国吧？在“旅途”中，需要做任务闯关，谁能率先实现环游，谁就能成为小旅行家。

卡牌内容

身份牌 2 张

一张绿孔雀，一张金钱豹。

任务牌 54 张

每张卡牌包括两个问题，以绿色和金色两种底色区分（走什么颜色的线路就选相近底色的题）。

每个问题包括：题干、答案、答对后应做任务、答错后应做任务 4 类信息。

有 12 道题目标有城市记号，属于“同城任务”。

环游中国地图 1 幅

地图上一共有 40 站（一步走一站），有三种线路：①常规线路（包括绿线和金线）；②蓝色捷径；③红线超级捷径（规则见文末的特殊说明）。

游戏规则

决胜规则

两名玩家，先实现环游中国者为赢家（从起点出发，环游后回到起点）。

半程赛以拉萨为终点。

基本规则

①摆好地图，拼好身份牌当作棋子，平分任务牌为两份。

②确定身份（绿孔雀从绿线开始出发，金钱豹从金线开始出发），确定谁先出牌。

③把棋子放在起点，通过抽取任务牌并回答问题，来决定自己的进退步数、进退路线、答题权是否延续。

问答形式：自己抽牌，交给对方提问（选该牌上与自己身份相近颜色对应的问题）；自己作答后，由对方裁定对错。

特殊说明

①抽到同城任务且恰好位于该站，答对题目即可走红线超级捷径一步。

②任务牌不够用时，可以重复使用已经用过的任务牌。

地理有话说

中国的住和行

周国宝 著

中国轻工业出版社

中国住和行总览图

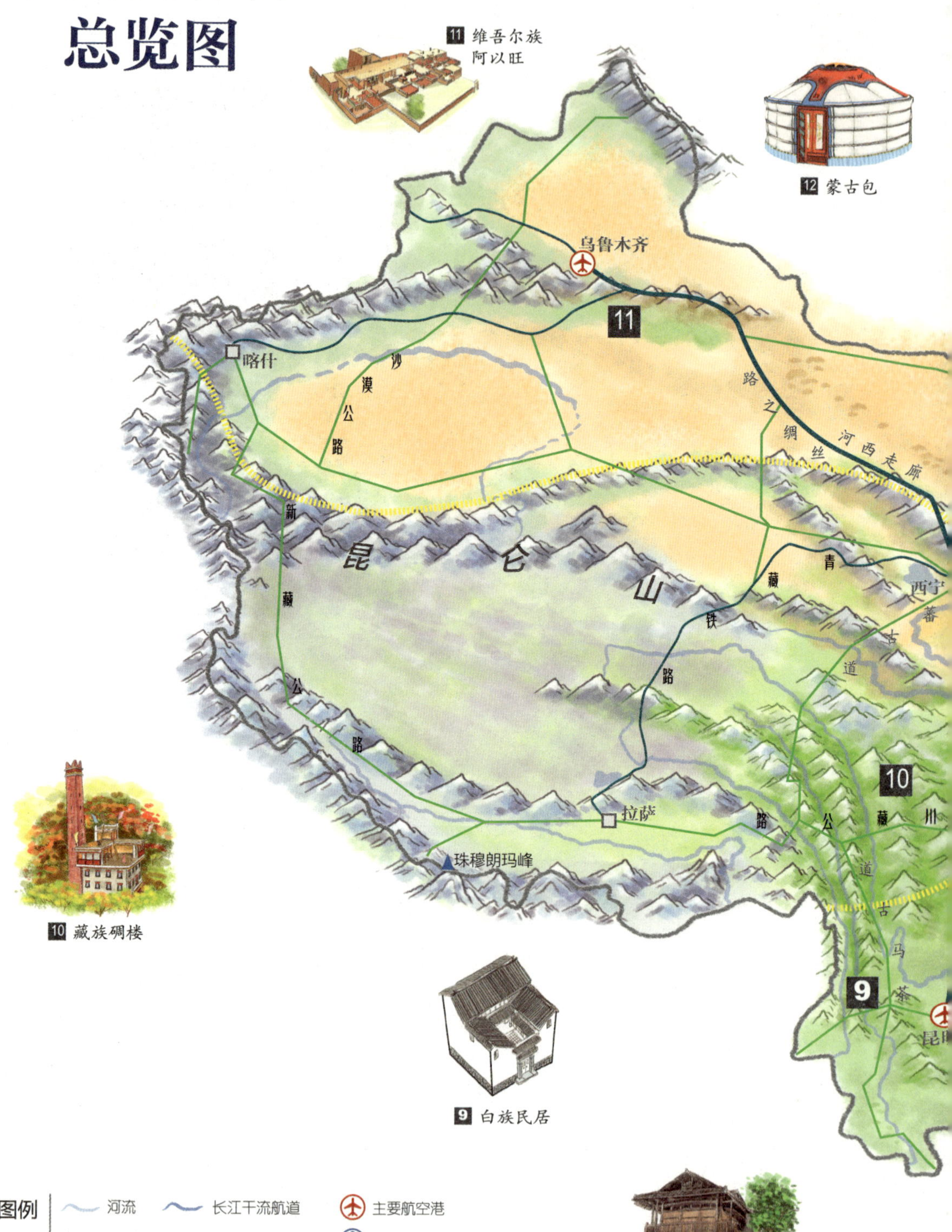

图例

河流	长江干流航道	主要航空港
运河	高速铁路干线	主要海港、河港
湖泊	其他重要铁路线	综合性交通枢纽
山峰	西部主要公路	其他重要城市
		四大地理单元分区界

3 陕北窑洞
1 北京四合院
2 山西大院
4 江南园林
5 徽派民居
6 福建土楼
7 开平碉楼
南海诸岛
哈尔滨
沈阳
北京
唐山
天津
大连
烟大轮渡
辽西走廊
渤海
包头
黄
河
兰州
西安
郑州
青岛
连云港
黄
海
京
杭
运
河
秦
岭
蜀
道
古
淮
河
南京
合肥
上海
武汉
宜昌
江
长
成都
重庆
杭州
宁波
东
海
长沙
贵州
福州
台北
高雄
珠
江
广州
深圳
香港
北海
海口
海上丝绸之路
南
海
广州
香港
高雄
南
海
12
1
2
3
4
5
6
7
8

▼ 江苏东山古镇民居和跨湖桥

序言

地理和我们的生活密切相关。在居住和出行方面尤为明显，不同的地理环境，尤其是地势，深刻影响着我们的建筑和交通工具。

建筑总是与环境密切相关。先说建筑材料，竹木多则木结构（傣族竹楼），土石多则石结构（藏族碉楼）。再说气候，北方注重保暖（厚墙），南方强调遮阳（深檐），多雨的地方注重通风（吊脚楼），干旱的地方强调防风（新疆阿以旺）。再说地势，平原地区可以建宽广的四合院（北京四合院），丘陵地区适合盖局促的小阁楼（徽州天井院）。再说人文环境，繁华的地方注重保护隐私（深院），偏僻的地方强调防御功能（土楼），开放的地方流行中西合璧（开平碉楼），悠久的古镇传承对称秩序（胡氏宗祠）。

出行也总是与环境密切相关。在古代，平原地区多马车，丘陵地区多牛车，水乡多舟船，高原有牦牛。山区，马帮是重要的运输力量；水乡，船舶能运输大宗的货物。现在，交通受环境影响越来越小，但还是山区多隧道，水乡多桥梁，昆明航空有优势，宁波航海有优势，郑州铁路有优势。

了解环境对生活的影响，会让我们的生活更加美好。

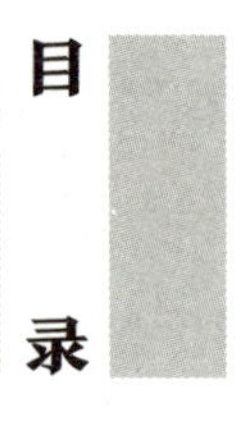

目录

北方地区

西北地区

青藏地区

概说

◆

每一种民居

都是家

在中国人的心中，家不仅仅是每一个中国人遮风挡雨的物质形态，更是每一个中国人心灵的寄托，是最温暖的存在。

我们都知道，我国是个幅员辽阔的国家，既包含了高原、平原、丘陵、山区等各类地形，又囊括了雪山、草原、黄土地、湿地等多种地貌。同时，我国不同区域的气候也是差别极大，东北白雪皑皑的时候，长江两岸柳树已经发芽，而南部很多地方已经开满鲜花。广阔的国土面积、多样的地理环境、不同的气候温度，注定了人们的生活方式也是千差万别。

为了适应不同地区的环境，各地人们充分发挥各自的智慧，因地制宜，创造了最适合当地自然地理和气候环境的居住方式。

在寒冷的东北，土炕连着灶台，可以将炉火的暖气很好地传导到人们睡觉的炕下，保持温暖；在黄土高原，人们就地取材，沿山开凿一个个洞穴，形成了冬暖夏凉的窑洞民居；在广袤的大草原上，游牧民族逐水草而居，经

▲ 四川阆中古城的民居建筑群

常更换居住的地方，因此住所往往拆装快捷，便于搬迁；在地势平坦开阔的华北平原，人们用四合院合围出自得其乐的居住天地；在潮湿多雨的南方，吊桥楼通风透气，架空的底层能够更好地减少潮气带来的影响；在柔情似水的江南，一座座充满诗情画意的园林更添韵味；在客家人聚居区，一个大家族住在一起能够更加团结一致，因此有了巨大的土楼建筑……可以说，每一种民居的产生都有其特定的自然和历史原因，但是不论原因如何，都源于人们热爱生活，渴望安居乐业的美好愿望。

如今，随着人们生产生活方式的改变，加上建筑技术的进步，很多人已经不用再居住在传统的民居中了，而是住进高大的楼房，有着更好的居住条件。但是，作为中国传统文化的重要组成部分，那些凝结着人们居住智慧的民居，正受到越来越多人的关注与重视。正是这些民居的存在，反映了中国人对于家的依存与想念。

回家的路

是最美的风景

如果在每年的春节前后观看新闻，那么你一定会听到“春运”这个词。春运是指在春节前后，大批在外地打工的人员回家乡过年，过完年后再返回到打工地点的中国特有的运输现象。对很多在外的人来说，世界上有很多美丽的风景，但是最美的风景，就在回家的那条路。

曾经，对于幅员辽阔的中国来说，出行有时候可不是那么容易的一件事情。在古代，人们的出行只能靠双脚，或者用马车牛车，想去一个稍远的地方，需要好几个月的时间，非常不方便。后来，汽车、火车、飞机等先进的交通工具慢慢出现，大家的出行方式开始变得多样化。随着交通设施的不断升级，普通人也能够享受到出行的便利与快捷。

公路方面，我国高速公路总里程居世界第一，东部地区县县通高速，全国村村通公路，大大提升了人们的出行能力。而且我国公路的修建质量也在不断提升，大部分的公路既宽阔又平稳，出行的舒适度大大提升。

铁路方面，我国高铁的通车里程也位居世界第一，而且速度非常快，目

广西乡村的道路和村落 ▶

前，除了西藏和澳门，其他省份均已经有高铁通达。

水路运输可能大家使用的比较少，但是因为气候和地形的原因，我国河流湖泊众多，很多河流都有良好的通航能力。水路运输是货运的重要方式，长江航道更是被称为“黄金水道”。

现在，飞机也成了很多人的出行选择。虽然我国的航空运输事业发展得比较晚，但是如今发展的速度却非常快，不仅国内航班数量有很多，飞往国外的国际航线也在逐年增加，连通起了我国和国外许多著名的城市。

公路、铁路、水路和航空运输的发展，大大缩短了城市与城市、国家与国家之间的距离，在出行日益便捷的今天，人们回家也变得更加方便。

繁忙的北京交通

繁荣的

中国交通[①]

公路

截至2021年年末，全国公路总里程528.07万千米，其中二级（二级公路一般能适应每昼夜3000～7500辆中型载重汽车交通量）及以上等级公路里程72.36万千米，高速公路里程接近17万千米。

我国公路可分为国家级（编号G字头）、省级（编号S字头）、县级（编号X字头）、乡村级、专用公路。其中国家级公路包括国家高速公路和普通国道，规划总规模约46万千米，2021年年末通车里程37.54万千米。

铁路

截至2021年年末，全国铁路营业里程超过15万千米，其中高速铁路（速度200千米/小时以上）营业里程超过4万千米。我国的高速铁路网规划"八纵八横"，已经初具规模。

水路

截至2021年年末，全国内河航道通航里程12.76万千米，其中三级及以上航道通航里程1.45万千米（三级航道可通航1000吨级船只）。截至

① 未包含香港、澳门特别行政区及台湾省统计数据。

2021 年年末，全国港口拥有生产用码头泊位 20867 个。

民航

截至 2021 年年末，全国共有颁证民用航空机场 248 个。定期航班国内航线 4585 条，通航城市（或地区）244 个（不含香港、澳门、台湾）。国际航班通航世界许多城市。

城市客运

截至 2021 年年末，全国拥有公共汽电车运营线路 75770 条（159.38 万千米），轨道交通运营线路 275 条（8735.6 千米），城市客运轮渡运营航线 84 条。

铁路客运车次编号

列车类型	简称	车次范围
高速动车组	高	G1 ~ G9998
城际动车组	城	C1 ~ C9998
动车组	动	D1 ~ D9998
直达特快列车	直	Z1 ~ Z9998
特快列车	特	T1 ~ T9998
快速列车	快	K1 ~ K9998
普通列车		1001 ~ 7598

国家公路网

大类	小类	编号
国家高速公路网（约 16 万千米）	7 条首都放射线	G×
	11 条北南纵线	G××，奇数
	18 条东西横线	G××，偶数
	地区环线 并行线 联络线	$G\times\times_{\times\times}$
普通国道网（约 30 万千米）	12 条首都放射线	G1××
	47 条北南纵线	G2××
	60 条东西横线	G3××
	81 条联络线	G5××

中国各类运输方式对比

类型		2021 全年运输量	2021 年末运输工具数量
公路	客运	客运量 50.87 亿人 旅客周转量 3627.54 亿人千米	载客汽车 58.70 万辆
	货运	货运量 391.39 亿吨 货物周转量 69087.65 亿吨千米	载货汽车 1173.26 万辆
铁路	客运	客运量 26.12 亿人 旅客周转量 9567.81 亿人千米	机车 2.2 万台，客车 7.8 万辆（其中动车组 33221 辆）
	货运	货运量 47.74 亿吨 货物周转量 33238.00 亿吨千米	铁路货车 96.6 万辆
水路	客运	客运量 1.63 亿人 旅客周转量 33.11 亿人千米	船舶 12.59 万艘
	货运	货运量 82.40 亿吨 货物周转量 115577.51 亿吨千米	
民航	客运	客运量 4.41 亿人 旅客周转量 6529.68 亿人千米	飞机 4054 架
	货运	货邮运输量 731.84 万吨 货邮周转量 278.16 亿吨千米	
城市客运	客运	客运量 993.84 亿人	公共汽电车 70.94 万辆 轨道交通配属车辆 5.73 万辆 巡游出租汽车 139.13 万辆 城市客运轮渡船舶 196 艘

四合院

胡同里的小天地

如果你第一次走在北京老城区街头，一条条幽深的胡同一定会吸引你走进去。胡同的两侧，灰色的围墙，红漆的大门，苍劲的老树枝探出来一朵朵红花，让人心生欢喜。胡同中，三三两两的人群，叽叽喳喳的小鸟，让人不觉停留。吱呀——门开了。一个小孩从红门中蹦蹦跳跳地跑出来。循着红门往里看，照壁砖雕后，是隐约可见的一间间房屋，这就是四合院了。胡同就像一条条经脉，串联起这些散落的四合院，而高墙的分割则让四合院成了胡同里独立的一方小天地。

合院是中国民居的基本组合方式，其中以北京四合院最具代表。四合院，从它的名字就可以看出它的布局：四面都建有房屋，围出一个院子，形成一个安静、安全的居住空间。从高处看，呈“口”字形的，为一进；呈“日”字形则为二进；“目”字形则为三进。

为什么北京及其周边地区，传统民居采用

四合院形式呢？这是老祖宗基于对环境和气候的认识，逐步摸索而成的。北京所处华北平原地区，地势平坦，在城池规划时，就可以留下足够的空间建四合院。因此，北京四合院的院落通常比较大，相比南方丘陵地区的合院，那里的院子已经缩小成“天井”了。把庭院做大还有一个很明显的优点就是采光好。北方地区冬季寒冷漫长，对阳光的需求更高，宽敞的庭院，足以让主屋能接收到更多的光照。即使在日照时间最短的冬至日，大多数门朝正南的四合院，依然可以让正屋的神龛见到阳光。而且，北京四合院墙壁较厚，北面墙往往不开窗，这也是为了减少寒冷北风对室内温度的影响。

三进四合院是最为标准的四合院形制，也是民间采用最多的一种。大门通常建在东南角，这也有利于炎热夏季的东南风进入院内形成气流，起到降温的作用。进入大门之后便是“外院”，一个以倒座房为主的窄窄的院子，主

▼ 北京四合院外观

▲ 北京四合院内景

文 化 常 识

↓四合院的彩画

彩画是四合院极富特色的装饰，多用油漆在梁、枋、斗拱、柱、天花板等处刷饰或绘制花纹，既可装饰，又能增加木料的防腐、防蛀性。

彩画分为三大类，“旋子彩画”和“和玺彩画”通常用于高规格的建筑。“苏式彩画”广泛用于民居和亭台廊阁，内容有山水、人物、花鸟等，色彩艳丽，很受大家的欢迎。

要用于待客。再往里走，过了垂花门就是最重要的正院。正对垂花门的就是正房，一般屋基较高，利于排水，窗户较多，便于采光。正房往往由长辈居住，有比较正式的会客区。正房两侧有稍矮的耳房，可用做储藏室、厨房等。主院两侧房屋是子女住的“厢房”。院中间的庭院一般会摆上桌凳、种植花草，是家人欢聚的场所。经过耳房通道，便来到了内院，这里的“后罩房”是比较私密的生活区。

过去对于一般人家，三进院已经很好了，但是对于达官贵人来说，四合院可以增加到四进、五进甚至更多，形成“大宅门”。不仅如此，多个四合院并列成跨院，还可以组合成规模巨大的“超级四合院”，比如著名的恭王府。

作为老北京最常见的建筑形式之一，四合院藏在胡同里，不显山不露水，虽然看似低调，却接纳了许许多多的名人居住。像大文豪鲁迅、大画家齐白石、教育家叶圣陶、文学家老舍都曾经在四合院中生活，创作出了许多传世作品，为四合院增添了浓厚的文化底蕴。胡同里的小天地，汇聚了家庭的欢乐与和谐，四合院里的生活，真是静谧且舒适啊。

专 题

北方四合院的布局

四合院是北方最常见的一种院落式民居形式，形制规整，布局讲究。虽然四合院的进数不同，但无论是几进四合院，都要按照传统布局进行修建，下图为最典型的三进四合院。四合院既包含中国传统文化元素，又很好地因地制宜，能够最大限度地适应北方的自然环境因素，是我国古老、传统的文化象征。

耳房

正房两侧的两个房间，高度低于正房，多用来做库房或厨房。

正房

位于四合院的中心位置，坐北朝南，是一家之主的居所。特点是冬天太阳能够照进屋里，冬暖夏凉。

后罩房

最里一进院子，靠近院落边界的房子。通常是主人的内眷或老人居住的地方。

游廊

四合院里的廊是有顶的建筑，用于下雨雪时行走。平时可供人休息，观赏内院景致。

厢房

在院子东西两侧。子孙们的住房，以东厢房为尊，一般住长子长媳。

内院

属于私密区域，一般外人不得随意入内。园内大多会栽树种花，有的人家还会放鱼池，养着各种各样的鱼并种着荷花。

倒座

整个四合院中最南端的一排房子，与正房相对，由于门窗都向北，因此采光不好。大门以东为私塾，大门以西有会客室、男佣房、厕所。

大门

临街而建，一般都修筑在整个院落的东南侧，以取“紫气东来”之意。大门前或大门内有影壁。

垂花门

垂花门又称二门，起到隔绝内院视线的作用。旧时说的大户人家的闺女“大门不出，二门不迈”，就是指不迈垂花门。

山西大院

高墙里的大家族

关于中国的民居，有着“北在山西、南在安徽”的说法。在历史的长河中，山西不仅发祥了源远流长的中华文明，也留下了丰富的民居建筑，其中最主要的就是山西大院。山西大院属于北方四合院类型，但是和北京的四合院比起来，在建筑的形式、装饰风格等方面都有很大的不同。

山西的中南部地区，是地势平坦开阔的汾河谷地，这里有足够大的空间，适合建筑规模大一些的四合院，正因为这个原因，山西大院多集中在山西中南部地区。当然，想要建起这些富丽堂皇的大院，光有足够的空间还不够，更要有足够的经济实力。而这么多大院拔地而起，正是和山西商人，也就是晋商的崛起有着密不可分的关系。

明清时期，中国的商业得到了飞速发展，尤其是清朝，许多晋商通过“走西口”积累了大量的财富。虽然这些晋商走南闯北去过不少地方，但是他们受“落叶归根”的观念影响，大多会选择回到山西老家修建家园。

山西大院的外墙都非常高，有的甚至有四五层楼那么高，有着很好的防御效果。同时，晋商也把传统思想、观念融入到了建筑中，使得山西大院增添了许多文化内涵。比如大院的布局很多都是正偏结构，左右对称、上高下低，房顶多采用单坡顶，也就是房顶只有一边有斜坡，这样可以在下雨的时

山西乔家大院内景

候让雨水都流进自家的院子里，有着“肥水不外流”的寓意。大院院门多开在东南角，这在民间被称为“抢阳”，朝东南开门可以让阳光尽早照进院里，是人们将建筑设计与自然的巧妙结合。同时，这也寓意财源不竭，金钱流畅。

更有趣的是，很多大院的主人为了将自己对于生活的美好愿望融入在建筑中，将大院布局构成某种图形样式，像著名的乔家大院，就是“双喜”字形，而王家大院则是“王”字形，曹家大院为“寿”字形，都暗含了美好的意义。

山西大院的代表有王家大院、乔家大院、渠家大院、常家庄园等。其中，王家大院有“三晋第一宅”的美称。王家大院位于中国历史文化名镇——山西省灵石县静升镇，是清代民居建筑的集大成者。它的规模和气势在晋商宅院里是首屈一指的，有“王家归来不看院”的说法。

王家大院由王氏家族经明清两朝、历 300 余年修建而成，包括五巷六堡一条街，总面积达 25 万平方米。王家大院目前有红门堡、高家崖两组建筑群对外开放，这两组建筑群共有上百座院落、上千间房屋，却只占了整个王家大院五分之一的规模，可以想见王家大院究竟有多么宏伟。

山西王家大院全景

专题

宏伟的乔家大院

乔家大院位于山西省祁县乔家堡村，是清代著名富豪乔致庸的家族宅第。它独特的文化内涵和精美的建筑艺术，吸引着许多导演来这里拍摄影视剧，加起来有40多部呢！

镇馆之宝

犀牛望月镜

一面直径1米左右的镜子，镜架镜框为木质坚硬的珍稀树木铁梨木所制。雕刻有祥云犀牛，犀牛回顾上瞥，似在痴望明月。

九龙灯

昔日慈禧太后在八国联军侵占北京逃向西安时，乔家捐赠30万两银子与太后以解燃眉之急。后慈禧太后感其忠诚，赏赐了两盏九龙灯。

乔家大院主体部分叫在中堂，包括六个分院，每个分院又包括若干个小院，整体布局呈“双喜”造型。

甬道

约80米长的甬道，将在中堂分为南北两部分。甬道西侧尽头是乔家祠堂，与大门遥相呼应。

新院

二进双通四合斗院，硬山顶阶进式门楼，西跨为正院，主房顶上盖有更楼。

西南院

现在为珍宝馆，陈列了镇馆之宝。

王家大院不仅整体气势恢宏，细节上也是精雕细琢。大院的砖雕、木雕、石雕，题材丰富，栩栩如生，有的雕刻是花鸟鱼虫，有的雕刻是典故传说等，都是难得的艺术珍品。其中，“满床笏（hù）”是木雕中的精品，它的题材源自唐朝名将郭子仪。郭子仪60大寿的时候，他的七子八婿都已经是朝廷高官。当时官员身上都会带笏板，因此郭子仪的儿子女婿来看望他时，把笏板放在床上，将整个床都堆满了。通过这组精美的雕刻，王家大院的主人希望自家也能像这样繁荣昌盛。王家大院还珍藏了许多著名书画，包括郑板桥手书楹联、刘墉的条幅、唐伯虎和文徵明的绘画等名家作品。

外观气势雄伟恢宏，细看充满文化内涵，山西大院正用它独特的魅力，诠释着建筑之美。

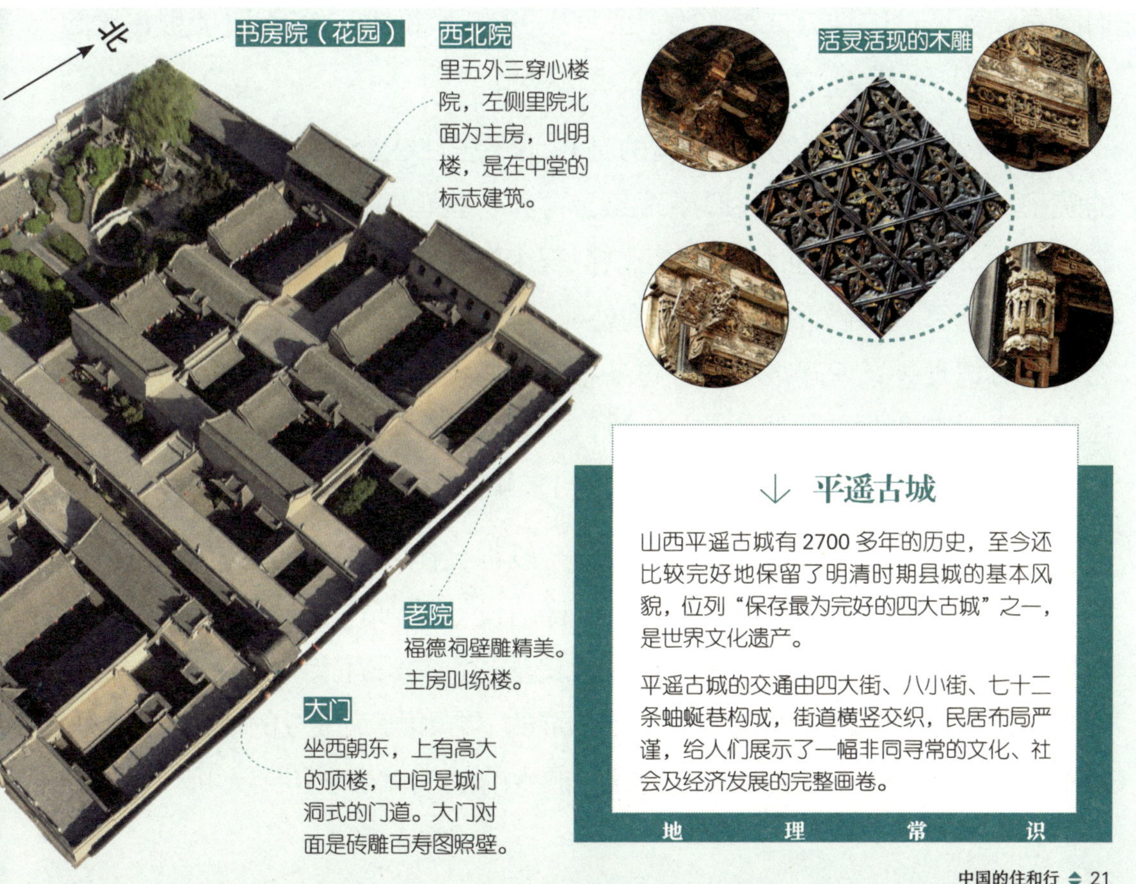

↓ 平遥古城

山西平遥古城有2700多年的历史，至今还比较完好地保留了明清时期县城的基本风貌，位列“保存最为完好的四大古城”之一，是世界文化遗产。

平遥古城的交通由四大街、八小街、七十二条蚰蜒巷构成，街道横竖交织，民居布局严谨，给人们展示了一幅非同寻常的文化、社会及经济发展的完整画卷。

地　理　常　识

住

东北民居

灶台连着火炕

东北地区一般指我国的黑龙江、吉林、辽宁三个省份以及内蒙古自治区的部分区域。这一地区土地面积广阔，日照相对较短，是我们国家最为寒冷的地方之一。为了拥有更多的日照时间，冬天时能够温暖过冬，东北民居形成了“大院小宅”的建筑风格。

“大院小宅”中的“大院”指的是东北民居往往会在屋前屋后围起很大的院子。在院子里种植一些瓜果蔬菜，再养一些鸡鸭，充分利用大院子进行农事活动。阳光充足的时候，还可以把玉米、辣椒等农作物摆在大院子里晾晒。到了冬天，室外气温非常低，到处都有厚厚的积雪。而院子里的积雪通常会被及时清理掉，院子成了储存过冬物资、搁置劳动工具的地方。有些人家还喜欢利用雪堆做个天然的“大冰箱”，把过冬宰杀的鸡鸭猪羊等埋在院子的雪堆里，需要吃的时候，就把它们挖出来解冻，真的是方便又省事。

而“小宅”是指东北民居室内布局一般都会比较紧凑。房间的高度往往不会特别高，室内的进深也比较小，这样的设计是为了在寒冷的冬季能够有效增加室内保温的效果。在传统的东北民居里面是没有床的，取而代之的是宽敞的火炕。火炕最特殊的地方在于火炕的下方和烧菜做饭的灶台烟道是紧紧连在一起的。每当灶台生火的时候，产生的热气就会被传到火炕。经过热气的不断加热，火炕也会变得非常暖和。其实火炕就是卧室集中供暖，如果给每个卧室分别供暖，那会浪费很多柴火和煤炭的。

为了能够克服日照时间短、冬季寒冷的自然气候，东北民居的窗户都是南窗宽大，北窗窄小，有的房子甚至不留北窗。宽大的朝南开的窗户有利于让阳光能够最大限度地照进房间，同时有利于通风，北面窗户窄小是因为冬天时可以避免寒冷的北风吹进房屋。过去没有玻璃，在冬天来临之前，生活在东北的人们总是提前用窗户纸糊在窗户外面，封住窗户缝隙，避免冷风吹进家里。为什么不和南方一样糊在窗户内呢？这是因为东北民居冬天外冷内热，室内的一面水汽大，容易把窗户纸弄湿弄破。而这种现象，正是“东北八大怪”之一的“窗户纸糊在外”。

其实，把墙壁做厚才是最好的房屋保暖方式。南方的民居，墙壁通常只有一块砖或者一块半砖厚。在东北，几乎所有的民居墙壁厚度都是两块砖，差不多有半米厚。厚厚的墙面密不透风，当然很暖和了。

为了和寒冷、寒风做斗争，东北人民真的是在住房的设计上，展现了无穷的智慧啊！

东北民居内景

文　化　常　识

鄂温克族的撮罗子

居住在东北的少数民族鄂温克族，他们的传统民居叫撮罗子，意思是“用木杆搭起的尖顶屋”，这也是撮罗子最主要的特征。

撮罗子一般建造在地势较高、地形平坦、采光良好而且附近有水源和柴草的地方。撮罗子的拆装非常方便，最快 20 分钟就可以搭好，构造方法也非常简单。

窑洞

住在黄土高坡里

在我国的北方，有广袤的黄土高原，世界上 70% 以上的黄土都聚集在这里，使这里成为了世界上最大的被黄土覆盖的区域。这里无论是高山、谷地，还是台塬，甚至连河里流的水都是黄黄的。

黄土高原的表层土松软，易于开垦，而且土中含有丰富的矿物质，非常肥沃，很早之前，就有人类在这里种植粮食。虽然黄土高原的土壤十分适合种植粮食，但是想在这样的地方建起一座座的房子可是非常不容易的——这里既缺少建房需要的木材，又缺少砌墙的石头。

好在黄土高原上的人们发挥自己的聪明才智，根据黄土高原地区特点，创造了独特的窑洞，窑洞是具有黄土高原特色的居住形式。窑洞就是沿山开凿出一个个洞穴，人们就居住在洞穴中。采用这种非常具有黄土高原特色的居住形式，有三个原因。

第一，黄土高原地区气候干燥。虽然黄土特别怕雨，一遇到水就成烂泥，但是面对偶尔的降雨，只要做好排水就不用担心窑洞坍塌。

第二，除了表层土比较松软，黄土层一般都很厚，干燥的黄土非常板实，而且黏性很强，直立性很好，所以很少坍塌。而且窑洞顶部都会采用圆拱形样式，这是因为圆拱形的稳定性好，更能保证窑洞顶部的坚固。

第三，黄土高原上有许多断崖，断崖为人们开凿洞穴提供了地势条件，土层中岩石较少，比较方便人们进行洞穴的开凿。

在黄土高原地区，窑洞是最常见的最受欢迎的民居形式。不用砌墙，不用竖柱，不用架梁，不用盖瓦，挖窑洞对于老百姓来说，是非常省工省力的盖房子方式。同时，黄土有良好的保湿、储能、隔热的功能，在窑洞居住，冬暖夏凉、保湿恒温，非常舒适。

虽然是利用地形地势开凿洞穴进行居住，但是窑洞的具体形式也还是有所不同。一般来说，有三种。

直接在断崖上开凿窑洞的被称为“靠崖式”。这种“靠崖式”的窑洞直接在土崖的一侧往里挖，为了有充足的日晒，往往选择面南的山崖，一般可以横向挖至七八米深，高度可以达到 3 米以上。挖好洞穴之后，人们就会对洞穴进行装修，安装门窗等，就像我们布置新房一样对窑洞进行施工。由于黄土高原上的黄土具有厚实、稳定的特性，因此平整地面、墙面等工作可以快

▼ 山西李家山的靠崖式窑洞

姜氏庄园

↓姜氏庄园

姜氏庄园位于陕西米脂县，建于清朝晚期，是全国最大的城堡式窑洞庄园。庄园占地约2.7公顷，布局合理有序，分为院前、下院、中院、上院四部分，由上而下浑然一体，巍巍壮观。庄园中布满砖雕、木雕、石雕艺术，具有很高的历史艺术价值。

地　理　常　识

速进行，等到施工完成，一座崭新的窑洞就可以居住啦！由于窑洞大多数都是门开向南边，冬天，北方来的冷空气无法进入窑洞，而到了夏天，则可以尽情享受来自南方的凉爽的风，所以窑洞的生活可以说是冬暖夏凉，十分惬意。

比靠崖式窑洞更具特色的是下沉式窑洞。这种窑洞一般建在地面以下，有独立的院子，窑洞顶上的土地可以作为打谷场使用。下沉式窑洞是直接在地面上挖一个长方形的大坑，一般会有5～8米深，之后把大坑的四面当作崖壁，再像靠崖式窑洞的修筑方法一样，挖出一个个拱形的洞穴，装修之后就成了适合居住的窑洞。因为下沉式窑洞实际上居住在地下，因此会在院子里设置一个斜坡通往地上，供平时来回、上下使用。

窑洞作为黄土高原一种独特的民居，深深地融入到黄土高原人们的生活中，即使在没有山崖可以依靠的地方，很多人还是选择把房子修筑成窑洞的样子，于是就有了“独立式窑洞”。独立式窑洞和我们在其他地区看到的盖房子相似，需要在四面用土砌起四面“墙”，然后再根据修筑窑洞的样子进行修筑，既可以修成单层的，也可以像楼房一样修成双层甚至多层。独立式窑洞既保留了窑洞的特色与优势，又保持了自身的独立性，看起来相当气派。

人类开凿洞穴居住已经有上千年的历史了，而黄土高原上的窑洞正是将这种建筑形式继承并发扬光大。随着技术的进步，现在的窑洞已经修筑得越来越好。窑洞冬暖夏凉、经久耐用、经济实惠，现在依然是黄土高原上为人津津乐道的居住形式。

专题

窑洞的布局

窑洞冬暖夏凉，是凝结了黄土高原人民智慧的一种民居形式。虽然看起来窑洞的外表都一样，可是为了让这一间间洞穴达到最为舒适的居住环境，窑洞的布局可是很有讲究的呢！

窑洞

院落的四周都可以设置窑洞，常见的院落为每边设计 3 孔窑洞。

打谷场

下沉式窑洞的上部最少要有 3 米以上的土层，不能种植任何植物，只能作为打谷场使用。

出入口

下沉式窑洞比较特殊，多在供进出的窑洞处设置一个通道，相当于门。

卧室

供人居住的窑洞内装饰多喜庆，墙面上会张贴各种彩画。

土炕

窑内靠山墙均设置土炕，土炕一边紧接山墙，一边紧连窑壁，留有炕洞门。利用烧饭的热能来给土炕和室内供暖。

行

从马路到立交桥

平原道路的升级

古代，人们的长途出行主要借助水力和畜力。华北地区，地势平坦且河少，马成了重要的交通工具。江南地区，地势平坦且水多，船是最重要的交通工具。南方丘陵，地势起伏，水牛是主要的交通工具。此外，驴、骡也是重要的畜力。但总体来说，马因为速度快，在客运方面优势更大，在南北方都很普遍。“马路”这个词也源于马走的路。

马不仅速度快，而且力气大，耐力久，容易驯服，识路能力强。早在商代，我国就出现了马车。最早的马车是两轮的，由两匹马驾辕，有一个长方形的舆（车厢），可以坐两三个人。后来，驾马的数量逐渐增多，二马驾一车的叫“骈（pián）”；三马驾一车的叫“骖（cān）”；四马驾一车的叫“驷（sì）”，没错，就是那个“驷马难追”的“驷”。最高规格的是六匹毛色统一的雄马驾的马车。

与马车相对应，是马路的建设。在秦始皇时，修建道路时强调“车同轨”，不仅修建了可以行走马车的大道，还统一了道路的宽度，其中最宽敞的道路被称为“驰道”，意思是供皇帝的车行走的道路。唐朝时，修路里程有五万余里，连通了当时主要的大城市，形成了以城市为中心的道路网络。唐朝人还设立了道路绿化带，建立了许多馆驿。在宋代，官路四通八达，快递和租车都是很常见的事。到了清朝，全国的道路被分为了三个等级，第一等级叫作“官马大路”，是由当时的京城——北京通往各个省城；第二等级的道

◀ 华北的一座立交桥

路是“大路”，由各省城通往当地的主要城市；第三等级的道路是“小路”，通往各个市镇。

到了清朝晚期，汽车等交通工具传入中国，在这之后，我国建成了第一条可通行汽车的路，被称作“汽车路”，又称为“公路”。据说1885年开始修建的广西龙南公路是我国第一条公路，有长39千米的路面较宽，能够通行6匹马牵引的马车。光绪末年，此路段常有法国小型汽车从越南驶入。

自从汽车在我国兴起之后，能够通行汽车的公路开始逐渐增多。1935年，北京第一条柏油路开始铺建，当时北京城有近3000辆汽车，超过6万辆人力车，约16万辆自行车。老舍笔下的祥子就是人力车车夫。1946年，道路开始全面从左侧行走改为右侧行走。

中华人民共和国成立之后，公路现代化程度大幅度地提升。1965年，全国公路通车里程超过50万千米。1988年，上海沪嘉高速通车，我国开始进入高速时代，人们的出行范围一下子大大增加了，千里之外也可以驾车早出晚归。

虽然道路的通行能力得到了提升，但是随着汽车数量的增加，堵车越来越严重。为此，聪明的人们选择在城市中修建立交桥，以缓解交通拥堵的压力。立交桥就是在多条道路交会的地方，将其中一部分道路以高架桥的形式立体交叉，这样一来，立交桥可以不使用红绿灯，道路通行变得更加顺畅，而且开往各个方向的汽车都得到了分流，对于道路拥挤有着很好的缓解作用。1974年，北京复兴门立交桥投入使用，此后，大量立交桥如雨后春笋般涌现北京。玉蜓桥优美而简洁，四元桥工整大气，天宁寺桥既是陆路桥又是跨河桥，西直门桥据说把很多司机绕晕了。

如今，公路交通越来越完善，越来越智能，智能公交站、道路灾害传感器、交互式智能路灯、弯道会车预警……人们的出行越来越便捷，越来越安全。出行道路的升级，是劳动人民用智慧和汗水换来的成果，当我们走在宽阔的大路上，别忘了给这些辛勤的建设者们点一个大大的赞哦！

专题

飞向全球的大兴机场

北京大兴国际机场于2019年通航，是4F级国际机场、世界级航空枢纽。它有223个机位，4条跑道，预计2025年可满足旅客吞吐量7200万人次、货邮吞吐量200万吨、飞机起降量62万架次的需求。

2021/2022年冬春航季，航班时刻达到853个/日，包含145条国内航线，覆盖133个国内航点。国际航线也在积极发展中。

中国十大机场的国际航班数量

（参考2018年数据）

排名	机场名称	城市数
1	北京首都国际机场	128座
2	上海浦东国际机场	111座
3	广州白云国际机场	85座
4	成都双流国际机场	63座
5	深圳宝安国际机场	56座
6	昆明长水国际机场	49座
7	西安咸阳国际机场	38座
8	重庆江北国际机场	43座
9	杭州萧山国际机场	41座
10	南京禄口国际机场	34座

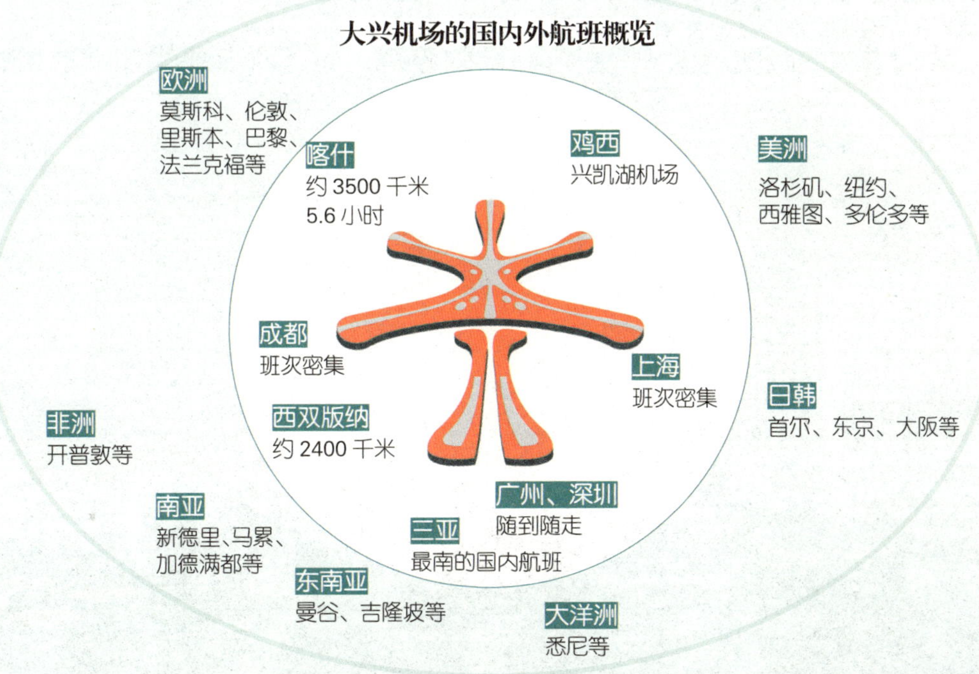

辽西走廊

行走在山海之间

“走廊”一词，一般用来形容连接两个或者多个地区之间便于通行的狭长地带。在我国华北和东北交界的地方，就有一条这样的走廊。这条走廊位于一块长 180 多千米、最窄处不足 10 千米的狭长平原上，一侧是高大险峻的山脉，一侧是波涛汹涌的大海，因为这条靠山傍海的通道大部分位于辽宁省西部，因此被叫作“辽西走廊”。

我们中国的版图就像一只引吭高歌的雄鸡，而辽西走廊就处于雄鸡的咽

兴城海滨

喉位置，可见它的地理位置非常重要，是从中原和华北去往东北的必经之地。辽西走廊一端是河北省秦皇岛的山海关，一端是辽宁省的锦州市，它的西边是绵延不断的燕山，东边是辽阔的渤海。明末清初时，明军、李自成军、清军在这条通道上进行了多次激烈的大战。闯关东时，许多山东人就是通过这条通道走进东北寻求谋生之路。解放战争期间，东北的解放军走这条通道入关参与平津战役。

沿着辽西走廊自南向北，分布着几座拥有悠久历史的城市，分别是山海关、兴城和锦州。

山海关位于长城和大海“握手”的地方。这里的辽西走廊最窄，宽度不到 10 千米，雄伟的天下第一关山海关就立在其间，西连角山接上万里长城，东至老龙头直达大海。山海关关城周长约 4 千米，是军事重镇，也是商贸重镇，连接起关内关外。明末吴三桂和李自成就在这里发生过激烈的战斗。

兴城，历史上曾叫宁远，是一座很重要的城堡，至今保存很好。明朝末年的宁远战役中，明将袁崇焕坚守城池，在红衣大炮的帮助下，重创前来围

攻的努尔哈赤军队。如今的兴城风景优美，海水清澈、沙滩细软、温泉丰富，是度假的好地方。

锦州这片土地曾经有过两次重要的战役。第一次是明朝末年的松锦之战，皇太极率清军围攻锦州城，出奇兵困住了前来救援的明将洪承畴，一场精彩的围点打援战役，让明军从此再也没有能力和清军正面作战。这也为清军后来进入山海关，统一全国奠定了基础。第二次是解放战争期间的锦州战役，1948 年秋，在东北地区，解放军开始与国民党军队决战，首先围困锦州，在猛烈炮火的掩护下，31 小时就成功占领锦州，从此完全关闭了东北国民党军从陆上撤向关内的大门。现在，战争已远离这片美丽的土地，锦州变身为重要的工业城市和物流中心。

以前的辽西走廊，是兵家必争的天然要塞，而经过时代的变迁和经济的发展，如今的辽西走廊已经成为连接东北内陆与渤海的黄金走廊，为两地的人员物资流动和经济发展发挥着重要的作用。

▼ 辽西走廊上的水上长城

行

羊皮筏子
在黄河上漂了几百年

黄河是中国的母亲河，宽阔，澎湃。在黄河中上游居住的人们，为了能够横渡黄河，将人员、物品之类的东西运送到对岸，可是花了不少心思。

在清朝光绪年间，羊皮筏子开始兴起，这是一种以完整的羊皮作为主要材料的渡河工具。把多张吹得鼓鼓囊囊的羊皮并列绑在木架子上，做成一个“小船”，通过羊皮囊的浮力就可以顺利渡河了。

如果你来到黄河边，看到一排架子，上面捆着十几个像桶一样的东西，那就是羊皮筏子没错了。别觉得羊皮筏子看上去简陋，其实制作起来可是一个技术活儿，有的时候，制作一个羊皮筏子，从开始到结束甚至需要半年的时间。首先就是要成功得到一整张羊皮，不能有一丝的破损，不然渡河的时候河水会通过破损的地方进入羊皮里，羊皮筏子进了水，就有可能沉到黄河里去啦。得到一张完整的羊皮之后，还要通过加热的方式对羊皮进行脱毛。这一系列的动作完成后，就要对羊皮吹气了。虽然有现代的充气工具，但是最正宗的羊皮筏子的吹气方法还是用嘴吹气，让羊皮膨胀之后，再向膨胀起来的羊皮中灌入食盐、胡麻油，这是因为食盐能让羊皮保持柔软，胡麻油有助于羊皮的保养。之后将充气的羊皮扎紧，放到烈日下暴晒就可以了。

有了足够的羊皮囊，还需要将羊皮和框架捆绑起来，制作成羊皮筏子。框架一般采用结实的柳木，先用最粗的四根木条捆绑成一个长方形，再在长方形里面横向、纵向绑上一根根木条，最后把吹好气的羊皮囊按顺序绑在木条下面，羊皮筏子就完成了。

从羊皮筏子诞生到如今，已经过去了 100 多年。现在，黄河上已经有了很多宽阔的桥梁，人们渡河不再需要依靠羊皮筏子了。可是如果你来到黄河上游的一些地方，依然会发现有许多的羊皮筏子正穿梭浪尖，来往于黄河两岸。这是因为羊皮筏子已经成为了黄河文化中不可缺少的一部分，越来越多的人通过乘坐羊皮筏子，获得原汁原味的横渡黄河体验。

↓兰州黄河铁桥

兰州黄河铁桥建于 1908 年，是当时西北地区第一座引进国外技术进行建造的桥梁，后来改名“中山桥”。

黄河在兰州市区蜿蜒而过，横跨黄河的铁桥，四墩五孔，全长 200 多米，气势雄伟，造型美观，在我国的建筑历史上占有独特的地位。

地理常识

▼ 宁夏黄河上的羊皮筏子

住

江南园林

诗意家园

江南地区气候温暖湿润，十分适宜居住，自宋朝以来一直都是我国最发达、最富裕的地区之一，更有“太湖熟，天下足”的说法。江南多水，建筑受制于河湖，布局往往更加灵活，不拘一格。江南湿润，植物种类多样，也为庭院的绿化和建筑的用材提供了更多的选择。因为舒适的居住条件、美丽的自然环境，加上浓郁的文化氛围，江南成为了很多人心目中的理想家园。而一些条件好的江南大户人家通过假山、建筑、花木等的布局，建起了一座座美丽的私家园林，这些园林统称为“江南园林”。

江南园林是我国古典园林中的杰出代表，精巧的园林中充满了传统文化内涵，不仅体现了园林建造者典雅的艺术情趣和审美追求，也在园林的设计中体现了自己对于人生的感悟和追求。通过这些雅致的园林，可以很好地感受到江南水乡的细腻、温柔与精致。

很多江南园林虽然倾注了建造者大量的心血，但是在设计上却不刻意高调，而是追求一种含蓄不张扬的美，通过精心设计的造园手法，让入园之人在这份低调中领略悠远的意境。游走于江南园林，不仅可以感受到动与静的完美结合，身处其中更是身与心的领悟交流。

最有代表性的江南园林为“江南四大名园”，分别是南京瞻园，苏州拙政

园、留园，无锡寄畅园。此外，著名的江南园林还有上海的豫园，扬州的个园、瘦西湖园林，苏州的沧浪亭、狮子林，杭州西湖周边园林群，湖州的小莲庄，嘉兴的烟雨楼等，这些园林各有自己的特色，但是都代表了江南园林高超的艺术成就。其中苏州私家园林最多，是名副其实的“园林之城”。

江南因水而兴，所以大部分的园林中都会有或大或小的水池，又因为江南地区盛产太湖石，这是一种非常适合当作假山的石头，因此，水池假山成为江南园林中最具代表性的景观。围绕着假山水池，园林里建造出多种建筑，这些建筑被分为不同的类型，有厅、堂、轩、馆、楼、阁、榭、舫、亭、廊等，这些建筑类型不同，在园林中的位置和用处也不同。被叫作“厅”或者“堂”的，一般都是园林中最重要的，也是最为壮观的建筑，坐落在园林的最佳位置。而亭、榭、曲廊等则建在假山上，既是非常美丽的点缀，也是游

◀ 安徽一处仿古园林航拍 ▼ 江苏扬州园林风光

玩时眺望美丽风景的好地方。这些建筑通过小径走廊连接，形成了游园的最佳路线。

想要欣赏江南古典园林的美丽，就一定要了解移步换景和借景。移步换景的意思是在园林中换一个地方就可以看到另一种景色，移步换景主要通过连廊、门窗、屏风等进行引导实现，也许你通过假山看园林，园林因为建筑的遮挡显得很拥挤，但绕过假山之后，却看到宽阔的庭院和参天大树，产生一种豁然开朗的感觉。借景则是利用门、窗等框架，把原本不属于园林中的景色纳入园林的欣赏范围中，使之和园内的风景融为一体。借景有助于增加园内景观的丰富性，也能很好地彰显园主人的精妙构思。

江南园林既是时间、空间的艺术，也是文化内涵的体现。作为中国传统建筑中最精致的代表，江南园林展现出的舒适、惬意、情调，透露出人们对于诗意生活的追求与向往。可以说，正是因为江南园林的存在，生活空间才变得更加情趣盎然、韵味悠长。精致的建筑、高雅的审美、丰富的文化，共同构成了江南的诗意家园。

↓ 嘉兴烟雨楼

在浙江嘉兴的南湖，有一座水上园林，叫作烟雨楼。因为它建在湖心岛上，所以看起来就像建在水面上一样。烟雨迷蒙是这里的胜景。

园林正楼烟雨楼为两层，高约 20 米，建筑面积 640 余平方米，在绿树掩映下，更显雄伟。湖心岛旁的一艘红船，还是 1921 年中国共产党诞生的见证者。

地理常识

专题

苏州拙政园

江南的园林，集大成于苏州。苏州的园林，又集大成于拙政园。拙政园与北京颐和园、承德避暑山庄、苏州留园一起被誉为中国四大名园。

拙政园是苏州现存最大的古典园林，整座园林以水为中心，假山堆叠，水道萦绕，楼台精美，花木繁茂，具有典型的江南园林特色。

拙政园分为东、中、西三部分，东花园开阔疏朗，西花园建筑精美，中花园（见下图）是全园精华所在。

自有章法

江南园林章法独到：树高大乔木以荫蔽烈日，植古朴或秀丽树形树姿以供欣赏，再辅以花、果、叶的颜色和香味（如丹桂、红枫、金橘、蜡梅、秋菊等）。

叠石理水

江南水乡以水景擅长，水石相映，构成园林主景。

花木众多

江南气候土壤适合花木生长，苏州园林堪称集植物之大成，且多奇花珍木，秀美非常。

淡雅朴素

江南园林沿文人园轨辙，以淡雅相尚，布局自由，建筑朴素，亭榭廊槛，点缀其间，以清新洒脱见称。

借景抒情

江南园林多采用门洞、漏窗作为建筑小品，以框映景，延展空间，进一步抒发园林的意境。

徽派民居
山水间的粉墙黛瓦

如果说华北平原地平，长江中下游平原水多，那么东南丘陵最大的特点就是山多。再加上南方湿润的气候，山多和雨多就成了制约这里民居建筑形式的最重要因素。

在安徽南部，曾经的徽州地区，这里山重水复，村落无法连缀成片，只能零散分布在山间谷地中。人们顺应这里山明水净的自然环境，在山间谷地和河岸平原，靠山就山，靠水就水，建起了风格鲜明的徽派民居。

徽派民居给人最大的印象有两点。第一点是马头墙。山区多树，建筑几乎都是木结构，木头易燃，人们便在山墙顶上加砌高高的马头墙，既能在火灾时阻碍火势蔓延，又很美观。第二点是色彩简洁，“粉墙黛瓦”。“粉”不是粉红色，是白色——石灰粉抹墙的颜色。“黛”是青黑色，是瓦的颜色。屋外是花红柳绿，山清水秀，屋子是粉墙黛瓦，高低错落。这是怎样一幅和谐的画面？这也许就是中国人最理想的家园。

要想真正了解徽派民居的美，可以从村落布局、房屋布局、房屋装饰三个层次来看。我们到被誉为“中国画里的乡村”宏村去看一看。

因为是奥斯卡获奖电影《卧虎藏龙》的拍摄地，宏村名声很大。村庄背倚青山，山前溪水环绕。村内的水系布局很神奇，从高处俯瞰，宏村就像一头卧着的大水牛！古时候没有自来水，人们就利用山势将山泉引入“牛口”，再通过九曲十弯的水圳——“牛肠”，一步步引到每家门前。村中心的月沼则是调节雨水多寡的“牛胃”。水最后全部流进南湖这个大大的“ 牛肚”里。“牛肚”的水多了，还可以用来灌溉田地和日常浣洗，村民们多聪明啊！

宏村村内有 100 多栋徽派民居。徽派民居通常由一个或多个院落组成。著名的承志堂就有九个院落，是典型的“屋套屋”建筑。围合院落的房屋通常是两层的，正屋因为更具开放性而被称为厅堂。院落中间的庭院因为窄小而被称为天井，下雨天四边雨水都流向天井形成“四水归堂”的景象，雨落在院内既能养鱼种花，又有“肥水不外流”的好寓意。

专题

徽派民居的布局

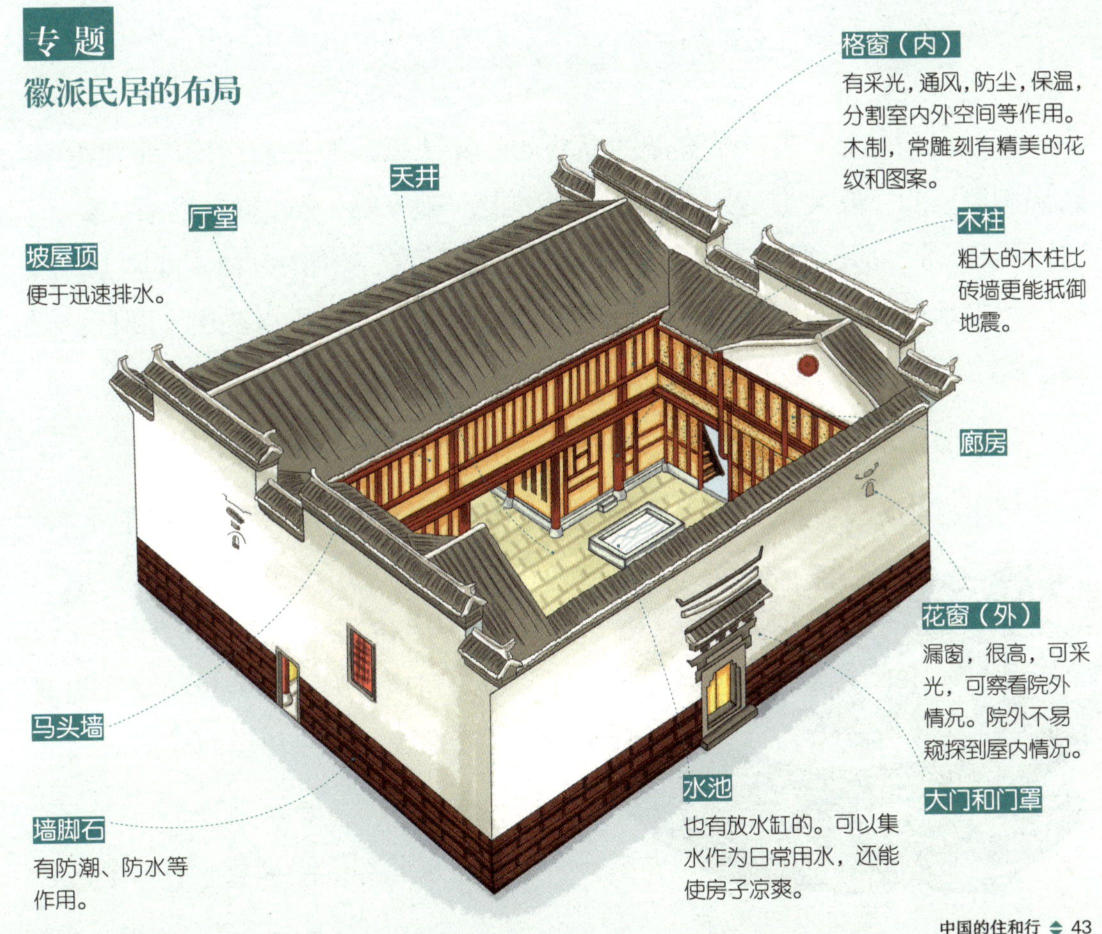

▲ 安徽宏村的徽派民居

徽派民居的装饰，除了高调的马头墙，就是三雕的大量运用。砖雕是青砖烧制而成的，被大量运用在门罩、照壁上，“封（蜂）侯（猴）将相（象）”，“郭子仪拜寿”都是很受欢迎的题材。木雕主要用在室内的梁柱、屏风上，题材广泛，承志堂内有幅“百子图”更是难得的精品。石雕主要用于廊柱、门墙、牌坊等处，分浮雕和圆雕。小小的雕刻中隐藏着丰富的世界呢！

在古徽州地区，还有许多像宏村这样的古村落。

与宏村相距不远的西递，村中一条小溪蜿蜒流过，两边是窄窄的小巷，光滑的青石板将房屋连成一片，形成了独特的船形村落。村头那座高大的牌楼，是明朝皇帝为了表彰为民解忧的官员胡文光而建，如今可是西递的一大地标性建筑。

徽州东北部的绩溪县，有一个古老

的村庄叫龙川村，是著名的“进士村”，仅宋、明、清三个朝代就出了11位进士。其中，著名的有明朝户部尚书胡富，明朝抗倭名将胡宗宪等。祠堂是徽州古村里最气派的大型徽派建筑，是徽文化的缩影。龙川的胡氏宗祠以“规模之大、时间之长、完整之好、装饰之美”为天下第一。

徽州南部的婺源县，被誉为“中国最美的乡村”。每到春天，这里就成了花的海洋。金黄的油菜花、粉色的桃花、白色的梨花，一团团、一簇簇、一片片。粉墙黛瓦掩映在花中，徽州文化绽放于村中，好一派山水家园景象。

皖南古村落，可真是步步有美景，处处显智慧呀！

↓徽州古建三绝

祠堂

徽州人家族观念深重，几乎村村有祠堂。呈坎村罗东舒祠极为壮观。

民居

以宏村、西递、唐模等为代表，粉墙黛瓦、马头墙、三雕艺术都值得一看。

牌坊

古代表示褒扬的建筑。许国石坊、棠樾牌坊和西递牌坊都很有名。

地　理　常　识

福建土楼

巨型的家族式民居

如果你来到福建西部地区，可以看到一种“神秘”的建筑，它高高大大，有方有圆，一层叠着一层，远远看去似乎密不透风。这些建筑既像大地上盛开的巨大的蘑菇，又像一个个从天而降的飞碟。

虽然说这些建筑看上去充满个性，但绝对不是什么“天外来客”，它们可是这一地区地地道道的民居建筑——福建土楼。

福建土楼诞生于宋朝，在清朝已经很完善了。相信亲眼见过土楼的人，一定会被土楼的规模所震撼。最常见的土楼一般都有三到六层楼那么高，里面有上百间房间，少则能住三四十户共二三百人，多则能住七八百人。为什么土楼要建这么大，要这么多人住在一起呢？这还得从当年客家人南迁说起。

从魏晋南北朝时期开始，中原地区就一直战乱不断，为了躲避灾祸，当时居住在中原的人们离开家园向南方迁徙。在迁徙的过程中，他们和居住在南方的土著融合，形成了“客家民系”。当客家人来到江西省、福建省和广东省交界的地方准备定居时，这里还是一个荒芜的地方，不仅有虫蛇野兽出没，还经常会有土匪和倭寇来袭扰，加上不同姓氏的大家族之间还经常爆发冲突，这就使得客家人需要一个相对封闭的居住环境，既能与外界保持一定的隔绝，又能够把全族人团结在一起，共同战胜外敌，也正是在这种背景下，土楼应运而生。

从土楼的名字就可以知道，它的主要建筑材料是土。土楼的土主要来自这一带山区特有的黏土，加上山上的木材，可以说建筑材料非常容易获得，这也体现了客家人修建房屋时因地制宜的智慧。最初，他们建造的民居还保留着中原传统建筑的样式，但是为了更好地适应当地的环境，他们在北方四合院的基础上，层层加固，慢慢加大，最终渐渐形成了如今土楼的模样。

土楼外墙的厚度一般有 1 ~ 2 米，十分坚固，能很好抵挡野兽以及土匪的侵袭，此外如此厚实坚固的外壁也能起到防火抗震的作用，安全系数大大提升。

▼ 用鱼眼镜头拍摄的福建土楼

进入土楼之前，可能你已经感受到了土楼的高大与壮观，但是走进土楼之后，你依然会为土楼里面别有洞天而惊叹。土楼内部布局非常工整，一个大家族在其中生活也能井然有序。土楼外圈的最底层一般是厨房和餐厅，二层作为仓库使用，再往上就是卧室部分，有的更大型的土楼还会设置客厅、书房等。土楼的中央是宽敞的家族祠堂，是供居住其中的大家族几百口人进行公共活动的场所。土楼内还设置有浴室、磨坊等功能性的房间，可以说充满了家庭氛围和生活气息。

时至今日，福建土楼独特的形貌依然被人们津津乐道。位于龙岩市永定区的振成楼根据八卦图进行设计，其神奇的构造让每一个见到的人叹为观

↓客家围屋

客家围屋和客家排屋、客家土楼并列为“客家民居经典的三大样式”。

客家围屋和客家土楼一样，面积非常巨大，防御性很强。但是围屋的建筑材料不是生土，是砖瓦。围屋以方形、半圆形居多。江西的东升围有九个大井和十八个厅堂，是我国最大的客家方形围屋。

地理常识

专题 土楼的结构

虽然土楼看起来非常巨大，但是建造土楼的时候，只要遵循土楼的结构，按照章法进行建造，那么这么巨大的工程也可以变得有条不紊，井然有序。建造流程大致分为六个步骤。

内环

土楼的核心位置，多为祖堂。有的祖堂会有围房，将祖堂与外界隔离，保持神秘感。

外墙

厚实坚固，既起到防御的功能，又有隔热保温作用，使土楼冬暖夏凉。

正门

一个土楼一般只有一个正门出入，土楼的正门要与中环、内环、祖堂的门相对。

开地基

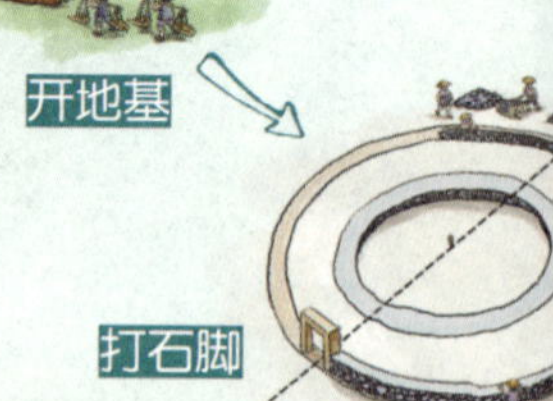

打石脚

止。同样位于龙岩市永定区的承启楼被称为“土楼之王”，人们称赞它是“高四层，楼四圈，上上下下四百间；圆中圆，圈套圈，历经沧桑三百年”，承启楼甚至还被印上了邮票而名扬四海。位于漳州市南靖县的田螺坑土楼群由5座土楼组成，排列有序，气势磅礴，像镶嵌在大地上的璀璨明珠，极富视觉冲击力。该县河坑土楼群的13座土楼则错落有致地分布在山谷河道间，构成人与自然和谐共存的绝美景色。

作为客家人引以为豪的建筑形式，福建土楼反映了客家人迁徙南方、聚族而居、和睦相处的历史文化内涵，是中国民居建筑里当之无愧的瑰宝。

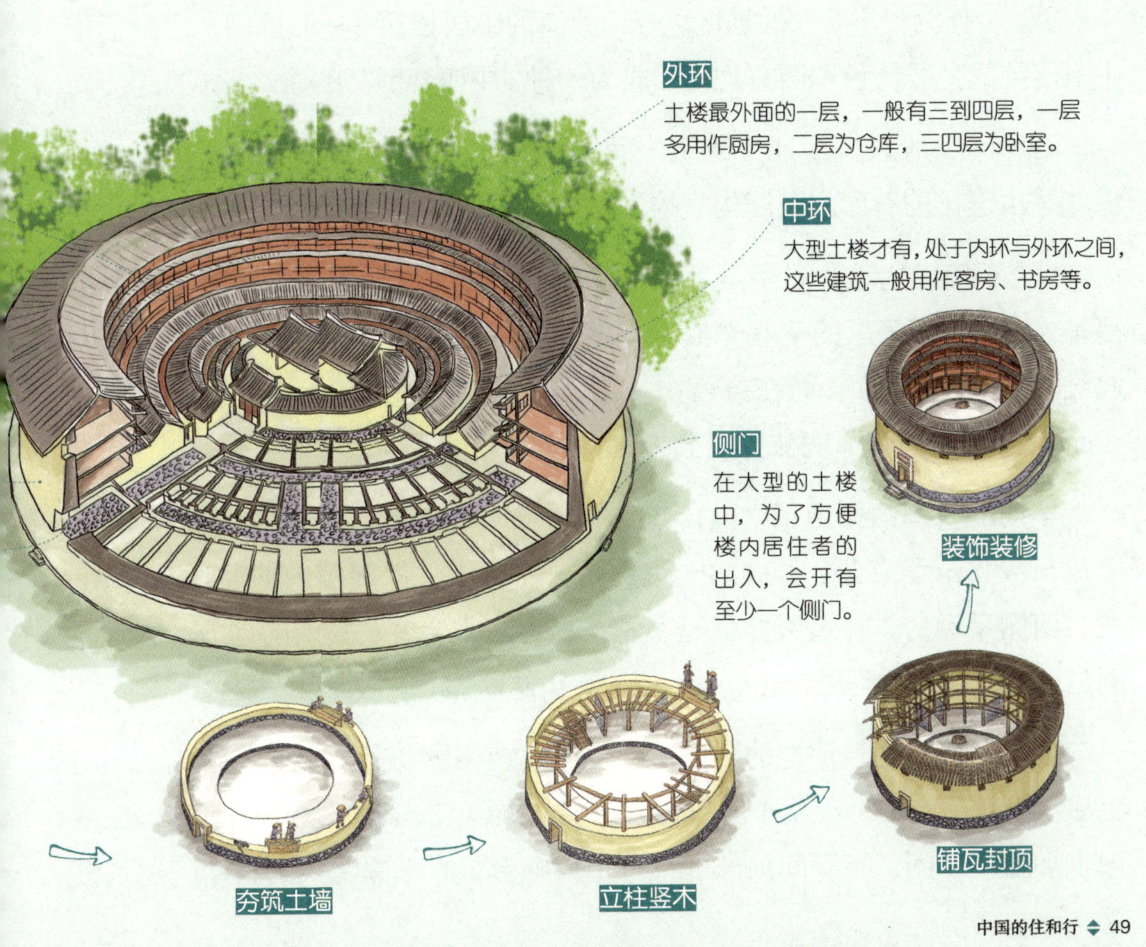

上海石库门

藏在弄堂里的民居

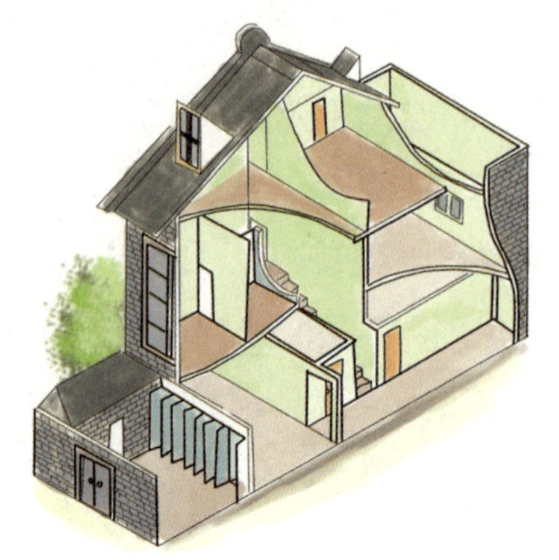

一说到上海，给人的印象都是时尚的大都市，充满了国际化气息。作为最早开放的地区之一，上海的民居建筑——石库门，也融汇了中国传统的民居特色和西方文化，成为一种“中西合璧”的建筑形式。

石库门一般联排而建，建筑中间留出的过道叫“弄堂”。也可以说，弄堂就是由连排的石库门民居构成的。

那“石库门”这个名字是怎么得来的呢？据说这是因为石库门建筑最早都是木门，为了房屋的美观和安全，就会在木门周围箍上石条作为门框，因此被称为“石箍门”，而在方言中，“箍”的发音又和“库”非常相似，所以久而久之，“石箍门”就被传成了“石库门”。

早期的石库门保留了中国传统建筑的布局与特点，以中轴线对称布局，面宽一般为三个或五个开间。一进门是一个天井，保障室内的通风与采光，左右两侧是厢房。穿过天井就是客堂，作为主人会客、宴请的地方。客堂两侧是卧室，后面的附屋有灶披间（厨房）和储藏室。

后来，随着建筑用地的紧俏，以及西式装修的流行，出现了新式石库门民居：面宽只有一个或两个开间，在客堂上加盖二层和三层用作卧室，在附屋上加盖亭子间，亭子间顶部加栏杆用作晒台。原来庭院式的石库门建筑渐渐转向公寓式石库门风格。

石库门建筑最精华的部分便是门楣。早期石库门建筑的门楣采用我国传统的石雕样式。到了后期，受到西方建筑影响，门楣直接用清水砖砌，样式也变得多样起来，有三角形、半圆形、长方形等多种形状，再雕刻上西式的图案和纹路进行装饰，非常接近西方建筑风格了。

石库门民居建筑是时代的产物，也随着时代的变迁而不断发展，如今，依然有很多上海居民居住在这样的石库门民居中。为了让更多的人领略到石库门建筑的魅力，上海市也对石库门进行了旅游开发，著名的田子坊就是在石库门的基础上打造的特色旅游街区。也正是通过这样的开发，越来越多的人来到上海，走进弄堂，走进石库门，近距离感受这一中西合璧的民居建筑。

▲▼ 上海的石库门建筑

开平碉楼

中西合璧的安宁守护者

在广东省的中南部，有一个叫作“开平”的地方，这里是著名的华侨之乡、建筑之乡、艺术之乡，当然，这里更是著名的碉楼之乡。开平目前存有碉楼1800多座，这些充满西洋风情的建筑，和周边的小桥流水、蓝天白云、稻田村落互相衬托，形成了一道美丽而奇特的景观。

开平碉楼始建于清朝初年，到了20世纪二三十年代，进入了大量兴建碉楼的时代，这和开平的地理环境以及当时的社会治安情况有着密不可分的关系。

开平市处于地势低洼地带，四周河网密布，在过去水利工程缺乏修护的情况下，遇到台风暴雨天气，经常会发生河水上涨的情况，引发洪涝灾害，需要高大坚固的住宅。另一方面，在鸦片战争后，很多开平人为了谋生，选择离开自己的家乡去海外打拼，而从国外归来的华侨和他们的亲属生活条件相对富裕，因此，很多土匪都瞄准了开平，开平一带的匪患曾经很严重。而碉楼由砖石砌成，非常高大坚固，洪水来的时候能够防洪，居高临下又能很好地防御土匪，还十分适合居住，因此成为了开平非常理想的建筑形式。

开平碉楼根据功能分类，可以分为众楼、居楼、更楼三种类型。其中数量最多的为居楼，一般4～6层，既有防卫功能，又有居住功能，楼内空间

▲ 广东开平碉楼风光

宽敞，生活设施完善，造型多样，美观大方。众楼一般建在村后，主要为临时躲避土匪或洪水使用，因此造型简单，防卫性强。更楼主要建在村口或山岗，并配有探照和报警装置，主要用于危险预警。

正是由于碉楼安全宜居，因此很多华侨在回乡建屋时，都会选择建筑碉楼。而这些华侨生活在世界的各个地方，审美和建筑观念都受到了当地文化的影响，他们将世界各地的建筑风格与个人对于房屋建筑的喜好相融合，成就了碉楼造型的千姿百态，形成了独特的艺术风格和审美情趣，创造出一种别具特色的建筑景观，具有特殊的历史文化价值。

不仅如此，作为一种乡土建筑，开平碉楼在建造过程中大量使用了进口水泥、木材、钢筋、玻璃等材料，是最早一批将世界先进建筑技术广泛引入中国的民居建筑。

白族民居

每个家都是避风港

云南白族传统民居建筑主要分布于云南省的大理，是白族人民经过千百年的创造演进，吸取各民族优秀建筑文化的结晶。

虽然白族为少数民族，但是自古以水稻种植等农业生产方式为生，居有定所。以大理为主的白族聚集区位于云贵高原与横断山脉的结合部，属于刮风较多的地区，常年刮西风或南偏西风，这就要求当地的民居能够具有很好的防风功能。所以当地的白族人在盖房子的时候，都会选择将正房坐西向东建筑，门和窗户都朝向东方开，这样的话，再大的风吹来也不用害怕，民居成为了名副其实的“避风港”。

大理盛产石材，因此白族民居多以石头为建筑材料，这样建造出来的房子既坚固实用，又能够有效地抵御大风天气。

白族人都非常喜欢白色，因此他们的民居基本上都是以白色为主色调，再在门头、窗头、飞檐等部位用刻有线条或者花纹的石块石条进行点缀，一些地方还会采用精美的木雕加以装饰，整个建筑看起来既典雅大方，又精致美观。

从白族民居的院落布局、建筑结构和内外装修等来看，白族民居与中原地区的汉族传统民居建筑有着相似之处，但是因为所处的自然环境不同、审美情趣上也有所差异，白族民居有着明显的民族风格和地方特色。

白族最典型的民居布局被总结为“三坊一照壁”“四合五天井”。这里的“坊”指的是面阔三间房的二层小楼，三个“坊”合在一起，和正房面对的照壁一起围成一个三合院。照壁比住房低一点，能够较早地迎来东升的太阳，冬季适于纳暖避寒。照壁往往刷成白色，能够将阳光反射进三面的住房，提升室内的亮度。而“四合五天井”可以算得上是“三坊一照壁”的升级版。这里的四合指的是四个“坊”合围起来，交界的地方会形成四个小天井，加上合围成的院落中的大天井，一共形成五个天井。

白族民居是白族传统文化中重要的一部分，也是白族人根据自然环境和生活方式所创造的独具魅力的建筑形式，充满着浓郁的白族文化气息，让人回味无穷。

云南大理苍山脚下的白族民居

吊脚楼

依山傍河的家

我国的西南地区，分布着众多的山川河流，在这山河交错中，分布着许多独特而美丽的吊脚楼，这是西南很多少数民族都选择采用的建筑形式，尤其是土家族和苗族，更是在吊脚楼中居住了许多年。因此，吊脚楼可以算得上是中国民居里的“活化石”了。

在西南地区，气候闷热，多雨潮湿，地势高低起伏，“天无三日晴、地无三尺平”就是形容这里的地理环境。

在这种闷热潮湿的环境中，要想能够长期居住下去，那必须得有一种能够适应这种地形和气候的房子。为此，西南地区的人们充分发挥自己的智慧，建造出了依山傍水、鳞次栉比、层叠而上的吊脚楼，别具一格，充满特色。

西南地区森林资源丰富，吊脚楼都以优质的木材作为建造的原材料。既然叫“吊脚楼”，那必须有“脚”，吊脚楼的“脚”就是那一根根粗壮的木头。吊脚楼只有一面建在实实在在的土地上，其他几面都被这些“脚”支撑悬空。吊脚楼这样的悬空有许多好处：首先，这些木柱能立在高低不平的丘陵地区，刚好适应西南地区的地势；其次，高悬于地面有助于通风、防潮。屋柱用大杉木凿眼，柱与柱之间用杉木斜穿直套连接，不用钢铁也十分坚固。早期的吊脚楼一般是以茅草或者杉树树皮作为房顶的原料，后来也有用石板盖顶的，如今，大多数吊脚楼都采用泥瓦铺盖在顶上了。

吊脚楼一般都是两层，上层用来作为家庭的公共空间和居室，下层用来圈养牲口或用来堆放杂物。如果有三层，第三层通常用来做卧室和储物空间。

湖南凤凰县的吊脚楼民居

吊脚楼有多种形式，其中最普遍的为单吊式，即正房的一侧有厢房伸出悬空，下面用木柱相撑，此外还有正房的两头皆有厢房吊出的双吊式。在双吊式的基础上，还有的吊脚楼会将正屋两头厢房上部连成一体，形成一个四合院，这种形式的吊脚楼叫四合水式。如果将单吊或者双吊式的吊脚楼上再加上一层，就成了二屋吊式。

吊脚楼飞檐翘角，有雕花栏杆及门窗。三面都有绕楼的曲廊，曲廊还配有栏杆，一般还会有几根八菱形或者四方形的悬柱，柱上刻有绣球或金瓜之类的精密的图案，壁板漆得非常光亮，并嵌有花窗。花窗多雕刻有“双凤朝阳”“喜鹊登梅”等图案，古朴而秀雅，也反映出主人对于吉祥如意的美好生活的向往。吊脚楼上层是主要的生活空间，工艺复杂，做工精细。下层随地而建，很不规则，较少装饰。

吊脚楼依山傍水而建，热爱生活的人们还在屋前屋后种上美丽的花草和高大的果树以及修长的竹子，过着恬静闲适的田园生活。吊脚楼是人类和大自然和谐相处而诞生的民居建筑的杰作，经过岁月的沉淀，更加具有人文内涵和浓厚的历史气息。

专题

吊脚楼的结构

吊脚楼是用木材当“脚”作为支撑且部分悬空的木结构房子。

乌篷船

摇曳在水乡

只要一说到江南，很多人的脑海里自然就会浮现小桥流水人家的美丽景象，仿佛“江南”和“水乡”天生就是绝配，水是江南的灵魂，因为有了水，江南变得更加温柔和婉转。

江南多水，这是因为江南正处于亚热带向暖温带过渡的地区，气候温暖，有着丰富的降水。同时这里有长江和钱塘江，这两大水系通过运河相互连通，再加上很多水利工程修筑，共同构成了江南纵横交织的水网。这些水网密织延伸，有些穿过人们居住的市镇，就形成了独具特色的水乡风景。而水乡的人们也在历史的发展中做到了与水和谐共处，在水乡古镇里描绘出了一幅人与自然和谐共处的美丽画面。

水乡主要的交通工具自然是船了。在江南水乡密布的河道上，飘荡着许多大大小小的船只，它们划过水面，泛起长长的波纹，像是江南水乡流动的音符。

在江南水乡，有一种特殊的小船，因为船上的竹篾做成的篷子都被涂成乌黑的颜色，因此这种小船又被叫作乌篷船。

乌篷船的船身由结实的木头压实后制成，非常坚固耐用。乌篷船的“标志性部位”——船篷是用竹片、竹丝编成的半圆形，中间夹着一种叫箬的竹子的叶子，篷子做好后，还要用烟煤粉和桐油搅拌涂抹。乌篷船的船尾有两支桨橹，还会设置木质靠背，船夫划船的时候背部靠在上面，划起船来更加省力。船首用竹篙来稳定，船底铺有木板，以防船舱被浸湿。

因为江南水乡部分河道十分狭窄，因此乌篷船的船身也十分狭小，船篷也十分低矮。人们在船板上铺上草席，既可以坐在里面，也可以躺在里面。

▲ 浙江绍兴东湖中的乌篷船

但因为乌篷船低矮狭小，船内可供活动的空间较小，所以乘客不方便在船上站立，否则很容易因为失去平衡而造成翻船的情况。

小小的乌篷船没有先进的动力装置，能够安稳地在河道上前行全靠船夫多年累积的行船经验。乌篷船行驶的时候，船夫坐在乌篷船的后面，两只脚踩住船桨的末端不断向前蹬，就可以驱动着乌篷船向前行驶了。有的时候，船夫的手里还会再拿一支船桨，用来保持平衡、控制方向，让乌篷船的行驶更加安稳。

如果你坐上一艘小小的乌篷船，划过江南古镇的河道，就会发现两岸的景色如同美丽的水墨画一般展现在你的眼前。从古至今，有无数文学家写出了精妙的文章，就是为了描绘乘坐乌篷船欣赏水乡美景的画面。宋朝的大诗人陆游就写过“轻舟八尺，低篷三扇，占断苹洲烟雨”这样的诗句来描写乌篷船；鲁迅先生的经典作品《社戏》里，也描写了他和小伙伴们乘坐乌篷船去看社戏的情景；周作人也有一篇著名的散文，名字就叫《乌篷船》，散文详述了乌篷船的用途、种类、结构、外形等特点，用乌篷船寄托了思念家乡的情感。可见，乌篷船在江南水乡人们的心中，有着不可取代的地位。

因为水乡，江南变得温柔；因为乌篷船，水乡变得灵动。当乌篷船穿梭在江南水乡中，真的是一幅天然的“船行水波上，人在画中游”的美丽图景。

文 化 常 识

↓竹筏

在多山多水的南方地区，有一种特殊的渡河工具，叫作竹筏。因为江南地区多产竹子，竹子空心，浮力大，人们便把一排竹子捆扎起来，就制作成了简单实用的筏。竹筏吃水浅，稳定性好，行驶起来只要一根竹篙就可以。如今，竹筏成了许多旅游景区的漂流工具。

行

黄金水道

为美好生活而繁忙

古时候，长江的名字很简单，很霸气，就叫“江”。后来，因为人们感觉“江”或者“大江”的称呼都不足以形容它的源远流长，所以才改叫它“长江”。

长江发源于“世界屋脊”——青藏高原的唐古拉山脉，流经11个省级行政区，在上海注入东海，全长超过6300千米，在全世界所有的大江大河中，长度仅次于非洲的尼罗河和南美洲的亚马孙河，排名第三位。

长江横贯我国东西部，江面开阔，水深适宜，中下游全年不结冻，能够保障船只的顺利通行，加上长江流域人口数亿而且经济发达，航运需求量非常大。在这种背景下，长江干流和支流的通航总里程已经拓展到7万多千米，占全国内河通航总里程的三分之二，货运量位居全球内河第一。

有着如此优越条件的航道，在世界所有的河流中也是极为少见的，所以人们把长江称为“黄金水道”。其中，长江干线航道西边的起点为云南省的水富港，东流至长江出海口，全长2800多千米。

水富港位于云南的金沙江畔，是内陆大港，也是万里长江第一港。兴建向家坝水电站后，这里大部分江面宽度能达到200米，可通航2000吨级货船。沿水富港东去，很快就能到达宜宾港。宜宾港是传统意义上长江黄金航道的起点港口，宜宾至重庆航道的水深常年可维持在 2.9 米以上，能通航 3000 吨级的轮船。重庆港是长江上游最大的水运枢纽，重庆至武汉航段水深超过 3.5 米，可通航 5000 吨级船舶。

武汉港江面已经很宽了，最宽处的航道已经超过 1000 米。从武汉往长江下游走，江流弯曲明显减弱，水深明显增加。武汉至安庆航段水深超过 4.5 米，可通航 8000 吨级船舶。再往东是另一个重要的港口——安庆港。安庆港位于长江下游，被称为“皖西南咽喉”，安庆至南京航道水深常年可在 6 米以上，可通航万吨级巨轮。南京港则是亚洲最大的内河港口之一，从长江出海口至南京的 12.5 米深水航道已全线贯通，5 万吨级海轮从海上可直达南京。南京段江面最窄处也超过千米，港口吞吐量很大，有几十条国际航线，可通达许多国家。

▼ 三峡水利枢纽，左侧为五级船闸

江南运河风光

↓三峡船闸

三峡大坝建成后，船舶经过大坝只能依靠船闸爬升和下降。三峡船闸是五级船闸，在世界上也算规模很大。船闸总长有6400多米，上下落差超过110米，也就是说船舶想要经过三峡船闸，需要翻越将近40层楼的高度。一艘船只通过三峡大坝需要两个多小时。

地　理　常　识

除了长江，江南运河也是我国内河航运的重要力量。江南运河是京杭大运河的南段，起点为江苏省的镇江市，经过太湖之后到达苏州，再从苏州经过嘉兴到终点浙江省杭州市，全长约330千米。江南运河水流平缓，水量丰富，沟通起了长江、钱塘江以及太湖平原的众多水系，加之沿岸经济发达、人口稠密，自然而然成为繁忙的航道。

作为长江和京杭大运河两条黄金水道的十字路口，水运一直是镇江城市兴起与发展的命脉。从镇江沿江南运河一路南下就到了无锡。无锡境内水网密布，共有6条干线航道，已经实现了江海河湖联运。离开了无锡，便到达了风光宜人，物产丰富的苏州。苏州河道众多，经济繁荣，这里没有大河，却也是世界十大港口之一。杭州是京杭大运河的起点，大运河穿城而过。一直以来，杭州大宗物资运输主要通过水路进出，事关杭州城市经济发展命脉的重点物资80%走水路。水运，依然与杭州人的生活息息相关。

不知道究竟是江南运河滋养了这一片土地，还是这一片土地成就了江南运河，但无论如何，这条运河已经成为江南水乡的深刻记忆，印在每一个人的心中。

专题

长江上的大桥

在新中国成立前，长江上没有一座跨江大桥。人们要想过长江，必须乘坐轮渡，非常不方便。

1957 年，长江上的第一座大桥——武汉长江大桥通车。后来，随着科技的不断进步，越来越多的长江大桥横跨长江两岸。截至 2019 年底，长江干流上（宜宾以下）已建成各类大桥 115 座。

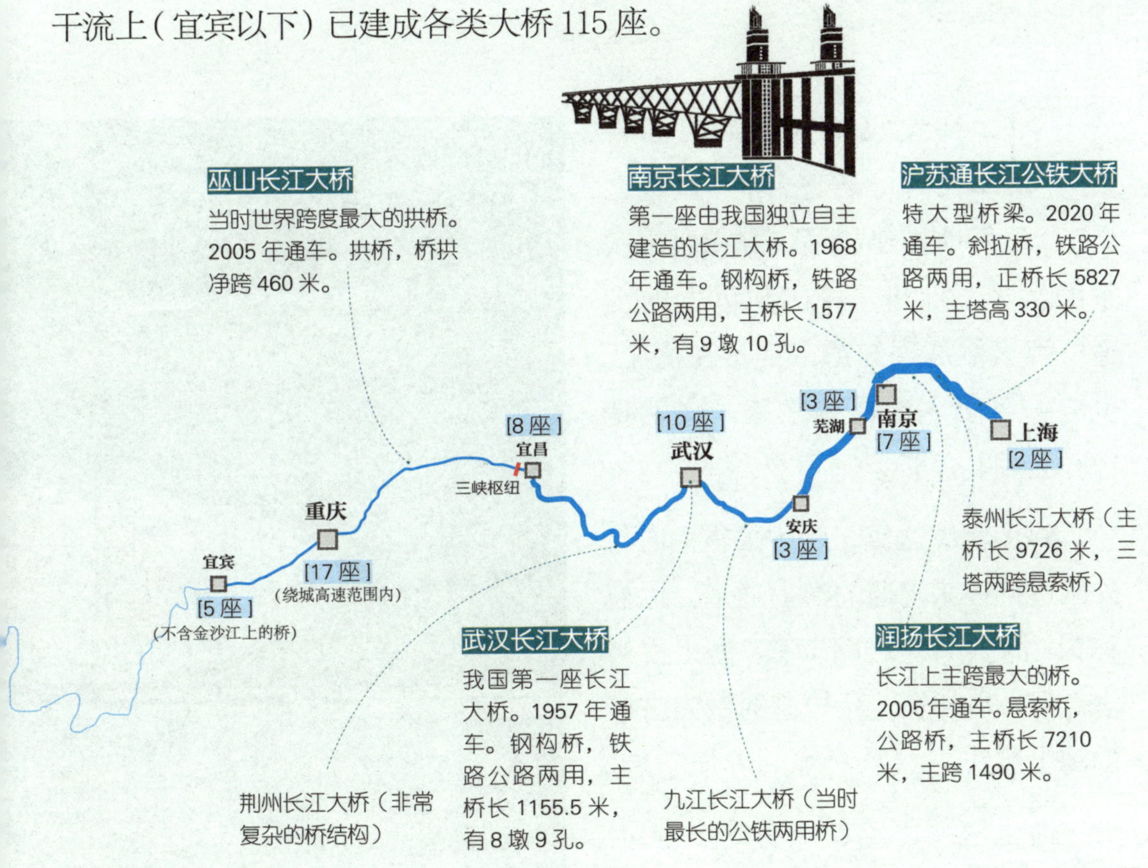

巫山长江大桥

当时世界跨度最大的拱桥。2005 年通车。拱桥，桥拱净跨 460 米。

南京长江大桥

第一座由我国独立自主建造的长江大桥。1968 年通车。钢构桥，铁路公路两用，主桥长 1577 米，有 9 墩 10 孔。

沪苏通长江公铁大桥

特大型桥梁。2020 年通车。斜拉桥，铁路公路两用，正桥长 5827 米，主塔高 330 米。

宜宾 [5 座]（不含金沙江上的桥）

重庆 [17 座]（绕城高速范围内）

宜昌 [8 座]

三峡枢纽

武汉 [10 座]

安庆 [3 座]

芜湖 [3 座]

南京 [7 座]

上海 [2 座]

泰州长江大桥（主桥长 9726 米，三塔两跨悬索桥）

武汉长江大桥

我国第一座长江大桥。1957 年通车。钢构桥，铁路公路两用，主桥长 1155.5 米，有 8 墩 9 孔。

润扬长江大桥

长江上主跨最大的桥。2005 年通车。悬索桥，公路桥，主桥长 7210 米，主跨 1490 米。

荆州长江大桥（非常复杂的桥结构）

九江长江大桥（当时最长的公铁两用桥）

大桥的种类

钢构桥

拱桥

悬索桥

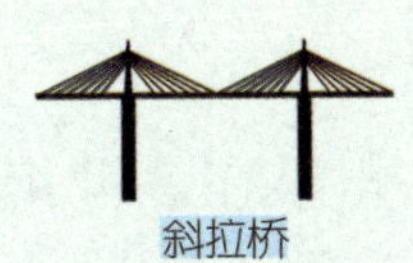

斜拉桥

行

海上丝路

中国人的远航

也许大家都知道，中国古代有一条著名的“丝绸之路”，很好地搭建起了东方和西方联系的桥梁，促进了中国与世界的沟通。那么你是否知道，其实在海上，也有一条著名的丝绸之路，这就是“海上丝绸之路”。

海上丝绸之路，是中国古代时与外国进行往来沟通的海上通道，也被称为“海上陶瓷之路”和“海上香料之路”，是目前已经知道的最为古老的海上航线。

海上丝绸之路起点有许多港口，其中最主要的三个港口是广州、泉州和宁波。

广州早在3世纪30年代就已经

成为海上丝绸之路的主港，唐宋时期是我国的第一大港口，也是全国对外贸易的中心城市，是世界著名的东方港口城市。

泉州在当时被西方称为“刺桐”，在海上丝绸之路的高峰期，泉州是东西方商贸交易的东方支撑点，占有重要独特的历史地位。在著名的《马可·波罗游记》里，元朝泉州港被称赞为“东方第一大港”。

宁波古称明州，在唐朝时期曾是我国港口与造船最发达的地区之一，跻身于四大名港之列，我国的东海航线主要由宁波进出港。宋元时期，明州港是我国三大国际贸易港之一，同时造船技术也居于世界领先地位。

▼ 港口货轮和集装箱

海上丝绸之路从我国东南沿海地区经过南海、马六甲海峡、印度洋通向东非和欧洲，成为我国与外国贸易往来和文化交流的海上大通道。在宋元时期，我国造船技术和航海技术得到了大幅度的提升，加上指南针的航海运用，全面提升了商船远航能力。其中，福船就是海上丝绸之路中最常见的交通工具。

福船是由福建省制造的大帆船。福建有许多高大的山脉，这给福建人的出行带来了不便，因此，更多的福建人选择海上航路与外界联系。虽然高山挡住了出路，但是也提供了木材、桐油等优质的造船材料，加上福建处于冷暖海流交汇的地区，风向与风力变化多端，经常有台风登陆，这就对新造船只的性能、结构都有比较高的要求。对于一条船来说，甲板、船舵、龙骨都是最为重要的部分，而福船正是在这些方面取得了巨大的成就，因而对世界的造船发展都有着很深刻的影响。

如今，福船已经被现代先进的轮船取代，一艘艘巨大的集装箱船成了我国和外国货物往来的主力军。如今，我国更是倡导建立“21 世纪海上丝绸之路”，拉近与世界各国的联系，增强与其他国家的交流。

深圳港的巨轮

行

古今蜀道

上青天由易变难

唐朝的著名大诗人李白有一首古诗《蜀道难》，里面有一句写道:“蜀道难，难于上青天。”意思是蜀道非常难走，甚至比登天还难。可见在古代，想要穿越蜀道，确实是一件非常不容易的事。

这是因为蜀地的四面八方都被高大的山团团围住，想要进入必须翻越崇山峻岭，非常困难。而如果选择水路，必须经过三峡。三峡有许多的急流险滩，船行其中随时有倾覆的危险。因此，当时人们宁愿多花点功夫翻山越岭走蜀道，也尽量不走水路。

蜀道从广义上讲是通往巴蜀的道路，而通常所指的均为狭义的古蜀道，也就是从陕西进入四川的道路。这条道路中间隔着两座高大险峻的山脉——秦岭和大巴山。为了能顺利穿越秦岭和大巴山，方便两地往来通行，古代的能工巧匠们在山间的悬崖峭壁上开凿出孔，往里面架上木头，修建出一条条栈道，再连接陡峭的山路、谷地的小路，这就形成了连接川陕两地的古蜀道。

古蜀道可以划分为两段，分别是秦岭段和大巴

↓剑门蜀道

剑门蜀道以剑门关为核心，北面的起点为陕西宁强，南边重点为四川成都，全长足足有450多千米。剑门蜀道因大诗人李白的著名诗篇《蜀道难》而名扬天下。

剑门蜀道沿线发生过许许多多三国的精彩故事。如今，这里成了旅游胜地，有富乐山、翠云廊、昭化古城、明月峡等许多名胜。

地　理　常　识

山段。秦岭段主要有陈仓道、褒斜道、傥（tǎng）骆道、子午道四条道路，大巴山段则主要有金牛道、米仓道、荔枝道三条道路。

秦岭段的陈仓道建于西周时期，是古蜀道中最绕的路，但是也是最平坦的一条，成语“明修栈道，暗度陈仓”就是这条道路的故事。褒斜道建于战国时期，是蜀道中规模最大、沿用时间最长的一条。傥骆道始通于三国时期，是最为险峻的一条。子午道建于战国时期，在汉唐时期一度成为国家驿道。

大巴山段的金牛道建于战国中期，《蜀道难》中说的就是这一段道路，也是古代陕西、四川之间的交通干线，古道上有历史上著名的险关——剑门关。现代的川陕公路、宝成铁路就是沿金牛道修建的。米仓道据说始通于夏末商初时期，是古蜀道中最古老的一条。荔枝道建于三国时期，古诗“一骑红尘

妃子笑，无人知是荔枝来”中给杨贵妃送荔枝的快马走的就是这条道。

正因为蜀道历史悠久，所以诞生了辉煌的历史文化遗产。其中，古代交通道路遗迹最多也最为重要，包括古道、古驿站、古码头、古城镇等，同时，关于蜀道的传说、人物、文学作品等也蕴含了丰富的文化内涵，成了和蜀道一起流传的瑰宝。

虽说蜀道非常难走，但是到了今天，随着科技的进步，先进工具的使用，蜀道已经不再“难于上青天”。从陕西进入四川，现在已经修建了高速公路，开着汽车行驶在高速公路上，很快就可以走完两地之间的路程。同时，陕西省宝鸡市还修通了到四川成都的铁路，这就是著名的宝成铁路。宝成铁路的通车，大大拉近了两地之间的距离，方便了两地的人们出行。如今，从西安直达成都的西成高铁也已经开通，4 小时之内就可以穿越蜀道，从西安到达成都。从古代历尽千险行走数天数月到如今乘坐高铁一天之内就可以往返，这时间的缩短，凝结了无数劳动者的智慧和汗水，是他们用自己的辛劳，为我们换来了今天方便的生活。

不仅蜀道在如今变得便捷省力，进入四川的水路也变得更加安全无阻，长江三峡中的险滩早已被炸平，人们不仅不用担心坐船像过鬼门关，还可以在船上悠闲地欣赏美景呢！

从古代到现在，翻越蜀道从“难于上青天”到 4 小时到达，古老的蜀道正不断焕发新的青春活力。

◀ 入蜀通道中的西成高铁

茶马古道

亚洲的天堂走廊

茶马古道示意图

在我国西南部的云南、四川、西藏三省区的丛林中，绵延着一条著名的商道，这条商道是世界上最古老的一条经贸商路之一——茶马古道。

茶马古道，从它的名字可以看出，这条商路上当年少不了茶和马的踪迹。不过除了茶和马，毛皮、药材、布匹、盐和日用品等也通过这条古道进行交易。

茶马古道最早起源于唐宋时期的“茶马互市”。

四川和西藏的藏族聚居区多是高寒地区，海拔超过三四千米，为了抵御寒冷，主要的食物都是高热量高脂肪的，如糌（zān）粑、奶类、酥油、牛羊肉等。藏区不盛产蔬菜，这些食物吃下去燥热且脂肪难以分解，而茶叶既能够很好地分解脂肪，又可以防止燥热，所以藏民在长期的生活中养成了喝酥油茶的生活习惯。但是藏区并不产茶叶，于是，只好从周边美丽富饶且盛产茶叶的四川、云南地区获取茶叶。

藏区需要内地的茶叶，而内地也需要藏区的好马。这是因为在内地，民间役使和军队征战都需要大量的骡马，内地对于优质马匹的需求量很大，而青藏高原的马匹高大强壮，耐力超强，能够长途运送货物，正好能满足内地对于马匹的需求。

云南怒江畔的交通

一边是盛产茶叶缺少马，一边是产优质马缺少茶叶，于是，具有互补性质的茶和马的交易，也就是“茶马互市”在这种情况下诞生了。随着时间的推移，交易的商品种类也突破了茶叶和马匹，两地越来越多的特色产品在横断山区的高山深谷间南来北往，流动不息，并随着社会经济的发展而日趋繁荣，形成一条延续至今的“茶马古道”。

茶马古道的主干道主要有两条。一条路线被称为滇藏线，从云南西部洱海一带出发，经丽江、中甸、德钦、芒康至昌都，再由昌都通往拉萨。另一条被称为川藏线，从四川雅安出发，首先进入康定，自康定又分为南、北两条支线：北线从康定向北，经道孚、甘孜、德格、江达抵达昌都，再由昌都通往拉萨；南线是从康定向南，经雅江、理塘、巴塘、芒康至昌都，再由昌都通向拉萨。这两条古道和沿途大大小小的支线，构成了世界上地势最高、山路最险的茶马古道。

随着时代的不断发展，现代化的交通工具逐渐代替马儿，茶马古道也变成了旅游通道。然而，对古道商贸时代千丝万缕的记忆，却随着马蹄的印记和茶叶的香气永远留存了下来。

专题

中国的盘山公路

我国是个多山的国家。古代，蜿蜒的羊肠小道上，有马帮一趟趟的奔波，崎岖的茂林古道上，有盐商一年年的翻越。

如今，随着修路技术的发展，许多山区也通了公路，大大提升了山区出行的效率。但是因为沿山而建，盘山公路多是蜿蜒曲折，落差极大，也正是这种特殊性，盘山公路可以更多角度地观赏到沿途的美景。我们来看看八条著名的盘山公路是什么样的吧！

1. 青海十二盘坡

位于青海省海东市，公路总长为 15 千米，最高处海拔 3200 米，整条公路路窄、弯急、坡陡，蜿蜒回转就像一条长龙。

2. 旧昆宜公路六十八道拐

位于云南省宜良县，在短短 7 千米的路程中，共有 68 道拐，这条蜿蜒曲折的公路，曾经被视为世界公路史上新的奇迹。

3. 怒江七十二道拐

位于西藏八宿县川藏公路上。以业拉山口为中心，一边坡降约 1500 米，另一边坡降约 500 米，全长约 12 千米，大约有 130 道拐。

4. 六盘水八大弯

位于贵州省六盘水，因为连续 8 个“U”形急转弯道而号称“最具挑战性的公路”，许多专业赛车手为它惊叹。

5. 桐梓七十二道拐

位于贵州省遵义市，全长约 12 千米，是我国有名的“魔鬼公路”，号称弯道最密集的盘山公路。

6. 晴隆二十四道拐

位于贵州省晴隆县，全长 4 千米，共有 24 个弧形拐弯，爬坡约 260 米。因为有新路可走，所以这一段成了景区。

7. 天门山盘山公路

位于湖南省张家界市，全长 10.77 千米，从海拔 200 米急剧攀升到海拔 1300 米，两侧都是绝壁深谷，共 99 个弯，且多为急转弯，被誉为“天下第一公路奇观”。

8. 盘龙古道

位于新疆塔什库尔干，全程 75 千米，共 208 个弯，海拔约 4000 米，广袤壮观，是一条真正的高原天路。

住

蒙古包

移动的家

在一望无际的大草原上，居住着逐水草而居，以游牧生活为主的人们。游牧民族以放牧为生，所以每年的夏季和冬季，都要将牛羊在各个牧场之间来回转场。因为牧民们要经常搬家，所以传统的用砖块和水泥建造的房屋并不适合他们，而蒙古包在迁徙的时候就方便多了，只要利用畜力两轮车，就可以顺利完成搬家了。

既然蒙古包这么方便，那么搭建的时候一定有独特的技巧吧？没错，搭建蒙古包的时候，首先要决定建一个多大的蒙古包，根据蒙古包的大小在地上画一个圆圈，之后将蒙古语中被叫作“哈那”的围墙支架沿着圆圈的轨迹围好，再撑起像伞一样的蒙古包顶架——乌尼，然后再盖上毛毡等覆盖物，用绳子捆绑好，最后再在顶端开“陶脑”，也就是天窗，用来排烟、通气、照明、采光，这样，一个漂亮大方的蒙古包就建成了。

蒙古包的外观非常美丽，虽然看起来外形不是很大，但里面的使用面积却很大，内部地面通常都铺有地板和地毯。包内四周摆放着家具，中间是灶台，一般设置在“陶脑”下面，这样便于排出炊烟。而且室内空气流通，采光条件好，冬暖夏凉，不怕风吹雨打，非常适合于经常转场的放牧人家居住和使用。

蒙古包内部的陈设也非常的讲究，不同的家具摆布在不同的方位。正中是炉灶，正北通常是主人的床。佛桌放在西北，男人用品放在正西，马鞍马具放在西南；女人用品放在东北，碗架冰箱放在正东边，奶缸水桶放在东南。蒙古包的形状几千年来一直没有改变，所以这种陈设形成的固定规矩至今仍然沿用。

蒙古包室内的座次有着非常严格的规定。蒙古包正对着门的方向是男主人的座位，以此为界，男客人坐主人右边，女客人和儿童坐在主人的左边。如果要是有机会去蒙古包做客，一定注意不要坐错位置了哦。

方便实用的蒙古包，好搭建，好拆卸，是牧民的移动之家。长长的勒勒车队、成群的牛羊，移动在辽阔的大草原上，就是最美丽壮观的风景。

文　化　常　识

↓哈萨克族毡房

哈萨克族毡房与蒙古包类似，易于组装，方便转场。毡房上部为穹顶，下部呈圆柱形，四周是网状编组的杆子做骨架，再用草席围住骨架，最外面再包一层白毡。毡房里面，墙上有壁挂，地上是花毡，都是刺绣艺术品，使人赏心悦目，仿佛置身于艺术殿堂。

哈萨克族毡房

专题

蒙古包的结构

蒙古包由哈那、陶脑、乌尼、毛毡四部分组成，容易搭建，容易拆卸。文字的解读或许还是让你一头雾水，对照着下面蒙古包的结构图看，就很清晰直观啦。

蒙古包内景

乌尼

即椽子，是蒙古包的肩，上连陶脑，下接哈那。其长短大小粗细要整齐划一，木质要求一样，长短由陶脑来决定，其数量，也要随陶脑改变。乌尼一般由松木或红柳木制作。

陶脑

分联结式和插椽式两种。要求木质要好，一般用檀木或榆木制作。联结式陶脑和乌尼是连在一起的。因为能一分为二，骆驼运起来十分方便。

蒙古包的外形

哈萨克毡房看起来要比蒙古包小巧，顶比较尖，呈尖锥形，而蒙古包是圆形顶，下部是规整的圆柱形。

毛毡

覆盖在蒙古包的顶部和四周，相当于蒙古包的墙壁。

正门对面的位置

蒙古包内正北中间是长者或贵宾的位置。

西边位置

是客人的位置。

东边位置

是女主人就座和做饭的地方。

哈那

即蒙古包的结构，承托起陶脑和乌尼，决定了毛毡的大小。一般的蒙古包最少由四片哈那围合而成。

蒙古包的门

一般朝南或东南方，太阳升起时，只有门朝南或者东南方才能让太阳照进包内。冬天，内蒙古草原上常刮来自西伯利亚的寒冷西北风，大门朝东南可以背风保暖。

炉灶

中间是炉灶，一方面能方便从正中的天窗排烟，另一方面使沿炉灶一圈的人都能方便取暖。

新疆阿以旺

绿洲上的安乐窝

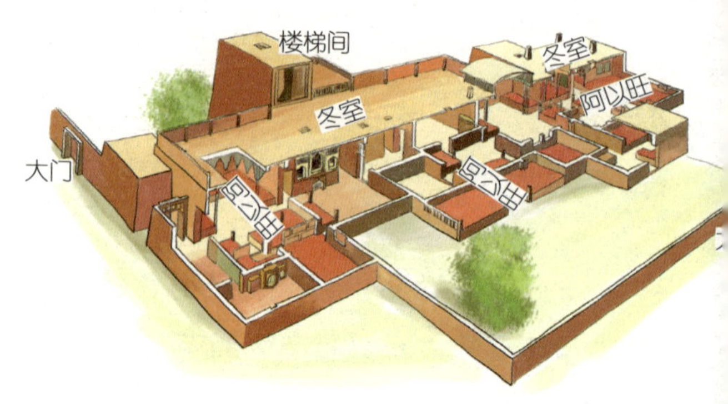

维吾尔族是我国人口数较多的少数民族之一，新疆天山南麓和塔克拉玛干沙漠边缘的绿洲，是维吾尔族人聚居的区域之一。这些区域土地面积广阔，但是人非常少，因此可以盖面积很大的房子，住宅的形式也是多种多样，但是最有代表性的维吾尔族民居还是阿以旺。阿以旺是维吾尔语的音译词，翻译成汉语的意思就是“明亮的处所”。

阿以旺这种建筑延续至今至少有 2000 年的历史了，经过历代的发展不断完善。阿以旺建筑一般可以分为两个部分：一部分是封闭的室内空间，也称冬室，可以对抗常年的强烈光照和酷热严寒；另一部分是带天窗的庭院（狭义的阿以旺），适应了能歌善舞的维吾尔人喜欢在户外活动的习惯。阿以旺的庭院最早是完全敞开没有顶盖的，但是因为新疆地区常常有风沙，因此后来的庭院上空封上院顶，院顶高于屋顶，并且在侧面开窗，这样既能采光又能通风，可以适应炎热的夏季。

阿以旺的墙体以土坯为主，但是在不同的地区，因为气候不完全相同，构造上还是会有一些差别。在降水量较多的地区，阿以旺会加入砖石作为地基，在一些地下水位较高的绿洲地带，则会用填高地基的方法，并在地基和墙面结合的地方铺一层防潮层，防止土坯墙面受到水的侵蚀。而在一些终年少雨的地区，墙体全部用土坯。阿以旺的屋顶都是平顶，四周通常设有矮墙，使得屋顶成了大大的露台。

阿以旺的布局主要有围绕式和排列式。其中以围绕式最常见，它的特点是多个房间以阿以旺厅（前厅）为中心，四周围绕排列，这种布局的优点在于封闭性比较强，特别适合风沙较强的地区，而且历史悠久，应用广泛。排列式依然是把阿以旺厅作为中心，其他房间在两边平行排列，形成一排平行的布局或者成“凹”字形，这种布局在新建的阿以旺中被采用得比较多，采光性也更好。

阿以旺院内通常会种植一些花卉、果树，热情好客的维吾尔族人，就在这里接待客人、举办聚会。

文化常识

↓维吾尔族独木舟

将一根粗壮大块的胡杨木中间挖空，再削成船的形状，独具特色的新疆维吾尔族独木舟就做成了。在运输大件货物的时候，人们还会将一个个独木舟并排捆绑起来，形成一个“大独木舟”，这样，就能运载更多的货物啦！

▼ 阿以旺民居内景

骏马

大草原上的舞者

我国北方有着广袤的草原，像呼伦贝尔草原、锡林郭勒草原、伊犁草原等，都是十分著名的大草原。如果你来到草原上，一定会看到骏马在草原上奔驰，那矫健的英姿如同大草原上的舞者一般，灵动而优美。草原离不开马，草原上的人们也离不开马。

因为马儿能够驮起重物，又善于奔跑，而且相对来说比较好饲养，对于草原上的游牧民族来说，是非常好的脚力。尤其是蒙古族使用的传统运输工具——勒勒车，更离不开马的力量。

由于蒙古族是游牧民族，经常会迁徙，因此能够装载东西的车子成为交通必需品，勒勒车就是在这种背景下应运而生的。勒勒车的车身很小，但却有一对高大的车轮，车轮的直径一般有一米五六。车身完全用优质的木材制成，基本不用金属零件，结构简单，易于制造和修理。一辆勒勒车一般载重能达到二三百千克甚至更多，在游牧民族迁徙的时候，收起蒙古包，把所有东西放在勒勒车上，用马拉着就可以出发了。勒勒车是牧民流动的家，因此对于拉车的马，牧民们都有着很深的感情。

大草原上马文化非常发达，骏马已经成为了草原的代表，很多游客来到草原旅游，都要开展一场草原马道的体验旅行，或是骑着马儿感受驰骋的快乐，或者在草原马道上欣赏壮丽的景色，而牧民们也还在进行着套马、驯马等蒙古族传统的马文化活动。

在蒙古族重要的节日——那达慕大会上，赛马、骑射、套马等都是最吸引人关注的比赛项目，而蒙古族的人们也毫不掩饰对于马的喜爱，用马的形象制作马头琴，通过赞美诗、歌曲、岩画等方式尽情表达对马的喜爱。

文化常识

↓牧民转场

牛羊吃完一片牧场，牧民就得换一个牧场放牧，这就是转场。转场时，牧民用马队驮着全部家当，赶着牲畜有序前进，走到哪里，晚上就宿营在哪里。牧民转场，一般都会有固定的时间、顺序和路线，千百年来，他们逐水草而居，因时而动，南北转场，每年的牧道就是他们永远流动的家园。

马也是哈萨克族、乌孜别克族、塔吉克族等少数民族生活中的主要伙伴，他们也会经常举办赛马等活动。

虽然现在马已经不作为牧民主要的交通工具了，但是相信作为蒙古族文化中十分重要的一个组成部分，马文化还将持续发扬光大，让更多的人爱上这大草原上的舞者。

草原上奔腾的骏马

骆驼

沙漠之舟

在我国的西北地区，有着许多一望无际的茫茫沙漠，其中，著名的沙漠有塔克拉玛干沙漠、古尔班通古特沙漠、腾格里沙漠、巴丹吉林沙漠等。沙漠里干旱缺水，一个人要想独自穿越沙漠基本上是不可能的，好在上天给予了沙漠珍贵的礼物——骆驼。骆驼是沙漠中重要的交通工具，被称为“沙漠之舟”。骆驼可以在没有水的条件下连续生存两个星期，在没有食物的情况下可连续生存一个月之久，是人类进入沙漠的好伙伴。

如果要说出骆驼身上最有特点的一个部分，那一定是它背上高高耸起的驼峰。驼峰中储存着厚厚的脂肪，当缺乏食物，无法摄入能量的时候，骆驼就通过消耗驼峰中的脂肪为自己摄取能量。除了驼峰，骆驼的全身都为在沙漠中生存做足了准备。它的眼睛有浓密下垂的睫毛，能够不受阳光直射和风沙侵扰。眼睑透明，有风沙时，闭上眼睛也能看到路。它的耳朵很小，并且有着浓密的耳毛，使得风沙不易进入。它的蹄子则十分宽大，脚底还长着厚厚的角质垫，就像为骆驼专门定制的靴子，在沙漠时，能够保证骆驼行走得既平稳又不怕烫。

而骆驼最神奇的是它的鼻子。它的鼻子里有很多细小又曲折的管道，平时这些密密麻麻的管道被分泌的液体浸润着。当骆驼体内缺水的时候，这些管道立刻停止分泌液体，并在表面结出一层硬皮，可以吸收呼出的水分，让水

▲ 沙漠驼队

分不会散失在体外，在吸气时，管道表面硬皮内的水分又被送回骆驼体内。水分就这样在骆驼体内反复循环利用，所以骆驼非常耐渴。

骆驼的胃里有许多瓶子形状的小泡泡，用来储存水，它的血液中也能储存大量的水分，骆驼一口气能喝掉 100 多升的水，大部分储存在胃和血液中，供慢慢消耗。

骆驼这么厉害，但是不吃不喝也是不行的。好在我国的沙漠地带大量生长着一种叫作骆驼刺的植物，是骆驼最喜欢的食物之一，能够保证骆驼有足够的口粮。

↓沙漠公路

在塔克拉玛干沙漠中，有四条沙漠公路。其中，轮台县到民丰县公路是目前世界上在流动沙漠中修建的最长的公路。公路于 1995 年通车，全长 552 千米，柏油路面宽 7 米，采用了复杂的加固沙基工艺及芦苇方格防沙体系。

地　理　常　识

作为“沙漠之舟”，骆驼既能载人，又能驮物。在丝绸之路上，骆驼载人运物，帮助人们穿过西域，打开了我国与中亚、西亚、南亚甚至通往欧洲的陆路交通，实现了与国外的商贸往来。也正因为有了骆驼，生活在沙漠附近的人们才能更好地与外面进行联系。可以说，骆驼不仅是“沙漠之舟”，更是沙漠中的使者啊！

丝绸之路

东西方贸易的大通道

丝绸之路起源于西汉，是汉武帝派遣张骞探西域开辟的交通和贸易通道。当时的丝绸之路的起点为都城长安（也就是现在的西安市），经过甘肃、新疆，到达中亚、西亚地区，一直到欧洲的罗马。因为它最早的作用就是运输我国出产的丝绸等商品，因此被命名为“丝绸之路”。

丝绸之路全长近7000千米，其中我国境内长约4000千米，沿途经过高山、沙漠、戈壁、盆地、绿洲等多种复杂的地形。沿线都是典型的温带大陆性气候，降水稀少，蒸发旺盛。气温上最大的特征是四季温差大，冬季冷夏季热，昼夜温差大，白天热晚上冷。这是一条充满危险的艰难道路。

丝绸之路通往西域的路程中，需要经过一个狭长的通道，因为这个通道位于黄河西边，所以人们都叫它“河西走廊”。河西走廊东西长约1000千米，宽为数十至百余千米不等，海拔一般在1500米左右。河西走廊的地势较为平坦，走廊西南侧是高耸连绵的祁连山，再往西南就是青藏高原。走廊的东北侧是相对低缓的北山，再北侧是大戈壁，正因为周边环境不够理想，只有河西走廊最易通行，故而河西走廊成了从丝绸之路出西域的必经之地。

丝路古道新颜

好在河西走廊的环境要比周边好得多，祁连山的冰雪融水汇聚到河西走廊，形成了一个个绿洲。人们以绿洲为根据地，发展灌溉农业，逐渐形成了“河西四郡”：武威、张掖、酒泉、敦煌。这些城市的兴起，为丝绸之路提供了重要的补给，人们既能在里面补充水源和食物，也可以在这里休息歇脚，做做买卖。河西走廊上的绿洲就像是沙漠中的一颗颗绿色的珍珠，为这些风水宝地散发耀眼光芒。

随着时间的推移，丝绸之路逐步演变成一个文化大通道。而在现代，我国提出了要和当年的丝绸之路沿线各国共同建设“丝绸之路经济带”，不断加强欧亚各国之间的经济联系，使得各个国家之间的相互合作更加深入，发展空间更加广阔。相信“丝绸之路经济带”一定能像古丝绸之路一样，成为一项造福沿途各国人民的大事业。

↓敦煌

敦煌是河西走廊上一块富饶的绿洲，古代丝绸之路的必经之地，中原的物资从这里的阳关开始，分三路通向西域。佛教经过这里传播到中原内地，并留下了莫高窟这个艺术宝库。敦煌还有能发出响声的鸣沙山，以及沙漠里终年不会干涸的月牙泉。

地　理　常　识

住

藏族碉房

石头砌的多层民居

在青藏高原，经常会看到一种用块石垒砌或土筑的房屋。这是藏族的传统民居建筑，因为外观很像碉堡，因此被叫作碉房。早在1900多年前，藏族碉房就已经存在了。

碉房一般三到四层。底层比较阴冷，用来饲养牲畜、堆放杂物；中间层设置为客厅、卧室、厨房等生活起居场所；顶层为佛堂和晒台。把佛堂放在顶层是因为藏族信仰藏传佛教，诵经拜佛的佛堂上方不能住人或堆放杂物。

有时候，为了让室内的空间变得更宽敞，生活起居的二层常挑出墙外，轻巧的挑楼和厚重的墙体形成鲜明对比，建筑外形也因此富于变化。

碉房一般选择建在山的南面，因为这样可以抵挡从北方吹来的寒风。粗石垒造的墙面上有成排的梯形窗洞，窗洞上带有彩色的出檐，这是类似遮阳棚一般的装饰，也是藏族碉房的特色装饰之一。

碉房通常就地取材，以石块作为主要建筑材料，用泥土黏合。碉房一般由当地专业的砌石匠修建，无须绘图、吊线，高超的石匠凭借丰富的经验，就能把房子砌得很坚固。建造碉房时，也会结合着使用当地出产的木料。无论是石料还是木料，都能够较好地适应青藏高原雨水稀少气候干燥的特点。

藏族碉房外墙很少有大面积的上色，大部分采用原材料的本色，显得朴素而协调：泥土的土黄色、石块的米黄、青色、暗红色。木料部分则涂上暗红，与明亮色调的墙面屋顶形成对比。

虽然藏族聚居区都有碉房，但是不同地域的碉房，风格却还是有差异的。拉萨的碉房多为内院回廊式，放眼望去，全是碉房的窗户，进入院内，如同进了迷宫。山南地区的碉房则多有外院，人们可以很方便地进入户外活动。但无论何种风格，藏族碉房都能很好地适应当地环境和自然条件。

在藏族村寨，碉房之间一般会建立一座或多座高耸的碉楼，也有的碉楼单独矗立于平地、山谷之中。碉楼的高度一般在 10 ~ 30 米，形状有四角、六角、八角、十二角等多种形式，有的高达十三四层。最初，居高临下的碉楼可以起到为村庄警戒的作用，如今，碉楼则用来存储粮食、柴草之类的物资。在四川西部的丹巴县梭坡乡，有世界上最集中的古碉群，共 84 座，堪称碉楼博物馆，有“千碉之乡”的美誉。每座碉楼都有自己的名字，有的碉楼经历数次地震仍然巍然屹立。

碉楼和碉房是藏族人民用自己勤劳的双手和智慧创造出的优秀文化，是宝贵的文化遗产。

四川丹巴藏族村寨

牦牛
高原之舟

青藏高原气候寒冷，空气稀薄，这样的自然条件对于很多家畜来说非常难以生存。但是，有一种动物，却能够在高原上载着沉重的货物翻山过河，行走自如，就像在水中漂浮的小船一样灵活，因此有着“高原之舟”的美称，这种动物就是牦牛。

牦牛是高山草原特有的牛种，主要分布在青藏高原，是世界上生活在海拔最高地区的哺乳动物之一。牦牛外形最大的特点是全身密密地生长着丰厚的长毛，特别是从颈部到尾部，往往能垂挂 20 ~ 30 厘米的长毛。

牦牛的体型很庞大，一般体长在两米以上，体重能达到五六百千克。正是这样庞大的身躯，造就了牦牛力大无比的特点。牦牛的脚趾上有一块坚韧的软骨，帮助它在崎岖不平的山路上也能够行走自如。因为这些优点，牦牛成为了青藏高原上最理想的“货物运输官”。一头牦牛一般能驮运 40 ~ 50 千克的货物，载着这样的重量，牦牛每天可以行走将近 25 千米不休息，甚至可以连续几天不吃不喝。如果是短途行走，牦牛甚至能驮 100 千克的重物。

青藏高原上，山多，沼泽多，雪多，路险。在这样的环境下，幸好有牦牛。牦牛善于爬雪山、过沼泽、渡激流，并能避开陷阱，择路而行，是牧民和旅游者可靠的向导。如果遇到了大雪封山的情况，藏族的牧民们往往会让牦牛在前面“开路”，牦牛能用蹄子和嘴扒开积雪，开辟出道路。在长期的生产生活中，藏族的农牧民们与牦牛结下了不解之缘。

牦牛的全身都是宝，藏族人民的衣食住行都离不开它。他们喝牦牛奶，吃牦牛肉，烧牦牛粪，用牦牛的毛做衣服或帐篷，用牦牛皮制作秤、皮箱、皮画、盾牌等，用牦牛的角制成精美的工艺品，把牦牛的骨头当作药材。

可以说，高原上的牦牛，不仅仅是牦牛，更是藏民们不可或缺的好伙伴，牦牛身上展现出的忠诚、坚韧、耐劳的精神品质，已经成为了青藏高原上的一个文化符号，对于藏民来说有着不言而喻的重要性。

↓河曲马

青海河曲马因产于黄河上游第一河曲而得名。河曲马与内蒙古三河马、新疆伊犁马并称为“中国三大名马”。

河曲马体型高大、身材结实、性情温驯，因为常年生活在高原，对高寒多变的气候环境有极强的适应能力。河曲马曾经是优良的战马，如今是牧民的好伙伴。

地　理　常　识

唐蕃古道
谱写汉藏的友谊

青藏高原因为海拔高、气候恶劣，所以生活在平原地区的人想要进入西藏一直不是件容易的事，尤其在古代，没有先进的交通工具，要想进入西藏只能依靠马车等交通工具。

唐朝的时候，在都城长安（今西安）和西藏拉萨之间，就有一条非常著名的交通大道——唐蕃古道。这条古道全长3000多千米，沿途经过甘肃、青海，最后到达拉萨，横贯我国西部，翻越了许多大山、大河，至今仍然发挥着重要作用。

唐蕃古道连接了中原与西藏，就像一条情意绵绵的纽带，让汉族人民和藏族人民的情感更加深厚了。而这一切，都要从文成公主和松赞干布和亲说起。

唐朝贞观十五年（公元641年）的时候，吐蕃国王松赞干布派使者去长安请婚，于是唐太宗就把文成公主许配给了松赞干布。中国十大名画之一的《步辇图》画的就是这段请婚的故事。文成公主前往吐蕃和亲的时候，带了大量的工匠以及绸缎、药材、茶叶、种子、书籍等，从长安出发一直西行，经过倒淌河、日月山，一路浩浩荡荡前往拉萨。松赞干布亲自到柏海（今青海玛多县）迎接，并且在柏海举办了婚礼。然后，他们一起返回吐蕃的都城拉萨。文成公主在拉萨积极传播大唐文化，还主持修建了小昭寺。大唐、吐蕃自此结为姻亲之好，播下了汉藏友好的种子。

在文成公主之后，大唐的金城公主也沿着这条友好之路来到吐蕃，大力促进大唐和吐蕃的和盟，为两个地方的文化交流做出了许多贡献，也为后来的“长庆会盟”奠定了坚实基础。自长庆会盟后，唐蕃古道在相当长的一段岁月里畅通无阻，见证着汉藏经济文化的交流与融合。

在随后的200多年时间里，大唐和吐蕃的使臣往来不断，民间贸易也如火如荼地开展起来，在长安和拉萨之间踏出了一条“黄金路”，这才有了唐蕃古道。可以说正是这条唐蕃古道，将汉族和藏族人民紧紧地联系在了一起，成为汉藏友好的历史见证，被誉为是民族团结的“千年平安路”。

在唐蕃古道经过的许多地方，至今还保留着那时候的人们修建的驿站、城池、村舍和寺庙，传承着时代创造的灿烂文化，传颂着数不清的反映藏汉人民友好往来的动人佳话。

如今，唐蕃古道成为了一道亮丽的风景线，吸引着无数喜欢旅游的人来一睹它的面目。

▼ 青海日月山风光

在青海西宁往西，翻过了日月山之后，山下有条河叫倒淌河。日月山以前叫赤岭，因为山体是红色而得名，这里是唐蕃古道进入青藏高原的第一站。据说，文成公主入藏途经此地，回望长安，远离家乡的愁思油然而生，她取出临行时皇后所赐“日月宝镜”观看，镜中顿时现出长安的迷人景色。看宝镜更增添了思乡之情，公主忍痛把“日月宝镜”摔成两半，一半朝西映着落日的余晖，一半朝东照着初升的月光。后人因此把赤岭称为“日月山”。而公主的眼泪便汇成了倒淌河——一条从东往西流的河。

在青海玉树，流传着许多和文成公主相关的传说，因为这里是入藏途中，文成公主停留时间最长的地方。她在这里帮老百姓做了很多好事，比如纺织、播种、盖房、跳舞……人们也没有忘了她，建起一座文成公主庙，来表达对文成公主的敬仰。这座庙既有唐代的建筑风格，也融合了藏族建筑的特色，彰显了汉藏人民之间的友谊。

如今，越来越多的人走进青藏高原，走过当年唐蕃古道的遗址，在观赏美丽风景的同时，重温发生在这里的历史故事。沿着唐蕃古道旅行，可以更加深刻地感受到藏区的文化，亲身体验汉藏源远流长的友谊，从这一个角度来看，时至今日，唐蕃古道依然在继续谱写着汉藏的友谊呢。

▼《步辇图》中，松赞干部派使臣到大唐求婚场景

青藏铁路
一条神奇的天路

曾经，青藏高原交通闭塞，物流不畅，高原上的人们对于物资只能长期停留在自给自足阶段。美国现代火车旅行家保罗·索鲁曾经在《游历中国》一书中写道:“有昆仑山脉在，铁路就永远到不了拉萨。”但是为了让物资能够进入青藏高原，为了加强高原和中原地区的交往，我国政府还是决定，修建青藏铁路，把铁路修到拉萨。

青藏铁路是一条连接青海省西宁市至西藏自治区拉萨市的铁路，是通往西藏腹地的第一条铁路，也是世界上海拔最高、线路最长的高原铁路。

因为修建难度较大，因此青藏铁路分为两期建成。一期从西宁至格尔木，长814千米，于1958年开工建设，1984年5月建成通车；二期从格尔木至拉萨，长1142千米，被誉为是中国新世纪四大工程之一，于2001年开工，2006年7月1日全线通车，沿途经过昆仑山口、沱沱河、唐古拉山口、那曲草原、拉萨河。

从一期开工建设到全线通车，几代人足足等了将近半个世纪的时间。这可不是因为我们建设铁路的效率慢，而是因为修建青藏铁路的环境实在是太艰险了。青藏铁路全线平均海拔都在4500米以上，筑路工人时刻都要面临高原反应带来的困扰。而比高原反应更大的困难，就是千里冻土、高寒缺氧、生态脆弱这三项世界级的难题。但是，在前线奋斗的工人们并没有退缩，他们架起了世界上最长的高原冻土铁路桥——清水河特大桥，设置了野生动物保护廊道……终于克服了种种难题，实现了顺利通车。

青藏高原生态脆弱，有许多野生保护动物，修筑铁路必须把对他们的影响降至最小。为了不影响藏羚羊等野生动物的安全迁徙和正常的觅食活动，专家组进行了长期的野生动物生态调查，决定在适当地点设置“迁徙廊道”，减少对野生动物的干扰。例如跨越山地时，尽可能修建隧道；经过开阔地、山谷或河滩地时，则采用陆桥或建筑缓坡涵洞的方式通过。

在青藏铁路上跑的火车也需要特别定制。因为青藏高原高寒缺氧，影

▼ 青藏铁路

响柴油机和冷却系统工作，所以青藏铁路上的火车装有当时我国最大功率的柴油机。考虑到高原辐射强，青藏铁路火车的车身都涂有防紫外线的漆料，在车窗玻璃上贴防紫外线膜。甚至可以在缺氧的时候从座位上取吸氧管吸氧，以免出现高原反应。

虽然青藏铁路有着最艰难的建设过程，但是却给我们提供了最舒适的火车乘坐体验，假如有机会的话，不妨去亲自乘坐一次青藏列车，感受青藏铁路的美丽与壮观哦！

↓青藏公路

在青藏铁路建成通车前，人们往返于青藏往往要通过青藏公路。青藏公路1950年动工、1954年通车，是世界上海拔最高、线路最长的柏油公路。

青藏公路走向和青藏铁路大致一样，沿途风光大气磅礴，而且起伏较小，因而得到自驾入藏的旅游者的青睐。

地 理 常 识

专题

冻土上的铁轨

冻土指的是在0℃以下冻结，并含有冰的各种岩石和土壤。冻土具有不稳定性，很容易产生冻胀和融沉的现象。它一般可分为短时冻土、季节冻土以及多年冻土。多年冻土区的冻土可分为上下两层，上层是夏融冬冻或是昼融夜冻的活动层，下层是多年冻结不融的永冻层。

青藏铁路处于多年冻土区的线路长达550千米，路基的融和冻带来的不稳定性，给铁路建设和火车通行带来严重威胁。为此，智慧的铁路建设者们采取了“热棒技术”“以桥代路”等方法，克服冻土带来的影响，确保了青藏铁路的行车安全。

以桥代路

对于极不稳定的冻土地段，采用“以桥代路”的方法，即以桥梁代替路基。将桥梁桩基打入地下永冻层，以保持稳定。

热棒技术

在青藏铁路两旁可以看到很多竖立的“铁棒”。这种铁棒是一种由碳素无缝钢管制成的，埋入地下的5米为吸热段，地面露出的2米为散热段。

热棒具有独特的单向传热性能：热量只能从地面下端向地面上端传输，反向则不能传热。

②气态工作介质上升，遇到较冷的管壁后，放出潜热，冷凝成液态，在重力作用下，沿管壁流回吸热段。

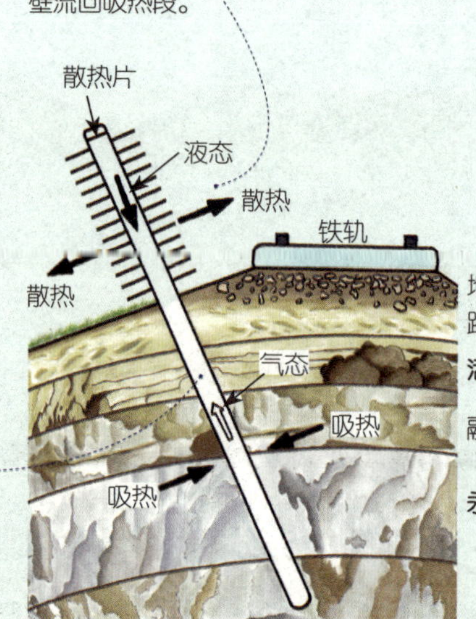

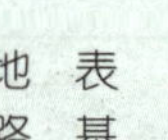

①当环境温度低于热棒吸热段周围的冻土层温度时，热棒中的液态工作介质就会吸收冻土中的热量，蒸发成气态，带走管内热量。

地理有话说

中国的省和城

周国宝 著

中国轻工业出版社

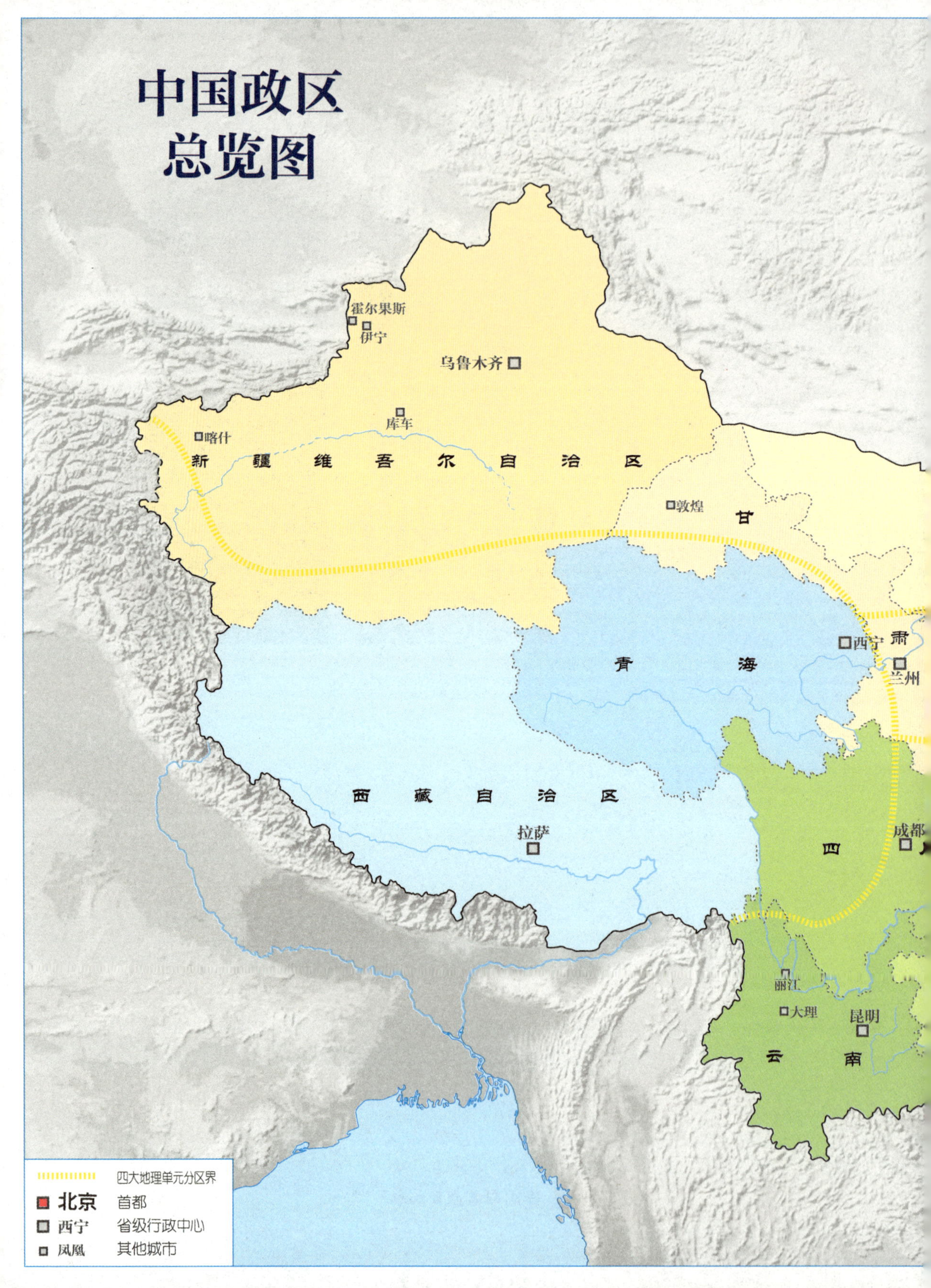
中国政区
总览图
霍尔果斯
伊宁
乌鲁木齐
库车
喀什
新疆维吾尔自治区
敦煌
甘
肃
西宁
兰州
青海
西藏自治区
拉萨
成都
四
丽江
大理
昆明
云南
四大地理单元分区界
北京 首都
西宁 省级行政中心
凤凰 其他城市

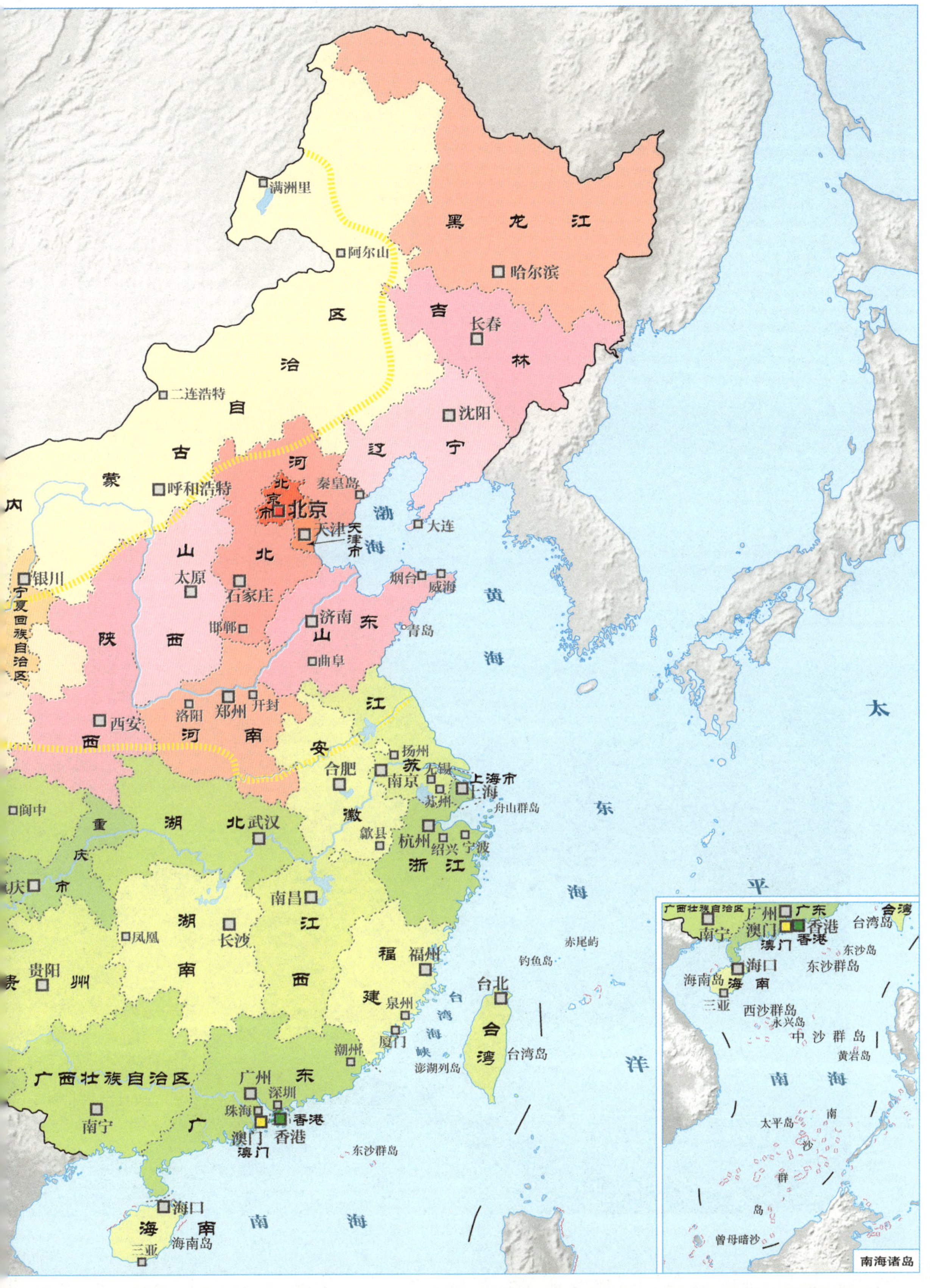

满洲里
阿尔山
二连浩特
呼和浩特
内蒙古自治区
黑龙江
哈尔滨
吉林
长春
辽宁
沈阳
大连
秦皇岛
北京市
北京
天津市
天津
河北
石家庄
邯郸
山西
太原
银川
宁夏回族自治区
陕西
西安
山东
济南
烟台
威海
青岛
曲阜
河南
郑州
开封
洛阳
江苏
扬州
南京
无锡
苏州
上海市
上海
舟山群岛
安徽
合肥
歙县
浙江
杭州
绍兴
宁波
湖北
武汉
重庆市
阆中
湖南
长沙
凤凰
江西
南昌
福建
福州
泉州
厦门
贵州
贵阳
广西壮族自治区
南宁
广东
广州
深圳
珠海
澳门
香港
潮州
海南
海口
三亚
海南岛
台湾
台北
台湾岛
台湾海峡
澎湖列岛
钓鱼岛
赤尾屿
东沙群岛
渤海
黄海
东海
南海
太平洋
南海诸岛
东沙岛
西沙群岛
永兴岛
中沙群岛
黄岩岛
南沙群岛
太平岛
曾母暗沙

◘ 浙江富春江畔的山城

序言

古人认为，万物中最重要的东西，就是天、地、人。日月星辰、风云雷电为“天”，山川大地、物产能源为“地”，“人”生活在天地之间，他们聚集成村落、城市，为了管理的需要，又将人们聚集的地方，划分为县、省……

我国是世界上人口最多的国家，约 14 亿人口，分布在 34 个省份。不同的区域，有着不同的“天”和“地”，也塑造了各地人不同的生活习俗，孕育了不同的区域文化：江南出才子，山东多良将，广东人开放，西北人耿直……

城市是经济和文化繁荣的产物，我国的城区常住人口超过百万的城市，就有近百个，有厚重的古都，时尚的新城，浪漫的海滨城市，别具风情的边境小城……但最令人忘不了的是家乡。

目录

概说

南方地区

西北地区

北方地区

青藏地区

概说

◆

省份

中国的34个省份

人是群居生物。在一片土地上的一群人，要想和谐地共同生存下去，就需要遵守一定的规则和约束，这就产生了管理。随着社会的不断发展，部落、部落联盟、国家开始出现，管理也越来越复杂，分区域逐级管理开始出现，这就是最初的行政区划。

中国早在大禹的时候，就把“天下”划分为九州以便管理。周武王的时候，分封了71个诸侯国管理各地。秦始皇则把自己统治的区域分为36郡，郡下有近千个县，县下有乡和里等基层行政单位。汉朝行政区划为州、郡、县三级，唐朝行政区划为道、州、县三级，明朝行政区划为省、府、县三级。

新中国成立后，依然以省为一级行政单位。截至2022年，全国共设有34个省份。这些省份按类型可以分为四类，按区域可以分为六片。

省份之下，全国设有300多个地级行政区，近3000个县级行政区，近40000个乡级行政区。乡级行政区以下，还有村民委员会和居民委员会等群众性自我管理组织。

中国省份类型和分区名单

行政区域	省（23个）	自治区（5个）	直辖市（4个）	特别行政区（2个）
华北（5个）	河北（冀）、山西（晋）	内蒙古自治区（内蒙古）	北京（京） 天津（津）	
东北（3个）	辽宁（辽）、吉林（吉）、黑龙江（黑）			
华东（8个）	江苏（苏）、浙江（浙）、安徽（皖） 福建（闽）、江西（赣）、山东（鲁） 台湾（台）		上海（沪）	
中南（8个）	河南（豫）、湖北（鄂）、湖南（湘） 广东（粤）、海南（琼）	广西壮族自治区（桂）		香港（港） 澳门（澳）
西南（5个）	四川（川蜀）、贵州（贵黔）、云南（云滇）	西藏自治区（藏）	重庆（渝）	
西北（5个）	陕西（陕秦）、甘肃（甘陇）、青海（青）	宁夏回族自治区（宁） 新疆维吾尔自治区（新）		

▼ 云南省文山壮族苗族自治州丘北县的一处村庄

◆

古都

中国的十大古都

“都”是大的城市。首都也叫国都、京城，是一个国家最重要的大城市，也是中央政府所在地。我国的首都是北京。在我国古代，不同朝代的国都是不一样的，有不少城市都做过国都。

20 世纪 20 年代，学术界就有人提出西安、洛阳、南京、北京“四大古都”的说法。后来列入合称的古都不断增加。2016 年，中国古都学会将成都列为中国“大古都”，从而便有了“十大古都”。

“大古都”一般是作为都城时间比较长，且古迹遗存比较丰富的城市。这些城市深厚的历史文化积淀，成了中国悠久历史和繁荣文化的一部分。如今，这些古都和一些古迹遗存较丰富的陪都、州城、郡治、县城、军事重镇……都成了国家历史文化名城，截至 2022 年初共有 140 座。

西安古城墙

中国十大古都和建都朝代

古都今名	曾用都城名	主要建都朝代	都城称号	古都遗存
西安（陕西）	长安 镐京 西京	西周、秦朝 西汉、北周 隋朝、唐朝	十三朝古都	丰镐都城遗址、秦阿房宫遗址 汉长安城遗址、隋大兴城遗址 唐长安城遗址
洛阳（河南）	斟鄩 雒阳 神都	东周、东汉、三国－魏 西晋、北魏（后期） 隋朝（后期）、五代（后唐）	十三朝古都	二里头遗址、偃师商城遗址 东周王城遗址、汉魏洛阳城遗址 隋唐洛阳城遗址
南京（江苏）	建业、金陵 建康、应天	三国－吴、东晋 南朝、明（初期）	六朝古都	石头城遗址、六朝建康都城遗址 南唐二陵、明孝陵、明城墙
北京	蓟城、大都 北平、京师	辽朝（南京）、金朝（中都） 元朝、明朝、清朝		北京辽金城垣博物馆 元大都遗址、北京故宫、天坛
开封（河南）	大梁、汴州 汴京、东京	五代（不含后唐） 北宋	八朝古都	北宋东京城遗址 开封铁塔和繁塔
杭州（浙江）	临安 钱塘	南宋 五代十国（吴越）		南宋皇城遗址 钱王陵（五代十国吴越陵墓群）
安阳（河南）	殷 邺	商朝（中后期） 三国－魏（陪都）	七朝古都	殷墟、邺城遗址 曹操高陵
郑州（河南）	郑 商都	夏朝（早期） 商朝（早期）	五朝古都	新密新砦遗址、郑州大师姑遗址 郑州商城遗址、郑韩故城
大同（山西）	云中 平城	北魏（前期） 辽（陪都）、金（陪都）		平城遗址、华严寺 云冈石窟
成都（四川）		三国－蜀 五代十国（前蜀、后蜀）		武侯祠 永陵（五代十国前蜀皇帝王建墓）

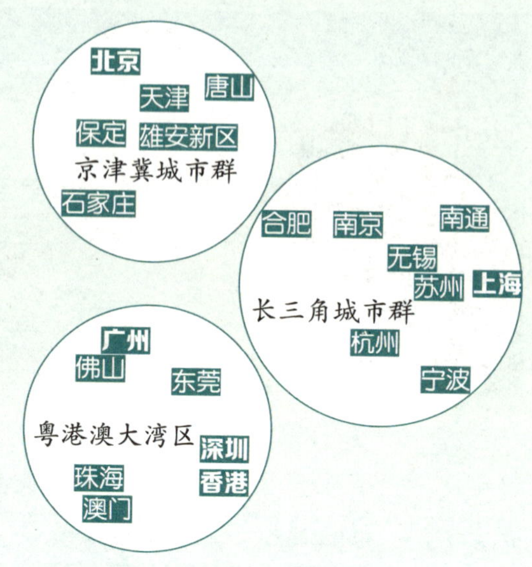

城市

中国的一线城市

起初，“城”是指有城墙能用于防卫的区域，“市”是指进行贸易的区域。逐渐地，城市成了人口高度集聚的区域，人们的活动以工业和商业为主，而乡村则是农业人口相对散居的区域。

近代以来，随着科技的发展，越来越多的农民转移到工商业，城镇迅速膨胀。人口越多的城市，公共服务越有条件完善。在特大城市，乘飞机飞往全球各地，接触最新的科技成果，寻找合适的工作各位，接受多样的教育培训，都具有很明显的优势。

从人口角度来看，依据第七次全国人口普查（2020 年）数据，我国三分之二人口生活在城市。内地城市按照城区常住人口规模，可分为五类七档。城区常住人口超 100 万的大城市，有近百个；城区常住人口超过 500 万的特大城市，有 14 个；城区常住人口超过 1000 万的超大城市，有 7 个。

从经济角度来看，2021 年度全国 GDP 超过 1 万亿元的城市有 19 个，其中超过 2 万亿元的城市有 6 个：上海、北京、深圳、广州、重庆、苏州。

从城市商业魅力来看，第一财经公司把内地城市划分为一线城市、新一线城市、二线城市、三线城市等档次。2022 年入选的一线城市有 4 个：上海、北京、广州、深圳；新一线城市有 15 个。2020 版的《世界城市名册》中的一线城市包括香港和台北。

从城镇规划角度来看，被定位为国家中心城市的目前有 9 个：北京、天津、上海、广州、重庆、成都、武汉、郑州、西安。

我国目前的城市数量近 3000 个。这些城市主要分布在三大城市群里：京津冀城市群、长三角城市群、粤港澳大湾区。这些区域是我国经济最发达的区域。此外，还有成渝城市群、长江中游城市群、中原城市群、关中平原城市群等规模较小的城市群。

中国主要城市的人口和经济状况

城市规模（人口数）	GDP ＞3 万亿	GDP 2 万亿～3 万亿	GDP 1.5 万亿～2 万亿	GDP 1 万亿～1.5 万亿	GDP ＜1 万亿
超大城市（＞1000 万）	**上海**、**北京**	**广州**、**深圳** **重庆**（都市区）	**成都**、**天津**		
特大城市（500 万～1000 万）		**香港**	**武汉**、**杭州** **南京** **台北**（都会区）	**郑州**、**西安**、**青岛** **长沙**、**佛山**、**东莞** 济南	沈阳 大连、昆明 哈尔滨
大城市 **Ⅰ型**（300 万～500 万）		**苏州**		**宁波**、无锡 **合肥**、福州	长春、厦门、南昌 石家庄、太原、南宁 贵阳、乌鲁木齐……
大城市 **Ⅱ型**（100 万～300 万）				泉州、南通	烟台、唐山、温州 常州、徐州、洛阳……
中等城市（50 万～100 万）					澳门……
小城市（＜50 万）					克拉玛依……

说明：①人口数截至 2020 年 11 月，为城区常住人口。② GDP 为 2021 年数据，单位人民币元。③红字为国家中心城市，加粗字的为一线城市。④重庆 GDP 以该市西部 21 个区县组成的都市区为依据。⑤台北都会区包括台北、新北和基隆。

直辖市

北京

永定河畔的大古都

“我爱北京天安门，天安门上太阳升……”，提起首都北京，那可是全国人民都无比向往的城市，悠久的历史和古老的文化，总是让北京在人们的心目当中有着特殊的地位。

北京的地理位置可以说是得天独厚。北边是东西绵延的燕山山脉，它不仅为北京挡住了来自北方的寒风，在古代还是一条天然的“城墙”，易守难攻，帮助北京抵御来自北方游牧民族的侵扰。万里长城的东段就修筑在燕山山脉上，其中，八达岭长城、居庸关都是万里长城的杰出代表。

在北京的西边，则是南北向的太行山脉。太行山是黄土高原与华北平原的界山，著名的太行八径是连接太行山两侧的八条交通要道，在历史上可都是战略要地，发生过很多的历史故事。北京赏红叶的胜地——香山就属于太行山的余脉。

有了燕山和太行山的护卫，在北京一带便形成了一个半封闭形的港湾，这便是“北京湾区”。这里地势平坦，气候适宜，可以说是天然的风水宝地，就像古人所说的那样：“幽州之地，左环沧海，右拥太行，北枕居庸，南襟河济，诚天府之国。”正因为有这样的地理条件，历史上的北京才多次被选为都城。

在古时候，城市大多依水而建，要说北京的大河，那便非永定河莫属了。

“永定河，出西山，碧水环绕北京湾。”一曲《卢沟谣》，道出了永定河与北京城的关系。

说起永定河这个名字，其实还有一番来历。永定河在历史上由于河道迁徙无常，经常给沿岸的居民带来祸患，所以曾一度被称为无定河。清朝康熙年间，经过大规模的治理后，河道逐步稳定，为了祈望它永远安定，再无水患，康熙帝便亲自赐名为“永定河”。

俗话说：“先有永定河，后有北京城。”北京建城与永定河有着密不可分的关系。大约 300 万年前，古老的永定河奔流出太行山，从上游冲刷裹挟而来的泥沙不断沉积，慢慢形成了北京小平原，这便是北京建城的地理基础。

北京地区最早的原始人类大多居住在永定河畔，如周口店北京人、泥河湾人、东湖林人，都是在永定河的滋养下孕育出的古人类聚落。春秋战国时期，燕国崛起为战国七雄之一，它的都城就位于今天北京房山一带的蓟城。

▼ 从永定门俯瞰北京中轴线

唐朝时期，北京地区被称为幽州。之后，辽国和金国也先后在北京建立都城。

北京真正成为全国性的首都是从元朝开始的。1267 年，元朝皇帝忽必烈迁都北京，后来又将北京改名为大都，北京成为全国的政治中心。到了明清两朝，统治者们也都选择北京作为首都，北京在全国的中心地位更加巩固了。

作为一座古都，数千年的历史为它留下了众多的建筑和浓浓的帝王气息，北京也成为我国拥有帝王宫殿、园林、庙坛和陵墓数量最多的城市。

北京最有代表性的皇家建筑当数故宫了。故宫又称紫禁城，位于北京市中心，是明清两朝皇帝办公和生活的地方。整个宫殿以三大殿为中心，建筑金碧辉煌，庄严绚丽，是我国现存规模最大的古代建筑群，现在已经成为我国藏品最丰富的博物馆之一。

颐和园和圆明园是北京最有名的两座皇家园林，都是清朝统治者为了消夏避暑而建的。颐和园是以昆明湖和万寿山为基础建成的，圆明园则是清朝皇帝的“夏宫”，有着规模宏大、造型精美的建筑群，法国大作家雨果称它为“理想与艺术的典范”。令人气愤的是，清朝末年，两座园林被西方侵略军洗劫一空，圆明园更是被英法联军放火烧毁，沦为一片废墟。

北京还有“九坛八庙”一说，其中规模最大、保存最好的是天坛。天坛是明清两朝帝王冬至这一天祭天的地方，祈年殿是这里最大最漂亮的一座建筑。在北京城的北部，还有著名的十三陵，是明朝 13 位皇帝的陵墓。

今天的北京，历经百年的古建筑许多被完好地保留着，同时，现代化的建筑也在不断拔地而起。除了到处耸立的高楼大厦，还诞生了很多富有时代气息的建筑物，比如见证了北京奥运盛况的“鸟巢”和“水立方”、半圆形的国家大剧院、形似凤凰展翅的大兴国际机场……今天的北京，早已经成为一座常住人口达到 2000 多万的国际化大都市。

有着这么多的人口，北京这座城市是如何实现流畅的出行呢？这要归功于北京立体化的交通体系。在北京的地下，有四通八达的地铁网络，在地面上则是形似蜘蛛网、密密麻麻的街道，其间还穿插着高架桥和城市快速通道。即便是这样，由于庞大的人口基数和近年来机动车数量的不断增长，北京的道路拥堵问题仍然较为突出。

有人说，一座城市的底蕴体现在这里所拥有的博物馆和高等学府。从这一点来看，北京无疑是一座底蕴深厚的城市。北京集中了全国最优秀的几所大学，北京大学、清华大学、北京师范大学等都是百年学府，人才辈出。北京还拥有数量众多的博物馆，最具代表性的有国家博物馆、首都博物馆、北京自然博物馆、军事博物馆等。

说起北京，更多人想到的是科技，是创新，是奋斗。但是，在现代元素的冲击下，老北京的文化依旧被保留了下来，整个城市的记忆就像那南锣鼓巷的胡同、全聚德的烤鸭、潘家园和琉璃厂的古玩一样，依旧在影响着一代又一代人。

文化常识

京剧

京剧被誉为中国的“国粹”，深受京城乃至全国老百姓的喜爱。它的表演形式包括唱、念、做、打，一般会有生、旦、净、丑等主要角色。最有特点的要数京剧脸谱了，每一种颜色都代表着不同的人物性格，比如红脸代表着忠勇，白脸则代表着奸诈。梅兰芳是近代最杰出的京剧表演艺术大师，代表剧目有《贵妃醉酒》《霸王别姬》等。

海河桥有故事

提起天津，你最先想到什么？吃货们大概想到的是香喷喷的狗不理包子、十八街麻花，学子们会想起南开大学、天津大学这样的高等学府，而孩子们最向往的大概就是海河上的大摩天轮了吧。

天津紧挨着首都北京，是北京的东门户。据说明成祖朱棣从今天津三岔口渡河偷袭了沧州，并最终一路南下夺取了明朝政权。后来朱棣在此建城，取“天子渡津之地”的意思，定城名为天津。

天津大部分地区都是平原，只有最北部的盘山算是为数不多的高地之一了。盘山因为景色秀美，而且遍布名胜古迹，自古便有“京东第一山”的美誉。清朝乾隆皇帝一生32次登临盘山，曾发出“早知有盘山，何必下江南”的感叹。

天津有一条穿城而过的河——海河，它是由上游的永定河、大清河和南北运河等几条支流所汇聚成的大河，在天津境内合流后才称为海河，在塘沽（如今的滨海新区）注入渤海。对于天津人而言，海河是他们的母亲河，也是天津的灵魂。

夜晚的海河，是天津的一大景观。要游海河，就不得不说说“天津的桥”。桥与天津的人、天津的经济、天津的文化深深地交织在一起。

天津市的中心地带，有三座横跨海河的桥梁，分别是永乐桥、金刚桥和狮子林桥。三座桥位于海河与南运河、北运河的交汇地带，早在金、元两朝时，这里就已经成为商业、盐业漕运的交通要冲。到了明朝，这一带更是建设了卫城，俗称“天津卫”。因此，这些桥梁可以说是天津 600 多年历史风云际会、沧海桑田的最好见证。

三座桥的下游，便是天津著名的古文化街了。这条街道的两旁，密密麻麻地分布着近百家店铺，里面摆满了天津传统的民俗品、手工艺品等，著名的杨柳青年画、泥人张彩塑、风筝魏风筝等，都能在这里一览无余。

在天津五大道，你会看到一座座西式风格的建筑，数量达到了上千座。1860 年天津开埠后，西方帝国纷纷来天津强辟租界，这些“小洋楼”便是在当时修建的。民国时期，这里演绎了很多仁人志士、军阀买办、遗老遗少、三教九流的故事，难怪毛主席也说，“北京四合院，天津小洋楼”。

今天的天津，古味依旧浓，但更多的是时代的新气象。高耸如云的天津电视塔、横跨海河的天津之眼、繁忙的滨海新区和天津港……无不在向人们讲述着天津的新辉煌。

天津城区海河沿线风光

文 化 常 识

天津相声

相声有“生在北京，长在天津”的说法，天津人生性乐天，说学逗唱被天津人演绎得淋漓尽致，因此，相声这种艺术形式便在这里蓬勃发展起来。

天津出现过很多有名的相声艺术家，比如马三立、侯宝林、郭德纲，他们都是从天津的相声茶馆里走出，进而闻名全国的。

河北

环抱首都多侠气

河北广府古城

在中国的版图上，河北省就像一只大手，握住了中国北方最大的两个城市：北京和天津，它们合起来便是我们今天常说的京津冀地区。

河北因为地处黄河的北边而得名，简称为冀。那么，问题来了，它为什么简称“冀”呢？“冀”字又有什么含义呢？从字体结构上分析，“冀”字由“北”和“異”两部分组成，“異”字又分为“田”和“共”两个字。因此，“冀”这个字就可以理解为“中原之北由农民和牧民共同拥有的田地”。同时，“冀”字还有“希望、期望”的含义，古代河北一带称为冀州，寓意“充满希望的地方”。由此可见，“冀”这个字有着深厚的历史底蕴。

从地形上来看，河北是我国唯一兼有高原、山地、丘陵、盆地、平原、草原和海滨的省份。它北边是横贯东西的燕山，西边有巍峨的太行山，东边则是渤海，有了山与海这些天然屏障的拱卫，这里便形成了一个小湾区，首都北京就建在这个湾区里面。古代的帝王之所以要在这里建都，就是因为看中了这片风水宝地。

北京往南，就是一马平川的河北平原了，这里可是我们国家的重要粮仓之一。要种粮食，怎么能少了水？别急，从燕山和太行山上流下来的水形成了很多河流，它们一路向东，在天津境内汇聚成海河，最后注入了渤海。辽阔的

河北平原就是靠着海河水系的灌溉，才成为大粮仓的。

河北大的湖泊不多，最有名的应该是保定境内的白洋淀了，这里成片的芦苇是它最大的特色。2017 年，国家设立了雄安新区，白洋淀被划归到了雄安新区范围内。将来，首都北京的很多功能和机构都会迁移到雄安新区，这里未来将成为一座崭新的大城市。

其实，不光是在现代，因为环抱着北京这座古都，千百年来，河北的历史文化脉络一直都受到北京的重要影响。5000 多年以前，黄帝、炎帝和蚩尤领导的几个部落在涿鹿一带展开大战并最终融合，开启了中国历史的新纪元。

到了战国时期，河北一带出现了两个大国，一个是位于北部的燕国，首都就在今天的北京西南，另一个是位于南部、以邯郸为国都的赵国。这两个国家都是“战国七雄”之一。因此，现在河北省也被大家称为“燕赵大地”。

进入元明清三朝，北京作为全国的首都，地位不断巩固，环卫北京的河北受到的影响就更大了。为了加强大都（北京）与北方草原的联系，元代的皇帝在张北地区建设了规模宏大的中都。明朝灭元以后，为了防备北方的游牧民族，开始大规模地重修长城，著名的天下第一关——山海关就建于明朝。到了清朝，直隶地区作为河北省的前身，它拱卫首都的作用更加重要，清朝的皇帝在承德修建了避暑山庄，作为夏天避暑办公的地方。他们还在河北境内修建了规模宏大的清东陵和清西陵，以安葬自己和子孙后代。

唐代的大文学家韩愈曾经说：燕赵古称多慷慨悲歌之士。的确，河北这片土地上发生过很多脍炙人口的故事，也留下了不少英雄侠士的足迹。赵武灵王曾经在这里实行胡服骑射，建立了强大的赵国；廉颇向蔺相如负荆请罪，成就了“将相和”的千古佳话；燕国志士荆轲孤身刺秦王，留下了“风萧萧兮易水寒，壮士一去兮不复还”的悲壮故事；项羽则在这里破釜沉舟，一战成名。就算到了近代，河北也涌现出了李大钊、马本斋、佟麟阁、狼牙山五壮士等众多的仁人志士。

近年来，河北踏上了发展快车道。省会石家庄从百年之前的一个小村庄，到现在已经成为名副其实的省内第一大城市。别忘了，河北还有实力雄厚的工业城市唐山，美丽的滨海旅游胜地秦皇岛，与北京共同举办 2022 冬奥会的张家口……今后，燕赵大地一定会更加的生机勃勃，熠熠生辉。

承德避暑山庄和外八庙

↓坝上

河北省的北部，有一段岗峦起伏、绵延千里的群山，俗称为“坝”。坝上属于内蒙古高原，人们过着“风吹草低见牛羊”的生活，而在坝下，则是传统的农耕地区。坝上和坝下仅一坝之隔，却是“十里不同天”，温度差了将近 10℃。因此，坝上成了京津冀地区人们夏天避暑旅游的天堂。

地理常识

省

山东

一山一水一圣人

提起山东人，很多人的第一印象就是人高马大、豪爽大方，因此，山东的男士们也被大家亲切地称作“山东大汉”，著名的《水浒传》讲述的就是这片土地上的故事。

山东因为位于太行山以东而得名，因为这里曾经是古代鲁国和齐国的属地，因此简称为鲁，也称齐鲁大地。山东的西半部分是中原的组成部分，东部则是一个半岛，延伸入海，与辽东半岛隔海相望，围住了一个面积很大的内海——渤海，山东半岛的东南一面则是黄海。

关于山东，有“一山一水一圣人”的说法。一山，指的是五岳之首的泰山；一水，则说的是母亲河——黄河；一圣人，当然指的是儒家大师孔子了。

先来说说泰山。泰山位于泰安市境内，是我国的“五岳”之首，号称“东岳”。泰山大概是我国最有名的山岳了，它的海拔虽然仅有 1500 多米，但是因为它的周围一马平川，方圆几百千米内都没有太高的山峰，因而给人的观感特别震撼。正因为如此，才会有“孔子登泰山而小天下”的说法，唐代大诗人杜甫登临泰山，也留下了“会当凌绝顶，一览众山小”的名句。

泰山被古人视为“直通帝座”的天堂，成为百姓崇拜、帝王告祭的神山，有“泰山安，四海皆安”的说法。历史上著名的秦始皇、汉武帝都曾经到泰

文化常识

↓鲁菜

山东人对美食的追求，可以用孔夫子的“食不厌精，脍不厌细”来概括。鲁菜讲究“一味一菜，百菜不重”，著名的菜品有糖醋黄河鲤鱼、九转大肠等。鲁菜的延续，不止存在于制膳者的巧手之中，更沉淀于每个山东人的心头和血液，随着他们一代代的延续飘香至今。

山举行过封禅大典。

除了泰山，山东的沂蒙山也非常有名。沂蒙山区共有七十二崮，所谓的崮，是指一些顶部开阔、周围陡峭的山峰，解放战争时期有名的孟良崮战役就发生在这片山区。在我国广为传唱的《沂蒙山小调》讲的也是这里的故事。

再来看山东的“一水”。山东是黄河入海的地方，“一水”说的便是黄河。山东境属于黄河下游，由于泥沙的不断淤积，这里的黄河水面大多要比两侧的地面高一些，全靠坚固的堤坝阻挡，才不至于泛滥成灾。黄河在东营的入海门处形成了黄河三角洲，其浩瀚的景象让人想起了华夏文明的生生不息。

说起山东的“一圣人”，便是我国历史上最著名的圣人孔子了。孔子生活于春秋时期，当时的中国，正是一个诸侯割据混战的年代。孔子正是在这个时期周游列国，提出一套完整的儒家思想，开创了儒家学派。孔子去世后，他的学生把他的言行和思想记录下来，整理编成《论语》，成为儒家经典。

如今位于山东曲阜的孔府、孔庙、孔林，统称曲阜“三孔”，是中国历代

◀ 泰山风光 ▲ 青岛海滨风光

纪念孔子的圣地。每年的祭孔大典都会吸引众多的名流前去参加。当然，山东的圣人可不光只有孔子一人，这里人杰地灵，除了孔子，还有孟子、庄子、墨子、荀子、孙子等大家，因此，山东也被称作是“孔孟之乡，礼仪之邦”。

山东最引人注目的城市大概要数泉城济南了。水是济南的灵魂，这里有久负盛名的趵突泉、大明湖、五龙潭等泉和水，它们滋润着这座城市，使它变得阿娜多姿，风情万种。元代诗人元好问的一句“有心长做济南人”，道出了人们对济南的留恋和喜爱。

除了济南，山东还有著名的“风筝之都”潍坊、江北水城聊城、牡丹之城菏泽，山东半岛上的海滨城市青岛、威海、烟台、日照，更是风景宜人，张裕葡萄酒、青岛啤酒味飘万里，美名远扬。

山东这片齐鲁大地，几千年的文化源远流长，上到圣人诸子，下到明山秀水，是中华文化几千年的瑰宝，也是整个人类的瑰宝。

河南

祖先就在天地之中

▼龙门石窟

我们每个人都有自己的姓氏，那么你知道自己的姓氏是从哪里来的吗？据考证，大部分中国人的姓氏都是源于河南，全国人口最多的100个大姓中有78个姓氏都是在河南省诞生的。如此说来，河南真的算是我们共同的“老家”了。

从地图上来看，河南省位于我国中部地区、黄河中游。在远古时期，黄河中下游地区河流纵横、森林茂密、野象众多，河南又被形象地描述为人牵象之地，这就是河南简称“豫”的来源。后来，天下分为九州，豫州位居九州的中心，现今河南大部分地区属九州中的豫州，所以，河南被称为“中原”，素有“九州腹地、十省通衢”之称。

很多人以为河南只是一望无际的大平原，殊不知它同时也是一个山地大省，山地丘陵占到了全省面积的四成以上，可谓一半山地、一半平原。

河南的最北部属于太行山余脉，俗称南太行。太行山把最美的一段留给了河南，它朝向河南的一侧多为陡峭的丹崖绝壁，位于林州的太行山大峡谷山势伟岸、壁立万仞，生活在这里的人们只能在悬崖峭壁上凿石修路。云台山、林虑山、王屋山等山峰阳刚十足，景色奇绝。

河南省的西部，则是著名的秦岭山脉，这里分布着嵩山、崤（xiáo）山、熊耳山、伏牛山等一系列名山，是河南面积最大、山地最密集的区域。这些山特点各异，精彩纷呈，中岳嵩山最高峰海拔虽只有1512米，却在平地之上拔地而起，显得高大突兀。嵩山上还有历史悠久的少林寺，少林功夫代表着中国武术的精髓，名扬四海。

河南省的南部，大别山山脉连绵数百里，巍峨耸峙，刘邓大军千里挺进大别山的故事仿佛就发生在眼前。

黄河自西向东流经河南700多千米，西北太行山、西部秦岭余脉、南部大别山，三座大山如同一个怀抱，怀抱之中的黄河可以肆意奔流。它每年携带的泥沙多达数亿吨到十多亿吨，最终冲积出了肥沃的华北平原。

中原大地上一次次造山、造水，不但塑造了极佳的山川景观，三面环山、水网密布、据守中原的地理优势更是接连创造了一段段历史奇迹，河南逐步被推向辉煌的顶点，甚至直接奠定了华夏文明的根基。中国有十大古都，其中河南就占了4个，分别是洛阳、开封、安阳和郑州。

从公元前21世纪夏朝建都开始，河南作为中国的政治、经济、文化中心，

文 化 常 识

↓甲骨文

甲骨文出现于商代，是一种刻在龟壳或兽骨上面的象形文字，是古代王室用来占卜记事的一种文字。经过考证，甲骨文是目前中国最早的汉字，堪称汉字的鼻祖。

甲骨文的书写很有特色，既像字又像画，虽为文字之形，却有图画之神。一个字往往有繁有简，书写自由活泼，有很大的随意性。

中国文字博物馆

引领中华风气之先超过了3000年，这片土地上上演了很多逐鹿中原的传奇故事。商朝的国都安阳是我国历史上第一个长期稳定的都城，这里出土的甲骨文、后母戊鼎等珍贵文物显示了当年的繁华。

河南的另一座古城是十三朝古都洛阳，这里是我国历史上建都政权最多的都城。唐代，女皇武则天着力营建神都，在这里广建宫殿，洛阳的发展步入了巅峰。洛阳著名的龙门石窟是中国石刻艺术的宝库，它的开凿历史延续数百年，亲眼见证了古都洛阳的辉煌。

到了北宋时期，地处平原的东京汴梁（开封）一跃成为世界上最繁华的都市，北宋画家张择端所创作的《清明上河图》，勾勒出了当时开封城的景象。元朝以后，都城北迁，河南逐渐失去了昔日的辉煌，在不断和灾难斗争中前进。

经历了数千年的辉煌与衰落后，今天的河南更像是一个中庸、成熟的中年人，默默地发展着自己。作为我国的人口和农业大省，这里已经成为全国人民的粮袋子和菜篮子，经济跃居全国前列。或许，今天的河南正在迎来它的又一次辉煌。

专题

郑州：拥有万年历史的新城

郑州北临黄河，西依嵩山，在大山大河的荫庇之下，这里土地肥沃，气候宜人，自古以来就是贯通东西南北的通衢之地。郑州拥有长达 1 万年的人类开发史，建城史也是长达数千年。如今，这座城市已经发展成中原地区的经济龙头，恰似中华民族百年伟大复兴的缩影。

郑州黄河

郑州是黄河地上“悬河”的起点，也是黄河流经黄土高原的终点，黄河风景名胜区分布着炎黄塑像、黄河碑林、万里黄河第一桥等景观。另外，郑州南边的新郑是中华始祖黄帝的诞生地。

商都遗址

郑州是中国商王朝的第一个都城——亳都的所在地，商朝都城集合了国家、城市、青铜器、文字四个文明要素，现在这里已经建成了美丽的考古遗址公园。

烩面和胡辣汤

烩面以优质高筋面粉辅以高汤及多种配菜而制成，汤好喝，面筋道，享誉华夏。胡辣汤是河南的特色汤类食品，汤味浓郁，汤汁黏稠，被大家所喜爱。

郑东新区

新区始建于 2003 年，短短十几年间，郑东新区从一片芦苇丛生的鱼塘洼地，变身为百万人口的现代化生态都市，成为 21 世纪造城浪潮中的典范。

▼ 郑州城区新貌

专题

战国古都今犹在

在中国漫长的历史进程中，2000 多年前的战国时期在历史上留下了浓墨重彩的一笔。那是一个大分裂、大动荡的年代，诸侯之间纵横捭阖（bǎi hé），连年征战；同时，这一时期各种新思潮百花齐放、百家争鸣、人才辈出，出现了流传千古的诸子百家。而今，历史的云烟早已消散，但我们可以追寻战国古都的遗迹，去重温那段波澜壮阔的历史。

周都：洛阳（河南）

公元前 770 年，周平王迁都洛邑，建立了东周，当时的洛邑是一座规模宏大的都城。

今天的洛阳市王城公园一带还保留着东周时期的东周王城遗址，为了解东周王城的布局提供了珍贵资料。

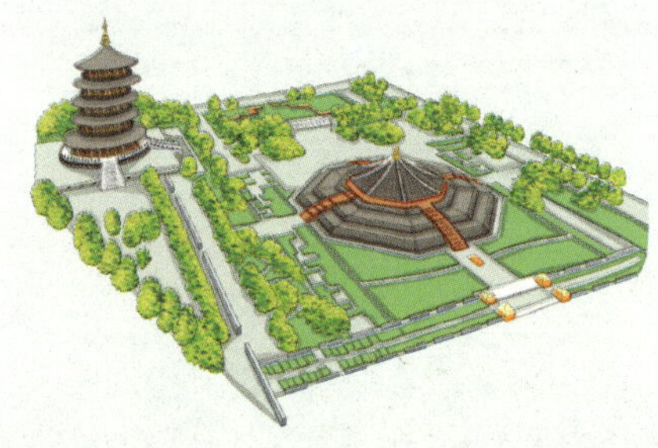

赵都：邯郸（河北）

邯郸是一座有着 3000 多年历史的古城，它的辉煌始于赵国在此建都。赵武灵王“胡服骑射”改革后，赵国迅速成为中原大国。

今天的邯郸城内还保留着武灵丛台、赵王城遗址等战国时期的遗迹。

鲁都：曲阜（山东）

曲阜作为鲁国的都城前后达 700 多年，是各诸侯国中延续时间最长的都城。

曲阜还是儒家学派创始人孔子的故乡和长期讲学的地方，是东方文化重要的发祥地，被誉为“东方圣城”。

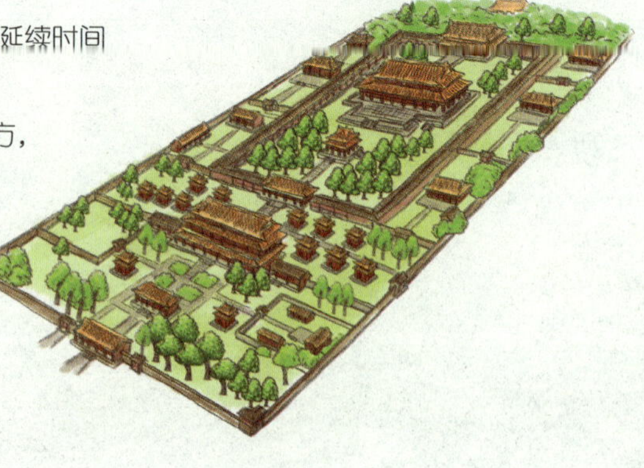

魏都：开封（河南）

魏国是战国七雄中第一个称霸的诸侯国，后来在与齐国的战役中惨败，从此一蹶不振。

魏国都城大梁是开封的前身，也是今天开封城的创立之始，后来的五代、北宋和金均在此建都，开封成为中国赫赫有名的古都。

秦都：咸阳（陕西）

公元前 350 年，秦孝公将国都迁到咸阳。秦灭六国后，秦王朝定都咸阳。秦朝灭亡后，咸阳城被项羽付之一炬。

后来，汉、唐等多个朝代也都曾把咸阳作为京畿之地。

燕都：北京

从周朝建立开始，第一代燕国君王被封在了蓟地，即今天的北京房山一带。燕国在战国时期是七雄之一，乐毅（yuè yì）曾差点灭了齐国。

北京房山的西周燕都遗址博物馆（出土有堇鼎），是探寻燕国历史的好去处。

齐都：临淄（山东）

齐国都城原名营丘，因东临淄河，被齐献公更名为临淄，位于今天山东淄博市。战国时期的临淄非常繁华，人口众多，“挥汗成雨，比肩继踵”，是当时冶金、纺织、制陶、制盐的中心。

在淄博，可以参观齐国故城遗址博物馆、东周殉马坑、管仲墓等遗迹，回顾齐国的历史。

韩都：新郑（河南）

新郑在战国之初是郑国都城，郑国被灭后，韩国便将这里定为都城，有 500 多年的建都史。

新郑曾是战国时期著名的工商业都会，现在有郑王陵博物馆、郑韩故城等历史文化景点。

省

山西

山水间藏着古建筑

在中国，人们常说：“千年王朝看北京，三千年古都看西安，五千年文明看山西。”山西这片土地究竟发生过什么，竟能禁得起如此崇高的赞誉呢?

山西坐落在中国的北部，因为地属太行山以西而得名。春秋战国时期，山西一带属于晋国的土地，所以简称“晋”。战国初期，韩、赵、魏三大诸侯合伙瓜分了晋国，从此，山西又被称为是“三晋大地”。

山西，像是飘落在地图上的一枚南北走向的菱形树叶。它的东部边界，是雄伟的八百里太行山脉，成为黄土高原与华北平原的分界线。西边，是自北而南劈开黄土高原的晋陕大峡谷，黄河从其中奔流而下，一泻千里。陕北“信天游”与晋西“爬山调”，伴着黄河的涛声，激扬两岸。山西东南端，中华民族的母亲河黄河转折向东，奔向太阳升起的东方，这里曾经是八路军抗日的重要阵地。而在这片菱形地域的北端，则是布满雄关要塞的长城，晋长城、赵长城与秦始皇修筑的“万里长城”，绵延横亘，划分出了农耕山川与大草原的疆界。

绵延的山脉构成了山西的主体，山地占了山西省面积的四分之三，在山西古来的“九府十六州、一百单八县”，可以说县县有山，无县不山。吕梁山和

▲ 大同城墙

太行山将狭长的山西中央裂谷划分为几大盆地，山西的母亲河汾河从中缓缓流过，山西的 5000 年文明史就是在这些山间谷地中上演的。漫长的历史变迁，也为这片土地留下了一座座古建筑。

拿出一张山西的地图，从北向南看，首先看到的是古城大同。大同在历史上曾经是北魏的京师和辽金的陪都，历史悠久，文化厚重。著名的云冈石窟依山开凿，东西绵延 1 千米，有主要洞窟 45 个，附属洞窟 209 个，造像 59000 余尊，代表了公元 5 世纪至 6 世纪时的佛教石窟艺术的巅峰。

大同南部便是北岳恒山了。在恒山景区，有这样一群建筑，镶嵌在万仞峭壁间，楼阁悬空，结构巧奇，它就是闻名遐迩的恒山悬空寺。悬空寺是一座重达 10 吨的千年古寺，可它却被建在 20 层楼高的悬崖上，支撑它的竟然只有数根木柱，仿佛随时都要坍塌，十分的神奇。

距离恒山不远处便是山西的另一座名山五台山。五台山是佛教名山，同时因为保存了不同年代建造的古刹，有“古建筑宝库”之称。坐落于山上的佛光寺建于北魏孝文帝时期，里面还保存着唐代的彩塑、壁画等珍贵文物。

在华夏大地上众多的古建筑中，山西的应县木塔始终是一个特别的存在。整座塔没有一个铁钉，全靠斗拱梁架把所有木构件组合成一个整体。就是这样一座纯木的建筑，却历经千年而不倒，不能不说是一大奇迹。清代学者顾炎武曾用“漯南宫阙尽，一塔挂青天”来赞誉这座神奇的木塔。

山西中部的太原盆地是三晋文化的又一承载地。太原市的晋祠是为了纪念晋国开国诸侯唐叔虞而建的，是我国现存最早的皇家祭祀园林，周柏唐槐、宋代彩塑、难老泉是有名的晋祠三绝。

太原再往南的晋中市是晋商的发源地，在我国的商业史上有着举足轻重的地位。从明初到清朝中后期的500年间，晋商通过经营盐业、票号等，创造了巨额的财富，也形成了极具地域特色的晋商文化。山西平遥古城的南大街在清朝时期控制着全国一半以上的金融机构，被誉为中国的“华尔街”。

晋商发达以后，往往都要在家乡购置土地，建造宅院，以光宗耀祖，山西大院就是在这一时期发展起来的。著名的大院有乔家大院、王家大院、曹家大院、渠家大院等，这些大院建筑考究，精雕细刻，独具匠心，见证了晋商“史诗般传奇”的商贾岁月。

如今，时光飞逝，历史已成云烟，上演过无数英雄史剧的山西，正厚积薄发，期待着又一段属于自己的辉煌。

恒山悬空寺

文化常识

走西口

明清时期，山西北部自然灾害频繁，为谋生路，很多人背井离乡，选择走出杀虎口到内蒙古地区谋生，这便是历史上著名的“走西口”。

走西口是一部辛酸的移民史，一路上充满了血泪与艰辛，却也在客观上带动了北方地区的繁荣和发展。民歌《走西口》讲述的就是当时的情景。

省

陕西

黄土孕育出华夏文明

世界上的土地有很多种颜色，黑色、红色、褐色……对于中国人来说，黄土是我们的根，养育了一代又一代黄皮肤的中国人。

我国的中部有一片辽阔的黄土高原，陕西省就位于黄土高原的中心地带。从地图上看，陕西省南北长，东西窄，形似一个跪射的兵马俑。

陕西这个名字又是从何而来呢？“陕西”这个词最早出现在西周时期，当时周天子以一个叫“陕原”的地方为界限，陕原以东的诸侯归周公管，陕原以西的诸侯归召公管，陕西这个名字便诞生了，但那时候的陕西可比现在大多了。

整个陕西根据地形大致可以分为三个部分。最北面是陕北高原，中间是关中平原，南面的陕南地区是秦巴山地。而关中和陕南之间的这条山脉便是秦岭了，它和淮河一道，是我国的南北分界线。也就是说，秦岭—淮河以北是北方，秦岭—淮河以南就是南方了。所以，陕西人并不一定都是北方人，其中的陕南人其实算是南方人。

在秦岭东段，有一座以险峻而著称的山峰，这便是西岳华山。华山最神奇的地方是，虽然高达 2100 多米，其实整座山是由一整块花岗岩构成的，堪称世界上最大的一块石头。华山还是道教的圣地，在金庸的武侠小说中，华山派可是著名的门派之一。

或许是慑于华山的险峻威严，气势汹汹的黄河一路南下，临近华山的时候却忽然来了个 90 度大转弯，开始了东流的征程。黄河在黄土高原上留下的最惊艳的身影应该是壶口瀑布了，壶口瀑布是我国第二大瀑布，激流而下的黄河水从 20 多米高的陡崖上倾泻而下，形成“千里黄河一壶收”的气概。

如果有人问陕西最大的优势是什么？那就是它那悠久而灿烂的文化了。距今 5000 多年前，生活在姬水流域的黄帝部落和姜水流域的炎帝部落，在冲突中走向融合，逐渐形成了中国历史上最早的民族共同体——华夏族，开启了中华民族 5000 年文明历史。

陕西中部的关中平原号称“八百里秦川”，从这里进可以出兵函谷关，逐鹿中原，退可以退守关中，雄踞西北，堪称一个天然的堡垒。正是因为有着这样的地理优势，关中平原成为古代帝王们青睐的土地。有句话说，“江南的才子北方的将，陕西的黄土埋皇上”，反映的就是这片土地的帝王风范。

秦岭和关中平原

文　化　常　识

窑洞

在我国西北地区的黄土高原，黄土层非常厚，当地百姓利用高原地形，凿洞而居，创造了冬暖夏凉、被称为“绿色建筑”的窑洞。窑洞坚固耐用，民间流传着“有百年不漏的窑洞，没有百年不漏的房厦”的说法，它是陕北人民的象征，沉积了古老的黄土地深层文化。

首先把这里当作根据地的是秦国，秦王嬴政经过征战，最终打败了其他六国，建立了中国历史上第一个统一的封建王朝，并自封为秦始皇。秦始皇在国都咸阳附近为自己修建了庞大的陵墓，我们今天所看到的秦兵马俑，就是秦始皇陵的重要组成部分。

秦朝灭亡后，关中大地又先后成为汉唐两大王朝的统治中心，长安城成为我国历史上第一个大规模的城市，当时世界上只有欧洲的罗马城可以与它媲美。汉高祖刘邦、汉武帝刘彻、隋文帝杨坚、唐太宗李世民，这些雄才大略的皇帝都是在这里管理着庞大的帝国。这些帝王也都为自己修建了豪华的陵墓，因此，在我国有“地下文物看陕西”的说法。

到了近代，陕西也是一片孕育新机的红色沃土，党中央和毛主席就是在陕北的延安运筹帷幄，为新中国的成立奠定了基础。

古老的黄土地还为陕西留下了众多的文化符号，这里有汉族最古老的戏剧——秦腔，有高亢嘹亮的陕北信天游，还有大气磅礴的安塞腰鼓。进入现代，黄土高原上涌现出了不少的乡土作家，如路遥、陈忠实、贾平凹等，他们用自己尖锐的笔锋，描述着脚下这片黄土地的厚重。

山河表里潼关路，陕西这片土地上曾上演了一幕幕英雄的史诗，从蛮荒到崛起，从辉煌到没落，又从没落到复兴，它还将继续书写着自己的历史篇章。

专题

西安：古长安焕发新面貌

关中平原上的西安是闻名世界的古城，也是我国众多古都中建都历史最长的一个，长安文化代表着中华文化的主干，历经周、秦、汉、隋、唐等 13 个朝代的都城史为这里留下了数不尽的历史云烟，古色古香的西安城总是给人以严肃庄重的感觉。

作为古丝绸之路的起点，今日西安的发展已经超过了汉唐最辉煌的时期，实现了前所未有的繁华，但古老与深沉永远是这座城市不变的历史标签。

秦始皇陵兵马俑

秦始皇为自己修建了雄伟庞大的墓地，这里出土了数量庞大的陶俑，被誉为“世界第八大奇迹”。

西安古城墙

我国现存规模最大、保存最完整的古代城墙建筑，建于明代。城墙顶宽 12~14 米，可以在上面骑自行车参观。

钟楼

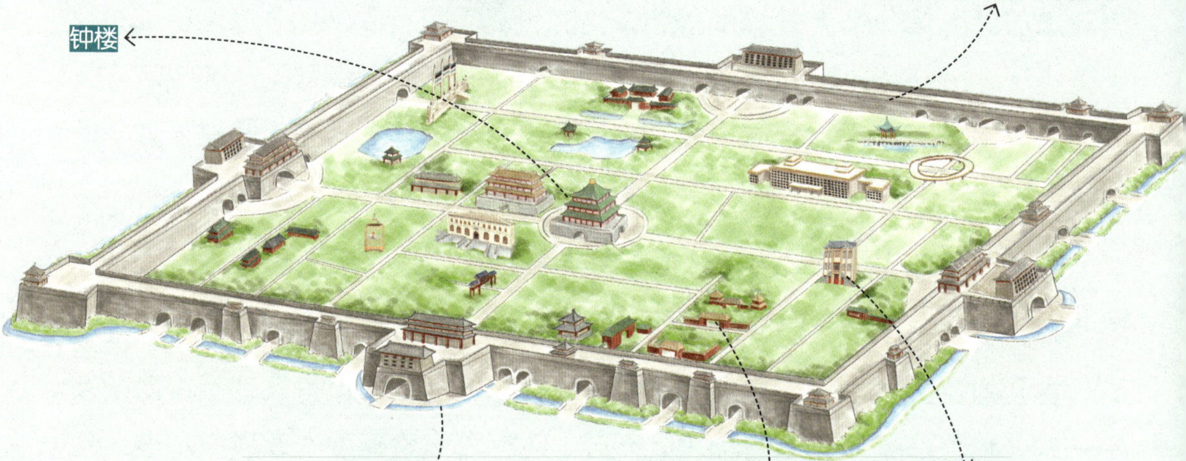

永宁门

碑林博物馆

西安事变纪念馆

1936 年 12 月 12 日，张学良、杨虎城发动西安事变，逼迫蒋介石联共抗日。

西安的馍

到西安，肉夹馍和羊肉泡馍是不可不尝的美味。羊肉泡馍香气诱人，食用方法独特，让人回味无穷。

大雁塔

唐代高僧玄奘主持修建，存放从天竺取回的佛经。

省

辽宁

多彩丘陵要入海

有一个省份，说起它的资源，人人称赞。鞍山的钢铁，盘锦的石油，抚顺的煤炭，辽阳的化纤，大连的船舶，沈阳的飞机……这里是新中国工业的摇篮，为新中国贡献1000多个“全国第一”，这里就是辽宁。

辽宁是我国东北三省之一，相比于其他省名，辽宁这一名字只有近百年的历史，之所以叫辽宁，是取“辽河安宁”的意思。辽宁的地图看起来就像一块马蹄铁，山地丘陵分列东西两侧，中间是广阔的辽河平原，马蹄铁的开口处则是渤海辽东湾。

辽宁的东边有长白山和它的支脉千山，它呈东北—西南走向，纵贯辽东半岛，一路向大海延伸。山脉东北部海拔1000米左右，向西南逐渐降到了200米以下。千山上分布着近千座形似莲花的山峰，景色十分的秀美，清代诗人姚元之用“欲向青天数花朵，九百九十九芙蓉”这样的诗句来形容千山的秀丽。著名的海滨城市大连就位于辽东半岛最南端，在这座花园城市里，有金色的沙滩和碧海蓝天，有凉爽的夏季和各色海鲜。

辽宁的西部也是山地丘陵居多，较大的山脉有努鲁儿虎山、医巫闾山和松岭。在群山与渤海的交界地带，有一条细长的通道，这便是著名的辽西走廊，它是东北地区通往关内的交通要道，当年女真人就是从这条走廊一路入

▲ 沈阳故宫和沈阳城区

关建立的清朝。

如果说山育化了关东的峥嵘大气，那么水则涵养了关东的隽永秀美。辽河是辽宁人的母亲河，辽河平原由河流冲积物慢慢积累而成，这里地势平坦，盛产水稻，是我国的一个重要粮仓。油光闪闪的黑土地哺育了世世代代的关东儿女，让他们穿越一路的风霜与沧桑，创造着属于自己的文明。

位于辽河平原上的沈阳是历史悠久的古城，后金曾在此建都，名为盛京，留下了沈阳故宫和皇家陵园。清朝顺治皇帝后来又把盛京改名为奉天，规格仅次于都城。

到了近代，辽宁又成为各种势力的角力场。旅顺口见证了中国在中午战争和日俄战争中的屈辱，“九一八”事变揭开了第二次世界大战东方战场的序幕，而通过解放战争时期的辽沈战役，辽宁这片土地又重新焕发了生机，辽中南工业基地成了全国四大工业基地之一。

今天，生活在这片土地上的人们依旧热情豪放，他们跳着二人转，扭着大秧歌，在黑土地上续写着新的辉煌。

专题

沈阳：清朝发祥地，现代工业城

坐落在黑土地之上的沈阳是整个东北地区的门户，在古代中国，这片土地动荡飘摇，始终是少数民族政权与中原王朝反复争夺的疆场，不可一世的八旗军队就是在这里集结，最终入关建立了大清王朝。

近代沈阳依旧历经风雨，见证了许多大事件，皇姑屯事件、“九一八”事件、辽沈战役……每一个事件都影响着近现代中国历史的进程。

清朝发祥地

1625年，清太祖努尔哈赤迁都沈阳并修建宫殿，后来，皇太极尊沈阳为盛京，清军从这里入关建立了大清王朝，盛京一直是清朝在关外的陪都。

“九一八”事变

1931年9月18日，盘踞在我国东北的日本关东军悍然发动“九一八”事变，占领沈阳城，并随即侵占整个东北三省，对东北人民进行了14年之久的奴役和殖民统治。

辽沈战役

解放战争时期的三大战役之一，此战中，东北野战军共歼灭国民党军47万余人，东北全境获得解放，沈阳是辽沈战役的关键战场之一。

重工业基地

新中国建立后，沈阳成为我国规模最大、密集度最高的重工业和装备制造业基地，有“工业摇篮”的称誉。沈阳市的铁西区曾一度集中了上千家国有企业。

东北大鼓

东北大鼓盛行于沈阳地区，也有“奉天大鼓”之称，是一种用东北方音说唱、以大鼓等乐器伴奏的表演艺术，是东北人民喜闻乐见的一种艺术形式。

辛亥革命后，沈阳成为张作霖统治的首府。皇姑屯事件后，张学良开始执掌东北。

省

吉林

长白山里流出松花江

你知道我国最深的湖泊是哪一个吗？很多人可能会认为是青海湖、洞庭湖、鄱阳湖这样的大湖泊，事实上，位于长白山顶上的天池，水深 373 米，它才是我国最深的湖泊，它就坐落在中朝边界的吉林省延边朝鲜族自治州境内。

吉林简称“吉”，名字源于满语。清朝的时候，人们在松花江畔修建了一座城市，叫作吉林乌拉城，即今天的吉林市。在满语当中，吉林是“沿”的意思，乌拉是“大河”的意思，吉林乌拉就是“沿着松花江的城市”，后来建省时，就选用了“吉林”这一名称。

提起吉林省，人们最先想到的大概就是长白山了。长白山位于吉林省东南部的中朝边界地区，是整个东北地区的最高峰。长白山以其雄伟、壮观、神奇、原始而著称，有“千年积雪万年松，直上人间第一峰”的美誉。这里山高林密，五里不同天，从长白山麓到山顶，可以看到从温带到寒带的不同风景，有茂密的原始森林，有神奇的溪流瀑布，还有美丽的天池，从天池倾泻而下的长白飞瀑，是世界上落差最大的火山湖瀑布。

长白山可是一个天然的大宝库，盛产各种山珍野味，这里出产的最有名的特产有人参、貂皮和鹿茸，就是人们所俗称的“东北三宝”。

大山往往孕育大河，东北地区最大的河流松花江就发源于长白山。东北的人们把松花江当成是自己的母亲河，就像是歌曲中所唱的那样：“美丽的松花江，波连波向前方，川流不息流淌，夜夜进梦乡。”人们就连在睡梦中都会想起哺育自己的松花江。

松花江的两岸是辽阔肥沃的松嫩平原，这里有漫山遍野的大豆、高粱，还有丰富的森林、矿藏，因此，整个松花江流域就是一座巨大的宝库，历史上的高句丽王朝就生活在松花江流域，在东亚历史上扮演了重要的角色。

事实上，从长白山里流出来的不仅仅有松花江，还有图们江和鸭绿江两条大河，这两条河都是中国和朝鲜的界河。

吉林省的省会长春是一座美丽的花园城市，因为四季景色秀美而被大家亲切地称为“北国春城”。在长春东边的吉林市，每逢冬季都会出现美丽的雾凇景观，吸引着人们前来欣赏。

新中国成立后，吉林创下无数个“全国第一”：第一辆国产轿车、第一辆轨道客车、第一台激光器、第一部电视剧、第一部动画片……进入经济转型时期，传统重工业受到很大冲击。所幸，吉林人足够勤劳，也足够聪明，他们回过神来，打破封闭，走向世界。吉林再创辉煌，未来可期！

▼ 长白山天池

省

黑龙江

林海雪原宜避暑

看过电影《智取威虎山》的小朋友一定记得影片中杨子荣与土匪斗智斗勇的情景，这部电影是由作家曲波的小说《林海雪原》改编创作的，描写的是一个发生在今天黑龙江省境内的真实故事。

黑龙江省简称“黑”，因为境内有一条形如黑色巨龙的黑龙江而得名。黑龙江省地处祖国东北边陲，漠河北极村是我国大陆的最北端，在这里能够观测到神奇的北极光。而位于抚远市的黑龙江和乌苏里江主航道的中心线处，则是我国大陆的最东端，是全国“最早看见太阳的地方”。一个省份独占中国版图两项地理边界，由此可见黑龙江省位置的独特。

说起黑龙江省，人们的第一印象大概就是森林多、天气冷，确实，林海和雪原两个词代表了黑龙江省最大的特色。

先来说说“林海”。在黑龙江省，横亘着大兴安岭、小兴安岭、张广才岭、老爷岭、完达山等众多山脉，这些山脉可都不是光秃秃的山，而是被茂密的原始森林覆盖着。全省遍布肥沃的黑土地，再加上黑龙江、松花江、牡丹江、嫩江这些大河的滋润，使得这里的树木长得高大挺拔，直入云霄。

正是因为森林资源丰富，黑龙江成为我国最重要的木材产地之一，我们盖房子和装修房子的很多木材，都是产自大兴安岭、小兴安岭这些林区，其中又以樟子松、落叶松、白桦、红松等最为有名。在黑龙江省的北部，有著名的“林都”伊春。

再来说说“雪原”。黑龙江是我国最寒冷的省份，漠河的历史最低气温曾经达到过零下52.3℃，在这样的温度下，泼出去的水马上就会冻成冰。正是因为气温低，夏天，当南方地区热浪滚滚的时候，黑龙江却是一片清凉，成为人人向往的避暑胜地。

黑龙江的冬天虽然寒冷，却也是别有一番趣味。在美丽的冰城哈尔滨，每到冬季，这里都会成为一座冰雪大乐园，这里的冰雕、冰灯天下闻名，吸引着四面八方的游人前来。黑龙江还有一处著名的冰雪胜地——中国雪乡，这里的雪期长达7个月，积雪能有一两米深，皑皑白雪在风力的作用下呈现出各种姿态，就像是童话世界一样。

除了有独特的气候，黑龙江还是我国重要的粮食产区。这里有辽阔的松嫩平原和三江平原，地势平坦，河流纵横。几十年前，这片土地曾经是荒芜人烟的“北大荒”，后来经过开垦，“北大荒”变成了“北大仓”，人们用“捏把黑土冒油花，插双筷子也发芽”来形容这片土地的肥沃。

今天，生活在林海雪原、白山黑水间的黑龙江人更加珍惜身边的山水森林，就像那条黝黑而永恒的黑龙江一样，永远散发着迷人的北国风情。

中国雪乡

专题

北方海滨那些滩

辽阔无垠、蔚蓝而深沉的大海总是让人无比向往和留恋，我国有18000多千米的漫长大陆海岸线，分布着景色各异的海滩。比起南方的热带沙滩，北方的海滩虽然没有那么细腻，但却多了几分清新与浪漫。

在渤海湾和黄海之畔的辽东半岛和山东半岛上，散落着大连、秦皇岛、烟台、威海、青岛等几座中国北方美丽的海滨城市，它们如珍珠一般镶嵌在祖国的海岸线上，不断吸引着世人的眼光和脚步。

大连（辽宁）

位置：黄海岸边，辽东半岛南端。

这里山环水绕，冬无严寒，夏无酷暑，遍布美丽的城市广场，是我国最宜居的滨海城市之一，被誉为北方浪漫之都。大连有着旖旎的海滨风光，沿着滨海路前行，一路有美丽的沙滩，美丽的礁石。以金色海岸而闻名的金石滩，神奇的老虎滩海洋公园，壮观的星海广场，都是来大连必游之地。大连也是重要的重工业基地，我国的第一艘航空母舰、第一台海上钻井平台和第一辆大功率内燃机车等都诞生于大连。

秦皇岛（河北）

位置：渤海岸边。

秦皇岛有“京津后花园”的美誉。山海关是长城和大海握手的地方，古城见证了许多历史风云。

北戴河是避暑度假和观鸟胜地，精致的别墅与葱郁的林海交融，海岸漫长曲折，沙软潮平，风光秀丽。南戴河则是娱乐胜地。

▶ 大连海滨风光

烟台（山东）

位置：黄海岸边，山东半岛北侧。

烟台北面靠海，夏天凉爽冬天多雪，西洋建筑和摩天大楼交相辉映。芝罘（fú）半岛以东的老城区，有烟台山等观海胜地，还有一些小型海滨浴场。芝罘半岛以西有绵延几十千米的金沙滩，海滩宽阔，沙质细软。烟台还是我国最大的葡萄酒生产基地，使这里成为名副其实的“葡萄海岸”。

青岛（山东）

位置：黄海岸边，山东半岛南侧，胶州湾旁。

青岛被誉为黄海明珠，依山傍海，风光秀丽，气候宜人。青岛海滨西起团岛，东至大麦岛，环抱着团岛湾、青岛湾、汇泉湾、太平湾、浮山湾 5 个海湾，享有“世界最美海湾”的美誉。美丽的海湾、红色的礁石、鳞次栉比的建筑，呈现出一派山、海、城相融的独特风景。青岛还是帆船之都、啤酒之城。著名的景观有崂山、栈桥、八大关等。

威海（山东）

位置：黄海岸边，山东半岛北侧。

威海是一座有“海滨花园”之称的小城，位于一个小型半岛上，沿海港湾众多，海滩广阔，宝石蓝的大海和高品质的沙滩，让这里成了度假胜地。威海有环翠楼、刘公岛、威海国际海水浴场、金海滩、半月湾等名胜。

直辖市

上海

屹立在江海浪潮前端

上海黄浦江两岸风光

很多城市都有高楼大厦，那么，我国最高的楼在哪里呢？它就是位于上海的上海中心大厦，632 米的高度让它成为我国第一高、世界第三高的建筑物。上海中心大厦所在的陆家嘴，如今也已成为我国经济最繁华、最具魅力的地区之一。

上海为什么能够引领我国经济发展，始终走在时代的潮头呢？这与上海的地理位置有很大的关系。

上海位于万里长江入海口的南缘，有“申”“沪”两个简称。之所以叫作“申”，据说是因为这里曾是战国四公子之一的春申君的封地的一部分。而晋朝时期，当地渔民用一种叫作“扈（沪）”的竹编工具来捕鱼，久而久之，“沪”便也成了上海的代称。

上海处于平原地区，境内陆地上最高的山峰，也只不过是海拔仅仅百米左右的佘山。

上海的历史变迁与两条河流是分不开的，一条是长江，另一条就是黄浦江。

先来说长江。上海正好位于长江的终点处。这里是大河与大海的交汇处，上海这片土地就是几千年前长江水不断冲积而形成的，是长江让这里从沧海变成了桑田。它与邻近的浙江省、江苏省、安徽省构成了长江三角洲。

长江不仅冲出了长江三角洲，还堆积出了岛屿。大约 2000 年前，由于江水携带着大量泥沙淤积，长江入海口的南北两岸缓慢增长，江心的沙洲逐渐形成了崇明岛、长兴岛、横沙岛三座岛屿。崇明岛是我国的第三大岛，它把长江口分成了两部分，北面的水道较窄，南面的水道相对宽一些，是长江入海的主要通道。

长江对上海更大的影响是从近代开始的。19 世纪中叶，上海成为全国棉纺织手工业的中心，而此时刚刚经历了工业革命的西方国家，开始把他们侵略的触角伸向了东方，上海作为中国大陆的门户，当然首当其冲。1840 年鸦片战争后，在西方列强的要求下上海被开辟为通商口岸，俗称上海开埠。一时间，来自世界各地的人和物开始在这里汇聚，上海成为东西方碰撞融合的焦点，开始了其 100 多年的巨大历史变迁。

如果说是长江造就了上海的百年巨变，那么黄浦江就是上海由一个小渔村走向国际化大都市的见证者。“襟江负海”的黄浦江是上海的母亲河，蜿蜒曲折地穿过整个上海城区，将上海分成浦西和浦东两大部分，最后在吴淞口汇入长江，是长江最后一条支流。

黄浦江并不长，只有 100 多千米，但是它却一路蜿蜒，穿越了上海的心

上海南浦大桥

脏地带。19 世纪上海开埠以后，黄浦江西岸的外滩成为外国人最先涉足的地方，他们在这里划设租界，建大楼，办银行、商行、报社等，这里逐渐成为繁华的商业区。这里连绵几十幢建筑，有哥特式的尖顶、古希腊式的穹窿、巴洛克式的廊柱、西班牙式的阳台，一眼望去，百年沧桑尽收眼底，外滩也因为这些风格迥异的古典大楼而有了“万国建筑博览群”的美誉。外国人还喜欢在泥滩上跑马，跑出了一条 500 米长的小道，这便是今天南京路的前身。

当时的上海滩，被形象地称作是“十里洋场”。高耸的西式大厦，频繁的中外贸易，顶级的物质和精神享受，与之反差明显的是大量流浪者和难民，一个个形成强烈对比的画面出现在了这座城市。间谍、刺客、黑帮、流氓……三教九流充斥着十里洋场，纸醉金迷的旧上海滩让人眼花缭乱，电视剧《上海滩》反映的就是当时的情景。

上海的租界还是我国革命活动的摇篮。1921 年，中共一大就是在上海法租界一处石库门建筑里召开的，虽然后来会场被迫转移到了嘉兴南湖的一艘船上，但上海这片土地已经彻底点燃了革命的星星之火，为后来中国的历史进程埋下了伏笔。

改革开放以后，上海迎来了它发展的黄金期，各方面都取得了巨大的进步，成为我国经济、金融、贸易、航运中心。浦东新区的开放，让“宁要浦西一张床，不要浦东一间房”彻底成为历史，陆家嘴的高楼大厦拔地而起，东方明珠广播电视塔、环球金融中心、金茂大厦、上海中心大厦……一座座地标建筑不断创造着历史，书写着上海的新辉煌。随着上海经济的不断发展，上海港也成为世界上最大的港口之一，近年来的货物、集装箱吞吐量连续多年位居世界第一位。

2010 年，上海成功举办了世博会，这次盛会让世界更好地认识了上海，也让上海始终站在了江海浪潮的前端。随着上海自贸区的建设，未来的上海将会更加的绚丽多姿，更加的国际化。

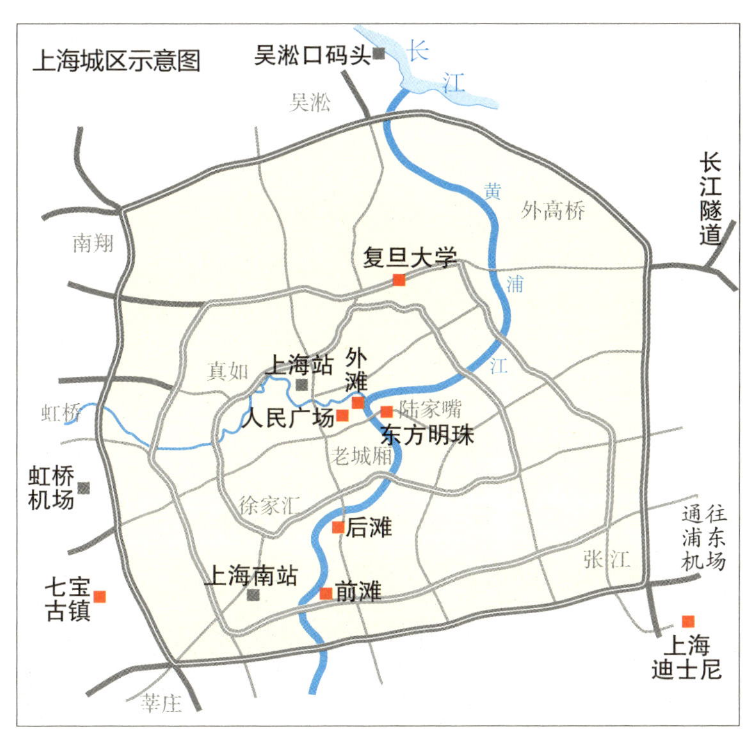

作为一座城，上海的历史并不算长，但上海一直在创造历史。如今，站在陆家嘴的高楼上俯瞰浦东，你能亲眼目睹黄浦江畔这片土地的神奇。观海胸襟阔，明月共潮生，这就是上海！

省

江苏

运河繁荣了江南江北

要说起我国最富庶的地方，那么江苏一定会名列其中。无论是古代还是当代，江苏都是人口众多、鱼米盛产、商业繁荣之地。江苏位于我国东部沿海，之所以叫作江苏，是因为在清朝建立江苏省时，从江宁府（今南京）、苏州府名中各取一个字，便组成了江苏二字。江苏简称“苏”。

江苏全省几乎都是平原，只有零星的丘陵存在，比如花果山、紫金山、茅山等。全省跨江滨海，河湖众多，是全国唯一拥有大江大河大湖大海的省份。太湖和洪泽湖分别是我国第三和第四大淡水湖，自然风光秀美，水产丰富。长江横穿南部，淮河滋润北部，它们织就了一张巨大的水网，让江苏成为全国水域面积比例最大的省份，也造就了风景独秀的江南水乡。

而要说哪一条河对江苏的影响最深，恐怕就连长江和淮河也不能与这一条河流相争，它就是历史悠久的京杭大运河。如果说长城是中华民族的脊梁，是凝固的历史，那么大运河就是中华民族的血脉，是流动的文化。

春秋时期，吴王夫差利用天然湖泊开挖了邗沟，沟通了长江和淮河，这是中国历史上第一条有确切开凿年代的运河，也是大运河的最早雏形。

到了隋朝的时候，洛阳成了国都，春秋时代以来修建的各种人工运河与天然河流被疏浚，从华北平原直达长江三角洲，催生了世界上最伟大的工程

大运河流经苏州

之一——隋唐大运河。后来，演变成今天的京杭大运河。

江苏境内大运河全长约 690 千米，孕育出了徐州、宿迁、淮安、扬州、镇江、常州、无锡、苏州等一座座生机蓬勃的城市。明代最繁荣的 15 座城市中，有 10 座是运河城市，其中就包括今天的苏州、扬州、淮安等江苏城市。古城苏州，因京杭大运河而成为万商云集的天堂，时至今日，苏州近一半的货运量还是靠水路来承担；扬州被视为大运河的“长子”，历史文化遗存众多；淮安是一座因运河而生、因运河而兴的城市，有“运河之都”的称谓。

大运河是古代中国的经济大动脉。运输官粮的漕运是大运河的核心功能，淮安的漕运总督府见证了漕运的重要地位。同时，南方的丝麻、棉布、茶叶、笔墨纸张及北方的红枣、胡桃、芝麻等经它运输，出口的瓷器、丝绸，进口的珠宝、香料也经过它运往海港、内陆以及丝绸之路，这条人工河把我国南北牢固地联结为一个整体。

虽然在同一条运河边上，但江苏的南北差异却非常明显。苏南主要以苏州为代表，属于吴文化圈，吴侬软语、苏州评弹以及昆曲都是最典型的文化表现形式；而苏北主要以徐州为代表，这里是汉高祖刘邦的故里，处处彰显出北方的豪迈气概。

大运河催生出了独特的吴文化，江南的水乡古镇也成为这种文化最好的承载体。周庄被称为“中国第一水乡”，镇中古桥众多，尽显“小桥流水人家”的风情；同里遍布明清建筑，这里的寺庙、名人故居达百余处；甪（lù）直古镇、木渎古镇、锦溪古镇等，每一座古镇都有自己独特的风格和韵味。

水乡总是能养育才子，唐朝有贺知章等“吴中四士”个个文采斐然，明朝有唐伯虎等“吴中四才子”个个书画称绝。清朝扬州出了郑板桥等书画名家，合称“扬州八怪”。二胡曲《二泉映月》的创作者阿炳，名画《洛神赋图》的创作者顾恺之，大旅行家徐霞客，大政治家范仲淹，个个都是杰出的人才。水乡也能孕育动人的故事，镇江有白娘子水漫金山的故事，常州有董永和七仙女的美丽传说，无锡有范蠡和西施的故事，南京有传奇歌舞家莫愁女的传说……

苏北地区的徐州临近中原，很早就是人文兴盛之地。秦末汉初的许多英雄——刘邦、萧何、周勃都是徐州人，淮安的韩信，宿迁的项羽，家都离徐州不远。徐州、淮安（楚州）都是著名的古城，有着丰富的古迹。贯通苏北的大运河上，有乾隆下江南的踪迹，有吴承恩北上赶考的辛酸，有实业家张謇为了治淮的奔波……

四大古都之一的南京没有大运河，但是与大运河“只隔数重山”，沿着大江，南京乃至整个江苏，如今都站在了中国大发展的快车道，成就了新的繁荣。

水乡甪直古镇

文 化 常 识

↓昆曲

昆曲于元末明初之际产生于江苏昆山一带，是我国传统戏曲中最古老的剧种之一。

说到昆曲，就不得不提戏剧大师汤显祖的《牡丹亭》。《牡丹亭》上承《西厢记》，下启《红楼梦》，是中国浪漫主义文学的一座高峰。唯美的爱情传奇由唯美的昆曲来演绎，美轮美奂，相得益彰。

专题

南京：鲜活的六朝古都

南京是中国古都里最鲜活的城市，论底蕴，它有着 2500 多年建城史、450 多年六朝建都史，到处都有历史的痕迹，书写了大半部中国历史；六朝文化文脉悠长，影响了诗意隽永的中国文化。

高耸密集的建筑、蜿蜒舒展的秦淮、川流不息的人群，最直观地体现了南京鲜活的生命力，屡屡遭劫却依旧完整，创伤累累却肌理清晰，时尚繁华却古韵犹存，天然的景观与悠久的历史相得益彰。

六朝古都

南京古称金陵、建康。东吴，东晋，南朝（宋、齐、梁、陈）六个前后相继的王朝都曾经在这里建都，为这座城市留下了悠久的历史和灿烂的文化。如今还保留着中华门和部分古城墙。

秦淮河

长江的支流之一，是南京人的母亲河，十里秦淮是南京最繁华的地方，“夜泊秦淮近酒家”几乎成了秦淮河的千古绝唱，诱人的秦淮夜市和金陵灯会等更是闻名遐迩。

钟山

位于南京市区的东北部，包括紫金山和玄武湖两大部分，有中山陵、明孝陵、灵谷寺等古迹，山、水、城、林浑然一体，文化底蕴深厚。

鸭都

南京流传着“三天不吃鸭，走路要打滑”的民间俗语，南京人喜食鸭肉，烤鸭、酱鸭、盐水鸭、鸭血粉丝汤等均是当地美食，有“金陵鸭肴甲天下”的美誉。

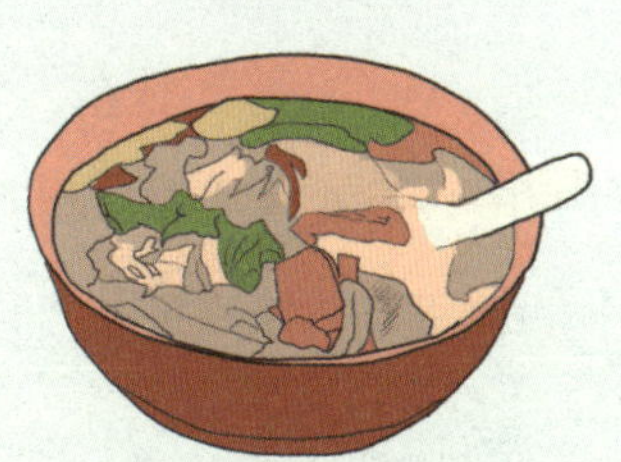

南京大屠杀

1937 年 12 月 13 日南京沦陷后，侵华日军在南京及附近地区进行长达 6 周的大屠杀，遇难人数超过 30 万，成为中华民族永远的伤痛。

浙江

正是江南绝胜处

“江南好，风景旧曾谙。日出江花红胜火，春来江水绿如蓝，能不忆江南?”自古，无数的文人墨客沉醉在江南的杏花春雨中。江南在哪里?首推是浙江。

浙江省的名字源自境内最大的河流——钱塘江，钱塘江水流曲折，因此又称为“浙（音折）江”，省以江名，简称“浙”。

虽然浙江水乡风情最为人知，但其实它有七成的土地都被山地丘陵覆盖，此外是一成的江河湖泊、两成的田园风光，再加上东边漫长崎岖的海岸线和星罗棋布的海岛，便有了浙江人引以为傲的灵韵山水。

浙江的山总是离不开一个“秀”字。莫干山上修竹成荫，清新悦人；丹霞傲立的雁荡山，在江南的烟雨中灵秀动人；天台山秀丽的山水让李白、徐霞客等名人在此驻足。在“水做的江南”，浙江从来都不缺水的滋养，这里江河纵横，湖泊星罗棋布，西湖的浪漫让人向往，钱塘江的浪潮惊心动魄，富春江的山水画卷、楠溪江的田园风光、浙江古镇里的小桥流水，诠释了人们心中的温柔江南，东海则给浙江的山水带来了别样的情趣。

“花柳繁华地，温柔富贵乡”，自古江南的富庶就吸引了无数人沉醉其中。杭州是京杭大运河“起始站”，更是运河开凿的直接受益者。运河的开通加

杭州西湖

深了南北方的经济文化交流，便利了南北货物的往来，尤其让江浙一带的丝绸、茶叶闻名全国。

从春秋时期开始，江浙地区就有“奖励农桑”的政策；到了明代，杭嘉湖地便有了“丝绸之府”的美誉；清代的杭州，更是“机杼之声，比户相闻”。杭州丝绸品种繁多，质地轻软，色彩绮丽，素有“天上云霞，地上鲜花”的美誉。用丝绸制作的风景画、台毯、靠垫、窗帘衣料等产品富丽堂皇，被国际友人誉为“东方艺术之花”。

浙江素有“丝茶之府”的美称，早在三国时期，浙江就开始栽植茶树。浙江多山，浙江的名茶也大多都是产自这些名山之中。西子湖畔的龙井茶可谓闻名遐迩，号称中国名茶之冠。此外，普陀山上的佛茶、天台山的华顶云雾茶、雁荡山的白云茶，都与名山相伴。

古时，由于山川河流的阻隔，交通不便，严重影响了浙江东边和南边的发展。而如今，温州商人名声海外，被誉为“东方的犹太人”。义乌、东阳、永康、温岭等地的小商品更是生机勃勃，各有特色。

“江南忆，最忆是杭州”，作为江南地区的中心城市，这里一直都是人们心中最向往的城市之一。历史与传奇、湖山与城市完美融合，使得杭州成为一座秀丽静雅的城市。来杭州，怎能不去西湖边走一走。梁祝的十八相送，白娘子与许仙的断桥相遇，苏小小的惊艳绝才……凄美的传说给西湖多了一抹浪漫的色彩。苏堤的春色、夏日的荷花、雷峰塔的日落、三潭的月影……一年四季不同的风光有着不重复的美，难怪人们把西湖比作西子，称赞她“淡妆浓抹总相宜”。

浙江这方奇山秀水，在历史的沉淀和岁月的变迁中，早已超越了灵秀的自然境界，这里一草一木、山川河流，写满了神话传说、佛道典故、名人诗作，绽放出耀眼的光芒。

 水乡乌镇

专题

杭州：西湖畔的东南名郡

意大利著名旅行家马可·波罗赞叹杭州为“世界上最美丽的华贵之城”，山水田园的雅致与历史文化的深沉在这里完美融合，使它成为国人无比向往的城市。

钱塘江在这里掀起惊天海潮，大运河在这里开始浪漫之旅。如果说以此为都的14位皇帝为杭州种植了历史灵魂的话，那么西湖则是杭州最妩媚的脸庞。西湖、丝绸、龙井，总令人魂牵梦萦……

杭州西湖

以其秀丽的湖光山色和众多的名胜古迹而闻名，著名的景观有断桥、雷峰塔、苏堤、白堤等，被誉为“中国历史第一湖”。

京杭大运河

杭州是京杭大运河的南起点，在大运河漕运事业的推动下，杭州的手工业和商业空前繁荣。

丝绸之府

杭州是我国蚕桑生产发源地之一，这里生产的丝绸质地轻软，色彩绮丽。清河坊的绸庄鳞次栉比。

南宋临安

靖康之变后，宋室南迁来到了杭州（临安），建立了南宋王朝，杭州成为当时全国的中心城市。

钱塘江大潮

每年中秋节左右，钱塘江涌潮最大，潮头可达数米，观潮点包括钱塘江大桥、之江路以及萧山的观潮台。

互联网经济

作为我国电商企业阿里巴巴的诞生地，杭州的互联网经济高度发达，从电子商务到移动支付再到物流体系，杭州一直引领着全国电商的发展。

杭帮菜

杭帮菜以清淡、细致为特点，代表菜品有西湖醋鱼、东坡肉、龙井虾仁等，这些名菜与杭州小笼包同食，再配上一壶龙井茶，极富江南风情。

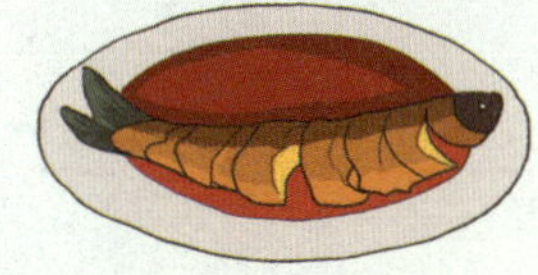

专题

江南的秀丽名城

在我国，“上有天堂，下有苏杭”的说法深入人心。自古以来，以苏州、杭州等城市为代表的江南地区便是一派风景秀丽、百姓富足、人文荟萃的景象，唐代大诗人白居易的一首《忆江南》更是让这片土地成了人们心目当中的天堂圣地。

水赋予了江南灵气，滚滚长江、悠悠运河以及美丽的太湖，为这片土地带来了无限的风韵，不论是古色古香的江南园林，还是风光旖旎的水乡古镇，都向人们展示着江南的富庶与美好。

苏州（江苏）

苏州城依水而建，因水而秀，西滨太湖，运河贯穿，河流万千，有“水城”的美誉。

苏州是一座具有2500多年历史的文化古城，这里的古典园林闻名世界，现存园林50多处，以拙政园、留园、沧浪亭、狮子林等最有名。苏州还有虎丘、寒山寺、盘门等古迹，周庄、木渎、同里等古镇。

无锡（江苏）

北倚长江、南滨太湖、运河穿城而过的无锡是一座历史悠久、人文荟萃的江南名城。

无锡风光兼具山水之胜与人工之巧，鼋头渚独占太湖最美的一角，被誉为“太湖第一名胜”；江南名园寄畅园、天下第二泉、蠡园、梅园则展现了无锡的园林秀色。

扬州（江苏）

扬州古称广陵，位于长江与京杭大运河交汇处，是著名的“世界运河之都”。

“烟花三月下扬州”令无数游人为之神往。扬州既是秀丽的风景城，又是人文荟萃的文化城、历史悠久的博物城。瘦西湖是著名的湖上园林，是扬州雍容华贵的象征。扬州还有古刹大明寺，“城市山林”何园，假山名园个园，美景数不胜数。

绍兴（浙江）

浙东运河贯穿绍兴，绍兴境内河湖纵横密布，有水乡、桥乡之称。

绍兴是古越国的都城，是一座拥有2500多年历史的文化古城，是酒乡、书法之乡、名士之乡。绍兴是陆游、蔡元培、秋瑾、鲁迅、周恩来、竺可桢、马寅初等名人的故乡，有兰亭、大禹陵、柯岩等胜景。

杭州（浙江）

杭州位于钱塘江下游，京杭大运河的南段，是浙江省的省会，唐代诗人白居易曾赞叹：“忆江南，最忆是杭州。”

杭州是一座历史文化名城，有鱼米之乡、花果之地、丝绸之府、茶叶之都等美称，南宋时还是国都。杭州除了闻名世界的西湖，还有六和塔、灵隐寺、河坊街、西溪湿地等美景。

省

江西

山清水秀文昌

在幅员辽阔的中国，很多地方都是以名山大川命名的，如黄河划分了河南、河北，太行山隔开了山东、山西，洞庭湖南北则是湖南、湖北。那么，江西呢？因为它在长江的西面吗？可为何没有“江东省”呢？其实，“江西”这个名称最早起源于唐代，唐太宗把长江中下游以南的大部分地区都划为“江南道”。后来，唐玄宗又把江南道一拆为三，其中偏西的一块区域是“江南西道”，简称“江西”。

说到江西省，你最先会想到什么呢？是飞流直下的庐山瀑布，还是烟波浩渺的鄱阳湖？是婺（wù）源金灿灿的油菜花海，还是景德镇精美的瓷器呢？

想要了解江西的地理风貌，不如从王勃的《滕王阁序》入手，开篇就描绘得极为精妙：“豫章故郡，洪都新府。星分翼轸，地接衡庐。襟三江而带五湖，控蛮荆而引瓯越。”短短几十个字，把江西的地理概况介绍得清清楚楚。

早在西汉时，中央就设立了“豫章郡”。但你是否知道，2000多年后的今天，江西省的地图轮廓几乎和古时的豫章郡一样。我们从地理角度来看看，这是为何呢？

江西三面环山，东边有武夷山，南边有五岭，西边有罗霄山，北边有长江，中间是鄱阳湖平原。如此一来，整个鄱阳湖平原宛如被困在一个水盆中，有这么多“铜墙铁壁”的保护，难怪几千年的变迁，也改不了它的轮廓。

多山多水孕育了多彩的风光，且看那北面雄奇俊秀的庐山，苏轼在这里留下了极富哲理的诗句“不识庐山真面目，只缘身在此山中”，连诗仙李白都被那仿若来自银河的飞瀑深深折服。更不要说那浩浩汤汤的鄱阳湖，全江西的河水都汇入这里，这里水草繁茂，每到冬春时节，候鸟成群飞翔，壮丽无比。山环水绕的龙虎山，既是道教圣地，更有美轮美奂的丹霞地貌。

《滕王阁序》里还说江西“物华天宝”“人杰地灵”。我们首先来看“物华天宝”，最有名的就是景德镇瓷器。这里瓷土的含铁量极低，所以烧出来的瓷器异常洁白，以“白如玉、明如镜、薄如纸、声如磬”闻名于世。千年来这里窑火不断，明清时期更有“瓷都”之称。白瓷、青花瓷、粉彩、颜色釉，一件件绝世佳品，走出江西，走向世界。

再来看“人杰地灵”。从南北朝开始，江西人文就在深蕴厚蓄，到了宋代，江西文学更是如日中天，进入了辉煌的鼎盛时期，300 年内，一直处于全国领先地位。从语文课本到历史课本，江西文化名人出现的频率很高。让我

▼ 屹立在赣江畔的滕王阁

们看看都有哪些耳熟能详的名字：陶渊明、欧阳修、王安石、曾巩、黄庭坚、杨万里、文天祥、汤显祖等，这些可都是文坛上的大咖啊！

江西为何如此人才济济？大概有两个方面的原因：一是有耕读文化的传统，只要你有读书的志向和天赋，哪怕家里穷苦，整个宗族，甚至整个村都会提供经费给你读书。二是因为书院文化的兴起，从唐宋开始，江西的书院数量一直遥遥领先于各省。这里有四大书院之一白鹿洞书院，朱熹辩礼的鹅湖书院，王阳明开坛的阳明书院……

“落霞与孤鹜齐飞，秋水共长天一色”。675 年，初唐四杰之首的王勃，顺路来到了江南洪都，他估计也没想到自己在聚会上挥笔写下的这篇《滕王阁序》会流传千古。1000 多年过去了，洪都也演变成江西的省会南昌。滕王阁这座江南名楼，虽然几经战乱、火灾，依旧矗立在赣江边，看着悠悠的江水，看着天边的晚霞，看着归巢的倦鸟，见证了南昌的兴衰与变迁。南昌还是英雄城。1927 年的八一南昌起义，打响了武装反抗国民党反动派的第一枪，诞生了中国共产党第一支独立领导的人民军队。自此，中国一步步翻开了新的篇章。

江西真是一个好地方，那些山水瀑布、日出云海、古城老村，让人们流连忘返。而红色文化的注入，又使它柔美的风情中，更多了一分深沉与铿锵。

▼ 南昌风光

文化常识

临川文学

江西的抚州古称临川，自古人才辈出。唐宋散文八大家中的王安石、曾巩都是临川人，宋词大家晏殊和晏几道等婉约词派的杰出代表也是临川人。

汤显祖是明代大戏剧家，他的巨著《牡丹亭》《紫钗记》《南柯记》《邯郸记》，世称“临川四梦”。他领导的临川派是戏剧文学的重要流派。

省

安徽

用青山承载江淮的诗情

“树上的鸟儿成双对，绿水青山带笑颜”，一曲宛转悠扬的黄梅调唱遍了大江南北，安徽便是黄梅戏的故乡。

安徽的省名相比其他省名，念起来多了一丝古韵。清康熙六年（公元 1667 年），江南省被一分为二，这便有了安徽省，省名是从安庆和徽州两府名里各取了一个字。在安庆地区，早在 2000 多年前，有一个国家叫皖国，它的国君叫皖公，附近的山叫皖山（今天柱山），水叫皖水，所以安徽也简称“皖”。

网购时代有个词叫“江浙沪包邮”，其实安徽也在这个“包邮区”里，打开地图找找看，安徽在哪儿呢？虽然离发达省份的身份还有不小距离，但是安徽却有一个非常好的地理位置。东边紧邻富饶的江浙沪，安徽已经融入长三角地区。沿长江往西，去长江中上游地区也非常便捷。对于北方平原地区的人来说，安徽有青山绿水。对于南方丘陵地区的人来说，安徽有辽阔平原。

我们来看一看安徽的地形。淮河和长江两条大河自西向东穿过安徽，把安徽分成了三部分。淮河以北是皖北，这里是一眼望不到边的平原，也是中国人口最密集的区域之一，有 3000 多万人口。长江以南是皖南，这里除了沿江平原外，基本都是群山连绵，人口不到 1000 万。长江和淮河之间是皖中，这里既有群山（大别山），也有大湖（巢湖），人口 2000 多万。

宏村风光

大河的分割，让安徽南北的景观和习俗形成了很大的差异。尤其是淮河这条中国南北分界线最为突出。在皖北，冬天集中供暖，人们以面食为主食，讲的话和普通话很接近。在皖南，雨水充沛，人们以米饭为主食，这里有一种独特的方言叫徽语。即使都在徽语区，也可能是“十里不同音”。

在安徽的众多山中，最有名的三座高山是“三山”之一的黄山、四大佛教名山之一的九华山、曾被汉武帝封为南岳的天柱山。地理学家徐霞客曾两次游览黄山，写下了“五岳归来不看山，黄山归来不看岳”的名句，让大家对这座名山有了更多的幻想。有人说黄山是山的集成、山的极致。那些云、峰、瀑、松，可谓是一步一景，一景一画，令人惊叹。

明山秀水蕴含了丰富的文化内涵。秋浦河、敬亭山、桃花潭，让诗人一次又一次挥笔。李白甚至永远留在了安徽。皖南群山间便是著名的徽州古村落了，一座座粉墙黛瓦掩映在青山绿水间，“一生痴绝处，无梦到徽州”，是对这里最好的形容。徽文化繁荣至今，是我国三大地域文化之一。评价徽菜“浓油赤酱、盐重好色”的胡适，如今自己也“代言”了菜品——胡适一品锅。

黄山雪景

文化常识

文房四宝

文房即书房。文房四宝，是中国独有的书法绘画工具，即笔、墨、纸、砚（用来磨墨的）。皖南地区还是中国文房四宝的故乡，宣笔、宣纸、徽墨、歙砚都产于古徽州地区，至今仍为文人墨客所追捧。宣城所产的宣纸既柔又白，润墨性强，有“千年寿纸”的誉称。

在明代异风突起的新安画派，在国画史上留下了浓墨重彩的一笔，至近代仍然有黄宾虹等大师大放异彩。好山好水产名茶，黄山毛峰、祁门红茶、太平猴魁都是茶中上品。

如果说安徽的南方承载了浓厚的文化，那么北方则见证了历史的变迁。八公山中，西汉淮南王刘安在这里发明了美味的豆腐；淝水上游，东晋军队在这里创造了历史上著名的以少胜多的战例，还留下了“风声鹤唳”“草木皆兵”等耳熟能详的成语。从孙叔敖在寿县开安丰塘，到曹操在亳州挖运兵道；从欧阳修在琅琊山乐于做个醉翁，到朱元璋从凤阳不甘困苦勇于起兵——历史的车轮在这里经过，留下了深深的痕迹。

有人说安徽过于平凡，总是让人忽略。且看那飞速发展的省会合肥，有“三国故地，包拯家乡”的底蕴，却偏偏拿靠科技来当作城市的灵魂。再看芜湖港上大船穿梭，安庆城内歌声四起；还有铜工业摇篮铜陵、玻璃梦工厂蚌埠、中药材之乡亳州。低调却充满力量，平凡却绝不平庸。这，就是低调的安徽精神。

专题

合肥：大湖畔的创新高地

在猜谜语时，合肥因为是“胖子开会”的谜底而经常令人大笑。其实合肥与肥胖无关，倒是与“淝水之战”的淝水有关，这条河一个河源却流成了两条河，因而古人专门给它起了一个名字“淝”。

合肥古属庐州，因此常有人以庐州代指合肥。21世纪以来，合肥几乎可以说是全世界发展最迅速的大城市之一，GDP 增长 30 倍。古时庐州那皎洁的月光，如今也会被天鹅湖畔绚丽的灯光所折服吧？

巢湖

八百里巢湖是我国五大淡水湖之一，是合肥的内湖，从合肥港经巢湖可以直达长江。湖中有姥山岛，湖内盛产银鱼、白虾。湖西边有著名的三河古镇。

三国故地

处于魏吴前线的合肥，是三国时期的战略要地，孙权为了合肥发起了五次抢夺战，最有名的就是张辽威震逍遥津。如今可在逍遥津公园凭吊这段历史。

包拯故里

北宋著名清官包拯是合肥人。合肥有包公园、包公祠、包公墓。包河里产的藕叫无丝藕，就是取“无私”之意。

科技城

合肥是我国四大科技城之一，有中国科技大学等 50 多所大学，有综合性国家科学中心，在量子通信、人工智能、同步辐射、核聚变等领域领先世界。

世界制造业大会

世界制造业大会永久落户合肥。无论是传统制造业（全球最大的家电生产基地），还是新兴制造业（芯片、屏幕、集成电路、智能机器人、新能源汽车），合肥都走在工业前沿。

庐州菜

属于徽菜，咸鲜适中，酱香浓郁。代表菜品有李鸿章大杂烩、包公鱼、肥西老母鸡汤、吴山贡鹅等。庐州小吃种类繁多，合肥小龙虾远近闻名，罍（léi）街是著名的美食街区。

▼ 合肥天鹅湖畔风光

福建

山与海的美丽交响

在我国的东南边有这么一个地方，群山让它闭塞，海洋却叫它开放；这里既有当地人世代居住的土楼，又有一幢幢西式的花园洋房。看似矛盾，却又和谐交融，这里就是福建省。

福建省的名称源自境内有福州和建州两府，各取其首字从而有了如今的省名，又因为境内悠久丰富的闽南文化而简称“闽”。福建位于我国东南沿海，西北靠着武夷山脉，东边与台湾省隔了一道海峡遥遥相望，可谓是依山傍海，得天独厚。可是却有人戏说：“人人都说蜀道难，闽道更比蜀道难。”这是为什么呢?

福建土楼群

▲ 厦门风光

原来福建省内山峰耸峙，丘陵连绵，河谷、盆地穿插其间，山地、丘陵占了全省总面积的 80% 以上，素有“八山一水一分田”之说。虽然这里的山谈不上高耸入云，但是却数量众多。境内河流也很多，由于这些江河的切割，导致山脉支离破碎，悬崖峭壁随处可见。

独特的自然环境赐予了福建好山好水好风光。来福建，想看山，怎能不去武夷山，这里因丹霞地貌被称为“碧水丹山”，是朱子理学的摇篮，更是名茶大红袍的故乡；想玩水，霞浦滩涂走一走，当潮水退去时，滩涂上散布着重重纹理，光和影，点线面，简洁却蔚为壮观；喜欢民俗，就探访土楼，这些结构巧妙、规模恢弘的建筑，或方或圆，如珍珠般洒落在闽西南的绿水青山间；追寻文艺，就一定要去厦门鼓浪屿，岛上有中外风格的建筑，人们在这里享受慢节奏的生活，品味闲散宁静的气息。

自古以来就有“闽在海中”的说法，这与名扬天下的福船、渔民崇敬的海神妈祖、杰出的海外贸易有着密不可分的关系。位于福建东南部的古城泉州，曾经就是海上丝绸之路的起点，早在 1000 多年前的宋元时期，这里已经是中国首屈一指的海上中心了。曲折的海岸线给福建平添了许多天然的海湾，再加上温暖湿润的气候，使得这里的贝、藻、鱼、虾、蟹等水生动植物资源丰富，大大促进了福建海水养殖业的发展。

福建是海外华人华侨的故乡之一。无论是鼓浪屿的洋楼，还是侨乡泉州的番仔楼，都带有强烈的中西混搭色彩，人们流连于这些华丽建筑，更热衷于探寻建筑背后那些鲜为人知的华人华侨故事。

福建西南部的龙岩是客家人的聚居地，古城长汀被称为“客家首府”，永定客家土楼被列入《世界遗产名录》。客家文化和闽南文化在这里交融，孕育了龙岩人热情好客、勤劳开拓的独特品质。龙岩还是全国著名革命老区、红军的故乡。

福建的省会——福州，是一座独特的历史古城，山在城中，城在山中。经过山间灵气的熏染，2000 多年来，福州始终一派沉稳灵动的模样。当你穿行在福州的坊巷之间，你会惊叹于福州的人杰地灵，这里有很多名人故居，你会看到一些熟悉的名字：林则徐、沈葆桢、严复、林觉民、冰心、林纾……这些从福州走出的近现代知识精英，他们在思想上受到了西方文化的熏陶，进而影响了整个中国。

背靠崇山峻岭，面朝辽阔海洋，福建的故事汇集起来就是一部精彩的《山海经》，它依靠独特的地理环境，奏响了一曲山和水之歌，令人惊叹、向往、流连于它的魅力之中，难以忘怀。

武夷山

台湾

海洋铸就的美丽传奇

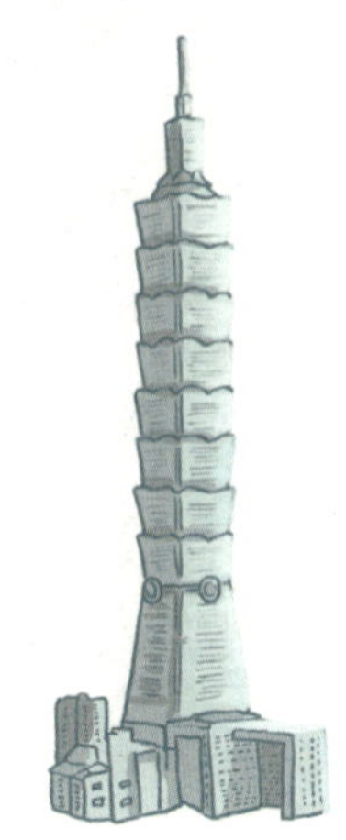

在祖国的东南海域，漂浮着一座美丽的海岛，它形似一个红薯，这就是祖国的宝岛——台湾。

台湾岛位于太平洋西岸，隔台湾海峡和福建相望。台湾岛是我国最大的岛屿，如果骑单车环岛旅行的话，大部分人得花上一个星期才能绕岛一周。如今的台湾省，除了本岛以外，还包括兰屿、绿岛、钓鱼岛等附属岛屿及澎湖列岛。台湾有台北、高雄、台中等六大城市。

台湾岛上有五条贯穿南北的山脉，分别是雪山山脉、阿里山山脉、中央山脉、玉山山脉和海岸山脉，它们都是地壳造山运动造成的。从四周的海平面到中部的崇山峻岭，海拔变化急剧，使得这个位于亚热带的岛屿拥有高山、峡谷、湿地、平原这些多样的地形。

台湾岛的西部是肥沃的平原和平缓的沙滩，盛产稻米和甘蔗，人们把它叫“米仓”和“糖库”。中部和东部则大多为高山岩岸，最高的山峰是海拔将近4000米的玉山，也是我国东部最高峰。

台湾岛是海洋铸造的一个传奇，在它崎岖身世的背后，有着令人目眩神迷的惊世美丽。在台湾，你可以一天之内，由海边潮间带一直走到海拔3000多米的针叶林，数以万计的植物种类令人惊叹不已。著名的阿里山神木群包括几十棵巨大的红桧树，其中“香林神木（二代神木）”树高 45 米，胸径 12.3 米，树龄约 2300 年。台湾周围广阔的海洋里有着丰富的水产，仅鱼类就有 500 多种，有著名的鲨鱼、鳗鱼等。

阿里山和日月潭是台湾最有名的两大景观。阿里山坐落在台湾岛中部，这里有五大奇观，分别是日出、晚霞、云海、森林、高山铁路。日月潭是台湾岛上的天然湖泊，湖中小岛把湖面分成日潭和月潭，湖水清澈，四周群山环绕，山水相映，成了著名的游览胜地。

台湾在古代也被称作“夷洲”“琉球”“东番”等。元朝在台湾地区就设有澎湖巡检司，明末郑成功赶走盘踞在台湾的荷兰侵略者后，开始大力开发台湾。清朝光绪年间正式建立台湾省，简称“台”。

近代以来，台湾历经曲折、命运多舛，这使得它至今也没能回归祖国的怀抱。随着祖国的强大和两岸人民日益频繁的来往，台湾这座美丽的宝岛一定会回归祖国的怀抱，让两岸同胞不再受分离之苦。

高雄风光

湖北

大江冲破阻隔成平原

湖北位于洞庭湖以北，湖北的省名来得就是这么直接。打开地图看一看，其实湖北差不多在我国的中心位置，处在地形第二级与第三级阶梯的过渡地带，可以说是沟通东西南北的“要道”了。

仔细看，你会发现湖北就像一个缺了边儿的盆：东、西、北三面分别被大别山、武当山、大巴山、巫山等高山围住，中部和南边与洞庭湖连成一片，是沃野千里的江汉平原。如果说山是坚硬的脊柱，那么江河则是流动的血液。长江及其支流汉江、清江等蜿蜒曲折，穿省而过。它们水涛阵阵，给这片土地带来了别样的风采和气息。

湖北素有“千湖之省”的称号，这里大大小小的湖泊星罗棋布，都是古代云梦泽淤塞分割而成的，如珍珠一般散落在辽阔坦荡的江汉平原，镶嵌于纵横交错的水网之间。“人人都说天堂美，怎比我江汉鱼米乡”，在“千湖”和长江、汉江的润泽下，这里成了我国少有的稻、麦、粟、棉、麻、油、糖、菜都能大量出产的地区，为人们提供了丰富的物质资源。

水的滋养给荆楚大地增添了诗情画意。故人西辞，诗人也故去，只剩下黄鹤楼望着悠悠江水，见证着人间沧桑。大江东去，英雄不复返，奔腾的江水不忘留下雄伟风光，滋润着两岸苍生。高峡出平湖，三峡大坝再造了山水胜景，再造了繁荣便利。神农氏尝百草，华中屋脊神农架至今仍然是物种宝库。张三丰练太极，道教仙山武当山至今依然是修身宝地。土家族爱山水，鄂西林海恩施州到处都是世外桃源。

人们总是把湖北称作“荆楚”，那你知道这个称呼的来源吗？荆是一种灌木，在南方江汉流域的山林中极为常见，古人也把它称作“楚”。于是从商代起，北方中原人就以“荆楚”来代指江汉流域地区。我们知道，从春秋战国时代，楚国就一直傲然耸立在我国中南部的土地上，湖北是楚文化的发祥地，楚国作为“春秋五霸”之一，创造了许多灿烂的文明成果，如独步一时的青铜铸造工艺、巧夺天工的漆器制造工艺、汪洋恣肆的散文、浪漫绝伦的辞赋、翘袖折腰的舞蹈等，都是十分宝贵的文化财富。渐渐地，“荆楚”就变成湖北省的别称了。

▼ 武当山

▲ 长江上的葛洲坝

4000 多年前，长江流域分布着大量的鳄鱼，慢慢地出现了一个以捕鳄鱼为业的“噩”部落，并逐渐形成了鄂国。秦灭楚后，在这里设立鄂县，三国时孙权改鄂县为武昌，从元代以后，武昌一直都是湖北的行政中心，隶属于鄂州。湖北省的简称“鄂”便是由此而来。

古老而年轻的湖北省省会武汉，坐拥半城江色、半城湖光，长江及其支流汉水穿城而过，把武汉一分为三，形成了武昌、汉口、汉阳三镇鼎立的格局。今天的武汉，是一个朝气满满的城市。丰富的“过早”和花样的夜市让武汉名声大噪，成为吃货的天堂。

这里是湖北，灵秀的楚山楚水惊艳了古今多少文人才子，经典的诗篇在这里流传了千百年。人们用勤劳的双手世代耕作这片热土，让荆楚大地变成了盛产鱼米的大粮仓。

专题

武汉：崛起于中部的江城

长江之畔的武汉是一座有着厚重人文历史的城市，千年岁月悠悠，留给武汉的，是白云黄鹤的灵动飘逸，是知音琴台的古朴坚贞，是战火纷飞后的沧桑凝重。武汉，兼具江南的灵秀与北方的热情。

2020年初，一场突如其来的新冠肺炎疫情在武汉暴发，但江城儿女无惧病毒，团结一心，迅速控制住疫情，相信未来的武汉必将如新绽放的樱花一般，更加灿烂耀眼。

九省通衢

由于武汉地理位置特殊，水运和陆运交通发达，南来北往和东西贸易的货物都经过武汉通达全国各地，武汉成了“九省通衢”。

辛亥革命

武汉是辛亥革命的爆发地，辛亥革命推翻了清王朝的统治，有力推动了中国的社会变革。武汉市建有辛亥革命武昌起义纪念馆。

黄鹤楼

位于武昌区蛇山之巅，武汉市的标志性建筑，“江南三大名楼”之一。古代文人多曾登临黄鹤楼，留下了大量优秀诗篇。

中国光谷

武汉东湖高新区别称“中国光谷”，经过多年发展，光谷已成为全球最大的光纤光缆研制基地和国内最大的激光产业基地。

武汉味道

武汉多水产，最著名的菜肴有莲藕排骨汤和清蒸武昌鱼，此外，热干面、三鲜豆皮、酱鸭脖等也是当地人难以割舍的美味。

江城

武汉有长江和汉江两条大河穿城而过，大诗人李白的一句“江城五月落梅花”让“江城”成为武汉的别称，十几座长江大桥贯穿江南江北，成为江城的一道亮丽风景。

武汉大学和东湖风光

湖南

山高水长，人杰地灵

“辣妹子从小辣不怕，辣妹子长大不怕辣，辣妹子嫁人怕不辣，吊一串辣椒碰嘴巴”。这首湘味十足的歌曲《辣妹子》把湖南人热情火辣的性格真实地表达了出来。

与湖北省同因，湖南省因为绝大部分面积在洞庭湖以南而得名，又因为湘江贯穿南北，所以有了简称“湘”。湖南省东、南、西三面环山，中部为丘陵盆地，北部地势低平。全省以山地、丘陵为主，其中山地占了全省面积的一半还多。

你别看这里山林众多，要知道这个耕地并不多的省份可是喂饱了半个中国呢！历史上有“湖广熟，天下足”的说法，其实到了清乾隆年间，这句话事实上已经变成了“湖南熟，天下足”。你可能会觉得奇怪，粮仓充足的鱼米乡不应该在江南一带吗？

没错，直到明朝中前期，水稻的生产中心都仍然在长江下游地区。可随着商品经济的发展，那里越来越多的人向城市转移，他们不再从事农业生产。渐渐地，有钱却吃不上饭成为困扰江南的一大问题。

怎么办呢？粮食产地要进行转移，长江中游的湖广地区便成了江南粮食的最好保障。作为古云梦泽的一部分，洞庭湖素来以烟波浩渺、气吞云汉著称，

▲ 张家界峰林

无数诗人在此留下了赞美的诗篇。湖区土质肥沃、气候温和、雨量充沛，非常适合粮食生产。同时，在江浙粮商抬升价格的诱惑下，当地农民基本全部进行粮食耕种。到了乾隆二年（公元 1737 年），便出现了“湖南熟，天下足”的局面。

名山环绕加八百里洞庭，滋养出人杰地灵的湘楚风情。爱晚亭边的红叶早已绚烂；古老的岳麓书院历经千年而弦歌不绝；东江湖畔响起了唱晚的渔歌；范公之忧和岳阳楼一起，被人们称道千年；远离尘嚣的湘西传来了苗家姑娘的歌声，却找不到翠翠渡船的身影；大自然的鬼斧神工创造了一座座“擎天之柱”，那里是武陵源，是神仙居住的地方。

湘楚文化，源远流长。历史上，屈原赋《九章》而作《离骚》，忠贞深厚的爱国情操激励着后人；大名鼎鼎的“千年学府”岳麓书院培育了代代名人，王夫之、魏源、曾国藩、左宗棠、熊希龄等人都曾在这里学习。

近现代，湖湘文化更是推动着时代的进步。贺长龄、魏源为代表，“师夷长技以制夷”，引领中国近现代启蒙思想之先；曾国藩、左宗棠融合程朱理学中坚定信仰和经世务实的作风，成就晚清历史的显赫一页；资产阶级维新派以谭嗣同、熊希龄为代表，不屈不挠、无私无畏；资产阶级革命派以黄兴、宋教仁、蔡锷等为代表，自强不息、坚韧不拔，引领历史潮流之前进；新民主主义革命时期，以毛泽东、刘少奇、彭德怀等为代表的湖南人，更是为缔造新中国做出了巨大的贡献。

湖南省会长沙是一座有着 2000 多年历史的古城，也是一座美丽的城市，人们在岳麓山追寻“停车坐爱枫林晚，霜叶红于二月花”的秋意，在橘子洲共赏华丽的烟火表演。长沙是一座充满魅力的城市，鲜香辛辣的长沙味道让人欲罢不能，欢乐的综艺节目总会让人忘却烦恼。

山川荟萃，人杰地灵。湖南的美是多样的，这里的风光总少不了历史印记与民俗风情的气息，湘江翻涌着划下了时代的痕迹，千姿百态的湖南期待着每一个人的到来。

▼ 凤凰古城

专题

长沙：书香浓郁的火辣之城

长沙是一座文化底蕴深厚的城市，从商代的青铜重器到马王堆的惊世国宝，从战国时屈原的绝望呐喊到近代岳麓书院的群贤毕至，3000多年的历史长河中，这座城市的文明如火一般延续不熄。

古往今来的长沙人，他们靠着一股“吃得苦，耐得烦”的韧劲，延续着长沙千年文化之薪火，今日之长沙，历史车轮已经驶入新的高地。

湘江

长沙的母亲河，湘江在城中心穿城而过，造就和哺育了长沙城，位于湘江江心的橘子洲是长沙著名景观，因毛泽东一首《沁园春·长沙》而名扬中外。

屈贾之乡

我国历史上著名的政治家、文学家屈原和贾谊都曾在长沙居住，后来的王夫之、魏源、曾国藩、左宗棠等人也均在长沙岳麓书院学习，使长沙有了“屈贾之乡”的美称。

岳麓山

位于长沙市中心，是一座文化名山，著名的景观有岳麓书院、爱晚亭、麓山寺、新民学会旧址等，岳麓山下还有著名的湖南大学。

革命圣地

长沙是一代伟人毛泽东早年求学和革命活动的重要地点，这里还是共和斗士黄兴和中共领导人刘少奇等人的故里。

长沙保卫战

从1939年至1942年，中日双方进行了三次“长沙会战”，是抗日战争中时间最长的一次大会战，给予了日本侵略者沉重的打击。

湘菜

长沙是湘菜的主要发祥地，湘菜的主要特点是香辣爽口，代表菜品有剁椒鱼头、辣椒炒肉、东安仔鸡等，长沙还有油炸臭豆腐、口味虾、嗦螺等美味小吃。

省

广东

坐拥青山，拥抱南海

在中国版图的南部，有一片神奇而独特的土地，珠江奔腾而来，与蔚蓝而辽阔的南海相遇，酿造出一方神奇的热土，这就是广东。

广东地处南海之滨，是中国大陆南部的门户，有全国最长的海岸线。在古时候，这里属于百越地区，而“越”与“粤”同音，因此简称为“粤”。

在广东省的最北部，有一条绵延的山脉，叫作南岭，它是我国南方的一条自然地理分界线，因此，广东也被称为是岭南地区。毛泽东写的《七律·长征》中有一句诗“五岭逶迤腾细浪”，其中的五岭即为南岭。在古代，岭南一带被称为是南蛮之地，中原人闻之生畏，不愿意到广东来。大文学家苏轼曾落足于此，他写过的著名诗篇《惠州一绝》，其中“日啖荔枝三百颗，不辞长作岭南人”描绘的就是他被贬广东期间的生活。

广东的名山很多，最著名的“四大名山”分别是丹霞山、西樵山、罗浮山和鼎湖山。其中丹霞山以景色奇绝的丹霞地貌见长，西樵山以岭南文化发祥地扬名，罗浮山以道教文化著称，鼎湖山则是以自然生态而称霸。在广东有“南粤名山数二樵”的说法，“二樵”指的就是西樵山与罗浮山（又称东樵山）。

相比于广东的山，广东的水也毫不逊色。珠江是我国南方的一条大河，它以8倍于黄河的水量奔流在南方大地，润泽着两岸的土地和百姓。珠江有

深圳风光

西江、北江和东江三大支流汇集于广州，其中西江最长，通常被视为珠江的主干。在广东境内，珠江流域占全省陆地总面积的 60% 以上，它可是不折不扣的“广东母亲河”。

奔腾的珠江水孕育出了传奇的珠江三角洲。位于珠江入海口的珠江三角洲是一片河网密布的土地，在这里，珠江以八个水道汇入南海，入海处常有残丘夹峙，形势险要，称为“门”，著名的有虎门、磨刀门、崖门等。珠江三角洲孕育了无数财富传奇，也是我国经济最发达的地区之一。人们常说“东西南北中，发财到广东”，说的便是珠三角地区。

珠江三角洲光鲜的背后，是它近 200 年的屈辱史和奋斗史。清朝末年，由于英国的鸦片输入，中国大地上鸦片吸食盛行，民族英雄林则徐南下广东，开展了著名的虎门销烟，一口气销毁了近 120 万千克鸦片，为国人出了一口恶气。但是，虎门销烟惹恼了英国，他们派出军舰发起了鸦片战争，并最终迫使清政府割地赔款，珠江口的广州也被辟为通商口岸，被卷进了时代浪潮中。

不过，外国的侵略也惊醒了睡梦中的中国人。在孙中山先生的带领下，广东成了反帝反侵略的革命中心，这里曾爆发了多次起义，孙中山先后三次在广州建立革命政权，进行反帝反封建的革命斗争。共产党也在广东领导了广州起义，建立东江革命根据地，广东在中国革命史上书写了光辉的篇章。

广东面向南海，是中国与世界交流的重要窗口。近代以来，大量的广东人开始走出国门，足迹遍及全世界，他们把西方的先进文化和技术带回了祖国，为国家的发展做出了很大的贡献。开平碉楼就是由归国的华侨出资建成的，如今成了旅游胜景。改革开放后，广东成了开放的桥头堡，以深圳为代表的一批城市，迅速崛起。1980 年，深圳成为我国设立的第一个经济特区，创造了举世瞩目的“深圳速度”。如今深圳已经成为科技领先、经济发达的世界一流城市了。

悠久的历史和中西方的融合，造就了独特的岭南文化，广东人在语言、风俗、生活习惯、建筑等方面，都有着自己的独特风格，尤其是在广东的潮汕地区，传统文化得到了很好的发扬和传承，如粤剧和潮剧。提起广东，很多人还会为这里的美食垂涎欲滴，广东人很会吃，粤菜享誉海内外，各种小吃琳琅满目，“食在广州”也早已闻名于世。

如今，经历了改革开放后 40 多年的飞速发展，广东省早已今非昔比，成为全国经济的领头羊，始终走在时代的前沿，广州、深圳也已经成为国际化的大都市。岭南，再也不是南海畔的荒蛮之地了。

▲ 丹霞山

地 理 常 识

↓丹霞地貌

丹霞地貌是红色砂岩经过长期风化剥离和流水侵蚀，形成孤立的山峰和陡峭的奇岩怪石，是红色砂、砾岩层中沿垂直节理发育的各种丹霞奇峰的总称。

丹霞地貌在中国分布最广，广东韶关市仁化县境内的丹霞山是世界“丹霞地貌”的命名地，是世界上发育最典型、造型最丰富的丹霞地貌景观。

专题

广州：改革开放的前沿阵地

珠三角的核心城市广州是一座充满现代感的大都市，是我国南方政治、经济、科技、教育、文化中心，这里既充满活力，又保留着悠远的古风，已经有2000多年的建城史，被誉为中国的“南海明珠”。

优越的地理环境造就了它独具特色的岭南文化，这里有“食在广州”美誉的粤菜，享有“南国红豆”美称的粤剧，还有岭南画派、广州杂技等，处处洋溢着浓郁的乡土气息。

广府文化

岭南文化的一支，是广州地区使用粤方言的汉族居民的文化，代表有广东音乐、粤菜、醒狮、广绣、广彩、广雕、岭南画派、岭南园林、粤剧、粤曲等。

改革开放

作为一座港口城市，广州始终站在我国改革开放的最前沿，经过40多年的飞速发展，成为我国南方的经济中心，也是粤港澳大湾区的核心城市之一，广交会被誉为“中国第一展”。

广府菜

粤菜的代表，以丰富的选材和清淡的口味著称，代表菜有白切鸡、白灼虾、烤乳猪、煲仔饭等。在广州，吃早茶是习俗，就着叉烧包、云吞面、肠粉等特色小吃，味道好极了。

珠江

珠江是我国南方的一条大河，流经广州中心城区，每到夜晚，珠江两岸灯火璀璨，景色秀丽，江上大桥林立，“珠江夜游”是很多人的选择。

羊城和花城

传说古代有5位仙人，骑着衔谷穗的五色羊降临广州，把谷穗赠予百姓，因而广州被称为“羊城”。广州气候温和，四季常青，常年有鲜花绽放，有“花城”的美誉。

陈家祠

广府传统建筑之一，被誉为“岭南建筑艺术的明珠”，是广东民间工艺博物馆所在地，国家一级博物馆。

专题

东南沿海的繁华都市

改革开放以来，中国的经济发展开始迈入了快车道，在国家“允许一部分地区先富起来”的政策带动下，东南沿海地区的经济迅速腾飞，远远超过了内陆城市，其经济总量占到了全国的半壁江山，创造了经济增长的沿海奇迹。

今天，东南沿海已经成了中国“发达地区”的代名词，成了繁华与财富的象征，充满了无穷的吸引力，无数青年人到这里拼搏逐梦，在高楼林立的繁华都市中寻找着自己的归宿。

泉州（福建）

泉州东濒东海，有着上千年的海外交通史，是著名的海上丝绸之路的起点。

泉州不仅是福建的经济龙头，还是全国著名的侨乡和台湾同胞的主要祖籍地，拥有悠久的历史文化，主要景观有清源山、洛阳桥、开元寺等。

宁波（浙江）

宁波是我国东海之滨的一个重要港口城市，宁波舟山港年货物吞吐量位居全球第一。

宁波是对外开放和对外贸易的重要城市，服装、家电、物流等主导产业活力四射。宁波还是国家历史文化名城，保留着历史悠久的藏书楼天一阁、宁波开埠的见证地老外滩等大量历史古迹。

珠海位于珠江口西岸，南海之滨，毗邻澳门，是我国的五个经济特区之一。

珠海的海岸线长，岛屿多，再加上城建规划独具匠心，自然和谐，因而极富海滨花园情调和现代气息。每两年举办一次的中国国际航空航天博览会和珠海电影节在国内外影响很大，是珠海的亮丽名片。

深圳（广东）

深圳位于南海之滨，毗邻香港，是粤港澳大湾区的核心引擎，也是一座充满魅力、活力、动力和创新力的国际化创新型大都市。

深圳是改革开放的窗口，40 年多来，它从一个落后的农业小县迅速发展成一座现代化国际化大都市，创造了 1000 多项全国“第一”，创造了举世瞩目的“深圳奇迹”。深圳有莲花山、华侨城、小梅沙海滨、中英街等旅游景区。

厦门（福建）

厦门位于台湾海峡西岸，是闽南的中心城市，兼具大都市的繁华与小城市的安静。

厦门是一座风姿绰约的“海上花园”，有繁华的中山路，秀丽的环岛路，号称最美大学的厦门大学。琴岛鼓浪屿保留着许多具有中外建筑风格的建筑物，有“万国建筑博览会”之誉。

上海

上海位于长江口，东海之滨，是我国第一大城市，我国的经济、金融、贸易、航运、科技创新中心。

从陆家嘴林立的摩天大楼到黄浦江上来来往往的巨大邮轮，从外滩典雅气派的欧式建筑到南京路万商云集的各式商铺，从浦东机场的滚滚人流到上海港堆砌的集装箱，所有的这一切都在向人们展示着上海这座国际大都市的繁华与生机。

特别行政区

香港

东西方文化交融地

1997年6月30日午夜，英国国旗最后一次在香港降下，中华人民共和国国旗和香港特别行政区区旗随即升起，在英国殖民统治150多年之后，香港重新回到了祖国的怀抱。

香港的面积不大，陆地面积还不到北京的十分之一，由香港岛、九龙半岛、新界和其他大小离岛组成。香港的平地不多，境内大部分都是山地丘陵，但就是这样的一块弹丸之地，却在亚洲乃至世界上有着举足轻重的地位，是世界著名的金融和贸易中心，素有“东方之珠”的美誉。

香港今天的辉煌与它曲折的身世有很大的关系。鸦片战争后，由于地理位置特殊，昔日的小渔村很快成为车来船往的国际商贸中心，中西方文化在这里相互交融，造就了这座国际性的大都会。它是孩子们眼中的迪士尼，女人眼中的购物天堂，男人眼中的赛马场，影迷眼中的电影之城。

想要见识香港的繁华，那就必须来维多利亚港，它位于香港岛和九龙半岛之间，是亚洲第一、世界第三大的海港。维多利亚港南北两岸高楼林立，是整个香港的中心，也是中西方文化的汇聚之地。

香港被人们称作“购物天堂”，这里有很多繁华的商业街区。铜锣湾位于维多利亚港南侧的香港岛北岸，它是香港娱乐业与商业的中心，这里有数量众多的大型商场，如崇光百货、时代广场、世贸中心等。铜锣湾已经成为香港购物的一个地标，是全世界租金第二贵的地段，仅次于美国纽约的第五大道。

铜锣湾对面是位于九龙半岛的尖沙咀，是外国文化的主要聚集地之一，这里有南亚裔及非裔人士聚居的重庆大厦，有充满英国风情的建筑半岛酒店，还有“韩国街”之称的金巴利街……

旺角是香港又一处繁华地带，被称作九龙的“不夜天”，潮流时尚、传统文化、市井风貌都汇集于这里，当然，最诱人的是香港的特色小吃在旺角都能吃得到，比如有名的咖喱鱼蛋、奶茶、蛋挞、菠萝油、碗仔翅、云吞面等。

想要更全面地欣赏香港的美丽，太平山顶是最佳位置，可以观赏到整个香港的全景，在这里可远眺大屿山，俯瞰整个维多利亚港。华灯初上时，一幢幢天柱般的高楼犹如仙女婷婷屹立在香港的中心，显得格外的美丽。

香港是一座充满奇迹和神话的城市，世界级的建筑，快节奏的生活，时尚摩登的娱乐享受，无不凸现出这座城市的无穷魅力。美丽的港岛风光，吸引着四海宾朋，让这里成为一片举世瞩目的热土。

▼ 香港城区风光

特别行政区

澳门

世界旅游休闲名城

世界上有四座著名的赌城，分别是美国的拉斯维加斯和大西洋城、摩纳哥的蒙特卡洛，另外一座，就是中国的澳门。澳门因为发达的博彩业，被人们称为“东方赌城”。

澳门简称“澳”，位于珠江入海口的西岸，与广东省珠海市紧紧相连，它由澳门半岛和氹（dàng）仔岛、路环岛两个离岛组成。澳门的陆地面积只有 32.9 平方千米，与内地的一个小县城差不多，但这里的经济和文化却异常繁荣，是我国人均收入最高的城市。

澳门的今天与它独特的历史经历有很大的关系。1535 年，欧洲国家葡萄牙看上了澳门优越的地理位置，于是贿赂当地官员，取得了停靠码头进行贸易的权力。后来，他们又逐渐蚕食，占领了澳门，统治时间长达百年，直到 1999 年，澳门才重新回到祖国的怀抱。金莲花广场见证了澳门的回归，如今成了澳门的城市客厅。

几百年东西方文化的碰撞使澳门成为一个风貌独特的城市，留下了大量的历史文化遗迹，澳门历史城区保存了中西文化交流的历史精髓，这里的建筑以西式建筑为主，中西式建筑互相辉映，圣安多尼教堂和大三巴牌坊更是中外游客的必打卡景点，与它对应的是中式风格的妈祖庙和大炮台城堡。

要说澳门名气最大的，那还要数这里的博彩业了，包括赛马、赛狗、彩票等。澳门有数百年的赛马历史，观看赛马是澳门人重要的娱乐活动之一。

澳门人信奉妈祖，在澳门有许多供奉妈祖的庙宇。澳门妈祖阁就是当地最著名的禅院之一。澳门人还信奉哪吒。每年农历五月十八哪吒太子宝诞，大三巴哪吒庙组织巡游、抢炮、街宴等纪念活动，非常热闹。

澳门美食主打粤菜和葡式澳餐。葡式蛋挞是澳门最有名的小吃，层层叠叠的挞皮，软绵香嫩的挞心，吃到嘴里口感非常别致。

澳门有宁静的街巷、古朴的民俗以及美味的葡式蛋挞。澳门是一个可以让岁月和生活慢慢积淀的地方，走在澳门的街巷，能深刻地感受到澳门人的平和友善，正是这种独特的气质，让澳门成为一座世界旅游休闲名城。

海南
阳光沙滩多浪漫

你喜欢大海吗？相信每一个人都向往蔚蓝而辽阔的海洋，柔软的沙滩、迷人的椰林、美味的海鲜，总是会让人心情愉悦。而说起大海，很多人最先想到的就是美丽的海南岛。

海南是我国最南的一个省份，简称为“琼”，主体为海南岛，是仅次于台湾的第二大岛。在海南岛南部的南海当中，还散落着大大小小几百个岛礁，形成了西沙群岛、中沙群岛和南沙群岛三大岛群，驻地永兴岛的三沙市是我国最年轻的地级市，南沙群岛的曾母暗沙是我国最南端的领土。

在海南岛的中心，坐落着两条高耸的山脉，分别是五指山和黎母岭。峰峦起伏的五指山因为主峰好像五根手指并立而得名，是海南岛的象征，五指山的最高峰是它的第二指，海拔 1867 米，也是海南岛的最高峰。五指山地区遍布热带原始森林，万木峥嵘，逶迤不尽。在我国广为流传的红色娘子军的故事，就发生在五指山地区。五指山和黎母岭一带的山区还是海南少数民族的聚居地，主要有黎族和苗族，在这里能够感受到浓郁的民族风情。

五指山还是海南岛几条主要河流的发源地，其中最有名的是万泉河，位于海南岛的东部。万泉河两岸有美丽的热带雨林和巧夺天工的地貌，被誉为中国的“亚马逊河”。万泉河入海口处的小镇博鳌风景秀美，是博鳌亚洲论坛永久的会址。

海南最诱人的地方毫无疑问是这里的热带海滨了，海南岛本岛有长达 1823 千米的海岸线，拥有很多优质的沙滩，再加上适宜的气候，使得海南成了我国的度假胜地。三亚市的亚龙湾、大东海、海棠湾、三亚湾，海口市的假日海滩、东寨港，陵水市的清水湾，万宁市的石梅湾，东方市的鱼鳞洲等，都是理想的海水浴场和度假胜地，有着十分迷人的海滨风光。

在柔软的热带沙滩上，你可以享受美好的日光浴，可以在海边的浅水中游泳，可以坐在高大的椰子树下品尝美味的热带水果，还可以去体验潜水和冲浪的惊险与刺激。当然，如果你有足够的体力和耐心的话，还可以骑上一辆自行车进行环岛旅行，亲身去感受海南岛全景式的美丽与浪漫。

这就是海南，它是山与海的完美结合体，是一座美丽的滨海花园，更是无数人心中浪漫的海角天涯。

▲ 三亚南山景区

自治区

广西

秀峰之间歌声飘荡

在我国第五套人民币 20 元纸币的背面，有一幅美丽的山水画面，在秀峰环绕的碧水之间，一艘渔船在悠闲地前行，这幅画面描绘的就是我国广西著名的桂林山水。

广西壮族自治区地处我国南部边境地区，与越南接壤。在古代，这里属于桂林郡，因此广西简称为“桂”。广西是壮族人的聚居区，全国 95% 的壮族同胞都生活在这片土地上，壮族也是我们国家人口最多的少数民族。

广西全区多山多河，还有 600 多个大大小小的海岛。它的腹地山岭连绵，丘陵广布，著名的有十万大山、大瑶山、越城岭……更有华南第一高峰猫儿山，日出之际，猫儿山云海翻腾，如同仙境一样。

有人说，广西就是一幅美丽的山水画，这种说法毫不为过。而要说起广西的山与水，最具代表性的当然要数桂林山水了。

桂林的山，犹如身披绿裙的少女，姿态万千；漓江的水，如流动的诗，美丽如画。唐代大文豪韩愈曾经用诗句“江作青罗带，山如碧玉簪”来赞美桂林山水。到了南宋，“桂林山水甲天下”的说法更是流传开来，深入人心。

但古往今来，无数的诗篇、画卷、影集都没能将桂林的美展现得淋漓尽致，每换一个新的角度，这里的山与水总是能给人以新的惊艳。如果从空中俯瞰桂林山水，满眼都是星罗棋布的孤立丘陵，漓江蜿蜒其间，绕山流过，零星有几户人家点缀其间，淡淡的雾霭从群峰间蒸腾而上，绵延到远方的峰林峰丛间，如同身在画中。

除了桂林山水，广西还分布着许多美景。龙脊梯田是我国最美的梯田景观之一，整齐有序，线条丰富多彩，好像天上飘落的彩带。位于中越边境的德天瀑布从 70 米高空飞泻而下，气势磅礴，蔚为壮观。资源县的八角寨是稀有的丹霞峰林地貌，被誉为“丹霞之魂”。涠洲岛作为我国最年轻的火山岛，有着神奇的地貌景观，这里的霞光与海浪、礁石辉映，如同一块未经雕琢的翡翠。北海银滩绵延 24 千米，滩长沙细，水净浪柔，被誉为“天下第一滩”。

独特的地形地貌孕育出了独特的民俗文化，世居在这里的有壮族、苗族、瑶族、侗族、仫佬族、毛南族、京族等十几个少数民族，他们居住在依山傍水的村寨里，身穿鲜艳的服饰，具有鲜明的民族风情。这些少数民族的同胞大多能歌善舞，美丽的山水之间，时常会飘荡起美妙的歌声。

▼ 漓江风光

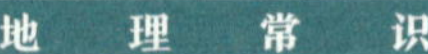
地 理 常 识

↓喀斯特地貌

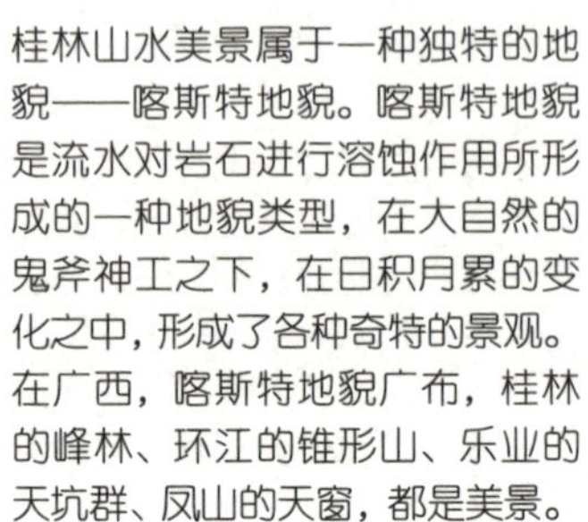
桂林山水美景属于一种独特的地貌——喀斯特地貌。喀斯特地貌是流水对岩石进行溶蚀作用所形成的一种地貌类型，在大自然的鬼斧神工之下，在日积月累的变化之中，形成了各种奇特的景观。在广西，喀斯特地貌广布，桂林的峰林、环江的锥形山、乐业的天坑群、凤山的天窗，都是美景。

在壮族同胞聚居区，每逢农历三月初三，这里就会成为山歌的海洋，人们席地而歌，在田间或江边对唱，年轻人用歌声传递着对爱情和美好生活的祈盼，一派喜气洋洋的气息。由于参加的人数众多，常常会形成上千人同时欢唱的大规模“歌圩”。20 世纪 60 年代的著名电影《刘三姐》讲述了壮族少女刘三姐用山歌反抗财主的故事，主题曲《山歌好比春江水》在我国广为传唱。

广西大地上也曾发生过不少激荡人心的大事件，秦始皇曾在这里开凿灵渠，这是我国最早的一条运河；洪秀全发动金田起义，领导了我国历史上规模最大的农民战争；清朝末年，民族英雄冯子材大败法国侵略者，取得了镇南关大捷；红军多次转战广西，留下了百色起义、血战湘江的激荡历史。

“绿城”南宁是广西的首府，得益于“雨热充沛，四时常青”的亚热带气候，这里半城山色半城楼，具有浓郁的岭南风情，一年四季有开不谢的鲜花，有跳不完的歌舞，有吃不重的美食。

在广西，还有一道风靡全国的著名美食——米粉，广西人可以一天不吃米饭，但绝少不了一碗米粉，柳州螺蛳粉、桂林米粉、南宁老友粉，样样让人垂涎欲滴。

山水秀甲天下，美食行销全球，风情别具一格，百姓乐生善活，这里，就是美丽的广西。

直辖市

重庆

不眠山城热情胜火

在中国，火锅是一道人人喜爱的美食，不论是在城市、乡村，还是在餐厅或者自己的家里，时常会见到火锅的身影。而要说我国哪里的火锅最有名，很多人都会异口同声地说出同一座城市——重庆。

重庆位于西南地区，是我国四大直辖市之一。南宋时期，重庆地区叫作恭州。民间传说，赵惇在恭州先是被封为恭王，后来又即帝位成为宋光宗，喜“庆”双“重”，于是他把恭州改名为重庆府，重庆由此而得名。又因为流经这里的嘉陵江古称“渝水”，所以重庆简称为“渝”。

说起重庆，“山水”二字则是不可回避的字眼，城在山中建，水在城中穿，山水凝结了重庆的城市风貌与城市精神的精华。

重庆被人们称作“山城”，境内地形以山地丘陵为主，占到了辖区面积的四分之三，主要的山脉有大巴山、巫山等。不过，重庆被称为山城，不仅仅是因为山多，更重要的是因为重庆城区是依山而建的，重庆市的中心城区渝中半岛其实是一个突起的山脊，9 平方千米的土地上海拔落差达到了数百米，形成了独特的城市景观。

这里的地势高低起伏不平，出行往往需要爬坡上坎，可是这一点儿都不影响高楼大厦的建造。好多几十层的高楼，你可以在大厦的中部直接下到地

▲ 重庆城区风光

面，因为这里有天桥直接通往与楼平行的半山腰，人们用“山高路不平，好个重庆城”来形容重庆城的崎岖不平。但如今，随着时代的进步，这一劣势却变成了优势，“穿楼而过”的轨道交通、富有层次感的夜景、魔幻的洪崖洞……这些都让重庆屡上头条，这一切皆得益于重庆独特的地理优势。

如果说重庆是“网红”城市，那么洪崖洞则是这座网红城市中最大的“网红”。洪崖洞依山傍水而建，以当地传统建筑特色的“吊脚楼”为主体，建筑物以山为背景，充满了磅礴的气势。当夜晚来临的时候，灯火将整座建筑照耀得金碧辉煌，与周围的高楼大厦形成了强烈的对比，堪称一大奇观。

重庆还是一座“江城”，整座城市虽是依山而建，却也是因水而生。长江及其支流嘉陵江在重庆市中心交汇，造就了重庆城的大致轮廓。在重庆市的主城区，横跨长江和嘉陵江的大桥有几十座，而整个重庆辖区的桥梁总数更是突破了10000座，因此重庆是我国名副其实的“桥都”。这里空气湿度大，地势又崎岖不平，因而经常有云雾弥漫，所以重庆也被大家叫作“雾都”。

长江在重庆境内一路向东，翻山越岭，在重庆和湖北交界一带形成了著名的长江三峡，历史上的很多文人墨客都曾在这里驻足停留，吟诗作词，大诗人李白曾经亲临三峡，写下了“朝辞白帝彩云间，千里江陵一日还”的千古绝句。沿着长江的支流乌江溯源，一路都是秀丽的峡谷风光，美丽的百里画廊就在这里。两岸喀斯特地貌广布，最著名的是武隆的天生三桥和芙蓉洞。群山之间，分布着许多苗寨和土家族村寨。

重庆气候炎热，被称为“四大火炉”之一，而这里的人们也同这里的气候一样，生性爽朗豪迈，热情似火。在重庆的地标中心解放碑，每天都是川流不息的人群，这里是我国西部的时尚前沿，尤其是夜幕降临、华灯初上的时刻，俊男靓女们穿梭在解放碑的步行街上，形成了一道亮丽的风景线，此时，重庆城的不眠之夜才刚刚开始！

文化常识

↓巴渝文化

巴渝文化是重庆文化的根，源于历史上的巴文化，具有山地环境和长江三峡水系的地域特色，是长江上游最富有鲜明个性的民族文化之一。

古代巴人一直生活在大山大川之间，以勇猛、善战而著称。巴人的军队参加周武王讨伐商（殷）纣王战争，总是一边唱着进军的歌谣，一边跳着冲锋的舞蹈，勇往直前，“武王伐纣，前歌后舞”的典故就是这样来的。

重庆又被叫作“火锅之城”，红油翻滚，香气扑鼻的火锅是你到了重庆不能也无法错过的美食。重庆的火锅店遍布大街小巷，这里的人痴迷于火锅所带来的刺激味道，沉醉在麻与辣的刺激体验之中。火锅就像生活在这里的人们，热情而奔放。

凿山而造、古色古香的洪崖洞，灯火辉煌；蜿蜒连绵、头晕目眩的立交桥，横跨江河；穿楼而过、名扬中外的轻轨，令人惊艳；还有火辣诱人的山城火锅、让人大汗淋漓的重庆温泉……在这些地方，你将遇见重庆最真实的烟火与灵魂。

四川

群山环抱的天府之国

在祖国的西南地区，有一片山环水绕的土地，这里风光秀丽，沃野千里，自古便有“天府之国”的美誉，这片神奇的土地便是四川。

四川地处我国的西南腹地，简称“川”或“蜀”。在我国古代，四川有许多美称，其中最为人熟知的是“天府之国”。那么，四川为什么会被人们称作是“天府之国”呢？主要还是由四川得天独厚的地理环境所决定的。

首先，四川盆地四面环山，周围都是崇山峻岭，西有青藏高原相扼，东有三峡险峰重叠，北有巴山秦岭屏障，南有云贵高原拱卫，形成了闻名于世的四川盆地。重重山脉将四川盆地团团围住，形成了一道道天然屏障，使得四川盆地内外交通闭塞，在古代战乱多发的年代里，这里“一夫当关，万夫莫开”，生活在这里的人们大多能置身于战事之外，一心一意谋发展。不过，大山的阻隔也给古人带来了很多的不便，就连大诗人李白也不由感叹，写下了“蜀道之难，难于上青天”的名句。

其次，整个成都平原土壤肥沃、雨量充足、气候温暖，特别适合农作物的生长。这里还有长江、岷江、沱江、嘉陵江的润泽，尤其是战国时李冰父子主持修建了都江堰水利工程后，成都平原更是成了农业和手工业高度发达的地区，是朝廷的税赋重地，正因为如此，四川盆地逐步取代了关中平原的

成都城区风光和西岭雪山

地位，成了真正的“天府之国”。成都也成了既繁华又舒适的大都市。

自古以来，四川都是战略要地，诸如张良、诸葛亮等有名的战略家都把它看作立国根基，而历朝历代中原王朝在经历战乱时，有生力量都会来到蜀地，休养生息，重新积蓄力量。而在抗日时期，四川更是抗日大本营，川军也成为中国抗战史上最悲壮的军队之一。他们为四川“天府之国”的美誉，又添加了浓墨重彩的一笔。

不过，随着时代的发展，大山已经不再是难以逾越的阻隔，飞机、隧道与桥梁连通了川内川外，蜀道“难于上青天”早已成为历史，四川的大山反而因为其秀美的风景，有着“峨眉天下秀，青城天下幽，剑门天下险”的美誉，吸引着无数游人不断前来。

当然，除了富饶的四川盆地，在四川西部还有辽阔的川西高原。在川西横断山区，南北向纵横着岷山、邛崃山、大雪山、沙鲁里山等一系列高大的山脉，金沙江、雅砻江、大渡河在山脉之间奔腾呼啸，景色高旷壮美。海拔7556 米的贡嘎山被称为蜀山之王，雪峰巍峨，直逼云天；风景如画的九寨沟享有“九寨归来不看水”的赞誉；卧龙保护区内则还生活着憨态可掬的国宝大熊猫。川西高原还是藏族同胞的聚居区，保留着很多风格独特的寺庙。

川蜀大地有着古老的文明史，在几千年前，这里便已经形成了以三星堆文明为主的发达的古代文明。在不断的发展中，这里出现了源远流长的巴蜀文化，古老的川剧和香辣可口的川菜更是成了四川的两张名片，令人向往。

在四川，每一座城市都有自己独特的个性和文化，绵阳是西部“科技之城”，自贡则是著名的“恐龙之乡”，泸州白酒香飘万里，是有名的“酒城”，攀枝花被誉为“富甲天下的聚宝盆”，在川西高原，还能够一睹藏族风情。

宜人的风景、丰富的传统文化以及令人垂涎欲滴的美食，让四川成为全国最受欢迎的省份之一。历经数千年的历史沉浮和风雨沧桑，这个被誉为“天府之国”的地方，依旧焕发着它强大的生命力，继续书写着自己的辉煌。

专题

成都：闲逸的天府之国

2017年，一首舒缓的民谣歌曲《成都》火遍大江南北，也让成都这座古老的城市迅速成为年轻人青睐的旅行目的地，成都以它独有的魅力让人痴迷与流连。

成都有着2000多年的悠久历史，随着时代的变迁与发展，这里厚重的历史文化底蕴并未被林立的高楼大厦所湮灭，深厚的文化渊源涵养了这座城市的气质，它以包容、豁达的情怀传承着这座古城的内在品格。

天府之国

成都平原四面环山，土壤肥沃，易守难攻，秦国李冰父子修建都江堰工程后，这里更是成了富庶的宜居之地，被誉为“天府之国”。

蜀汉国都

成都是三国时期蜀国的国都，在一代名相诸葛亮的治理之下，蜀国国力强盛，与魏国、吴国形成三足鼎立之势。成都现留有武侯祠以纪念诸葛亮的功绩。

休闲之都

成都是一座惬意的休闲城市，阳光、麻将、茶馆，是成都人美好的生活所求，去人民公园、宽窄巷子去感受成都的舒适吧。

川剧

成都是我国的戏剧之乡，素有“蜀戏冠天下”之誉。川剧变脸绝技独树一帜，令人叹为观止。

西部中心城市

成都是我国西南地区的中心城市，依托雄厚的科技力量和优势科技资源，成都已成为国家重要的高新技术产业基地、商贸物流中心和综合交通枢纽。

川菜

我国四大菜系之一，以麻辣鲜香著称，成都出产的郫县豆瓣被誉为“川菜之魂”，夫妻肺片、宫保鸡丁、回锅肉、麻婆豆腐、鱼香肉丝等菜品是川菜的代表。火锅也是川菜一绝。

省

贵州

地上地下多奇景

说起中国山最多的省份，贵州一定当仁不让，这里的山连绵不绝，遍布全省，有“八山一水一分田”“地无三尺平”的说法。

贵州位于我国西南腹地的云贵高原上，因为古代这里属于黔中郡，所以简称“黔”。贵州是我国唯一没有平原的省份，仅山间有零星的平坝属比较低平的地方。山地和丘陵占到了全省总面积的 90% 以上，武陵山、大娄山、乌蒙山……一道道山岭高耸挺立，散布在贵州的高原上。苗岭，这座长江与珠江水系的主要分水岭，横亘在贵州中部。云集的山脉，让贵州高原地势险奇。

不过，这里的山可不是普通的山，贵州被称为“中国的喀斯特省”“喀斯特博物馆”，这里是世界上喀斯特地貌发育最典型的地区之一，独特的地貌造就了贵州的多彩与神奇，让这里的地上地下都隐藏着无数的自然奇景。

先来看地上。贵州的荔波是一座独一无二的喀斯特生态公园，在这里，锥状喀斯特秀丽多姿，峰丛与峰林相互依从，河、湖、泉、溪为岩层带来无限生机，这里还分布着世界上面积最大的喀斯特原始森林。

在黔东北的山区，有一座独树一帜的孤峰高高耸立着，这便是梵净山，它从武陵山脉中段突然拔地而起，顶天立地，无比神奇，山间还生活着珍贵的黔金丝猴。与梵净山的孤峰形成鲜明对比的是兴义万峰林，在这里，近两万座峰丛峰林在波澜不惊的田园之间拔地升起，形成了我国最大的锥状喀斯特峰林奇观。

独特的山让这里的水也变得多彩多姿。在贵州，乌江、南盘江、北盘江、清水江、赤水河等几大河流纵横交错，它们在高原大地上奔流切割，形成了瀑布峡谷等众多神奇的景观。黄果树瀑布是我国最大的瀑布，磅礴雄浑的风姿让人们赞叹不已。马岭河峡谷风姿秀美，两侧怪石嶙峋，堪称鬼斧神工。在雄浑险峻的北盘江大峡谷上方，横亘着的北盘江大桥，是世界上最高的桥梁。

再来看地下。贵州的石灰岩地表难以存水，于是降水不断落入地下，形成地下河，经过不断冲蚀、崩塌、凝结，于是，在我们的视野之外，一个迷幻瑰丽的地下喀斯特世界便形成了。

“溶洞之王”织金洞，是地下喀斯特世界中的明珠，在这里，石笋、石柱、石幔、石芽等 40 多种堆积物遍布，形成千姿百态的岩溶景观。安顺龙宫以溶洞、洞穴、瀑布为主体，这里有全国最长、最美丽的水溶洞，被人们赞誉为“大自然的大奇迹”。在紫云格凸河景区，时光在巨大的山体上形成了穿洞，这里的人们还把岩洞变成住所，甚至在洞里建起了学校，令人称奇。

地下洞穴不断塌陷后，就形成了天坑，不少天坑无遮无拦，深不可测，是探险家们的乐园。在贵州省平塘县的一处喀斯特坑洼中，一座巨大的射电望远镜平卧在这里，这是世界上最大的望远镜，被形象地称为“中国天眼”。

地　理　常　识

↓岩溶型瀑布

岩溶型瀑布是在石灰岩分布区，由水流溶蚀作用使石灰岩岩层、落水洞等发生断陷而形成的瀑布。

岩溶型瀑布的特点是易形成梯级瀑布。除了黄果树瀑布，我国典型的岩溶型瀑布还有云台山瀑布和罗平九龙瀑布。

贵州不仅仅有喀斯特地貌。在贵州北部，美丽而神秘的赤水河曲折悠长，这里分布着世界上最典型、最优美的丹霞地貌，红军“四渡赤水”让这里扬名中外。用赤水河水酿造的茅台酒浓郁甘甜，是我国酱香型白酒的鼻祖。

在贵州的山与山之间，散布着一块块或大或小的坝子（平地），这些坝子就是贵州人聚居生活的地方，省内的一些主要城市，如第二春城省会贵阳、遵义会议召开地遵义、屯堡文化之乡安顺，都散落在这些坝子里。

在美丽的山水之间，分布着苗族、侗族、布依族、仡佬族等风情浓郁的民族，他们居住在独特的吊脚楼里，身穿鲜艳亮丽的服饰，过着简单而快乐的生活。贵州的西江千户苗寨是我国最大的苗族聚居村寨，肇兴侗寨则是我国最大的侗寨，苗家人的芦笙舞、侗寨的鼓楼和风雨桥远近闻名，吸引着无数人前来欣赏。这里的民族历史上曾历经辛酸与苦辣，他们把酸与辣两种味道搬上自己的餐桌，做出风靡世界的独特美味。

人与山的探索、尝试、共生，千百年来在贵州大地上从未曾间断。踏着时代鼓点的贵州人，如同古老却依然变幻无常的喀斯特山地一样，正在向新的道路迈进。

西江千户苗寨

省

云南

多样峡谷，七彩民俗

在祖国的西南边疆，有一片神奇的土地，这里有绮丽壮观的山川与峡谷，还有绚丽多姿的民族风情，这里就是七彩云南。

云南省简称“云”，又因古有滇国，又有滇池，也简称“滇”。这里的地形地貌复杂多样，海拔最高的梅里雪山有6700多米，最低的地方只有几十米，巨大的地形落差之下，高原、山脉、大河、峡谷纵横交错，共同织就了神奇的自然景观。在高山峡谷密林之间，生活着25个世居少数民族，其中15个民族只分布在云南，他们在这片七彩的土地上世代耕耘，成为一道道亮丽的风景线。

云南的中部和东部属于云贵高原的一部分。云南一向有“红土高原”之称，红色的土壤占据了大半个云南。放眼望去，山川和原野呈现出暗红、紫红、砖红等不同的红色，就连山区的河流也被落入水中的土壤染红。东川红土地被专家认为是全世界最有气势的红土地旅游区之一。

云南高原上的山地顶部大多是宽广平坦的地面，有“高山顶上路宽大”的说法。连绵起伏的山岭间，有许多湖盆和坝子，许多坝子里积水成湖，比如，在四季如春的“春城”昆明周边，就分布着滇池、抚仙湖等许多大小湖泊。

高原上还分布着神奇的喀斯特景观，在石林景区，无数姿态各异的喀斯特石山石柱巍然耸立，十分神奇，这里还流传着彝族“阿诗玛”的故事；在九乡、阿庐古洞和普者黑这些地方，你能遇到神奇美丽的喀斯特溶洞和峰林；而在云南南部的红河州，还有色彩斑斓、气势磅礴的元阳梯田在等待着你，在元阳你还能看到哈尼族独特的蘑菇房。

云南的西部则是另外一幅截然不同的画面，数百万年的造山运动使这里山高谷深，地形险峻而复杂，这里耸立着几条南北延伸的高大山脉，因为“横断”东西间交通而被称为横断山脉。群山之间，金沙江、澜沧江、怒江三条大河奔流南下，形成了神奇的“三江并流”景观，造就了许多独特的秘境。

这里有曾经让“中国远征军”难以翻越的高黎贡山，有圣洁而美丽的梅里雪山和玉龙雪山，有美丽险奇又原始古朴的怒江大峡谷，有万里长江第一大峡谷——虎跳峡，还有风花雪月之所——苍山、洱海。山水之间，大理、丽江、香格里拉、腾冲这些美丽的小城熠熠生辉，是无数人向往的地方。

滇西的高山密林之间，还掩藏着浓郁的民族风情，这里有传承东巴文化和纳西古乐的纳西族，有崇尚白色、能歌善舞的白族，有曾与世隔绝、崇尚纹面文化的独龙族，有在目瑙纵歌节上纵情狂欢的景颇族，还有敢于在刀杆节上“上刀山”“下火海”的傈僳族，这些民族保留着自己独特的民族文化和习俗，成为七彩云南的重要组成部分。

在云南省的最南部，还有一片风景独特、充满热带风情的土地，这里就是美丽的西双版纳。在这里，你不出国门就能欣赏到热带雨林的美景，西双版纳有全国唯一的热带雨林自然保护区，林木参天蔽日，珍禽异兽比比皆是。同时，这里又充满了佛教气息，佛塔、佛寺与傣家竹楼、翠竹古木交相掩映，一派神圣的景象。

生活在西双版纳的傣族是祖国西南地区一道亮丽的风景线，他们逐水而居，与水共生，对水有着特殊的感情。每年的 4 月份，傣族人都会举办盛大的泼水节，大家用纯净的清水相互泼洒，将祝福与祈盼托付给了激情飞扬的生命之水，泼水节也因它巨大的影响力而被誉为“东方狂欢节”。

云南位于祖国的西南边界，与越南、老挝、缅甸等国家接壤，是我国和东南亚交往的重要通道，古代有茶马古道，近代滇缅公路是“中国远征军”的生命通道。如今的昆明是我国的国际中转枢纽之一，昆明长水机场是我国十大机场之一。

云南是一个极具文化气息和底蕴的地方，这里有最醇美的自然秀美风光、最具诱惑的少数民族风情、最古老灿烂的历史文化，在这片远离纷争的净土上，人们可远离世俗，抛开压力，放下包袱，彻底地放空自我。

昆明东川红土地

文化常识

神奇的“云南十八怪”

云南独特的地理风貌、多彩的民族风情，造就了这里许多不同于其他地方的奇异现象，“云南十八怪”便是云南地理人文特色的真实写照。

云南十八怪个个都极富当地特色。如“鸡蛋用草拴着卖”说的是云南交通不便，当地人用稻草把鸡蛋扎成串来卖；“四季服装同穿戴”指这里的人们穿衣不分季节，体现了云南四季如春的温和气候；“老太太上山比猴快”，则体现了云南百姓在复杂地形里所练就的本领。

专题

南方的美丽小城

在我国南方的山水之间，掩藏着许多古色古香、风情各异的小城，这些小城中有布满岁月痕迹的古旧街巷，有典雅迷人的白墙黛瓦，有民族风情浓郁的木质小屋，有海风拂面的碧波银滩。这里的人们大多过着舒适而惬意的生活，保留着传统的生活方式和烟火味，在现代科技的冲击下，这些富有文艺味道和情调的小城反而坚强地活了下来，吸引着无数人前来一探芳容。

歙（shè）县（安徽）

歙县位于皖南山区，是古徽州的政治、经济和文化中心，我国著名的文房四宝当中的徽墨、歙砚的主要产地就在歙县，有“中国徽文化之乡”等诸多美誉。

在歙县古城，秀丽的山水与古朴的建筑相互融合，引人入胜。

阆（làng）中古城（四川）

嘉陵江畔的阆中自古就是四川的军事重镇，这里北通关中，向南经长江可入江南，地理位置非常重要。三国时蜀汉大将张飞曾长期驻守阆中，后人建有汉桓侯祠来纪念他。

阆中有长达2300多年的建城史，是全国四大古城中保存最完整的古城。许多传统习俗传承至今。

凤凰（湖南）

位于湖南省西部武陵山区，山环水绕，文化底蕴深厚，民族风情浓郁，自然景观多姿多彩，被誉为“中国最美丽的小城”。

古城保留着众多明清时期的古建筑，古色古香。这里还是作家沈从文的故乡。

丽江（云南）

丽江位于云贵高原的平坝上，邻近玉龙雪山，是一座没有城墙的美丽古城。

整座城市布局错落有致，既有山城风貌，又有水乡韵味。丽江民居玲珑清巧，被中外建筑专家誉为“民居博物馆”。在这里还能体验浓郁的纳西族文化。

大理（云南）

位于苍山脚下、洱海之畔的大理古城历史悠久，素有“文献名邦”的美名，这里拥有悠久的历史和璀璨的文化，保留着丰富的文物古迹。

古城的布局保持着明、清时期的棋盘式方格网状结构，有九街十八巷之称。大理是白族人的聚居区，有着浓郁的民族风情。

三亚（海南）

位于海南岛南端的三亚是一座美丽的热带海滨城市，这里拥有洁净的海水、沙滩、空气和阳光以及众多的人文景观，素有“东方夏威夷”的美称。

三亚是度假天堂，在亚龙湾、大东海、三亚湾、海棠湾等地，人们可以尽享大海赐予的美好与舒适。

潮州（广东）

潮州地处岭南，临近南海，是一座历史悠久的文化名城，也是我国有名的侨乡。

这里的潮州文化大放异彩，潮剧、潮州音乐、潮州大锣鼓、潮州菜、潮州工夫茶等长盛不衰。古城内有韩文公祠、广济桥等许多古迹。

自治区

内蒙古

从草原到沙漠

内蒙古大草原

提起内蒙古，人们最先想到的大概就是一望无际的大草原了。坐在美丽的蒙古包里，在悠扬的马头琴声中品尝着美味的烤全羊和马奶酒，抑或是纵马扬鞭、奔腾驰骋在无边的草原之间，是很多人心中无比向往的情景。

内蒙古是中国五个少数民族自治区之一，位于我国北部的边疆地带，与俄罗斯和蒙古国为邻。整个自治区呈东西向狭长状，从东到西的直线距离达到了2400多千米，与8个省区相邻，这里幅员辽阔，是全国土地面积第三大的省区。

内蒙古的地貌以高原为主体，海拔多在千米以上，属于蒙古高原的一部分，内蒙古高原也是我国的第二大高原，面积仅次于青藏高原。虽然同处于高原，但内蒙古东、西部的风景却迥然不同，东部大多是水草丰沃、辽阔无垠的大草原，西部则是以荒芜的沙漠和沙地为主。

我国有四大草原，内蒙古独占其二，而且是最大的两个，这便是著名的呼伦贝尔大草原和锡林郭勒大草原了。两大草原拥有我国最好的天然草场，到处是“天苍苍，野茫茫，风吹草低见牛羊”的风景，这里还是全国重要的畜牧业生产基地。

首先来看呼伦贝尔大草原。从大兴安岭以西一直延伸到蒙古国边境，这里是我国最大的连片草原。这里是一片没有任何污染的绿色净土，分布着包括额尔古纳河在内的3000多条纵横交错的河流，包括呼伦湖和贝尔湖在内的500多个星罗棋布的湖泊，一直延伸至松涛激荡的大兴安岭。由于地域辽阔、水草丰美，呼伦贝尔大草原有“牧草王国”的美称，草原歌曲《呼伦贝尔大草原》唱出了这里的美丽和辽阔，在我国广为流传。

文化常识

那达慕大会

那达慕大会是草原上蒙古族人民一年一度的传统盛会，通常在水草丰茂、羊肥马壮的七八月份举行。在那达慕大会上，草原勇士们会进行摔跤、赛马、射箭、套马等形式多样的民族传统活动。夜幕降临，草原上飘荡着悠扬激昂的马头琴声，篝火旁男女青年轻歌曼舞，沉浸在节日的欢快之中。

呼伦贝尔草原是众多古代文明、游牧民族的发祥地，东胡、匈奴、鲜卑、室韦、回纥、突厥、契丹、女真、蒙古等民族都曾经在这里繁衍生息，因此，这里也被史学界誉为“中国北方游牧民族摇篮”。

再来看锡林郭勒大草原。锡林郭勒草原位于锡林郭勒盟境内，锡林郭勒意为“丘陵地带的河”，这里既有一望无际、空旷幽深的壮阔美，也有风吹草低见牛羊的动态美，又有蓝天白云、绿草如茵、牧人策马的人与自然的和谐美。与呼伦贝尔大草原相比，锡林郭勒大草原显得更加低调、内敛，也更加原始、野性，小说《狼图腾》描绘的就是锡林郭勒草原上的情景。

在呼伦贝尔和锡林郭勒两大草原的中间地带，矗立着一座巨大的山脉，这就是我国东北地区的绿色宝库——大兴安岭。大兴安岭是内蒙古高原与东北平原的分水岭，有着我国面积最大、保存最为完好的原始森林。这里山峦叠翠，万倾林海无边无际，自然风光纯朴粗犷，是我国重要的木材产区。

说起草原和大兴安岭，就不得不提到一个古老、彪悍的民族——蒙古

▼ 腾格里沙漠

族。蒙古族是一个历史悠久而又富于传奇色彩的民族，被称为“马背上的民族”，千百年来一直在草原上过着游牧的生活。蒙古族的辉煌与一个伟大人物是分不开的，他就是一代天骄成吉思汗。成吉思汗不仅统一了蒙古大草原的各个部落，还一路向西向南拓展疆土，使得蒙古族达到了历史上最辉煌的时期，他的后代忽必烈最终统一了全国，建立了强大的元朝，在世界历史上写下了浓重的一笔。

比起草原上的碧草如茵、牛羊成群，内蒙古西部地区的大沙漠则是另外一种截然不同的风景了。我国的八大沙漠中，有四处位于内蒙古境内，分别是巴丹吉林沙漠、腾格里沙漠、库布齐沙漠和乌兰布和沙漠。置身于这些沙漠之中，黄沙漫漫，杳无人烟，你会感觉到无边的苍茫和寂寞，仿佛到了另外一个星球。当然，沙漠之中也会有一些神奇的景观，在阿拉善盟的额济纳旗，生长着顽强而坚韧的胡杨林，被人们称赞为“沙漠英雄树”。

浩瀚的沙漠之间，贺兰山和阴山两座大山巍然耸立，它们都是我国西北部的重要地理分界线。历史上，这里曾经是中原与北方少数民族的交界地带，经常会爆发冲突。岳飞的名篇《满江红》当中有“驾长车，踏破贺兰山缺”的名句，唐代边塞诗人王昌龄也曾经发出了“但使龙城飞将在，不教胡马度阴山”的豪言壮语。

中华民族的母亲河黄河流经内蒙古中部，哺育出了肥沃的河套平原。河套平原是沙漠当中的一片绿洲，这里土地肥沃，景色秀美，地下还埋藏着丰富的煤炭、石油等资源，内蒙古的一些主要城市大多位于河套平原地区，如“中国乳都”呼和浩特、“草原钢城”包头、“能源之城”鄂尔多斯等，使得这里成为一片生机勃勃的土地。

在这片美丽而厚重的土地上，世居草原的人们禀赋了英勇爽直、热爱自由的天性，飘扬的草原牧歌和悠闲的牛羊陪伴着安稳宁静的生活，洁白的哈达、醇香的奶酒和热情似火的篝火晚会无不在向你展示着草原人的热情与朴实。

专题

美丽的边疆城市

我国幅员辽阔，有着 22000 多千米的陆地边境线，与俄罗斯、蒙古等 14 个国家接壤，一条条铁路和公路线穿过边境，直抵南亚、西亚和欧洲等地，维系着我国与世界的联系，为我国的对外开放做出了不可磨灭的贡献。

漫长的国境线上分布着许多边境城市，它们是祖国的一个个大门，守卫着国家的安全，同时也肩负着对外交流和贸易往来的重任。这些美丽的边境城市大多有着浓郁的异域风情，富有地域特色。

满洲里（内蒙古）

位置：内蒙古自治区呼伦贝尔市　邻国：俄罗斯

人口：约 15 万　面积：453 平方千米

满洲里市地处东北亚经济圈的中心，是欧亚第一大陆桥的节点，也是全国最大陆路口岸，承担着中俄贸易 65% 以上的陆路运输任务。满洲里独领中、俄、蒙古三国风情，有“东亚之窗”的美誉。

满洲里国门位于中俄边境线上，连通中俄两国的列车每天驶入驶出国门。满洲里还有充满俄罗斯风情的套娃广场和美丽的呼伦湖，在这里还能品尝到兼具中、俄、蒙古风味的特色美食。

阿尔山（内蒙古）

位置：内蒙古自治区兴安盟　邻国：蒙古

人口：约 3.2 万　面积：约 7409 平方千米

在连绵的大兴安岭上，有一个山幽林静、泉清水秀、富有传奇色彩的袖珍边境城市阿尔山，这里森林覆盖率在 80% 以上，这里有广阔的火山熔岩地貌，罕见的矿泉群，以及丰富的动植物资源。阿尔山天池是我国第三大天池，景色幽雅迷人。阿尔山口岸与蒙古的松贝尔口岸相对应，是与蒙古、俄罗斯以至整个欧洲进行商贸交流和发展国际旅游业的重要通道。

霍尔果斯（新疆）

位置：新疆维吾尔自治区伊犁哈萨克自治州

邻国：哈萨克斯坦

人口：约 6.5 万　面积：约 1909 平方千米

霍尔果斯的蒙古语意为“最佳游牧地”，自古以来就是古丝绸之路北道上的一个重要驿站，是新亚欧大陆桥重要的咽喉地带，也是连霍高速公路的终点。霍尔果斯是新疆最大的边境口岸，这里的中哈两国共同设立的国际边境合作中心，是全球首个跨境自由贸易区。

二连浩特（内蒙古）

位置：内蒙古自治区锡林郭勒盟　邻国：蒙古

人口：约 7.6 万　面积：约 4015 平方千米

二连浩特是国家批准的首批 13 个沿边开放城市之一，也是重要的进出口物资集散地，被誉为中国的北大门。二连浩特国门矗立于中、蒙边境，国门下面的中蒙列车轨道被誉为“欧亚大陆桥”。二连浩特还是世界最大的白垩纪恐龙化石埋藏地，边境风光和草原风情吸引了很多中外游人前来观光。

甘肃

东南西北交会地

在很多人的印象当中，甘肃是一个偏远的西部省份，有着大片干旱的土地、漫天的风沙以及荒凉肃杀的边关。而实际上，这里不仅曾在历史舞台中央尽展雄姿，还拥有黄河、冰川、峡谷、沙漠和绿洲。这个多元而美丽的省份，你敢说真的了解它吗？

甘肃简称“甘”或“陇”。在古代，今天甘肃境内的张掖被称为甘州，酒泉被称为肃州，甘肃这一名称便由此而来。甘肃是我国最包罗万象的省份，各种截然不同的自然风光、水火不融的动植物都在这里汇集，各种历史、文化、民族、宗教也都在这里交会、融合，使得这里成为一片多元而美丽的土地。

而这一切都要从甘肃的形成说起，按照地形地貌的差别，甘肃可以分成四大部分，每一个区域的形成都源自于地理与历史共同织就的史诗。

第一部分是位于陇东和陇中的黄土高原，大致包含了兰州、定西、庆阳等地。大约3000年前，周人的先祖率领周部落避开混乱的中原，来到当时被视为戎狄之地的甘肃东部一带耕织繁衍。

迁移至此的周部落，带来了先进的农业生产技术，正好在黄土之上获得了用武之地。在周部落的精心打理之下，黄土地变成了“沃野弥望”的良田，成为一个大粮仓，周部落也得以逐步发展壮大。他们先是从陇东高原扩展到渭河流域，最终羽翼丰满的周部落，经过武王伐纣建立了周朝。

第二部分是陇南山地。这里，秦岭由东而来，岷山山脉由南而来，大山交会、重峦叠嶂、山高谷深。大约2900多年前，嬴氏部落的首领嬴非子因养马能力出众被周孝王分封到“秦”，专门负责在“秦”给王室养马。当时的“秦”便位于今天甘肃天水市清水县境内。

陇南山地有白龙江和汉江两条河流，河流冲出大山，在河谷两侧以及山峦的平缓处滋养出茂盛的牧草，秦人在这里养马练兵，逐渐形成比中原地区战斗力更强的武装力量。正是依靠陇南山地的哺育，秦人在其后的600余年间，逐渐扩大领地，直至扫灭六国，建立了我国第一个中央集权制王朝：秦。

第三部分便是有名的河西走廊了，它位于黄河以西，巴丹吉林和腾格里两大沙漠在它的北侧伺机南下，空气稀薄的青藏高原、干旱的柴达木盆地则在南侧寸步不让，再加上祁连山和北山山脉的南北夹峙，形成这条宽度从数千米到近百千米不等的狭窄走廊。在古代，从中原前往西域，除了这条窄窄的走廊几乎无其他路可选。

▼ 敦煌月牙泉

西汉初年，中原一直面临北方强邻匈奴的骚扰。汉武帝不仅派出张骞出使西域，寻找盟友，打通了著名的丝绸之路，还连年用兵，汉匈冲突持续了百年之久。在这期间，李广、卫青、霍去病等众多英雄人物率军穿河西，越长城，为守卫中原做出了巨大贡献，历史上也流传下来大量的边塞诗来赞美他们。

河西走廊南侧的祁连山长达 800 千米，平均海拔超过 4000 米，森林密布，草场辽阔，祁连山山谷还发育出 3000 多条冰川，冰川融化形成无数条河流，滋养出了无数绿洲。祁连山北麓的武威、金昌、张掖、酒泉正是建立在一个个绿洲之上，有“金张掖、银武威、玉酒泉”的说法。在河西走廊的西部，还坐落着一座古老的城市——敦煌，敦煌有一处佛教艺术宝库——莫高窟，有着数量众多的佛教壁画和彩塑，莫高窟与同在甘肃的麦积山石窟均为我国四大佛教石窟的组成部分。

在河西走廊两侧的山地之间，掩藏着神奇的地质奇观：张掖丹霞造型奇

张掖丹霞

文 化 常 识

边塞诗

2000 多年来，无数诗人沿着丝绸古道走过甘肃，他们在金戈铁马的征战中实现着自己的人生抱负，也在大漠戈壁的征途中留下了大量的边塞诗篇。

唐代是我国边塞诗的鼎盛时期，李白、杜甫、骆宾王、陈子昂、高适、岑参等人都在甘肃大地上留下了夺目的诗篇。著名的边塞诗有李白的《关山月》《塞下曲》，杜甫的《兵车行》《前出塞九首》，王昌龄的《出塞》《从军行》，王之涣的《出塞》，王翰的《凉州词》等。

特、色彩斑斓、气势磅礴，如同一个七彩的童话世界；敦煌雅丹国家地质公园风蚀地貌千奇百怪，凝固着大自然与岁月的整合。

甘肃的第四个地理区域就是充满藏族风情的甘南高原。甘南高原属于青藏高原的边缘，岷山、西倾山、积石山三条山脉贯穿甘南高原全境，使得这里山地众多，且山形独特。生活在这片土地上的多为藏族同胞，著名的寺院拉卜楞寺和郎木寺都坐落在甘南的山地之间。

四大不同的地理区域和四种各具特色的历史文化，使得甘肃省在整个中国的版图上显得十分独特，不一样的中华文化在甘肃大地上交会、融合，不同生活方式和习俗的民族在这里共存，让甘肃成为一片绚丽多姿的土地。

经历过河西走廊的战火与丝绸之路的繁华，今天，兰州成为甘肃省新的中心，这座以一碗牛肉面而闻名全国的城市，在一带一路的新起点上，将引领甘肃创造新时代新的辉煌。

自治区

宁夏

黄河上游的沃土

说起西北，人们总会联想起荒凉的沙漠戈壁，荒凉和贫瘠似乎成了这里的代名词，但是在西北的宁夏，却是另外一幅情景，这里是沙漠边的一片绿洲，被人们称作是“塞上江南”。

宁夏回族自治区是我国五个少数民族自治区之一，位于我国西北部的黄河上游。历史上，元朝打败西夏以后，取“西夏安宁”的意思，将这里命名为宁夏。从全国来看，宁夏不论从土地面积还是人口数量上，都是比较小的，堪称中国的袖珍省区。

在荒漠和丘陵的包围中，宁夏却能独善其身，享有“塞上江南”的美誉，这其中有什么奥秘呢？这一切都与中华民族的母亲河——黄河的润泽分不开。

黄河在中华大地绵延上万里，从西向东一路奔流，不过，黄河并不一直是温顺祥和的，它在历史上经常“发脾气”，给下游的百姓带来了很多灾难。但是，黄河却把它最好的一面留给了宁夏平原，造就了这里的千里沃野，所以有“天下黄河富宁夏”的说法。银川、石嘴山、吴忠、中卫、固原是宁夏的五大城市，前四个都分布在黄河两岸。

黄河在宁夏境内流程约 400 千米，在黄河水的滋养下，整个宁夏平原土地肥沃，湖泊众多，湿地连片，水草丰美，成为著名的鱼米之乡，是北方水

西夏王陵

稻的主产区之一。枸杞、甘草、贺兰石、滩羊皮、发菜是著名的“宁夏五宝”。宁夏平原上的人们感恩于黄河赐予的福祉，他们在民谣中唱道：“宁夏川，两头子尖，东靠黄河西靠贺兰山，金川银川米粮川。”

黄河的西岸是山势雄伟的贺兰山，它因为岳飞的一首《满江红》而闻名天下。贺兰山在古代是匈奴、鲜卑、突厥、党项等北方少数民族驻牧游猎、生息繁衍的地方，这里分布着几千幅神秘悠远的古代岩画，堪称游牧民族的艺术画廊。公元 1038 年，党项族的首领李元昊在银川建立了西夏王朝，在宁夏称雄将近 200 年之久，直至今天，贺兰山下的西夏王陵仍然在向人们讲述着那段辉煌的历史往事。

同北部的江南风情不同，宁夏的南部属于黄土高原的一部分，景色苍茫辽阔。六盘山矗立于最南端，山势陡峭，森林密布，是很好的避暑之地。红军长征经过六盘山时，毛泽东曾在这里留下了“不到长城非好汉”的名句。

生活在宁夏大地上的回族，是我国分布最广的少数民族。他们的饮食以清真风味为主，手抓羊肉、羊杂碎、羊肉泡馍、宁夏酿皮子等美味天下闻名。在这片美丽富饶的土地上，质朴的民风至今未变，田园牧歌般的生活令人向往，成为祖国大西北一颗耀眼的明珠。

自治区

新疆

大山大漠间是绿洲

在祖国的西北边陲，有一片神秘而辽阔的土地，被誉为歌舞之乡、瓜果之乡和宝石之乡，这个神奇的地方就是新疆。

新疆维吾尔自治区位于欧亚大陆的中心地带，简称“新”，面积占到了全国国土总面积的六分之一，是我国最大的省级行政区。新疆还与蒙古、俄罗斯、哈萨克斯坦等 8 个国家接壤，是我国西部的重要门户。

新疆的地貌可以概括为“三山夹两盆”，横亘在北面的是阿尔泰山，南面则是巍峨的昆仑山，天山横贯全区中部，将新疆分为南北两部分，人们习惯上称天山以南为南疆，天山以北为北疆。在这片地广人稀的土地上，三座高高的山脉怀抱着我国最大的两个干旱盆地，我国第一大和第二大沙漠也都集中在这里，新疆境内的沙漠占到了我国沙漠总面积的三分之二。

首先来看北疆，它包含天山以北、阿尔泰山以南的大片区域。阿尔泰山是亚洲中部的一条大山脉，其主峰友谊峰地处中国、蒙古国、俄罗斯、哈萨克斯坦四国交界处附近，海拔 4374 米，终年被积雪覆盖着。位于阿尔泰山中段深处的喀纳斯湖，是我国唯一属于西伯利亚—北冰洋水系的湖泊，它形如弯月，湖水最深处达 188.5 米，是我国第三深的湖。这里湖水纯净，景色优美，周边的禾木村、白哈巴村山清水秀，还分布着图瓦人的木屋，炊烟袅袅，别具风情，被称为“人间净土”。

不过，占据北疆大部分区域的还是我国第二大的准噶尔盆地，准噶尔盆地的腹地有我国第二大的古尔班通古特沙漠，是地球陆地上距离海洋最远的地方。在准噶尔盆地，雅丹地貌特别出众，尤其以“魔鬼城”最具有代表性，其造型千奇百怪，如同一座座庞大的古城堡群。不过，遍布黄沙的准噶尔盆地虽然看似荒芜，然而它的地下却蕴藏着丰富的石油和天然气资源，克拉玛依大油田上的钻油机数不胜数，一派富饶美丽、生机勃勃的景象。

再来看南疆，它包括天山山脉和昆仑山脉之间的广大区域。昆仑山是亚洲中部的大山系，也是我国西部山系的主干，被赞誉为中国第一神山、万祖之山。被称为“昆仑三雄”的公格尔峰、公格尔九别峰和慕士塔格峰，是现代冰川的大本营，其中的慕士塔格峰更是被尊称为“冰山之父”。

天山与昆仑山之间的南疆地区以塔里木盆地为主体，塔克拉玛干沙漠位于塔里木盆地中央，是我国最大的沙漠，也是世界第二大流动性沙漠，面积

▼ 天山牧场

▲ 赛里木湖　▶ 塔里木河畔胡杨林

达 33 万平方千米。整个沙漠以裸露的高大流动沙丘为主体，沙丘形态复杂，包含了我国沙漠几乎所有的沙丘类型。在塔克拉玛干沙漠的最东缘，还有被称作“死亡之海”的罗布泊，我国的第一颗原子弹就是在这里成功爆炸的。

奔流在南疆的塔里木河蜿蜒于塔克拉玛干大沙漠的西、北、东三面，几乎把三分之二的塔克拉玛干大沙漠拥进了怀里，是我国最长的内陆河流，千百年来，它滋润哺育了河畔绿洲上的各族人民，被誉为“生命之河”。

横贯新疆中部、把新疆分为南北两个板块的天山是一条巨大而绵长的山脉，也是一条自然的地理分界线。在天山山系中，海拔在 5000 米以上的山峰有数十座，这些高耸入云的山峰，终年被冰雪覆盖，远远望去，闪耀着银辉的雪峰雄伟壮观，庄严而神秘。美丽的天山天池是天山上最亮丽的一颗明珠，最深处超过百米，湖畔森林茂密，绿草如茵，是无数人心中的圣地。

在多数人的心目当中，沙漠意味着干燥和枯燥，然而，新疆的天山南北却有着我国最好的高山牧场，分布着蜿蜒的长河、晶莹的湖泊、茂盛的森林和丰美的草原，这些美丽的风景就坐落在大漠与高山之间的绿洲中。

文 化 常 识

↓木卡姆

木卡姆是融合维吾尔族民歌、器乐、说唱、歌舞于一体的大型歌舞套曲形式，在新疆被誉为“维吾尔音乐之母”，最具代表性的流派有十二木卡姆、吐鲁番木卡姆等。

十二木卡姆音乐历史非常悠久，它继承和发扬了古代西域音乐中的《龟兹乐》《疏勒乐》《高昌乐》《伊州乐》《于田乐》等音乐传统，在汉唐时期就已形成了完备的艺术形式，对中国音乐的发展产生过积极的影响。

天山的东部有被称为“火洲”的吐鲁番盆地，吐鲁番艾丁湖低于海平面约 154 米，是我国的陆地最低点。这里是我国夏天最热的地方，火焰山飘来的滚滚热浪与天山上流下来的甘甜圣水汇聚在这里，它们共同哺育和生产出了让人垂涎欲滴的美味——吐鲁番的葡萄。除了葡萄，天山南北还盛产哈密瓜、香梨等瓜果，获得了“瓜果之乡”的美名。

天山的西部则是美丽的伊犁河谷，被誉为“塞外江南”。从天山流出的雪山之水哺育着这里的万物生灵，这里既有雄美的雪峰、冰川，也有俊秀的河川和美丽的赛里木湖，既有恬静悠然的那拉提和巴音布鲁克牧场，又有人神共织的农耕大地，所以人们常说：“不到伊犁，不知新疆之美。”

天山南北聚居着一个个能歌善舞的民族——维吾尔族、哈萨克族、柯尔克孜族……他们保留着自己独特的民族风情。在乌鲁木齐、喀什、伊宁、哈密等城市，大街上身着五颜六色的人们熙熙攘攘，商店内各种商品琳琅满目，餐馆中各种民族美食让人垂涎欲滴，都是感受新疆民族风情的好去处。

今天的新疆，百姓安居乐业，各民族其乐融融，在张骞出使西域的古丝绸之路上，更多的人们正在走进新疆，去探索这片神秘的土地。

专题

丝绸之路上的古城

悠悠古丝绸之路，自2000多年前张骞开通后，一直承载着千百年的华夏文明，是东西方政治、经济、文化交流的大动脉，留下了丰厚的历史宝藏。

丝绸之路以西汉都城长安（今西安）为起点，跨越陇山山脉，穿过河西走廊，通过玉门关和阳关，抵达新疆，并最终延伸至欧洲。今天，丝绸之路的辉煌早已成为过去，散落在丝绸古道上的一座座古城，似乎还在向人们诉说着那段激荡人心的历史。

敦煌（甘肃）

历史：秦朝之前为月氏人的属地，汉代设敦煌郡，此后一度称沙州。清朝属甘肃省安西州。

位置：甘肃，丝绸三路分叉的起点。

敦煌是古丝绸之路上的重镇，它在历史上的地位相当于今天的香港、上海，是当时的国际大都会和重要的通商口岸。汉武帝消灭匈奴，统一河西后，揭开了敦煌辉煌史的第一页，丝绸之路的开通和西汉政府的移民政策使敦煌出现了繁荣昌盛的景象，它逐渐发展成为西北军政中心和文化商业重地。唐朝后期，随着商业贸易因为各种原因而中断，敦煌逐渐衰落。如今，这里还有莫高窟、阳关等古迹。

库车（新疆）

历史：汉朝属西域龟兹（qiū cí）国。唐朝时曾为西域都护府治所，清朝设库车办事大臣。

位置：新疆，在丝绸之路中线上。

库车古称龟兹，曾是古丝绸之路上一颗璀璨的明珠，是东西方文明交会的重要节点，在很长的历史时期内，宗教、文化、经济等极为发达，有“西域乐都”“歌舞之乡”等美誉。今天的库车是国家历史文化名城，有古城墙、古寺、洞窟、烽燧、古墓等许多文物古迹，龟兹乐舞、乐曲、乐器、民风民俗、传统工艺品等非遗文化也很丰富。

喀什（新疆）

历史：汉朝属西域疏勒国。唐朝设疏勒都督府，清朝为喀什噶尔参赞大臣驻地。

位置：新疆，在丝绸之路中线上。

喀什位于新疆西南部，古称“疏勒”，曾是西域三十六国之一。2100 多年以来，喀什一直是新疆南部的第一大城，是古代丝绸之路北、中、南线的西端总交会处，也是古丝绸之路最繁华时期的一个重要驿站，接待着南来北往的东西方客商。喀什古城有着世界上现存规模最大的生土建筑群之一，还有闻名遐迩的香妃墓、艾提尕尔清真寺等景点。

伊宁（新疆）

历史：汉朝属西域都护府，唐初属安西都护府，清朝为伊犁将军驻地惠远城。

位置：新疆，在丝绸之路北线上。

伊宁地处伊犁盆地中央，是伊犁哈萨克自治州的首府，国家历史文化名城。在古代，伊犁是从新疆通往中亚的重要通道。清朝，伊犁曾经是新疆的政治、经济、军事中心。惠远古城至今保存不少古迹，走进将军府，依然会被那份庄重的历史氛围而感染。著名的爱国将领林则徐曾在这里居住了两年零一个月，留下了令人追忆的种种事迹。

省

青海

高原水塔滋润九州

人们总是对青藏高原心驰神往，渴望去那片高高的土地上亲近蓝天，享受放飞的感觉。青海，一片孕育了大山大河的热土，就在青藏高原上。

说到青藏高原，你会想到什么？原始？狂野？荒芜？苍茫？青海省就雄踞在世界屋脊青藏高原的东北部，是青藏高原上的重要省份之一，因省内有我

国最大的咸水湖——青海湖而得名。其实，这个平均海拔 3000 米以上的地方并不太适合人类居住，虽然它的陆地面积排名全国第四，可五分之四的地区都被高原、山地覆盖，再加上日照强、温度低、降水少等特点，生存环境实在是太恶劣了。

是什么让这片贫瘠的土地上出现了文明的曙光呢？水！水的存在，完全改变了青海的样貌。青海省高原山地广布，众多高山峰顶均被冰雪和冰川覆盖，所以这里河流众多，大小湖泊更是星罗棋布，著名的长江、黄河、澜沧江就发源于青海的三江源地区，从这里流淌出的一条条河流，源源不断地滋养着人类文明，三江源地区也因此有了“亚洲水塔”的美誉。

有水便有了万物生长，在广袤无垠的青藏高原上，从来都不缺风景。青海的美，美在壮美澄澈的青海湖，夏季环湖千亩油菜花竞相绽放，碧波万顷的湛蓝外，散布着金灿灿的亮黄，宛若一幅绚丽的油画；青海的美，美在连绵起伏的祁连山草原，高山牧场上野花五彩缤纷，数不尽的牛羊点缀其间，演奏了一曲悠扬的田园牧歌；青海的美，美在辽阔苍茫的可可西里，这里是“世界第三极”，是藏羚羊、藏野驴、野牦牛等珍稀野生动物的乐园。

祁连山南麓风光

青海历史悠久，并具有很强的包容性，这里是我国多民族聚居的地区之一。生活在青海的各族人民，在长期的历史岁月中形成了各自的民族风情。青海的世居少数民族主要有藏族、回族、土族、撒拉族和蒙古族，其中土族为青海所独有。

多样的民族催生了特色的民族文化，青海便是“花儿”的故乡。“花儿”是一种民歌，被誉为大西北之魂。生活在这里的各族群众，无论在田间耕作、山野放牧，或者路途赶车，只要有闲暇，总要唱上几句悠扬的“花儿”。可以说，“花儿”是当地人生活中必不可少的“调味品”。

高海拔高寒地区，交通总是不便的，记得有个旅行家说过：“有昆仑山脉在，铁路就永远到不了拉萨。”中国人的力量是伟大的，历经千难万苦，2006 年 7月 1 日，青藏铁路终于通车了。这是一条人力构筑的“天路”，连接了青藏高原和中原，开启了一段美好的旅途。坐在列车上，随着海拔一路升高，你会经过晶莹的雪山，看到碧蓝的湖泊，最终到达日光之城——拉萨。

西宁作为青海省的省会，则是青藏铁路的始发站。西宁古称“湟中”，是一座具有 2100 多年历史的高原古城。这里是沟通中原与西部边地的重要城市，也是历史上“唐蕃（bō）古道”必经之地，今天的西宁也依然是通往青藏高原腹地的交通要冲。

也许在你看来，西宁只是旅行的中转站，但即使你只是这里的匆匆过客，也一定要去塔尔寺转一转。作为世界第二佛陀宗喀巴大师的诞生地，寺内绚丽多彩的壁画、精美绝伦的堆绣和栩栩如生的酥油花被誉为“塔尔寺艺术三绝”，很值得一看。

去青海吧！如果说西藏是人们追寻信仰的天堂，香格里拉是人们心中最后的净土，那么青海则是人与神灵、自然和谐并处的乐园。

自治区

西藏

雪域高原好风光

西藏是很多人心目中的净土，虔诚的教徒们不辞万里来到这里进行朝拜，万千的游子不畏高原反应进入西藏寻找灵魂的归属。这片土地究竟有怎样的魔力，吸引着人们纷至沓来?

西藏自治区简称“藏”，位于我国的西南边陲、青藏高原的西南部，约占我国国土总面积的八分之一，仅次于新疆，居全国第二位。西藏所在的青藏高原是我国第一大高原，平均海拔达到了4000米以上，是世界上海拔最高的地方，被称为“世界屋脊”，又被视为南极、北极之外的“地球第三极”。

在这片巨大的高原上，雪山峻岭遍布。南部边境一带是雄伟的喜马拉雅山脉，从札达土林一直到南迦巴瓦峰，绵延2000多千米。中部，冈底斯山脉和念青唐古拉山脉，把西藏分为南北两部分。东部横断山脉纵横交错，山高谷深，这些巨大的山脉将西藏隔绝于尘世之外，成为亚欧大陆中部的一片净土。北部则横亘着昆仑山脉和唐古拉山脉，成了西藏和新疆、青海的分界。

西藏境内海拔在7000米以上的高峰有40多座，其中有5座海拔超过了8000米。喜马拉雅山脉的主峰珠穆朗玛峰高耸于中国与尼泊尔的边境线上，根据最新的测量结果，它的高度达到了8848.86米，是世界上最高的山峰。珠峰的山顶终年积雪，圣洁而美丽，每年都会有大量的登山爱好者聚集在珠峰脚下，挑战攀越世界最高峰的目标。在珠峰峰顶，经常会出现一片神奇的旗云，时而像汹涌的海浪，时而像袅袅的炊烟，为珠峰增添了不少神秘感。

珠穆朗玛峰虽然是世界最高峰，不过，在藏族同胞的心目当中，另一座山峰才是他们心中最重要的神山，这就是冈仁波齐峰。冈仁波齐峰的外形如同一座巨大的金字塔，山体如水晶砌成，直插云霄，在蓝天白云下熠熠生辉，放出奇异梦幻的光芒，令人震撼。每年都会有大量来自印度、尼泊尔、不丹以及我国各大藏区的朝圣队伍围绕冈仁波齐峰进行转山，来表达他们的虔诚。

大山孕育大河，喜马拉雅山脉的冰川融化成水，涓涓溪流不断汇集，最终形成了奔腾东流的雅鲁藏布江。雅鲁藏布江意为“高山流下的雪水”，是西藏最大的河流，也是世界上海拔最高的大河，被藏族同胞视为“摇篮”和“母亲河”。雅鲁藏布江一路向东奔流，被喜马拉雅山东段的南迦巴瓦峰挡住去路后被迫改变方向，形成了奇特的马蹄形大拐弯峡谷。整个雅鲁藏布大峡谷冰川、绝壁、陡坡和巨浪滔天的大河交错在一起，许多地区至今仍无人涉足，被称为是“地球上最后的秘境”。

▼ 拉萨城区风光

西藏还有我国最美丽的湖泊。在藏语中，湖被称为“错”，纳木错、羊卓雍错、玛旁雍错是西藏最著名也最美丽的三大圣湖，色林错则是西藏新崛起的第一大湖。这些高原湖泊水色湛蓝，清澈见底，与周边的雪山和蓝天白云相互映衬，形成了一幅空旷高远、美不胜收的画面，在这里，你会感觉自己远离世俗尘埃，仿佛来到了世界尽头。

在西藏北部有一片人迹罕至的区域，被称为“藏北无人区”。这里自然环境恶劣，保留着最原始的自然风貌，但却是一个巨大的天然野生动物园。在这里常常可以看到成群的野牦牛和藏羚羊，这些生活在恶劣环境中的生灵为“无人区”增添了不少生气。

青藏高原恶劣的自然环境孕育了勇敢而坚强的藏族人，他们和喜马拉雅山脉一样，天生有种质朴厚拙、从容淡定的气质。他们在高原上种植青稞，养殖牦牛，以糌粑（zān ba）为主食，搭配青稞酒和酥油茶，过着简单而安静的生活。

▼ 纳木错风光

勤劳勇敢的西藏人民是忠实的信徒，他们大多信奉藏传佛教。在西藏，到处都有古老的佛教寺庙，大昭寺、哲蚌寺、甘丹寺、色拉寺、扎什伦布寺等，都是历史悠久并且富有影响力的藏传佛教寺庙。在一年一度的雪顿节上，藏族同胞们一起观展佛、看藏戏、逛林卡、吃酸奶，在敬奉神灵的同时也享受着高原生活特有的乐趣。

西藏的首府拉萨是一座美丽的高原城市，1000 多年前，松赞干布在拉萨建立了强大的吐蕃王朝，他迎娶了唐朝的文成公主，并建成了美丽的布达拉宫。布达拉宫是一座藏式风格的宫殿，矗立在拉萨市区的红山之上，是世界上海拔最高、规模最大的宫堡式建筑群，它与山岗融为一体，巍峨耸峙，壮丽辉煌，每年都吸引着大量的中外游客前来参观。

随着进藏交通的不断完善，今天的西藏早已经揭开了它神秘的面纱，但是，这片土地的吸引力却丝毫未减，相反，越来越多的人更加渴望进入西藏，去感受它超越尘世的美丽，去接受天人合一的灵魂洗礼。

远眺珠峰，心之所向

地理有话说

中国的吃和穿

周国宝 著

中国轻工业出版社

中国衣和食总览图

4 维吾尔族服饰

3 蒙古袍

阿勒泰羊

乌鲁木齐

吐鲁番葡萄

4

新疆长绒棉

昆仑山

西藏牦牛

5

拉萨

珠穆朗玛峰

5 藏袍

6 苗族服饰

图例

河流	水稻	柑橘	羊	棉花
运河	小麦	葡萄	牛	刺绣
湖泊	油菜	香蕉	鱼	织锦
山峰	花生	荔枝	虾	服装
主要纺织产业城市	苹果	鸡	蟹	鞋帽
其他重要城市	梨	猪	四大地理单元分区界	

2 陕北服饰
三河牛
东北细毛羊
1
哈尔滨
1 东北服饰
乌珠穆沁羊
3
沈阳
北京
鄂尔多斯
大连
黄
渤海
黄渤海渔场
2
烟台苹果
赵县梨
寿光鸡
青岛
河
黄
宁夏滩羊
辛集皮毛
山东棉花
洛川苹果
兰州
西安
海
A 蓝印花布
砀山梨
苏锦
A
宋锦
秦
岭
南京
云锦
海宁皮革
濮院羊毛衫
织里童装
南阳牛
上海
苏州
荣昌猪
舟山渔场
蜀绣
武汉
B
杭州
宁波
东
蜀锦
成都
丑橘
江
黄岩蜜橘
长
金华猪
C
温州
B 丝绸
6
湘绣
长沙
海
宁乡猪
D
沙田柚
赣南脐橙
泉州
广州
三黄鸡
砂糖橘
广州
粤绣
珠
南
江
佛山
壮锦
海
虎门女装
沙溪休闲装
北部湾渔场
南海沿岸渔场
D 蜡染
南
海
C 夏布
南海诸岛

▼ 浙江楠溪百桌宴

序言

地理和人们的生活密切相关。在饮食和穿衣方面也非常明显，不同的地理环境，尤其是气候，深刻影响着人们的食物和衣物。

食物与环境密切相关。粮食作物，其种植环境受气温、降水影响很大。雨水多的南方主食是米饭，雨水少的北方主食是面食，高寒的青藏高原主食则是青稞。油料作物，北方多花生，南方多油菜。糖料作物，北方多甜菜，南方多甘蔗。水果方面，北方有苹果等温带水果，江南有柑橘等亚热带水果，岭南有香蕉等热带水果。肉类方面，畜禽的饲养原料也深受环境影响，草原上产牛羊，杂粮区养鸡猪，水乡里有鸭鹅，水产则依赖河湖海洋。饮品方面，南方多茶叶、果汁，北方多牛奶、豆奶。

衣物也与环境密切相关。北方人为了御寒，皮衣（兽）、棉衣（棉花）广受欢迎。南方人为了凉爽，丝绸（蚕）、夏布（苎麻）备受青睐。多雨的江南，人们发明了油纸伞；多风的陕北，人们爱戴羊肚头巾；青藏高原昼夜温差大，人们白天穿藏袍时只穿一只袖子；三江平原河多鱼多，赫哲族常穿鱼皮衣。

了解环境对生活的影响，会让我们的生活更加美好。

目录

概说

南方地区

吃

穿

北方地区

吃

穿

西北地区

吃

穿

青藏地区

吃

穿

概说

◆

悠久的饮食文化

俗话说“民以食为天”，中国人特别注重饮食。因为地域广阔，环境多样，物产丰富，各民族生活习惯也不同，在历史长河中慢慢形成了丰富多彩的饮食文化，并享誉世界。

原始时代人们只能靠打猎和采摘野果填饱肚子。后来，人们学会了使用火，学会了种植庄稼。夏朝时，出现了最早的杜康酒。周朝时期人们不再以打猎为主，饮食以谷物蔬菜为主食，还发明了调味的豆酱。

“谷”原来是指有壳的粮食，“五谷”原来指我国古代所称的五种谷物，后来泛指粮食类作物。早期“五谷”指的是稻（大米）、黍（黄米）、稷（通常指粟，即小米）、麦、菽（大豆）。值得小朋友们注意的是，古代人可不是只吃这五种谷物哦，《本草纲目》中记载的谷类有 33 种。玉米、高粱、甘薯、马铃薯都是常见的主粮，荞麦、燕麦、薏仁、蚕豆等杂粮对地理环境和气候条件的要求各不相同，也为人们提供了更丰富的营养。

汉代是中国饮食文化的繁荣时期。张骞出使西域，开通丝绸之路，为中

▶ 各种调料和食材

原地区引进了许多新物种，包括石榴、芝麻、葡萄、核桃、黄瓜、胡萝卜等蔬果和大葱、大蒜、胡椒等调味品。东汉时期，淮南王刘安发明了豆腐，使豆类的营养能够被消化。人们将豆腐制作成许多种菜肴，味美价廉，深得大家的喜爱。东汉人学会了榨油，发明了芝麻油等植物油，打破了只用动物油的局限。晋代出现了发酵技术，馒头开始出现。

唐宋时期，饮食文化吸收南北，融合东西。生鱼片、糖螃蟹、炸鹌鹑、烹河虾、烤全羊等新鲜玩意儿端上了人们的餐桌。茶叶、奶油逐渐进入普通家庭。糖和醋开始作为调料。“一骑红尘妃子笑，无人知是荔枝来”，道出了荔枝的影响力。火腿、豆芽、火锅、油条、汤圆、爆米花、冷饮……各种美食小吃，都被发明或流行于宋代。

明清是唐宋食俗的继续，同时又混入了满族、蒙古族的饮食特点，饮食结构有了很大变化，黄河流域小麦的比例大幅度增加，面食成为北方的主食。明代又一次大规模引进物种，玉米、甘薯、马铃薯对人们的饮食产生巨大影响。蔬菜的种植达到较高水准，多达 50 多种，人工畜养的畜禽逐渐成为中国人肉食的主要来源。

如今，随着种植业的现代化和科技化，人们的食物更加丰富了，悠久的美食文化也焕发了新的生命力。

丰富的

地方菜系

我国各个地区气候、降雨、土壤等因素差别很大，人们习惯了“靠山吃山，靠水吃水”，创造出各具特色的地方菜，最经典的代表就是“八大菜系”：鲁菜、川菜、苏菜、粤菜、浙菜、徽菜、湘菜、闽菜。

八大菜系烹调技艺各具风韵、各有千秋。

鲁菜善于用葱香调味，精于制汤，多采用爆、扒、蒸等方式料理，形成清、香、脆、嫩、鲜的风味。

川菜菜品多麻辣、鱼香、怪味，擅长用小炒、小煎、干烧、干煸等技法，口味独特，深受人们的喜爱。

苏菜多取材河鲜，讲究鲜活，重视调汤，原汁原味，口味偏甜。苏菜的小吃琳琅满目、鲜甜爽口、型多美观。

粤菜花色繁多，夏秋力求清淡，冬春偏重浓醇，点心造型精致，皮馅配合，咸甜俱备，有“百点百味百形”之称。

浙菜鲜美滑嫩、脆软清爽，擅长烹制海鲜，口味鲜咸合一，注重保持原

▶ 川味火锅

味，轻油忌辣，汁浓味重。西湖醋鱼、东坡肉、龙井虾仁、叫花鸡、油焖清笋、冰糖甲鱼，鲜得让人咬掉舌头；虾爆鳝面、宁波汤圆、吴山油酥饼、猫耳朵、五方斋粽子等小吃更让人垂涎三尺。

湘菜重香鲜、酸辣、软嫩，以烹制河鲜和禽类见长，讲究芡大油厚，咸辣香软。当地人擅长烹制山珍野味及腊肉腌肉，注重咸香酸辣口味，山乡风味浓郁。麻辣仔鸡、生熘鱼片、清蒸水鱼、腊味合蒸等名菜形味兼美。小吃虾饼、油炸臭豆腐更是大街小巷随处可见。

徽菜选料广博，菜式多样，喜用火腿佐味，冰糖提鲜，口感咸、鲜、香为主，沿江地区以烹河鲜、家禽见长，其菜肴具有清爽、酥嫩、鲜醇的特色。沿淮地区菜口味咸中带辣，爱用香菜、辣椒调味配色。臭鳜鱼、胡氏一品锅、清炖马蹄鳖、砂锅鲫鱼、符离集烧鸡是餐桌上的常菜。

闽菜独具浓郁的南国地方风味，以清鲜、醇和不腻为特色，闽南多香辣，闽西喜浓香醇厚，尤其讲究调汤，讲究“百汤百味”。

除了八大菜系之外，我国还有所谓的地方菜、官府菜、宫廷菜、少数民族菜、寺庙菜等。它们在选料、刀工、火候、烹饪、调味、调汤、拼盘、搭配、上菜等方面各有千秋，体现了中国饮食对美的追求。

多样的

服装制品

我国地域辽阔、生态环境错综复杂、民族众多、文化深厚，孕育出了独具特色的中华服饰文化，享有“衣冠王国”的美誉。5000 多年来，勤劳的中国人民将生活习俗、审美情趣、色彩爱好都沉淀于服饰之中，使中国服饰文化呈现异彩缤纷的景象。

我国的服饰文化历史悠久，随着种植和纺织技术的发展，衣服的面料从最早的皮毛到实惠的麻布、贵重的丝绸，再到轻软的棉布。源于我国的丝绸，更是对人类服装贡献巨大，传遍全世界。

早期普通人只能穿没有颜色的衣服，随着蜡染、扎染、织锦、刺绣技艺的发明，服饰颜色、图案变得更加丰富多彩，老百姓也能穿上彩色的衣服了。

每个朝代服饰款式繁多，造型精美，影响最深远的是汉唐服饰，直到现在，也常常能看到人们穿着上襦下裙、广袖束腰的飘逸汉服和裙腰高系、襦裙开阔的雍容唐装。

56 个民族的服饰也各具特色。北方民族喜欢穿皮质和棉质的衣服，穿长袍和长靴，戴帽子，要求保暖。南方民族多穿丝绸和棉麻，喜欢彩色、有纹饰的服装，配饰也很精致。

近代以来，受到国外服饰的影响，人们对传统的袍、衫、袄、裤、裙进行简化改良，制作出中山装、旗袍等更适合现代生活的款式。

现在，我国的服装产业发展迅速，广东、江苏、浙江和福建等省成为主要的服装生产基地：惠州是中国男装生产基地；深圳、广州、虎门、杭州是女装四大产地；广州新塘镇、中山大涌镇、佛山均安镇、开平三埠镇是牛仔服四大产地；佛山市、石狮市、湖州市织里镇是童装三大产地；东莞大朗镇、桐乡市濮院镇是毛织两大产地……此外，广州、温州的鞋子，浙江的皮衣，武汉的棉服，江西的羽绒服也畅销海内外。

▼ 湖南凤凰县民族服装风采

北方面食

总有一款美味适合你

米碾碎叫粉，麦碾碎为面（繁体字的面就是“麦”字旁）。北方地区主产小麦，人们最常见的食物就是面食。说到面食，不得不提上古时期部落联盟首领尧。

有一次，尧收获了谷子，但是旁边的石墙倒了，谷子被压得粉碎，又遇上一场雨，粉碎的谷子加上雨水变成了谷浆。按当时的习惯，谷子只有和着树叶煮着吃，现在破碎又被雨浇，应该扔掉了。但是尧非常俭朴，舍不得扔掉这来之不易的粮食，还是一把一把地将谷浆用手捧到光滑的石板上，想利用太阳把它们晒干后收起来。谁知雨后的太阳如火，烤得石头发烫，时间一长使得青石板上的谷浆变干变黄，并散发出奇异的香味。尧拿起一块放在嘴里嚼起来，出乎意料，味道非常好。于是尧便叫来百姓，教他们用石头将谷子砸碎，然后用水、树叶和成浆，薄薄地铺在青石板上，并在青石板下点燃木柴，通过滚烫的石板将谷浆烤熟后食用，这就是最早的面食——饼。后人受此启发，把小麦也磨成粉，这才慢慢有了各种各样的面食。

中国是全球小麦最大生产国，冬小麦主产区在华北平原，春小麦主产区在东北平原。小麦生长耐寒耐干，对水分和热量要求不高，适应性强，温暖而较为干燥的北方特别适宜小麦生长，产量也高。聪明的北方人民就地取材，利用小麦制作出花样繁复的美味面食。早在唐朝，面食就可以分为三大类：蒸饼、胡饼、汤饼。

蒸饼是蒸熟的，自从晋代发酵技术成熟后，面粉发酵大大繁荣了面食的种类，现在的馒头和花馍都是此类。后来出现了装填各种馅料的馒头，到清朝这类面食正式独立命名为包子。如今，包子已经成为重要的早餐，天津狗不理包子、开封灌汤包、山东排骨包等名声在外，甚至南方也有很多包子。

馒头是北方最基础的主食，是北方人的“饭”。将面粉加入适量的水、老面或者酵母，揉成光滑的面团，放入盆中静静地等待它发酵。等到它的体积变成原来的两倍，再揉透揉匀，搓成长条，揪成一个个大小相当的剂子，摆在笼屉上，用旺火蒸。20 分钟后，欢喜地揭开锅盖，看到一个个白胖的馒头挨挨挤挤、饱满肥圆的样子，忍不住趁热拿起一个，揪下一块，放进嘴里品尝，淡淡的麦香夹杂着清甜，一口气就能吃完一个。

◀ 山西麦田风光 ▼ 油泼面

▲ 栩栩如生的花馍

如果遇到年节喜事，人们匠心别出，在面团中添加其他食物，制作成各种样式，点上各种颜色，制成花馍。你看，拽一点儿面，在案板上揉，越揉越细，最后在较粗的那一端用剪刀剪开一个小口，在两侧贴上黑豆，一条蛇便做出来了。再取稍大一点儿的面团，捏出上小下大的形状，捏出耳朵，用剪刀在面部中间剪一下，在身子部分剪出手，再用红豆做眼睛，兔子也做好了，用蛇缠住兔子，名为蛇盘兔，寓意节节高升。此外石榴花馍象征多子多福，佛手、桃子花馍寓意多福多寿；凤凰、牡丹花馍，象征荣华富贵；祭祀灶神的枣馍祈愿风调雨顺……一个个栩栩如生的花馍，既好看又好吃，就怕你不忍心下嘴呢！

胡饼是烤熟或者煎炸制成，源自西域。现在新疆最有名的饼叫馕，葱油饼、炉饼、锅盔等广为流传。各种馅饼都属于胡饼，比如肉夹馍、火烧、鸡蛋灌饼都属此类。馅料千变万化，可以是肉馅的、素馅的、糖馅的等，全凭自己的喜好。卷饼有鸡蛋灌饼、手抓饼、春饼等，面饼里面包裹上你想吃的各种食材，营养美味，味道不输汉堡。炸制的油饼、油条、焦圈、春卷，也属此类。算上点心类的饼那就更多了，月饼、芝麻饼、老婆饼……

汤饼是煮熟的，最早的形态也许是馄饨，现在四川的抄手、江南的云吞、闽南的扁食，其实都是馄饨的变种。在唐朝，过节吃汤饼已经成为习俗。据说东汉医圣张仲景借鉴馄饨发明了水饺，用于药引，后来水饺成为面食里最主要的年节美食，饺子的馅花样越来越多，“过节吃饺子”成了北方人的口头禅。

汤饼里派生出来的最大一类是面条。我国有“面条帝国”之称，千年炊烟孕育了2000多种面条的做法。夏天可以吃冷面，冬天可以吃拉面，春秋可以吃卤面。可以煮着吃、蒸着吃，也可以炒着吃、拌着吃，还有焖面、烩面等做法。兰州牛肉面、北京炸酱面、山西刀削面、陕西臊子面、山东抻面、安徽板面都是各地特色面食。

刀削面是山西最有代表性的面条，堪称天下一绝。一斤面三两水（斤和两是旧制质量单位，1斤=500克，1两=50克），揉成面团，然后用湿布蒙住，醒半小时后再揉，直到揉匀、揉软、揉光，做面的人手持特制的弧形削刀，一手托住揉好的面团，另一只手持刀，手腕要灵，出力要平，用力要匀，对着汤锅，嚓、嚓、嚓，一刀赶一刀，削出的面叶儿，一叶连一叶，恰似流星赶月，在空中划出一道弧形白线，面叶落入汤锅，汤滚面翻，好似银鱼戏水，煞是好看。过去，冬春季没有新鲜蔬菜，又没有保鲜手段，全靠咸菜和酸菜佐餐，各种各样的咸菜和酸菜，这就是“浇头”，几乎是山西百姓常年的必备之物，而且山西水质较硬，碱性强，以杂粮为主食，都不好消化，所以山西人酷爱食醋，帮助消化。刚出锅的刀削面加上炸酱、浇头，加上大蒜、辣椒油、芝麻酱、绿豆芽、韭菜花，淋上特殊风味的山西陈醋，滋味妙不可言。

面条一讲浇头、二讲菜码、三讲小料。浇头品类多，山珍海味、土产小菜等可以随意而定，小料则因季节而异，酸甜苦辣咸五味俱全。来到北方，总会有一款让你喜欢的面食在等着你。

华北杂粮

褐土地上的丰收

“面朝黄土背朝天，一身力气百身汗”，这句俗语描写的就是农民在黄土地上辛勤劳作的场景。其实，在中国广阔的土地上，除了东北的黑土地、南方的红土地、四川盆地的紫土地，还分布着许多褐土地。

褐土主要分布在华北平原周边的多山区，以山西高原最多，河北的燕山，跨越河北、山西、河南的太行山，山东丘陵，土壤也以褐土为主。这些地区属于暖温带，降水量较少，同时风力较大，水分蒸发大，气候干燥。褐土表层一般为褐色至棕黄色。

褐土适合种植什么呢? 褐土所分布地区，层深厚，耕性良好，具有较好的光照和热量条件，适合种多种果树和旱作物，比如苹果、板栗、枣、柿子等温带水果，比如高粱、小米、花生、玉米、棉花等旱作物。

高粱喜温、喜光，生长速度很快，细长的高粱头上，像戴着一顶红珠帽，红彤彤的果实，像一个害羞的小姑娘，脸涨得通红。其实高粱一点儿也不害羞，可厉害着哩! 它抗旱抗涝、耐瘠薄，发达的根系牢牢渗透进土壤中吸收水分，茎、叶表面有一层白色蜡质，干旱时能降低对水的需求，根本不害怕较为干燥的气候。在山西、山东、内蒙古东南部，高粱通常和冬小麦轮种，

小米粥

山东高密还是莫言小说《红高粱》的背景地。丰收的季节，火红的高粱连成一片，像高高举起的无数支火把，映红了天际，那不屈的劲儿，像极了豪爽的北方汉子。用高粱做的饭、做的饼，一度成为许多人的主粮。用高粱酿的酒，也是许多北方人的最爱。

小米，由粟（谷子）脱壳制成，因颗粒比大米（稻）、黄米（黍）小，得名小米。粟在古代是北方人的主粮，居“五谷”之长，耐寒、抗风，在黄河中游流域广泛种植。在距今约 6000 年的河北磁山文化遗址，考古工作人员发现了十几万斤小米遗迹。唐代李绅的《悯农》也提到过粟：“春种一粒粟，秋收万颗子。”小米营养丰富，小米粥能养胃。煮小米粥时，待到金黄的粥熟后稍稍冷却沉淀，会看到粥的最上层浮有一层细腻的米脂，这就是有“代参汤”之称的“米油”。小朋友们如果觉得胃口不好，可以喝一碗稠稠的小米粥，清甜的香气保证让你食欲大动。

“白胖孩，坐沙滩，外穿大麻衣，里套小红衫”。小朋友们猜到这个谜语

▲ 山西的粮食丰收　▼ 成熟的高粱

的谜底是什么了吗？没错，就是花生。花生适宜在气候温暖、雨水适宜的地方生长，且生长期比较长。在我国，河南、山东的花生都是非常出名的。这里的花生果大饱满、色泽亮丽白净，口感好，出米率高、油质佳，远销国内外。花生是一种既美味又营养丰富的食物，还有很强的抗老化作用，所以有“长生果”的美誉。此外，花生还含有丰富的脂肪、蛋白质、钙等一些营养素。炒菜时加几勺花生油，磨豆浆时加入十几粒花生米，煮粥时加一把花生米，或者抓几把花生米放进油锅里炸制一会儿，既可以尝到花生的美味，又有促进骨骼生长的作用。

在华北大片的褐土地上，还生长着河南新乡小麦、山东齐河玉米、山西繁峙黄米、河北柏乡红薯等许多著名农产品，为我们餐桌上增添了越来越多的美味。

专题

中国主要土壤类型

中国土壤资源丰富、类型繁多，世界罕见。东部农业区主要土壤类型包括黑土、棕壤、红壤、褐土、潮土、紫土、水稻土等，西部牧业区土壤主要为栗钙土、漠土、高山土等。

土壤分类（按土壤成因和性状分）

褐土

主要分布在山西、河北北部、山东中部。土壤深厚、松软、透水性好。适宜种植苹果树、酸枣等抗旱果树，棉花、玉米等农作物。

黑土

主要分布在东北平原北部。肥力大，适合种植水稻、小麦等。

潮土

主要分布于华北平原。适宜种植小麦、玉米、高粱和棉花等。

棕壤

主要分布在山东丘陵、东北诸山区、秦巴山区。适宜暖温带林木生长。适合种植苹果、板栗等经济林，也适合种植玉米、小麦。

紫土

主要分布在四川盆地。有机质含量高，抗旱能力稍弱。适合种植水稻、柑橘、茶叶等。

水稻土

主要分布在长江中下游平原。长期处于水淹缺氧状态。适合种植水稻。

红壤

主要分布在南方丘陵。适宜种植亚热带、热带经济作物，是我国柑橘的主要产区。

土壤分类（按颗粒大小分）

砂土

砂粒多，疏松。通气透水性很强，养分易流失。

壤土

较疏松，不太黏。通气透水较好，保水保肥性能强。

黏土

湿时黏，干时硬。通气透水性差，保水保肥性能强。

北大仓

黑土地上的大粮仓

我们经常会在超市看到东北大米，米粒饱满，颗颗晶莹，令人们赞不绝口。由此可见，东北应该是一个良田广布的大粮仓啊，那“北大荒”这个名字又是怎么回事呢？

北大荒位于我国最北边的黑龙江省，包括嫩江流域、黑龙江谷地和三江平原一带的广阔地区，总面积有5万多平方千米，比我国的宝岛台湾面积还要大。这里地势平坦，河流纵横，北边隔着黑龙江能看见对岸的俄罗斯，南边有秀丽的完达山和浩瀚的兴凯湖。

以前，北大荒人迹罕至，“棒打狍子瓢舀鱼，野鸡飞到饭锅里”是这里生态环境的真实写照。这里有大片肥沃的黑土地，人们笑称这里的土地“捏把黑土冒油花，插双筷子也发芽”，从中也可以看出这里的土地有多么肥沃。这里历经千百年，形成肥沃黑土层，有机质含量大约是黄土的10倍，是肥力最高、最适宜农耕的土地。但为什么这里会如此荒凉呢？

北大荒并不是自古以来就荒无人烟，历史上的女真人就曾经在这里放牧。清朝的时候，生活在这里的满族人大量南迁，同时清王朝为了巩固自己所谓的“龙脉”，禁止外人进入东北地区，使得这片土地人迹罕至，逐渐荒芜，成为野兽出没的荒原。

那么，荒芜的北大荒又是怎样变成如今富饶的“北大仓”的呢？这要从20世纪50年代说起。新中国成立初，国家粮食供应严重不足，很多人都在忍饥挨饿。1956年夏天，时任国务院农垦部长的王震来到了北大荒，望着远处风光无限的山峦、脚下的清清河水和黑黝黝的土地，他紧皱的眉头终于舒展开来，禁不住感慨：“这可是个大粮仓啊！”北大荒的开发从此拉开序幕。

1958年起，几十万名解放军官兵、知识青年和革命干部先后来到了北大荒，他们爬冰卧雪、排干沼泽、开垦荒原，修建了很多农场，终于把过去人迹罕至的北大荒建设成了今天美丽富饶的“北大仓”。

在这里的农场里，共有耕地300多万公顷，每年粮食综合生产能力稳定在200亿千克以上。主要粮食作物有三类：大豆，产量占全国总产量的30%；玉米，产量占全国的45%；稻米，产量占全国25%。200亿千克是一个什么概念呢？如果以人均每年消耗200千克粮食计算，北大荒可以解决1亿人的温饱问题。北大荒继太湖平原、两湖平原之后，成为新的“鱼米之乡”。

北大荒地区，虽然冬季气温很低，但是低温减少了病虫害。再加上夏秋季日照足，有充沛的降雨和河流灌溉水，非常适宜耐寒粮食作物的生长。虽然一年只有一熟，但是产量很高，部分垦区水稻亩产超过650千克。加上作

▶ 北大荒的粮仓

物积温时间长（水稻生长周期达 180 天左右），阳光雨露充足，使得东北大米更具营养价值，“北大荒”已经成为高品质大米的代名词了。

北大荒早已实现农业机械化、信息化，是我国农业现代化程度最高的地区之一。这里的建三江垦区，农业机械化程度达到了 98%，超过了美国的平均水平。如今的北大荒已经成立了规模庞大的北大荒集团，统一经营和管理着这片肥沃的土地，并跻身世界五百强企业。除了粮食，这里的豆酱、米醋、粉条、腐竹等农副产品也畅销各地。

今天的北大荒，早就已经摘掉了荒凉、贫穷的帽子，现在这片欣欣向荣的土地已经成为我们中华民族奋斗精神的象征。

专题

东北三宝

最早的时候，东北三宝是人参、貂皮和乌拉草。后来鹿茸取代了乌拉草跻身“三宝”。人参、貂皮和鹿茸，都出产于东北的高山密林，各具价值。

人参

被誉为“百草之王”，人们认为人参能够舒筋活血、提神壮力，因此大家把人参看作是中药材里面的珍品，野生的人参更是非常珍贵。

貂皮

紫貂是一种很凶猛的动物，它体型细长，四肢短健。紫貂的皮毛非常柔软，富有光泽，是一种珍贵的裘料，又漂亮又暖和。现在貂皮大多都是取自人工养殖的貂。

鹿茸

鹿茸其实就是雄鹿头上的还没有成形的鹿角，角上长着茸毛，内部是充满血液的软骨。鹿茸有很高的药用价值，自古就是名贵的药品。

乌拉草

叶细长柔软，纤维坚韧，不易折断，可以做草鞋、草褥，保暖防寒效果好。

鲁菜
辉煌背后的美食文化

小朋友们听过相声里的贯口《报菜名》吗？口齿伶俐的相声演员几下子就说出了200多道菜名。你可能会发现，这里有栗子鸡、四喜丸子、拔丝山药等许多家常菜，殊不知，这些菜都是相声先辈从北京八大楼的菜单里整理出来的。八大楼是什么？是清朝末年北京兴起的高档餐馆，包括东兴楼、泰丰楼等，大多都是山东厨师做的鲁菜。

山东地处黄河下游，气候温和，境内山川纵横，河湖交错，沃野千里，多样的地貌造就了鲁菜的食材选料品种异常丰富。山东蔬菜种类繁多，号称“世界三大菜园之一”，章丘大葱、兰陵大蒜、莱芜生姜、胶州白菜等蜚声海内外。山东的水果品质极佳，莱阳梨、乐陵小枣、德州西瓜、青州蜜桃等都是果中上品。山东临海、多河，水产品产量在全国名列前茅，沿海盛产鱼、虾、贝等60多种海产品以及鲤鱼、草鱼、毛蟹等70多种淡水水产品。山东酿造业历史悠久，济宁酱菜、临沂八宝豆豉、郓城西瓜酱、东阿阿胶、张裕白兰地等，都久负盛名。

早于“八大菜系”之前，就有“四大菜系”的说法，鲁菜位列其中，以善烹海味、咸鲜为主、精于制汤、火候精湛闻名。鲁菜讲究原料质地优良，对海珍品和小海味的烹制堪称一绝，不论参、翅、贝，还是鱼、虾、蟹，经当地厨师的妙手烹制，都可成为精鲜味美之佳肴。海鲜类量多质优，腥味较轻，讲究原汁原味，用少许盐提鲜即可。鱼翅、海参、干鲍、鱼皮、鱼骨等高档原料，质优味寡，需要用高汤提鲜，就是以汤壮鲜。鲁菜的汤讲究“清汤”“奶汤”的调制，清浊分明，取其清鲜。汤类名菜有清汤全家福、清汤银耳、奶汤八宝布袋鸡、汤爆双脆等。

鲁菜尤其注重火候，善于“爆”这一技法。爆分为油爆、酱爆、芫爆、葱爆、汤爆、火爆等，火候差一点，食材的味道发散不出来，火候稍过，食材就老了，完美的时机稍纵即逝，充分体现了鲁菜在用火上的功夫。因此，人们都说“食在中国，火在山东”。

出产于黄河的黄河鲤鱼，金鳞赤尾，形态可爱，肉味纯正，鲜嫩肥美，是糖醋鲤鱼的最佳材料。将鱼身两侧翻刀，稍稍腌制。在刀口处抹上水淀粉

山东海鲜

▲ 糖醋黄河鲤鱼　▶ 葱烧海参

后，挂糊炸成金黄后捞出，摆好造型放在盘中，再淋上糖醋汁儿，一道大菜就做成了。其形如鱼跃龙门，其色如蜜蜡琥珀。外焦里嫩，大酸大甜的口味，老少咸宜。

浑身长满小刺的海参被列为“八珍”之一，是名贵的补品，尤以威海等地的灰刺参最为著名。葱烧海参是极为经典的一道鲁菜，以水发海参和大葱为主料。海参营养丰富，但是有一些腥味，大葱恰好可以去除荤、腥、膻等异味，二者完美搭配，可以达到“以浓攻浓”的效果。制作时，将焯水的海参，加入作料焖至汁收，加入爆香的葱段，翻炒后勾稀芡即可。这样烧出的海参营养丰富，浓汁、浓味、浓色，达到色香味形四美俱全的效果。

也许你觉得现在鲁菜的影响力好像已经没那么大了，没有川菜馆子多，也不比苏菜菜式精。那是因为鲁菜实在太悠久了，它已经融入到我们的许多家常菜里了。川菜宫保鸡丁是鲁菜酱爆鸡丁的改良版，东北菜锅包肉是鲁菜糖醋里脊的升级版，京菜京酱肉丝是从山东煎饼卷大葱学来的。像黄焖鸡、过油肉，源头都是正宗的鲁菜。

“食不厌精、脍不厌细”。鲁菜充实了中国烹饪技法，无论是热菜的炸、熘、爆、烧，还是冷菜的拌、炝、腌、酱；无论是常用的焖、汆、烩、蒸，还是不多见的拔丝、琉璃、挂霜；数十种烹饪技艺，创造了一道道鲁菜经典菜品。

中国盐

百味之祖

盐是人们日常生活中不可缺少的调味品之一。盐是咸味的载体，是调味品中用得最多的，号称“百味之祖”，几乎每一道菜在制作过程中，都会添加一些盐。盐还是重要的工业原料。

我国盐资源很丰富，产盐区遍及全国，尤以北方最多。古代由于制盐艰辛，它又是必需品，所以自汉武帝开始，国家就实行官盐专卖，禁止私人买卖食盐。因此产生了盐商、盐官，盐成了国家重要的税收来源。直到 2016 年我国开始取消食盐专营制度，放开盐价。

按照成因，盐通常分为井盐、湖盐、海盐、矿盐等。井盐最主要产地在四川自贡。湖盐主要产地在柴达木盆地，这里察尔汗盐湖的盐几乎用不完。陕西和山西的湖盐制作历史悠久。山西运城的解池早在西周时就已大规模生产湖盐，每到春季，盐工就要把盐湖里的水引到洼地，开始制盐。等到夏秋之交南风劲吹的时候，一夜之间水分就蒸发了，凝结出一层洁白纯净的湖盐。

海盐是以海水（北方有的是用地下卤水）为原料制成的盐，人类很早就学会了“煮海为盐”。位于渤海沿岸的长芦盐场，是我国三大盐场中最大的盐场。它南起河北黄骅，北到山海关，包括汉沽、塘沽、南堡、大清河等盐田，全长 370 千米，年产海盐 300 多万吨。早在五代时就开始煮盐的“芦台场”

▶ 海盐生产

是长芦盐场首个盐场。明朝时，“芦台玉砂”被列为贡盐。直到现在，天津出产的“长芦盐”，一直被大家食用。

这“长芦盐”是怎么形成的呢？其实道理也很简单，海河注入渤海前，在渤海沿岸冲积出一个平坦的海滩涂，那里地势低平，海水常年倒灌，留下了一大片盐碱地。这里的土地含盐量很高，无法种植庄稼。而且这里冬春降水少，夏季气温高，蒸发量特别高，地上寸草不生，只留下一层层白花花的卤水蒸发后形成的盐晶。生活在这里的人们便将地上的盐收集起来，清理干净后跟其他地方的人交换粮食，生活也还不错。如今，借助专门的机器设备，不断改进制盐技术，长芦盐场的盐畅销全国，全国各地的人都能吃上长芦盐。

食盐既能解腻提鲜，又能祛除腥膻，还能保鲜防腐。在做菜前加盐，可以使原料更入咸味；在炒菜时加盐，可以保持菜肴嫩松；在成菜后撒椒盐，可以做成小朋友喜欢的口味。

用盐腌制食物来保鲜，在我国饮食文化中具有非常悠久的历史。每年春节前，许多人家门前都挂起了咸肉、咸鸭、咸鱼，等着团聚时分享美味。不过，食用过多的盐对身体有害，尤其是小朋友，要少吃含盐量高的食物哦！

吃

苹果和梨

最受欢迎的温带水果

中国大部分地区处于温带和亚热带，温带水果自古以来一直是中国人主要的果品。五大水果——苹果、柑橘、梨、葡萄、香蕉，约占水果总产量的一半，其中苹果、梨、葡萄是温带水果。如果说柑橘是南方霸主、葡萄在西北称雄，那么苹果绝对是北方王者，甚至是水果王者。2020年我国苹果产量约为4407万吨，其中山东和陕西约占一半。

有句古诗“不逐奇幻生，宁从吹律暄”，赞美苹果不为夺目绚丽而生，宁愿遵从平稳温暖的阳光。国外也有谚语“一天一苹果，医生远离我”，称赞苹果有极高的营养价值，可见世界人民对苹果的喜爱。

提到苹果，人们首先想到的就是山东烟台。烟台被称为中国现代苹果的发源地，这里的气候和环境条件非常适宜苹果生长，被农业部确定为中国苹果优势产区。红富士和黄元帅是著名的苹果品种。

陕西苹果产区海拔高、光照足，降雨适中，满足苹果喜光喜干燥的习性，使果实着色鲜艳，蜡质层增厚，糖、酸、维生素C等含量增加，硬度增大，果面洁净。这一区域土层深厚，而且质地疏松，透气、蓄水、保肥能力强，富含多种微量元素，有利于苹果根系的生长。此外，这里昼夜温差大，白天果树养分积累较多，夜晚消耗较少，果品蓄糖量高，风味浓。陕西红富士果形优美、果色鲜艳、果香诱人、果肉脆密。咬上一口，水灵灵、脆生生的，香甜可口，因为含有丰富的营养物质，被称为“智慧果”“记忆果”。

和苹果的生长条件大体一致，梨也是非常重要的温带水果。2020 年我国梨产量约为 1782 万吨，主产区在北方，其中河北产量遥遥领先，赵县雪花梨、泊头鸭梨、辛集皇冠梨都是其中的佼佼者。梨树对土壤的适应能力很强，不同土壤长出的果实也有所区别。

酥梨接近球形，多汁酥脆，深受人们喜爱。安徽北部的砀山有着全世界最大的连片梨园，这里土层深厚、疏松，气候温暖，光照充足，早在 2000 多年前就开始栽培酥梨。砀山酥梨果皮为绿黄色，采摘贮藏后变为黄色，果实硕大而果核小，果肉雪白而饱满，皮薄汁多，酥脆甜蜜。当你感觉干燥上火时，煮一盅冰糖雪梨水喝下，就可以生津止渴、祛热消暑。

鸭梨因梨梗部突起，状似鸭头而得名，适宜在华北平原沙地栽培。河北、山东是鸭梨的主产地。鸭梨含糖量较低，清甜爽口，是解腻的好水果。

除了苹果和梨，北方常见的果树还有：山楂、沙果等仁果类；桃、杏等核果类；柿、草莓等浆果类；板栗、银杏等坚果类。温带果树在世界果树种植中占有重要地位。

▶ 山东苹果丰收

皮都

辛集皮毛甲天下

在寒冷的北方，穿上皮毛大衣绝对是过冬的最佳选择。皮毛服装的保暖性、抗风性好，容易保养，因此备受欢迎。无论是高档的貂皮，还是中档的狸皮、低档的羊皮，都需要专业的制作加工工艺，才能做出精美而又实用的服装。因为皮毛价格不菲，相对便宜一点的皮革也是过冬服装的很好选择。

皮毛服装产业有“北有辛集，南有海宁”的说法。浙江海宁是南方的皮革之都。位于河北省石家庄东部的辛集市则是北方的“皮都”。明朝以前辛集被称为廉官店，南来北往的皮革商人，长途跋涉到这里进行皮革交易，产生了很多相关俗语，比如“不知束鹿县，只知廉官店”“皮子进了廉官店，从头到脚用个遍”等。到了清朝乾隆年间，廉官店改名为辛集，当时是我国著名的皮毛集散中心，有“直隶一集”之称。

辛集为什么会成为著名的皮革集散地？这就要我们穿越到更早以前的宋辽时代了。宋朝立国起，就不断地在跟更北方的契丹族建立的辽国打仗，双方曾在辛集打了很久，如今辛集的一些地名，比如“试炮台”“六郎营”等，都是对这段历史的佐证。因为军事需要，制作皮革、熟皮的技术就逐渐在当地扎了根。后来，北边的皮毛商人从关外、口外到这儿就不再往南走了，因为再往南天气潮湿，皮子容易霉变；而南边的商人到这儿也不再往北走了，一则战乱不休，再则运输成本太高。这样，皮毛集散地就逐渐在辛集成型了。

辛集靠近北方牧区，有优质的皮毛来源。辛集的皮革分为轻革和重革，原料为牛、羊、马、骡、驴、猪等动物毛皮，需要经过浸水、浸灰、浸酸、鞣制、整理、加脂、刷浆等制作过程，其中辛集首创的驴皮加工工艺复杂，产品质地坚韧柔软，尤为畅销国内外。裘皮产品也是这里的长项，以羊、兔、狐等皮为原料，经过严格复杂的加工，制作出精致结实的皮袄、皮裤、皮褥子、皮帽、皮手套等产品。

现在，辛集生产的皮革制品也从最早的军用物资转为了百姓的生活用品，销往全国各地，甚至卖到了日本东京、大阪，“辛集皮革甲天下”的美誉也不断地传扬开来。

▼ 皮毛服饰

穿

陕北服饰

保暖又轻便

陕北位于黄土高原，恶劣的地理环境和严酷的气候条件，孕育了黄土地上人们独具特色的传统服饰。冬春季节，天气寒冷干燥，多风沙，人们爱穿上老羊皮袄，戴上白羊肚手巾，不仅起到保暖御寒的作用，还能防风沙。夏秋季节，天气炎热，多暴雨，人们爱穿着白布衫，青布的夹儿，倍感清爽凉快。

陕北人“多服无布面皮裘”，十分喜欢羊皮、羊毛制作的服饰。当地人普遍养羊，弄到羊皮自然不难。可能小朋友们会问：陕北属于农业区，不是牧业区，怎么也养羊呢？这是因为，陕北土地生产力低，秋冬季地里做不了啥活儿，人们只得以放羊来补充生活来源，于是养羊在陕北就兴起了。

老羊皮袄是用数张带毛熟羊皮缝制而成。根据腰身长短分大小皮袄，大皮袄可长至小腿，小皮袄仅及大腿。式样分对门子和掩襟子，不加布面的称“白板子皮袄”，加布面的称“吊面子皮袄”，加布里的称“吊里儿皮袄”。白板子皮袄不钉扣子，用带子系，领子也为毛羊皮。吊面子皮袄有纽扣，领子一般用狗皮、兔皮或狐皮制作，保暖效果十分好。羊皮袄极具实用性，放羊、赶集、修梯田、打坝等，几乎都离不开老皮袄，有“白天穿，晚上盖，天阴下雨毛朝外，虱子咬起墙头晒”之说。

陕北男人最明显的服饰标志就是，用白羊肚手巾兜包后脑，前额上方打个结，显示出一种阳刚英武之气。由于风沙经常肆虐，外出劳作的人们便需要随身携带一些物品来擦拭头顶、脸上和脖颈的灰尘和沙砾。最初的手巾，只是类似于今天的面巾纸的简易布片。随着时间的推移，这种布片被人们用羊腹部柔软的毛片替代。后来，随着纺织技术的提高，就用羊毛制成毛巾。这种羊肚手巾质地、手感都好，黄土高原上的农民纷纷把它包在头上，除了春秋两季抵御风沙之外，夏天防晒，冬天御寒。现在，制作毛巾的原材料早已发生了天翻地覆的变化，但是羊肚手巾的说法还是沿用下来，和民歌、窑洞等共同构成了陕北的特色人文风景。

长襟棉袄是陕北人过冬保暖的又一利器。通常，棉袄的面子是黑色，里子是灰色，可以充分吸热，中间所装的袄套子要一层新棉花包着一层旧棉花，只有这样做成的棉袄才既暖和，又不太虚浮。长襟能把整个胸部都覆盖住，

▼ 陕北常见的服饰

左右叠加掩盖，恰好就把前胸置于两片衽襟的双层保护之下了。

除了保暖，为了方便劳作，还要求服饰便利轻巧。人们天天都要上山、下沟，做许多双脚跨度很大的活动，裤裆太窄不方便，于是就产生了大裆裤。大裆裤由于裤裆宽，人们在穿大裆裤时要在裤腰部大大地打一个折，再束紧裤带，非常实用。

陕北人喜欢穿一双“千层底”。“千层底”是一种布鞋，因鞋底用白布褙成，多层叠起纳制而成而得名，它的做工复杂，每双鞋的制作都要经过剪裁底样、填制千层底、纳底、切底边、剪裁鞋帮、绱鞋、楦鞋、抹边、检验等好多道工序，耗时长，而且工艺要求严格。“千层底”冬季保暖，夏季透气吸汗，轻便防滑，穿着柔软舒适。

陕北的大部分地方不论庄稼汉、妇女，还是娃娃们，一年四季祖祖辈辈都离不开肚兜，孩子呱呱坠地，母亲准备的第一件衣服，就是红布肚兜。肚兜款式众多，有菱形、长方形、三角形、半圆形、倒花蕾形、如意云纹形等，上方有布带，系在脖子上，下方两边有带子系在腰上。通常肚兜为双层，用它挂在身前护腹，代替衬衣，避免肚子受凉。两边有开口，开口处可以贴身放钱物。人们通过肚兜上的刺绣图案，来表达美好的愿望和对亲人的祝福：小孩肚兜上绣有虎头像，蜈蚣、毒蛇、蝎子、壁虎和蟾蜍的“五毒”图案，大人以此寄托，希望孩子健康成长；新婚夫妇肚兜上绣有鸳鸯戏水、麒麟送子，象征夫妻恩爱；为老年人祝寿，就绣上福、禄、寿。

陕北肚兜

穿

东北服饰

防风保暖有绝招

小朋友们，你们听过这样一句话吗：东北有三宝，人参、貂皮、乌拉草。“三宝”里面的人参是药材，就不多介绍了，这里我们一起去了解与衣服有关的貂皮和乌拉草吧！

作为我国最北端的区域，冬天东北也是全国最冷的地方，中国“寒极”就在黑龙江省的漠河。漠河有多冷呢，那里1月份平均气温为 -30.6℃，甚至曾出现过 -52.3℃的极端最低气温，这是我国现有气象记录中的气温最低值。这么说吧，在漠河的室外，如果往空气中泼开水，开水还没落地就结成冰了。

在北风呼啸、雪花飞舞的冬天，爸爸妈妈、爷爷奶奶会拿出羽绒服、雪地靴给小朋友们穿上，暖暖和和、舒舒服服的，北风呜呜地吹，小朋友们哈哈地追，下雪的时候更快乐，洁白的雪堆在操场上蓬松蓬松的，踩上去咯吱咯吱响，一点不怕冻着。可是在以前没有羽绒服、雪地靴的时候，东北的小朋友们该怎么度过“泼水成冰”的冬天呢？别担心，他们防风保暖有绝招，靠的就是貂皮和乌拉草。

小朋友们都知道，动物们不穿衣服也能在冰天雪地里跑跑蹦蹦，它们难道不怕冷吗？其实是因为它们蓬松柔软的毛发内能储存被身体捂热的空气，并且在身体表面形成一层空气的保护层，它们身体里的温度就不容易被外界的寒冷夺走了。以前没有羽绒服，棉服也不足以对付酷寒，怎么办呢？人们打了猎，吃了肉，就把动物皮毛剥下来处理干净，缝制成裘皮衣服，冬天往身上一穿，这人啊就像动物一样，也能暖暖和和、自由自在地在冰天雪地里跑跑、蹦蹦、跳跳了。而貂皮凭借着轻柔结实、毛绒丰厚、保暖性强、不沾水等特点成为皮毛中的上品，素有“裘中之王”的美誉。

貂皮来源有紫貂和水貂，它们昼伏夜出，喜欢独居生活，现在主要生活在黑龙江的大兴安岭、小兴安岭、老爷岭、张广才岭、完达山，吉林的长白山和辽宁的桓仁县境内气候寒冷的林海雪原中。貂皮除了轻柔结实，毛绒丰厚，可以很好地防风保暖之外，它的色泽光润，用它制成的皮草服装雍容华贵，受到东北人民的喜爱。

此外，貂皮还被用来制作成手套，它们既防水，延展性也很好，人们带上皮手套，既暖和又不影响劳作。貂皮的帽子，内里毛茸茸的，外面是厚实

▼ 鄂伦春族服饰

的皮面，帽檐做得宽宽的，可以遮盖住耳朵，保护耳朵不被冻伤，还可以遮盖脖子，进一步保暖。如果还觉得脖子凉飕飕的，还可以在搭配一条绒毛细密的貂皮围巾，保管好多了！

貂皮帽

但貂皮价格不菲，不是谁家都穿得起的，这可怎么办？聪明的东北人民开动脑筋想啊想，有了！既然没有毛皮，那咱们就用像毛皮一样的东西来保护脚呗。最终，人们找到了乌拉草。乌拉草是绿色的，茎叶细长，一簇簇丛生，样子很普通，但是它细长柔软，坚韧耐磨，不易折断而且能吸收潮气，具有保暖防寒的作用。每到秋季，人们便到山上去割乌拉草，晒干存放，用木棒锤打后放入毡靴中做成靰鞡（wù la）鞋。冬天时靰鞡鞋里可不就像毛皮一样，能隔绝外面的冷空气了吗，所以乌拉草做成的靰鞡鞋保暖防潮，还透气柔软，避免脚生出冻疮。

赫哲族鱼皮衣

东北还生活着很多少数民族，他们就地取材，服饰也各有特点！鄂伦春族除了脚穿靴，用皮毛制服装，宽大遮体，以求御寒的共同特点之外，头顶戴狐皮大帽，有的帽子做了特别长的后檐，放下来能遮住整个后背、适宜-40℃的寒冷天气。赫哲族由于居住在江河旁边，以捕鱼为生，穿的是鱼皮长衫，脚穿鱼皮鞋子。在饰品上，东北地区少数民族除了配戴银饰外，受到渔猎文化的影响，还爱以羽毛、兽头作饰品显示其勇猛无畏。

吃

鱼米之乡

江南很有味道

“江南好，风景旧曾谙。日出江花红胜火，春来江水绿如蓝。能不忆江南？”相信《忆江南》是小朋友们都能倒背如流的一首古诗。可是小朋友们知道江南在哪里吗？江南为什么让人留恋呢？现在，小朋友们就和我一起去美丽的江南水乡去看一看吧！

“江南”字面上指长江南面，大概可以理解为长江中下游平原地区，这里有长江和它的许多支流，还有几个著名的淡水湖：洞庭湖、鄱阳湖、太湖。尤其是太湖地区，是人们讲到“江南”时最容易想到的地方，那里有许多人向往的城市——苏州和杭州。

江南被称为鱼米之乡，与这里独特的环境是分不开的。这里气候温暖湿润，雨水丰沛，四季分明，适合水稻等喜水农作物的生长；这里河湖密布，渔业发达，水运便捷。

江南地区不仅是世界上最早种植水稻的地方，更是我国最重要的粮仓，宋朝就有“太湖熟，天下足”的说法，清朝又有“湖广熟，天下足”的谚语。如今，我国九大商品粮基地中，有五个都分布在长江中下游地区。湖南水稻产量常年居全国第一。

看，农民正在种稻子呢！一株株嫩绿的小禾苗，咕咚咕咚地喝着雨水，享受着阳光，不停地开花、抽穗、结果，直到禾苗染上了金色，稻穗沉甸甸地弯下腰，农民就开始热火朝天地丰收了。一粒粒晶莹剔透的大米，加上水煮一煮，就能变成亮晶晶、白花花的大米饭。盛满一碗米饭，闻一闻，还散发着禾苗的清香，无论配什么菜，都能让人食指大动。聪明的人们，还把大米做成米粉、米线、米豆腐、汤圆、米酒等各种美食，极大地丰富了大米的味道。

江南地区河流多，河流流经这里，水里的泥沙渐渐形成堰坝，阻挡了河流，把原来的河湾围成了内湖，而且夏天的时候降雨很多，河流泛滥，把两岸的土地都淤上了泥沙，洪水退去以后，有些洼地积蓄了雨水，慢慢就成为湖泊。除了几大淡水湖外，还有著名的城中湖——杭州西湖、武汉东湖、嘉兴南湖、南京玄武湖（北湖），更多的小湖、池塘星罗棋布，不计其数。

江南密布的河湖里的宝贝可不少呢！小朋友们听说过“水八鲜”吗？“水

▼ 河鲜太湖三白

八鲜”就是指莲藕、红菱、茭白、芡实、荸荠、水芹、莼菜、慈姑这八种生活在水里的植物，其中最有名的就是湖北的莲藕。湖北被称为“千湖之省”，大大小小的湖泊里都生长着莲藕。一丛丛荷叶在微风中划出碧波，等到荷花谢了，莲蓬老了，就是采藕的好季节。湖北的藕洁白透亮，个儿大，皮白肉嫩，就像娃娃胖乎乎的胳膊。嫩一些的藕，颜色雪白，可以生吃或者凉拌，吃起来脆生生，水汪汪，带着甘甜。老一些的藕吃法更多样：桂花糯米藕、醋熘藕片、香煎藕盒、莲藕丸子、排骨莲藕汤……咬上一口，绵软香甜，回味无穷，还会拉出很长的丝来，藕丝飘在下巴上，像白色的胡须。

除了植物，湖泊里的鱼虾蟹种类也不少！“长江三鲜”刀鱼、鲥鱼、河豚，肉质细嫩，味道鲜美，鲜得让你咬掉舌头；“太湖三白”白鱼、白虾、银鱼，只需要简单地清蒸白灼，就能保持最新鲜的原味；鲤、鲫、鳙、鲢、鳊、鳜、凤尾鱼和虾、蟹、龟、鳖、鳝、鳗、鳅、蚌等四百多种水产各有风味……小朋

▼ 江南水稻田

友们最耳熟能详的应该就是阳澄湖大闸蟹和盱眙（xū yí）小龙虾了。

阳澄湖水质清澈，水草丰茂，水面宽阔，气候得宜，正是螃蟹安家的好地方，这里的大闸蟹号称“蟹中之王”。蟹壳平滑而有光泽，青而发亮；肚子晶莹洁白，美似白玉；蟹爪金黄，坚实有力；蟹腿上金黄色的毛又长又纤细。农历九月及十月是大闸蟹最肥美的时候，出笼时蟹壳红澄澄，掰下一条蟹腿轻轻地咬着，将洁白细嫩的蟹肉挤出，嫩嫩的，带着微微清甜，掰开蟹壳，金灿灿的蟹黄饱满得像要流下来一样，尝上一口，鲜美无比。

盱眙是“中国龙虾之都”，濒临洪泽湖，境内遍布河湖水塘，水质清澈无污染。好水出好虾，盱眙小龙虾干净、健康、肉质好。你看，小龙虾长得可真奇特，它身披暗红铠甲，又细又长的胡子正收集敌情，米粒大的小眼睛滴溜溜地观察敌人，挥舞着两只大钳子随时准备狠狠地夹向敌人，就像一个铁甲小将军。可是，在盱眙人手下，小将军竟然也能变成餐桌上的美味佳肴。盱眙盛产中药材，聪明的盱眙人就地取材，把肉蔻、肉桂、丁香、花椒、八角、小茴香、木香等多种中草药和小龙虾一起烹制，制作出著名的十三香龙虾。拨开油亮鲜红的虾壳，尝上一口，麻、辣、鲜、香、甜、嫩、酥等多种味道在口中融为一体，余味不绝。火红的小龙虾配上火红的辣椒，一口下去，龙虾的鲜香与辣椒的炽热在口中翻滚，虽然让人吃得大汗淋漓，却怎么也停不下来。

江南人民用家乡的风味特产，制作出西湖醋鱼、赛蟹羹、鱼头豆腐、龙井虾仁、叫花鸡、凤凰蛋、干炸响铃、西湖莼菜汤、杭州煨鸡等多样佳肴，形成了苏菜、浙菜、湘菜、徽菜四大菜系，把这里变成了人人向往的美食天堂。

南方梯田

用艰辛种出美丽

梯田是在丘陵坡地上开辟的农田，样子像楼梯，一级一级的，边缘筑有田埂。我国的梯田主要分布在东南丘陵和云贵高原，其中广西、云南、福建居多。这些地方多丘陵少平原，人们为了生活想要扩大耕地，就只能在山坡上依照山势建田。梯田可以起到蓄水、保土、增产、防止水土流失的作用，加上通风透光条件较好，有利于作物生长和营养物质的积累，是农民长期的劳动成果，是智慧的结晶。

2018 年，中国南方山地稻作梯田系统获得了“全球重要农业文化遗产”的正式授牌，包括广西龙胜龙脊梯田、福建尤溪联合梯田、江西崇义客家梯田、湖南新化紫鹊界梯田。而云南哈尼梯田早在 2013 年就被列入了《世界遗产名录》。

我们先来看一看位于广西龙胜各族自治县的龙脊梯田。龙脊梯田地处温暖的南岭地区，核心区域内的梯田绵延数千米，起伏七八百米，那整齐的线条和优美的曲线，那七彩的庄稼和缭绕的云雾，集壮丽与秀美于一体，有“世界梯田之冠”的美称。这里最高海拔约 1100 米，最低海拔 300 多米，这种巨大落差带来了丰富的景观，造就了世界一绝的自然生态旅游资源。

龙脊梯田始建于元朝，完工于清初，有悠久的水稻种植历史，距今已有

▲ 广西龙脊梯田

六七百年的历史。这里山峰很多，梯田环绕山峰修建，把一座座山峰雕刻成一只只巨大的“螺蛳”。为适应地形条件，每块田都修建得小巧玲珑，当地群众诙谐地把这种梯田称为“青蛙一跳三块田”。从远处望过来，一层层梯田似一道道鳞片，把一座连绵峻峭的龙脊山装点成一条活灵活现通体闪光的巨龙。平安壮寨梯田和金坑红瑶梯田，前者景色秀美飘逸，后者气势磅礴，一南一北如双璧辉映，巧妙融合。龙脊梯田的景色，还随着季节的变化而变化，时而春水融融，时而绿波荡漾，时而一片金黄，虫鸣、鸡啼、狗吠、人喧，各种声音和溪流声一起奏响着大地的乐章。

除了水稻、美景，龙脊梯田还有“四宝”：茶叶、辣椒、香糯、水酒。甘甜的龙脊茶叶在清朝时可是专门献给皇帝的贡品；龙脊辣椒有一股浓烈独特的香味，皮厚子小，辣味适中；龙脊香糯米香软糯，味道醇香，口感柔软，香味悠远；龙脊水酒芬芳蜜甜，口感醇厚，极为爽口。

哈尼梯田为云南梯田的代表，是哈尼族人世世代代留下的杰作，被誉为“中国最美的山岭雕刻”。梯田随山势地形变化，气势磅礴，绵延不绝，总面积约 100 万亩，仅元阳县境内就有 17 万亩。

哈尼族的先人们根据当地的地貌、土壤、气候、水源、植被等自然条件，

云南哈尼梯田

构筑与之相适应的生存空间和农业生产系统。在气候较寒冷的高山上，保留森林，保障了水源和自然环境的总体平衡；在气候温和的半山区建村落，便于生活和生产；在气候较热的山腰山脚处垦造梯田，是人类利用自然又遵从自然规律的典范，体现了人与自然的和谐。

这里水稻品种上佳，不施农肥，农产品更安全环保。前面我们说到要想种植水稻就需要很好的雨热条件，可是云南曾经连续 3 年大旱，这里的山里看不到任何水源地，但是哈尼梯田仍然能保证作物生长。小朋友们知道是什么原因吗？梯田中的水是从何而来呢？哈尼族人说“山有多高，水有多高”。在低纬度河谷，常年高温使江河的水大量蒸发，到了高空受到冷气团的冷却，形成云雾终年缠绕于山间，云雾钻入元阳 6 万多公顷的森林中，形成水滴汇成小溪，形成骨干沟渠几千条，提供了全县所有梯田和人畜用水。这一“江河—森林—村寨—梯田”模式，成为良性农业生态循环系统的典范。

哈尼梯田出产的红米是哈尼族人种植了 1300 多年历史的优良品种，泉水泡田，使得红米矿物质丰富，富含多种氨基酸，煮粥和做饭都很好，长期食用对人体健康很有好处。此外梯田水流动、清澈，田中泥软而深，是田螺生长的好地方，在这样的条件下生长的田螺肉质香甜，味美无比，含钙质较高，又有较好的药用价值。此外木耳、蘑菇等梯田中的特产也是每年 10 月 10 日左右哈尼族人祭护寨神、拜龙求雨的节日中必备的风味菜肴。

有人将梯田与长城媲美，说它们同是人造奇迹。不同的是，长城是古代皇帝强迫老百姓修筑的，梯田则是老百姓自发修筑，在陡坡上用智慧开垦而成的，经过千年形成规模，一切顺其自然，至今仍然发挥着价值。

专题

令人垂涎的晒秋

“大箩小箩上晒楼。番薯包芦金粟米，晒干了茶籽好打油。有钱买件小花袄，姐呀姐呀，你过年过年莫发愁……”这首民歌唱的就是晒秋这一农俗。

每年农历九月九，是晒秋最热闹的时节。江西婺源的篁岭古村和安徽歙县石潭等山区，梯田里的丰收已经搬回家了，趁个好太阳，好好晒一晒吧。没有晒坪，就利用房前屋后及自家窗台、屋顶架晒或挂晒农作物吧。每当日出山头，晨曦映照，整个村子的民居土砖外墙与晒架上、圆圆晒匾密密麻麻铺满了五彩缤纷的果蔬、粮食，绘成一幅五色斑斓的丰收图景。

吃

岭南美食

吃了就不想离开

岭南，顾名思义是在山岭的南边！那这座山岭叫什么呢？在我国南方，这座阻隔了古代中原和南方往来的大山岭，就是南岭。南岭是我国南边最大的一条山脉，东西绵延 600 多千米。广东和广西在南岭的南边，因此被称作岭南。海南、台湾、香港、澳门，以及福建的东南部，在位置上也大致在南岭的南边，一般也被算作岭南。

南岭阻挡了太平洋湿润的空气北上，因此岭南地区的气候和岭南以北有着明显的区别。岭南地区冬天极少降雪，4 ~ 6 月有第一轮降雨高峰，7 ~ 10 月有第二轮降雨高峰，夏季高温，昼夜温差小。而南岭以北的江南冬天有雪，降雨高峰出现在 6 ~ 7 月，夏季昼夜温差稍大。

独特的气候造就了岭南独特的物产。这里植物四季常青，奇花异果遍野，瓜果时蔬常青。荔枝、香蕉、木瓜、菠萝被誉为岭南四大名果。再加上这里依山傍海，珍禽野味漫山、海鲜水产生猛。丰富的物产形成了岭南独特的饮食文化，诞生了著名的粤菜。

粤菜有三大特色。最大的特色便是食材多样，山珍海味、中外食品，无所不有，菜式丰富，可谓全国之冠。当地人夸张地说，除了地上四条腿的桌子、水里游的蚂蟥、天上飞的飞机不吃之外，其他什么东西都敢吃。

粤菜的第二个特色是口味清淡，讲究清鲜嫩滑爽香，一般只用少量姜葱、蒜头做“料头”，而少用辣椒等辛辣性作料，也不会大咸大甜。粤菜追求原料的本味、鲜味，活蹦乱跳的海鲜、畜禽，要即宰即烹。广州人好吃鸡，但最爱吃的是白切鸡。白切鸡的做法是水煮开以后停火，把鸡浸在开水里浸熟，吃的时候才加姜、盐等配料。皮爽肉滑洁白清香，清淡鲜嫩。

粤菜的第三个特色是博采众长，烹调方法有 30 多种，其中的泡、扒是从北方的扒、汆移植来的，焗、煎、炸则是从西餐借鉴来的。岭南人思想开放，善于创新，因此在菜式和点心研制上，富于变化，标新立异，制作精良，品种丰富，菜式有 5400 多种，点心有 1000 多种，风味小吃也有数百种之多。粤菜的菜式还注重随季节时令变化而变异，夏秋求清淡，冬春重浓郁。

岭南人爱喝老火汤的历史由来已久，这与岭南湿热的气候密切相关，而且汤的种类会随季节转换而改变。俗话说“宁可食无菜，不可食无汤”，更有“不会吃的吃肉，会吃的喝汤”的说法。先上汤，后上菜，几乎成为粤菜宴席

▼ 粤菜老火汤

的既定格局。老火汤种类繁多，可以用各种汤料和烹调方法，烹制出各种不同口味、不同功效的汤来。常见的“靓汤”有山药茯苓乳鸽汤、玉竹百合鹌鹑汤、荸荠白果蛋花汤、椰子鸡汤等。慢火煲煮的中华老火靓汤，火候足，时间长，既取药补之效，又取入口之甘甜。每天忙完工作和学习之后，喝一碗老火汤，实在让大家惬意不已。

广州早茶点心

早茶文化是岭南饮食文化的一大特色。广州人十分享受饮早茶，称为“叹茶”，至今仍流传着“叹一盅两件”（即享受一盅香茶、两件点心之意）的口头禅。这个“叹”有着品尝的含义，可见早茶绝不是为了填饱肚子，一杯早茶清净口腔，唤起食欲，更大的价值是养养精神，享受这美好早餐时光。

早茶的由头是茶，关键却是点心。茶点讲究精、美、新、巧。虾饺、干蒸烧卖、叉烧包、蛋挞被称为“早茶四大天王”，马蹄糕、金钱肚、大煎堆、蒸粉果、煎鱼饼……各类茶点层出不穷，琳琅满目。叉烧是指将腌好的肉插在特制的叉子上烧烤。“爆口而仅微微露馅”的叉烧包，是广州人非常喜爱的点心，馅料是切成丝的叉烧肉，再调上糊状的芡，蒸熟，外皮松软可口，馅香有汁。民间对叉烧包的“体型”有经典描述——“高身雀笼型，大肚收笃”。

早茶的粥品也很多，有生滚粥、明火白粥，还有与节气相适应的祛湿粥、糯米麦粥等。最出名的要数生滚粥，就是先将白米粥煮好，在它沸腾的时候将各种不同的新鲜鱼、肉料放入粥中滚熟，通常根据用料而命名，如牛肉粥、鱼片粥、粉肠粥等。有些粥品还有保健功效，皮蛋粥能去火，竹蔗粥可清热。

来到广州，点上早茶，唇齿留香之际，商人谈生意，文人论作品，亲人叙家常，友人聊欢乐，确实是一种享受，也能体验到广州人忙里偷闲的生活。

除了广州，岭南各地还有许多美食。潮州的工夫茶，梅州的客家菜，柳州的螺蛳粉，梧州的龟苓膏，海南的水果入菜，台湾的海鲜小吃……岭南总有你吃不完的美食。

专题

热带水果：岭南佳果惹人爱

岭南得益于极佳的雨热条件和多样的地形，孕育了500多种优质的果品。长年水果有香蕉、木瓜、椰子、菠萝等，季节性水果有荔枝、龙眼、芒果、榴莲、山竹等。其中以香蕉、荔枝、龙眼、芒果、菠萝五种水果最为常见，椰子和火龙果为后起之秀。木瓜、枇杷等热带水果在我国种植历史悠久，范围也不局限于岭南。榴莲、山竹、杨桃等水果虽然在我国也非常受欢迎，但是以进口为主。

水果	产量（2018年数据）	最主要产地
香蕉	1289万吨，世界第二	广东
芒果	225万吨	海南、广西
菠萝	163万吨	广东湛江
荔枝	301万吨，世界第一	广东
龙眼	203万吨，占全球50%	广东
椰子	40万吨	海南
火龙果	75万吨	广西

川菜

最普及的中国菜

都说四川盆地是吃货的天堂，四川盆地就像一口超级大的红汤火锅，无论什么食材放到里头涮一下，提起来都是热火朝天。四川人“尚滋味，好辛香”，爱吃辛辣食物。有好事者甚至把四川细分为麻辣、鲜辣、香辣、混辣四大区。

尽管本地美食家声明：正宗川菜里，不辣的菜式超过一半。但在外地人眼中，“麻辣”就是川菜的代名词，而辣椒就是川菜的灵魂。

在今天，满满一大桌子的川菜，如果没有辣椒的身影是多么不可思议。但其实古代四川是没有辣椒的，不仅四川没有，全中国都没有。我们祖先的舌尖上从未有过辣椒的热舞。为什么？

因为辣椒的原产地在美洲，它是明代后期从海路传入中国的。传入中国的路径，是先至东南沿海，再由江苏、浙江传到江西、湖南，最后到四川落户。辣椒进入四川不过 200 多年的时间，这与有着 3000 多年历史的川菜相比，可真是小巫见大巫呀。

在没有辣椒的漫长时光里，川菜的舞台上，花椒是最耀眼的主角。当漂洋过海而来的辣椒与土生土长的花椒在四川相遇之后，便迅速在天府之国掀起了一场如火如荼的“麻辣风暴”，引得无数英雄竞折腰。

你知道为什么四川盆地的人好（hào）麻好辣吗？

四川盆地流行着这样一句话：天无三日晴。四川盆地潮湿多雾，一年四季见太阳的次数屈指可数。这种气候使当地人身体表面的湿度和空气中的湿度相当，难以排汗，令人觉得烦闷不安，时间长了，还容易患上风湿病。吃辣椒可以帮助人体排除汗液，有利于驱寒去湿，改善身心健康，因此，四川人形成了喜辣的习俗。

四川潮湿的地理环境又满足了辣椒和花椒对土壤、温度、水分等环境的要求，为辣椒的生长提供了有利条件，丰富了川菜的调味料。川菜以麻辣为精髓，既麻且辣，用料以胡椒、花椒、辣椒三椒为核心。

你可能不知道，我们喜欢吃的宫保鸡丁、回锅肉、麻婆豆腐、夫妻肺片等都属于川菜。由此可见，川菜还真是个人见人爱的菜系啊！不过，说起四川盆地麻辣美食的代表，火锅才是当仁不让的老大哥。

▼ 辣味川菜

麻辣火锅在全国各地都能见得到，在寒冷的冬天尤其受欢迎。亲朋好友围坐一起，围着一桌麻辣鲜香的锅底，吃得汗流浃背。或许辣得嗓子和牙龈疼，但心中却觉得格外满足畅快，拉近了彼此的距离。由此可见麻辣火锅的魅力可真不一般呀！

正宗的牛油火锅，就是平常我们吃的“红汤”锅，先将牛油放入旺火的锅中熬化，再把豆瓣剁碎倒入，待熬成酱红油后，加速炒香花椒，然后掺牛肉原汤，加进舂成蓉的豆豉和拍碎的冰糖、老姜，加川盐、醪糟和小辣椒熬制，芳香四溢，让人食指大动。“白汤”锅由菌菇、鱼、猪、鸡等熬制而成，鲜美滋补。一大桌子满满的食材，小朋友想吃什么就放到汤锅里煮熟，再配上清油碟、麻油碟、蒜油碟等各式调料，淋漓酣畅，乐趣无限。

▲ 麻婆豆腐

麻婆豆腐是川菜中最富地方风味的特色菜，这道菜色泽淡黄，豆腐软嫩而有光泽，其味麻、辣、香、鲜，豆腐表面裹有一层淡红色的辣油，可保持豆腐的热度不致很快散失，趁热吃滋味最佳，花椒面的香味也扑鼻。四川冬季湿冷，在数九寒冬季节食用，是取暖解寒的美味佳肴。麻婆豆腐已有 100 多年的历史，凡是爱好美食的莫不以一尝为快事。麻婆豆腐名声卓著，已流传全国，乃至日本、新加坡等国家，成为风靡世界的川菜代表作。

回锅肉可谓是川菜扛把子，“入蜀不吃回锅肉，等于没到四川”。对于许多人来说，妈妈的那碗回锅肉是天下最好的美味。“正经”回锅肉的用料极为讲究——猪肉要用坐臀肉，二刀肉，辣椒最好是“二荆条”，豆瓣酱必须是郫县豆瓣。郫县豆瓣是中国顶尖调味料之一，有“川菜之魂”之称。郫县（现改名为郫州）地处平原，日照相对较多，空气湿度较高，在风力的作用下，形成湿空气的流动循环，为郫县豆瓣微生物菌群的生存提供了最佳环境，造就了郫县豆瓣独特的外观品质和内在风味。有郫县豆瓣的“回锅”烹饪如今大行其道，如回锅排骨、回锅猪蹄、回锅鱼、回锅土豆、回锅杏鲍菇……

除了上面这些美食，四川盆地还有着数不清的小吃，要不怎敢称为吃货的天堂。成都和重庆是两大美食王国，自贡和乐山也毫不逊色。

物产丰饶的四川盆地，美食多到可以把你的肚皮给撑破，把你的嘴巴给吃累，要不要来试试？

麻辣火锅

茶叶

喝的不仅仅是茶

我国是茶叶的故乡，是世界上最早制茶的国家。到了唐朝，饮茶之风已经兴起，茶叶成为生活日用品。在此基础上，唐代名士陆羽写出了历史上第一部专门研究茶叶的著作《茶经》。中国人大多是爱喝茶的，不论是饭前还是饭后，不论是聚会还是作客，中国人都是离不开茶的。

茶叶是由茶树的嫩叶加工而成的。茶树喜欢温暖湿润气候，平均气温 10℃以上时芽开始萌动，每年清明前后，是南方采茶的黄金时期。茶树怕涝，因此更适宜丘陵地形，茶园大部分都建在山坡上。降水充沛，年温差小、日夜温差大，无霜期长，光照条件好，这样的气候条件适宜各种类型的茶树生长。

依据采制季节，茶叶可分为春茶、夏茶、秋茶、冬茶。依据加工工艺，茶叶可以分为绿茶、白茶、黄茶、青茶、红茶、黑茶，以及再加工茶。

东南丘陵是我国茶叶的主产地。茶树大多为灌木，这里雨热同期，适合种植茶树，而且黄壤、红壤等酸性土壤也为茶树提供了优良的环境。2020 年全国茶叶产量约 293 万吨，以福建、湖北产量最高。著名的茶叶有福建的安溪铁观音、武夷大红袍，浙江的西湖龙井、安吉白茶，安徽的黄山毛峰、祁门红茶、六安瓜片，江西的庐山云雾茶，湖南的君山银针，湖北的恩施玉露等。

江苏太湖洞庭山虽然不属于东南丘陵，但是这里是大平原中的低山丘陵，这里产的碧螺春是绿茶的珍品，以“形美、色艳、香浓、味醇”闻名中外。优质的碧螺春茶芽细嫩，每500克干茶就需要茶芽6万~7万个。炒成后的干茶绿中透银，卷曲似田螺，又产于春季，所以得名“碧螺春”。最特别的是，碧螺春生长在果园之中，所以有浓郁花果香，备受茶客喜爱。

铁观音茶介于绿茶和红茶之间，属于乌龙茶类。炒制之后色泽乌黑，带一层白霜。泡一杯铁观音，杯盖开启，茶香扑鼻，天然馥郁的兰花香气浓郁持久；茶汤金黄，浓艳似琥珀；茶味醇厚，有浅浅的甘甜。即使泡七次也有余香，因此铁观音有“茶王”之称。

西南地区是我国另一个重要的产茶地，茶树多为小乔木，树龄较大。云南的普洱茶，四川的蒙顶茶，都是著名的茶叶。这里冬末至夏初日照比较多，夏秋雨多雾大，日照较少，利于茶树越冬和养分积累，利于夏秋茶的品质。

早在唐宋时期，压缩茶叶制成的砖茶，就通过茶马古道、草原丝路、丝绸之路等传向边疆地区，并传播到朝鲜半岛、日本、印度、东南亚和中亚。蒙古族用它做成了奶茶，藏族用它做成了酥油茶，维吾尔族用它做成了香茶。高原上的牧区以肉食为主，喝茶可以解腻，因此茶很快在牧区流行起来。

江南茶园

明清时代，中国开始与欧美各国进行海上茶叶贸易，“万里茶路”则是长距离的陆上茶叶贸易通道。茶叶文化在全世界大放异彩，诞生了英国的红茶、日本的抹茶、韩国的大麦茶、印度的调味茶、美国的冰红茶、南美的马黛茶。全世界有 100 多个国家的居民爱饮茶，茶叶成为世界三大饮料之一。

中国人喜欢喝茶，不仅因为茶叶具有清热降火等功效，更因为茶蕴含了浓厚的文化。沏茶、赏茶、闻茶、饮茶、品茶可以高洁人的心智。人们认为茶如人生，品茶是品味人生——第一口苦、第二口涩、第三口甜，回味一下，甘甜清香。烹一壶茶，心平气和细细品味，既品茶味，也是找寻内心的安宁。

专题

茶叶和制茶

中国人常说“柴米油盐酱醋茶”，可见茶在人们生活中的重要地位。聪明的中国人创造了很多种类的茶。

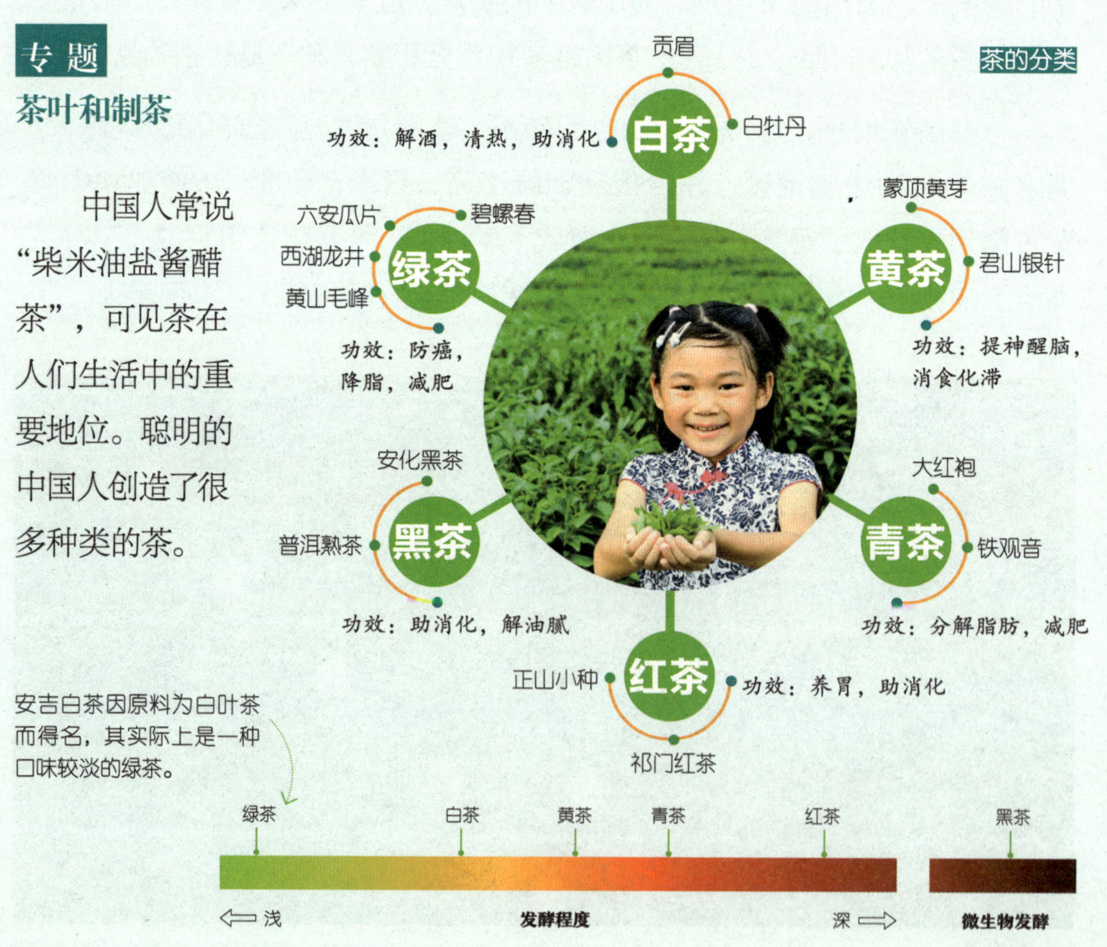

吃

橙和橘

红土上盛产的美味

在我国东南丘陵地区，你会发现很多山上的土壤是褐红色的。这就是红壤。红壤为什么会呈红色呢？这要从土壤的形成说起。土壤来源于岩石，南方“红色岩系”含有较多的铁质和铝质。在高温多雨的环境中，这些元素更容易氧化、扩散到土壤中，土壤也就慢慢呈现红色了。

红壤因为酸性强，土质差，并不适合种植农作物，不过这可难不倒我国南方勤劳的人们。生活在红土地上的人们因地制宜，通过增施有机肥、补充熟石灰，对红壤进行不断地改良。经过一代又一代人的努力，南方的红壤已经成为很多农作物的重要产区。东南丘陵已经成为亚热带水果柑橘的重要产区。2019 年，全国柑橘种植面积超过 3900 万亩，产量约 4584 万吨，超过苹果，其中广西、湖北和湖南产量靠前。

战国晏子使楚的故事里有关于“南橘北枳”的说法，让我们认识到环境对柑橘种类的影响。柑橘分为橘、柑、橙、柚、枳、柠檬等类，可谓水果中的“名门望族”。

在东南沿海的浙江、福建等地，是宽皮柑橘的主产区。这里属于亚热带气候，温和湿润、四季分明，特别适宜蜜橘生长。著名品种有浙江台州蜜橘、浙江温州蜜柑等。另外，在湖南和湖北的西部山区，也盛产宽皮柑橘，著名品种有湖北宜昌柑橘、湖南石门柑橘等。

浙江黄岩是世界柑橘始祖地之一，公元3世纪史书里就有黄岩蜜橘的记载，唐朝时黄岩蜜橘被选为贡品。黄岩有广阔的水网冲击形成的红壤平原，土层深厚，有机质和微量元素含量高，有利于橘子根系对土壤养分的吸收。金秋十月，是蜜橘成熟的时节，橘树上挂满了金灿灿的橘子，像一盏盏小灯笼闪闪发亮。那扁圆形的橘子，软软的、沉甸甸的，剥开薄薄的橘皮，一股沁人肺腑的香味扑鼻而来，月牙形的橘瓣围坐在一起，好像在庆祝丰收的喜悦，掰下一瓣橘子放入口中，清凉、甜蜜、汁水四溢，让人停不下来。

在南岭南北的赣南、湘南、桂北地区，是脐橙的主产区，著名品种有江西赣州脐橙、广东四会砂糖橘、广西沙田柚等。

橘园

赣州的红壤土层深厚且疏松，土中含有多种微量元素，对于提高水果的含糖量、维生素 C 含量，增加香气、脆爽度等都非常有利，因此这里的水果吃起来格外香甜。这里属于亚热带南部，雨量充沛，光照充足，非常适合甜橙生长。秋冬晴朗，干燥少雨，昼夜温差大，十分利于脐橙果实糖分积累。赣南脐橙的单个果实外形椭圆，个头比较大，果皮橙红鲜艳，光洁美观，颜色偏红，比其他产地的橙子颜色略深。挑出一颗，厚而微软的触感会让你立刻喜欢上它。把这颗脐橙轻轻在桌子上揉一揉，轻微地爆浆声会让你食欲大增，剥下它那水嫩的果皮时，一股清香的橙子味立刻渗入周围的空气中，掰下一瓣放入口中一嚼，满口的果粒，甜酸适度，风味浓甜芳香，让人欲罢不能。

大自然赐给人类的每一片土地都是极其珍贵的，只要我们懂得如何去利用和保护它们，再贫瘠的土地也能滋养出相应的物产，哺育生活在那里的人民。

柑橘的多个品种

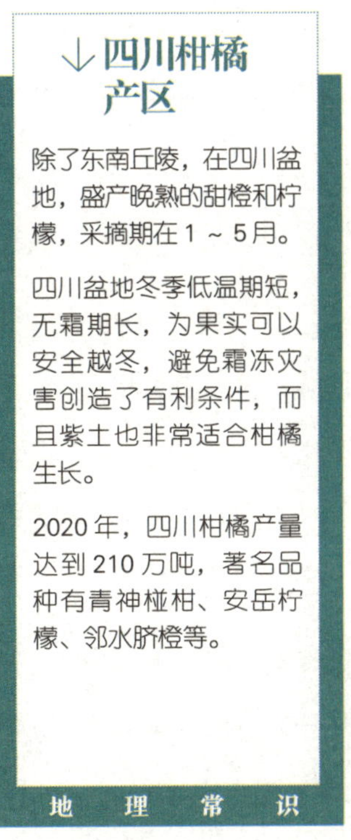

↓四川柑橘产区

除了东南丘陵，在四川盆地，盛产晚熟的甜橙和柠檬，采摘期在 1 ~ 5月。

四川盆地冬季低温期短，无霜期长，为果实可以安全越冬，避免霜冻灾害创造了有利条件，而且紫土也非常适合柑橘生长。

2020 年，四川柑橘产量达到 210 万吨，著名品种有青神椪柑、安岳柠檬、邻水脐橙等。

地　理　常　识

蓝印花布

服装印染的彩色世界

在服装店里，我们能够看到五彩斑斓的衣服。布匹原本没有复杂的颜色，那么这些颜色是怎么来的呢？

早在六七千年前的新石器时代，我们的祖先就能够用赤铁矿粉末将麻布染成红色。商周时期，宫廷专门设有“染人”来管理染色生产。到汉代，染色技术达到了相当高的水平。有人曾对吐鲁番出土的唐代丝织物做过色谱分析，共有 24 种颜色，其中仅红色就细分为银红、水红、猩红、绛红、绛紫。

古人把青、赤、黄、白、黑称为“五色”。染料主要有两类。一类是天然矿物，可以制成赤色、白色、黑色；另外一类是植物染料，可以制成黄色、黑色、青色。

青色主要是用从蓼蓝草中提取靛蓝染成的。现如今，用这种方法染制成的蓝印花布，仍然在广泛使用。在江苏南通，气候温暖湿润，特别适宜棉花和蓼蓝草的生长。早在明清时期，民间纺织技术就很发达，家家都有木制的纺车和织机，可以纺织印染的蓝印花布，用来做窗帘、头巾、围裙等。

蓝印花布的制作复杂，工序多，分为刻板、上桐油、做防染浆等十个步骤。其中最重要的一步就是染色，要根据面料的不同和气候变化调整下缸和氧化的时间，让颜料附着更牢固。

印花布上的花纹多样，动物纹样有龙纹、凤纹、鱼纹、蝙蝠纹等，植物纹样有牡丹纹、莲花纹等，素材往往含有吉祥的意义，比如凤凰牡丹、狮子绣球、金鱼戏莲、鸳鸯戏水等。

蓝印花布工艺中，在布匹上只给有需要的图案染色，采取的办法是镂空板夹住区域不上色，这称为灰染。灰染和扎染、夹染、蜡染并称为我国古代四大印花技艺。

蜡染是用蜡刀蘸熔蜡绘花于布后以蓝靛浸染，然后用沸水去除蜡，布面就呈现出蓝底白花或白底蓝花的多种图案，同时，在浸染中，作为防染剂的蜡自然龟裂，使布面呈现特殊的“冰纹”，尤具魅力。由于蜡染工艺便于多次上色，所以花纹色彩更为丰富。贵州安顺、湖南凤凰都是著名的蜡染之乡。布依族蜡染有着久远历史，久负盛名，早在宋代就盛行。安顺石头寨的姑娘们个个都是制作蜡染布的高手，技艺在全国独占一绝，织成品不仅花纹精细明晰，而且染制精良，色泽经久不变。

站在这些染制的花布前，想到它精心绘制、反复洗晾的制作过程，看着多姿多彩、寓意吉祥的花纹，总能让人深深感受到它所蕴含的深厚文化，读出织就它的织女们灵巧的心思。

▼ 晾晒蓝印花布

苗族服饰

穿在身上的历史

中国南方的西部，也就是云贵高原周边，是我国少数民族种类最多的区域，有壮族、彝族、苗族、土家族、布依族、侗族、瑶族、白族、哈尼族等。

那么，西南地区为什么民族种类如此众多呢？这与这里错综复杂的地理环境密切相关。西南地区山高水长，比东南丘陵更崎岖险峻，有许多悠长的峡谷和封闭性比较强的小盆地。另外，受太平洋和印度洋水汽的双重影响，在海拔、迎风坡等影响下，这里气候异常复杂。多样的气候和复杂的地形，阻挡了民族对外融合和内部交流，造就了各民族农业生产的差异，加深了各民族的特色文化。

散布在贵州、云南等地的苗族是一个古老的民族，他们创造了独特的文化，最为人赞叹的就是苗族的特色服饰。“三峡楼台淹日月，五溪衣裳共云天”，大诗人杜甫写的“五溪”就是沅江流域，位于湖南西部、贵州东部、重庆东南。诗中说苗族服饰足以与天上的彩云媲美，五彩斑斓。

苗族服饰样式多，可细分200多种。漫步苗乡，随处可以见到一个个可爱的苗族姑娘。她们上身穿交襟大领衣，称作“乌贝”。乌贝不用扣子，直接用花带系于身后。衣袖、衣襟和衣领绣着蝴蝶、龙、鸟、鱼、石榴、花等图案，色彩鲜艳，大胆夸张。下装是“百褶裙”，或者长及脚踝，飘逸多姿，或者短不及膝，俏皮可爱。它色彩鲜艳明快，分好几层，每一层分别绣花卉、绶带、八宝纹、云雷纹以及石榴、仙鹤、凤凰等花果动物，纹饰精美，栩栩如生。和女式服装比，男式服装较简单，男子上身一般穿对襟或大襟短衣，下身穿长裤，束大腰带，头裹青色长巾，冬天小腿部裹绑腿，或穿带有花纹的麻布衣服，肩披羊毛毡。

苗家姑娘酷爱银饰。从头到脚，银饰品重达十几千克，手工制作的精美银饰把姑娘打扮得绚烂夺目。苗族的姑娘胸前大都佩戴着硕大的“长命

▲ 长命锁　▶ 苗族舞蹈

▲ 贵州西江苗寨着盛装的舞者

锁”“银压领”，这是苗族银装中的主要饰物之一，制作十分精美。银锁下沿垂有银链、银片、银铃等。

逢年过节时，穿上盛装，缝上银花片，头发挽起来并围上毛巾，然后戴上银花帽，插上银牛角，戴上银梳子，插上银簪子，戴上银耳环，脖子戴上银锁、压领、项圈，手上戴着两对宽宽的银手镯。一身华丽的苗族服装，就一定能赢得了所有人的目光。

苗族之所以如此偏爱银饰，是因为她们认为银是财富的标志，美观、耐用，又易于制作。银还象征着光明，象征着正气，佩戴上银饰，可以驱邪镇鬼消灾祈福。当她们盛装出现在歌场、秋场上时，那满身的银饰叮当作响，清脆悦耳，不仅折射着太阳的光芒，还折射着她们美好的内心世界。

苗族没有文字，他们的历史与生活往往会通过服装刺绣图案和歌曲世代口传。苗族服饰再现了民族的历史，是苗族人的瑰宝，成为苗族传世的“无字史书”。

专题

苗族女子盛装

一套完整的苗族女子盛装包括大小十八件套：包头、包带、包巾、大面肩衣裳、大领褂、小领褂、披肩、飘带（三对）、三角小围腰（三块）、腰带、大四方围腰、小四方围腰、百褶裙、绑腿，被称为“十八一朵花”。

上衣

一般为右衽上衣和圆领胸前交叉上装两类。袖口宽大。多刺绣。

银帽

上有帽花、龙凤、簪子等装饰。头上一般还戴有银耳坠。

银项圈

可分为链型和圈型两种。下面坠有很多吊饰。也有佩戴银压领或银胸牌的。

百褶裙

有长有短，有精美的刺绣。皱褶寓意起伏的山峦。

围腰

也叫围兜。由战袍演变而来，可防御风沙和抵御寒冷。刺绣精美。

丝绸和夏布

让人着迷的触觉

在古代，人们穿的衣服，用到的材料主要有四类：棉布、麻布来自植物，兽皮、丝绸来自动物。

丝绸，是中国最出名的纺织品，中国传统文化浓墨重彩的一笔。丝绸是用蚕吐出的丝来制作的，传说上古黄帝的妻子嫘（léi）祖发明了养蚕取丝的技术，教给万民。小朋友们都知道，想要养蚕就必须要有桑树，苏州、杭州和湖州地处太湖流域，地势低洼，土壤有黏性，这样的地域条件，不利于种植棉花，却十分有利于种桑树，渐渐地，这里的蚕桑业兴盛起来，丝绸的制作技艺也达到很高水平，成了丝绸生产制作的中心。如今苏杭街头仍然随处可见大大小小的丝绸商铺，常年售卖绫、罗、绸、缎、丝、帛、锦、绢等 14 个大类，200 多个优质品种。

湖丝，简称辑里丝，因产于浙江湖州辑里村而得名。辑里湖丝轻如朝雾，薄如蝉翼，颜色洁白，质地纯净，丝身柔润，清康熙时织造的九件龙袍就是选取辑里丝制成的。为什么辑里丝如此质优呢？原来它有三个秘诀：一是该村培育的蚕品种优良，培育了一种优良蚕种——“莲心种”，因其所产的蚕茧小如莲，品质好；二是村东流淌着一条清澈透明的雪荡河，水清如镜，满足了缫丝过程“用清水、勤换水”的要求；三是当地村民缫丝技术高超，注重“细”和“匀”，使用了当时最先进的缫丝工具——三绪脚踏丝车，制成的丝

▲ 丝绸制品

“富于拉力、丝身柔润、色泽洁白”，韧性比一般丝好多了。

优质桑蚕丝制成的衣物，精致细腻，穿起来柔柔的、顺顺的，触感温润，如云朵般柔软，握着轻若无物，如果闭上双眼细细体会这种特殊的感觉，让人以为身处云端，一不小心摸到了白云。再加上优秀的染色和刺绣技术，使得丝织品更加美丽，图案丰富新颖、活灵活现、富丽华贵，深受大众喜爱。

丝绸不仅表面光滑，穿着舒适，还具有亲水性，可以帮助皮肤保有一定的水分，不使皮肤过于干燥；在夏季穿着，又可将人体排出的汗水及热量迅速散发，天冷时还可以保暖。此外，蚕丝里含有人体所必需的 8 种氨基酸，故又有人类的“第二皮肤”的美称。穿真丝衣服，可以抵抗有害细菌，增强体表皮肤细胞的活力，还能促进皮肤细胞的新陈代谢，同时对某些皮肤病有良好的辅助治疗作用。

丝绸是中国的特产。从西汉起，中国的丝绸不断大批地运往国外，成为

↓ 棉花产区

自宋元开始，棉花在中国兴起，现在新疆南部、黄河下游地区、长江中下游地区是我国主要的棉花产区。

新疆光照充足，热量丰富，昼夜温差大，降水少，空气干燥，虫害轻。品质最好的长绒棉就在南疆。棉纤维能制成多种规格的织物，从轻盈透明的玻璃纱到厚实的帆布，适合制作各类衣服。棉布由于吸湿和脱湿快速而深受欢迎。

地　理　常　识

▲ 夏布

世界闻名的产品。那时从中国去西方的路，被欧洲人称为丝绸之路，中国也被称为“丝国”。中国丝绸以卓越的品质、精美的花色和丰富的文化内涵闻名于世。两千多年前，丝绸从长安沿着丝绸之路传向欧洲，所带去的不仅仅是一件件华美的服饰、饰品，更是中国的礼仪制度、文化艺术、风土民俗、科学技术。丝绸几乎就成了东方文明的传播者和象征。

除了丝绸，夏布也源于中国，它以苎麻为原料编织而成。江南丘陵地区气候湿润，雨量充沛，土壤主要为沙壤、红壤，苎麻年收 3 ~ 4 次，为我国苎麻主产区。苎麻经过割麻、绩纱、挽麻团、刷浆、上机织造、印染、晾晒等十几道工序才做成布，汉代称为“蜀布”，唐宋发展为“斑布”“筒布”，清代时成为远销海外的“中国草”。因麻布透气、体轻、易干，常用于夏季衣着，凉爽适人，又俗称夏布，听上去就似一股凉爽扑面而来，仿佛一缕来自山野的清风。

如今，服装店的衣服琳琅满目。看着这些华美的服装，你是否能想起它们背后的故事呢?

专题

丝绸制作过程

中国丝绸制作的历史源远流长，丝绸像云霞般瑰丽，又如鲜花般缤纷，用它们来制作的衣服，受到很多人的青睐。我们一起去看看古人是如何养蚕织绸的吧。

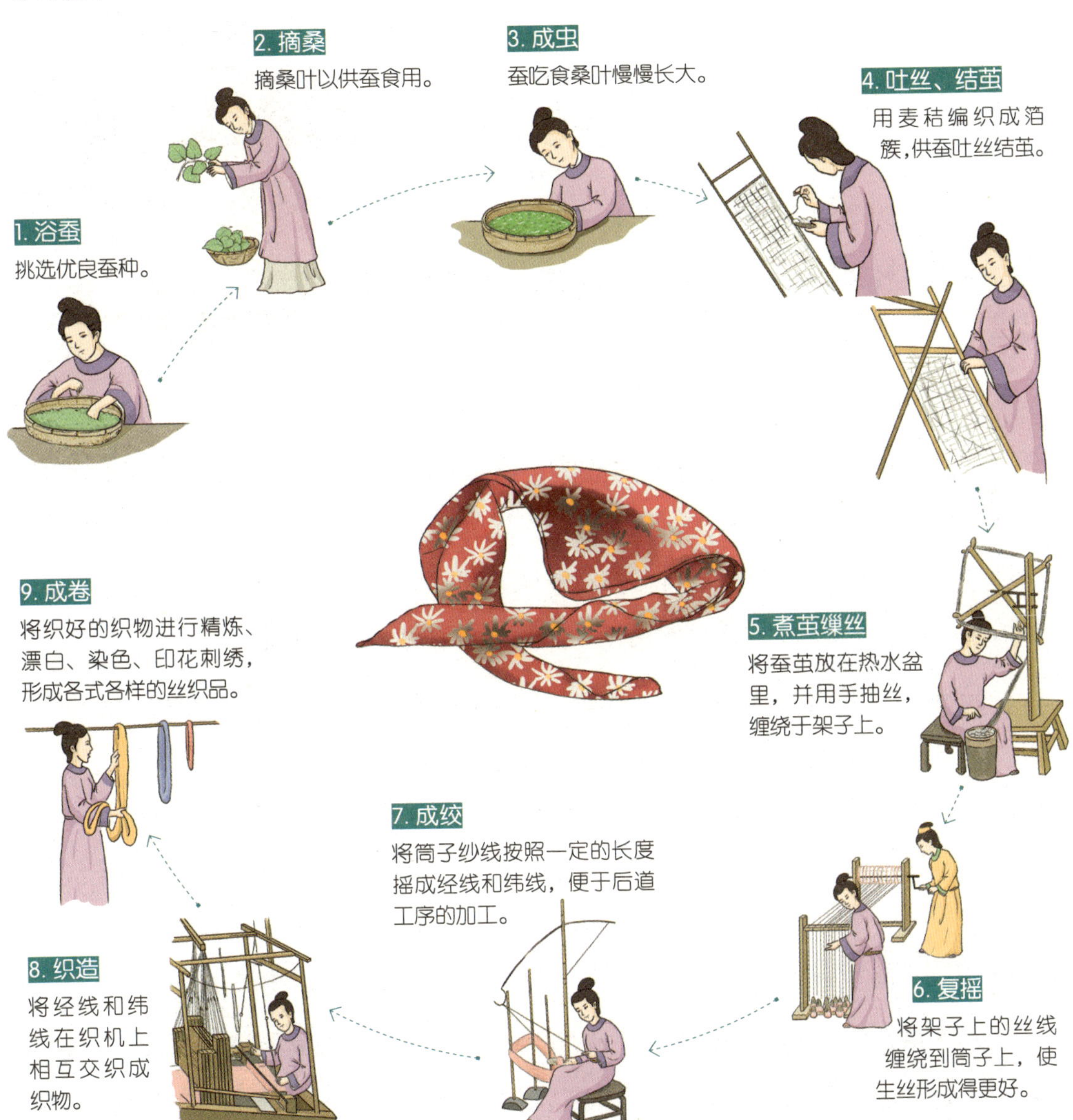

织锦和刺绣

华丽的服装装饰技艺

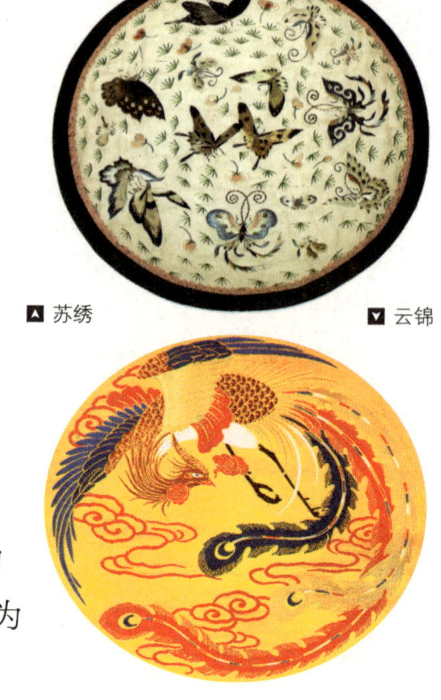
苏绣
云锦

丝绸服饰之所以深受喜爱，不仅因为材质好，出色的织锦和刺绣工艺更为它增添了古典绚丽的美感。

织锦和刺绣就是在丝绸上做出花纹的技艺，二者各具特色。

织锦的图案是通过织布机完成的，人们先把经线绷好，然后将纬纱一根一根地织进去。织入不同颜色的纬纱，就制作成不同的图案。古代设立专门管理织锦的部门，开发出多种图案样式，形成了南京的云锦、四川的蜀锦、苏州的宋锦、广西的壮锦、湖南的土家锦等多种风格的佳品。

云锦因其色泽光丽灿烂，美如天上云霞而得名，它用料考究，织造精细，图案精美，代表了中国丝织工艺的最高成就。经典的织造图案有二色金库锦、彩花库锦、抹梭妆花、抹梭金宝地、芙蓉妆等。二色金库锦花纹全部用金、银两种线，一般是以金线为主，少部分花纹用银线装饰，图案花纹多为几何形纹样和小朵朵花，常用做衣边、帽边装饰。小朋友们可以去南京的云锦博物馆看一看云锦的不同图案，亲身感受其高超技艺和深厚文化。

刺绣是以纯色织物底布，用彩线一针一线地缝出来图案，图案立体感强，色彩更加丰富。刺绣要求顺、齐、平、匀、洁。顺是指直线挺直，曲线圆顺；齐是指针迹整齐，边缘无参差现象；平是指手势准确，绣面平服，丝缕不歪斜；匀是指针距一致，不露底，不重叠；洁是指绣面光洁，无墨迹等污渍。中国刺绣根据纹样和手法不同，分为苏绣、湘绣、蜀绣和粤秀四大门类。

苏绣精细雅洁，图案秀丽，色泽文静，针法灵活，代表作品是双面绣《金鱼》和《小猫》。小朋友们衣服上的图案一般是单面的，正面有背面没有，但是双面绣的神奇之处在于图案正反两面完全一致，同样精美。湘绣是用丝绒线绣花，常以中国画为蓝本，色彩鲜艳，所绣的图案生动传神，有“绣花能生香，绣鸟能听声，绣虎能奔跑，绣人能传神”的美誉。

我国早在汉代就发明了提花机，宋代时，与刺绣和织锦大不相同的缂丝技术已经很成熟。正是一代又一代纺织专家的努力，才有了我们今天丰富多彩的服饰图案。

▼ 刺绣

羊肉和牛奶
草原上的舌尖享受

在年降水量小于400毫米的地方，是很难种活庄稼的。农业时代，这些地方的人们主要依靠饲养家畜来维持生计，这就是牧业。我国的牧业基本分布在西北地区和青藏地区。内蒙古牧区和新疆牧区是我国最大的两个牧区，马、牛、山羊、绵羊、骆驼被称为草原五畜，是牧民的生命源泉。马和骆驼是交通工具，绵羊的肉、山羊的绒、奶牛的奶，为牧民提供最基本的生活来源。

内蒙古牧区地形以高原为主，东部呼伦贝尔地区较为湿润，有辽阔的大草原。自东往西，降水越来越少，土地上的植被也越来越少，到最西部的阿拉善地区，已经是一眼望不到边的沙漠了。

呼伦贝尔大草原水草丰美，近千万头马、牛、羊在这里尽享野草，有“风吹草低见牛羊”的壮美场景。这里的三河马是中国三大名马之一，以外貌俊秀、持久力强著称。

“草原五畜羊为首”，锡林郭勒草原有着中国最多的绵羊，2018年存栏量近1300万头。这里的苏尼特羊肉质紧致，口感好，北京东来顺的涮羊肉就是从这里选材的。这里的乌珠穆沁羊“吃的是中草药，喝的是矿泉水”，个个体形硕大，比其他羊居然多一对肋骨，这种羊做成手把肉最好吃。

之所以叫“手把肉”，是根据食用时一只手抓住骨头，另一只手持刀削肉的特点称呼的。手把肉的鲜美风味凭借的是现宰羊、现煮肉、现食用，熟练的牧民宰羊只要 15 分钟左右，煮肉 20 ~ 30 分钟，保证客人在 40 分钟内可以参观捉羊、放血、剥皮、去脏器、分解骨头、下锅翻煮的全过程，然后坐下来仔细品尝不同部位羊肉的不同风味。

羊在草原上自由自在地采食百草，经常能吃到葱类、椒类等具有调味功能的牧草。做“手把肉”时无须作料，只用清水和少许盐，因为羊已经自带了调和得最为完美的天然调料。煮肉时因绝大部分肌肉内的营养成分和汁水都不会外泄流失，食用起来最大限度地保留了羊肉的原汁原味。

在内蒙古西部地区，降水量更少。这里的山羊多于绵羊，鄂尔多斯羊绒闻名全国。这里也是奶牛最集中的地区，河套地区奶牛存栏就超过 100 万头，诞生了多个乳业巨头，我们经常喝的牛奶可能就来自这里。

手把肉

住在农区的人，可能都见过豆皮，吃过豆皮卷肉。对于不产大豆、盛产畜奶的牧区，有一种类似的美食叫奶皮子，在蒙古语里称“查干伊德”，汉语的意思就是“白色的食品”。制作奶皮子用的就是马、羊、牛和骆驼的鲜乳，把鲜乳倒入锅中慢火微煮，等表面上凝结一层薄膜，用筷子轻轻挑起，挂到通风处晾干即可。

奶皮子吸取各种鲜奶中的精华制成，是奶制品系列中的佳品，奶香浓郁，口味纯正，营养价值比一般牛奶高很多，被称为“百食之长”，无论居家餐饮、宴宾待客，还是敬奉祖先神灵，都是不可缺少的。

新疆的地形是“三山夹两盆”，在高山山麓，沙漠边缘的绿洲，也是主要的牧业区域。天山牧场风光壮丽，蓝天白云下，雪山顶上白雪皑皑，山腰高大的云杉林巍巍壮观，山脚成群的牛羊在草地上悠然自得。

天山草原以其面积广大、水源充足、牧草繁茂、气候适宜著称。天山牧草，种类繁多，生长茂密，品质优良，养育了千万头牲畜，而有名的新疆黄牛、新疆细毛羊、伊犁马等优良品种都生长于天山草原上。气温较低的山顶用作夏季牧场，冬季气温较高的山脚用作冬季牧场。

相比内蒙古牧民，新疆牧民更喜欢采用烤的方式，烤肉串、烤全羊尤为闻名。烤全羊是牧民招待贵客、庆祝节日、婚丧嫁娶时的大菜。一般选用1～2岁的大头羯羊，经过宰杀、烫皮、煺毛后，在羊腹内放入调味品，并用精盐搓擦羊身，这就算完成了第一步。然后固定好羊身，依次刷上酱油、香

烤全羊

▲ 奶制品

油，挂入烤炉内，这是第二步。牧民先用一种叫梭梭的柴火将炉内烧红，然后撤去燃料，将羊从烤炉放入炉内密封，借用炉内高温将羊肉烤至半熟。接下来，打开炉门，用长柄勺舀上梭梭柴火块，对着羊身进行烤炙。慢火烤三四小时，可以使羊腹中的作料逐渐渗透到羊肉里，同时能使羊肉熟透。等到羊皮烤至黄红酥脆时取出。当然也可以直接在封闭炉内烤熟。

看！烤全羊外表金黄油亮，肉焦黄发脆，肉香扑鼻。食用时先将整羊放到特制的木盘内，羊角系上红绸布，请宾客欣赏后，由牧民将羊皮剥下切成条装盘，再将羊肉割下切成厚片，羊骨剁成大块分别装盘，配以葱段、蒜泥、面酱、荷叶饼端上桌。尝一尝，外皮酥脆，内部肉绵软鲜嫩，肥而不腻，别具风味。

一方水土养一方人，在牧区，牧民就是以牛羊肉、奶制品为主食，再加上野菜、面食等食物，烹调方法相对比较简单，以煮和烤为主，注重原料的本味。如果你第一次来到草原，请好好体验这独特的美食吧。

吃

新疆的瓜果为什么这么甜

“吐鲁番的葡萄哈密的瓜，库尔勒的香梨人人夸，叶城的石榴顶呱呱”，这首顺口溜道出了新疆有名的四种瓜果。新疆是我国著名的瓜果之乡，无论是小个儿的葡萄、大枣、无花果，中个儿的香梨、沙棘、石榴，还是大个儿的甜瓜、西瓜、哈密瓜，都具有色鲜、果香、味甜等优点，十分受人们喜爱。这是为什么呢？

新疆地处我国西北内陆，远离海洋，四周又有高山环绕，海洋上的湿润气流很难到达这里，所以雨量很少，气候干燥。由于晴天多，这里的日照时间很长，全年有3000多小时的阳光照射，植物可以充分地进行光合作用，制造出大量的糖类物质。新疆气温日夜变化很大，尤其是夏季。白天烈日炙烤，气温能超过40℃，一到夜晚又急剧下降，人们用“早穿皮袄午穿纱”来形容这里昼夜温差之大。夜间低温时，植物的呼吸作用减弱，也就减少了养分的消耗，果实中能够积累大量的营养物质，不但个儿长得大，而且养分充足。独特的气候，再加上无污染的土地、纯净的冰雪融水，这就是新疆出产的瓜果又大又甜的秘密所在。

哈密瓜又称作甜瓜，因产自新疆哈密而得名，有“瓜中之王”的美称。哈密瓜外形呈椭圆形，果皮厚，有黄色、青色两种，皮上有类似渔网一样的纹路，摸上去有点粗糙。切开一个哈密瓜，香气浓郁，果肉较厚，有白色、青色或红橙色，肚子里有密密的白色子，切一小块果肉放进嘴里，口感柔嫩，肥厚细腻，甜润多汁，像蜂蜜一样甜。在炎热的夏季，吃一块冰镇哈密瓜，或者做成水果沙拉，或者榨一杯哈密瓜汁，可以解渴，清凉消暑，消除烦躁。

吐鲁番盆地位于新疆中部，以炎热著称，被称为“火洲”。它靠着著名的坎儿井饮水工程，将天山上融化的雪水从几十千米外的天山脚引到这里，造就了我国最大的葡萄生产基地。吐鲁番的葡萄有500多个品种，既有众口皆碑的本地品种无核白、马奶子、红葡萄、索索葡萄等，也有火焰无核、淑女红、无核白鸡心等新引进的优良品种。这么多葡萄，哪种最甜呢？当数最常见、最传统、最有名的“中国绿珍珠”无核白品种，它的鲜果含糖量非常高，享有“世界最甜葡萄”的美誉。进入吐鲁番，公路两旁农家庄园的葡萄架上爬满了葡萄藤，仿佛一条绿色的长廊，长得

▼ 新疆哈密瓜瓜地

望不到头，一串串的“绿玛瑙”点缀其间。绿色的藤蔓，绿色的嫩叶，绿色的果实，让人感到无比的清爽。一颗颗葡萄翠绿得晶莹发亮，玲珑圆润，让人迫不及待想吃。摘一颗尝一尝，皮薄、无核、果肉脆嫩，比蜜糖还要甜!

吐鲁番家家户户都有一个砖头砌的长方形房子，各侧面从屋顶的位置到墙根都开着排得整整齐齐的小洞，那就是葡萄晾房，用来制作葡萄干。走进晾房，热而不闷，还有微风徐徐吹来，农民将刚成熟的葡萄摘下，挂在一根类似于衣帽架的铁晾架上，再把它们放在晾房里，让它自然风干。由于葡萄被摘下之后还能继续糖化，加上葡萄晾房的设计通风性能良好，葡萄不会腐烂发霉，水分渐渐蒸发之后，就成了更加甜蜜的葡萄干。

美丽的伊犁有一张土特产名片——树上干杏。普通杏成熟后保存时间非常短，熟透了就落地，落地就烂掉了，一周时间一颗普通杏的一生就结束了。而树上干杏脾气倔，春天杏花开得烂漫，喝着天山融雪水，夏天杏果成熟，就是不下树!在当地夏季干燥炎热空气的蒸腾下，它在树上自然风干，再随着白昼交替温度骤降，糖分得到高度累积。虽然其貌不扬，可是味道一点儿

▼ 晾房 ▶ 葡萄

也不受影响，全身散发着浓郁果香，吃起来香甜中带着微酸。投入杯中泡杏茶，口感清新酸甜，让人口舌生津。里面的核很薄，轻轻一咬就碎了，然后就可以吃杏仁了，一杏两吃，一点也不浪费。

大枣是新疆的又一种有名的水果。若羌灰枣在新疆南部种植普遍，以若羌县最为优质而出名。若羌也是唯一能做到树上自然风干红枣的地区。小朋友是不是觉得灰枣就是灰灰的干枣？哈哈，你们猜错了。灰枣在成熟变红之前，通体发灰，好似挂了一层霜，因而得名。灰枣到底有什么特点呢？那就拿和田玉枣来比较一下吧。论体型灰枣比和田玉枣小得不是一星半点，也就是和田玉枣的三分之一。灰枣核小肉厚，吃起来比和田玉枣要甜。论口感，吃灰枣像咬融化的巧克力，咬一口有明显牙印，肉质瓷实，用手掰开可以扯出金丝。而且与一般红枣相比灰枣糖分可以达到 70%，所以吃起来没有发酸的口感。

新疆人世世代代生活在这沙漠广布的环境里，但是他们却坚持着对甜蜜生活的追求，用自己的智慧和勤劳，在这片宁静的土地上培养了一个个出色的农产品，把这片土地变成了最甜的地方！

吃

坎儿井

地下的供水长城

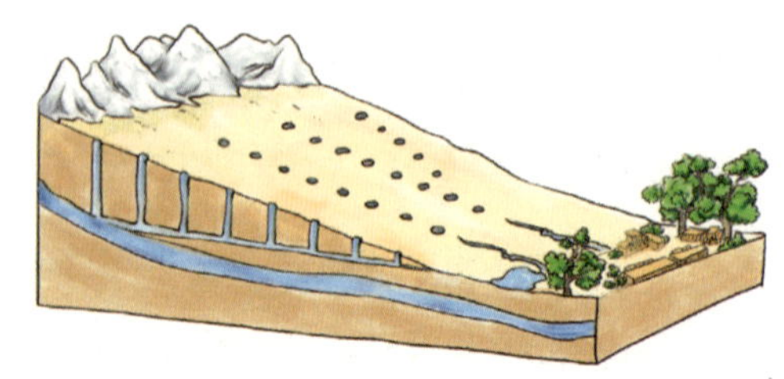

在南方，给农田灌溉水，主要靠筑坝拦水成塘，然后修渠引水往低处流。但是这招在新疆不管用，因为新疆气温太高，估计多半水在半道就蒸发了。

聪明的新疆人建造了神奇的坎儿井，解决了新疆的灌溉难题。坎儿井其实就是以竖井和暗渠组成的特殊灌溉系统，以吐鲁番最多，哈密次之。

吐鲁番盆地年降水量极少，是我国极端干旱地区之一，但盆地北侧有高大的天山，每当夏季，大量融雪和雨水流向盆地，渗入戈壁，汇成暗河，为坎儿井提供了丰富的地下水源。吐鲁番土质为沙砾和黏土，质地坚实，井壁及暗渠不易坍塌，这又为大量开挖坎儿井提供了良好的地质条件。于是，一个极其大胆的挖渠方案形成了——把引水渠修在地下。在地下暗渠输水，不受季节、风沙影响，蒸发量小，流量稳定，可以常年自流灌溉。

坎儿井由竖井、地下暗渠、地上明渠、涝坝四部分组成，当高山的雪水融化，像一条小河流到地下，人们为了引出这些雪水，在地面上隔一段距离打一口深浅不等的竖井，再根据地势在土层里面修一条暗渠，把这些竖井联通起来，引水下流，雪水引到暗渠，顺着暗渠流淌进明渠，再流到涝坝蓄起来，供人们取用，灌溉农田。

竖井也是开挖或清理坎儿井暗渠时运送地下泥沙或淤泥的通道，还是送气通风口。一般越靠近源头竖井就越深，最深的竖井可达 90 米以上。间距随坎儿井的长度而有所不同，一般每隔 20 ~ 70 米就有一口竖井。一条坎儿井，竖井少则 10 多个，多则上百个。

地下暗渠，又称地下渠道，是坎儿井的主体。暗渠一般是按一定的坡度由低往高处挖，这样，地下含水层中的雪水就可以从高处自动向低处流，汇聚到暗渠，流到地面来。暗渠一般高 1.7 米，宽 1.2 米，短的 100 ~ 200 米，最长的长达 25 千米，全部是在地下挖掘，因此掏捞工程十分艰巨。经过暗渠流出的水不容易被污染，经过千层沙石自然过滤，最终形成天然矿泉水，富含众多矿物质，当地居民数百年来一直饮用这种水，不少人活到百岁以上，因此，吐鲁番素有“中国长寿之乡”的美名。

地下暗渠流出地面后就到了地上明渠。人们在一定地点修建了具有蓄水和调节水功能的蓄水池，称为涝坝。地下雪水蓄积在涝坝，哪里需要，人们就把它送到哪里。

京杭大运河、万里长城和坎儿井并称“中国古代三大工程”。比起长城，坎儿井工程主要是在地下进行，建造难度很大，然而新疆人民以不屈的毅力和不怕牺牲的精神，光在吐鲁番地区就修建了上千条坎儿井，总长度 5000 多千米，灌溉盆地数十万亩良田，孕育了吐鲁番各族人民，使沙漠变成了绿洲。

▲ 坎儿井

专题

“地下长城”坎儿井

新疆干旱地区年降水量只有 50 毫米左右，当地的生活生产单靠这点降水量是远远不够的，为了解决水源问题，2000 多年前，人们利用沙漠土质渗漏性强的特性，开挖暗渠，将地下水巧妙截流，为新疆绿洲农业提供了源源不断的水源。

坎儿井主要是由竖井、地下暗渠、地上明渠、涝坝组成的。其中暗渠工程最为艰巨，一般要在地下开凿几千米到几十千米。极为干旱的吐鲁番有着 1500 余条坎儿井，这些坎儿井总长 5000 多千米，堪称地下的万里长城。

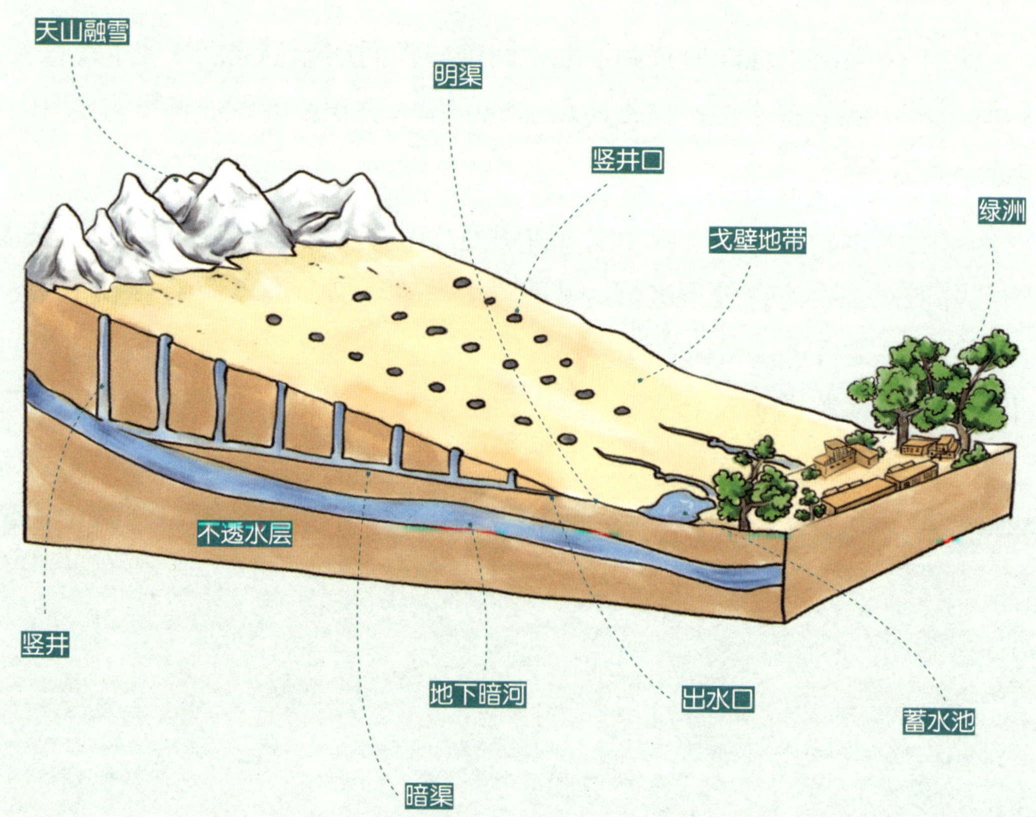

穿

新疆服饰

早穿皮袄午穿纱

新疆地处我国西北边陲，是多民族聚居地。13个世居民族中，既有汉族、维吾尔族、哈萨克族、回族等人口数超过百万的民族，也有柯尔克孜族、蒙古族等人口数在20万左右的民族，还有人口数在6万以下的塔吉克族、锡伯族、满族、乌孜别克族、俄罗斯族、达斡尔族和塔塔尔族。

各个民族居住环境各异，历史文化各具特色，服饰也各不相同。但是，因为新疆“早穿棉袄午穿纱”，早晚温差很大，所以各民族服饰在基础长袍、长裙、长裤、花帽、皮靴的基础上，还有很多配件，例如短外衣、短袍、坎肩、腰巾，在降温时可以随时加上保暖。

维吾尔族人的服饰，花样多，样式美，极富特色。维吾尔族人爱养花种花，喜欢将各种花卉图案绣在衣服领口、胸前、袖口、肩、裤脚等处，人们戴的是绣花帽，着的是绣花衣，穿的是绣花鞋，扎的是绣花巾，背的是绣花袋，衣着服饰无不与鲜花息息相关。维吾尔族人男女老少都喜欢带花帽，花帽选料精良，工艺精湛，图案与纹样千变万化。维吾尔族人还爱穿靴子，便于骑马，绣着花纹的牛皮靴子被称为保暖耐寒的“足衣”。

维吾尔族的男装比较简单，主要有长外衣、长袍、短袄、上衣、衬衣、腰巾等（统称为袷袢）。这些衣服多用黑、白布料或者蓝、灰、白、黑等绸

▲ 维吾尔族女装　▶ 维吾尔族男装

缎料等制作。现代男装以“袷袢”式服饰为主要款式，宽松合体，典雅大方。因为冬季寒冷，男子一般会选择穿皮衣。袖口一般比手长 30 多厘米，下身可以拖地，腰围也比一般的大衣大。

维吾尔族女性衣服式样很多，主要有长外衣、短外衣、坎肩、背心、衬衣、长裤、裙子等。她们爱穿裙装，外穿裙装喜欢选择鲜艳的颜色，常见的有红、绿、金黄等色，内穿淡色对裙。材质上尤其偏爱用本民族独创的艾得来丝绸，这种丝绸缝制的花裙，花纹多样，色泽明丽，浓郁华丽。每逢节日，甚至周末，从街市、乡村到山野，随处都可见到身穿花裙的女性。

维吾尔族女性十分喜欢佩戴首饰，尤其喜欢红宝石。精致的发饰、脸饰、帽饰、耳环、项链、腰饰、胸饰、指环和手镯等，使得她们的服饰看起来更加富贵华丽。

哈萨克族人主要居住在更寒冷的北疆，服饰主要质料是毛皮，其特点是宽大、厚实。皮大衣白板朝外，毛朝里，不装布面，腰束宽皮带，附系生活的小物件，适应放牧需要。如遇出门走亲访友办事，则穿富有民族特色的、带有装饰韵味的皮大衣。大衣款式别致新颖，用黑羔皮挂里，大衣面料是结实的黑条绒布，考究的也用绸缎做面，衣长过膝，无扣，腰间扎镶银饰、宝石的腰带，佩挂小刀，配上精美的镶饰宝石的刀鞘。

乌孜别克族牧民大都与哈萨克族牧民杂居在一起。乌孜别克族妇女很会打扮自己，常戴“朵皮”小花帽。青年女子戴色泽鲜艳的“朵皮”，并在上面罩一条明丽的花头巾。老年妇女戴古朴典雅、凝重端庄的素“朵皮”。女性爱穿名叫“魁纳克”的连衣裙，宽大，不束腰带，有的在连衣裙外再穿各种颜色的坎肩，也有穿各式各样短装的。年轻女子喜欢在裙子上加上各式各样的花纹和图案，并缀上五彩珠，老年人喜欢用丝绸制成宽大的衣裙，素净雅致。

柯尔克孜族人多从事畜牧业，衣装大都取自牲畜的毛皮或家织毛布。男装用家织驼毛布或棉布面裁制成一种无领、对襟、无扣、长过膝、袖长过手指、黑布缘边的长外衣。冬季穿皮大衣或皮裤。年轻牧民穿长外衣或短装衣裤，在衣袖口、臂肘部、领口外绣上鹿角纹、羊角纹。夏装以绣花圆领衫为主，或束绣花腰巾，套上镶边饰的黑色坎肩，再穿青布长裤，戴白色毡帽。

柯尔克孜族女性爱穿鲜红、明艳的连衣裙，裙的质料多是绸缎，花色鲜艳，边饰缀一圈茸茸的绒毛，显得华丽而富有。她们的帽冠非常有特色，新嫁娘的帽冠被姑娘视为珍贵的首服，用上好的水獭、旱獭皮制成帽冠，呈现大圆顶形，帽冠四周镶饰串珠，金、银饰片，或缀饰缨穗、珠饰与羽毛，特点是色彩明丽，晶莹闪亮，引人注目。

有多样的气候，就有多彩的文化。有多样的民族，就有多彩的服装。这，就是新疆。

▼ 哈萨克族刺绣　▶ 柯尔克孜族男装

蒙古袍

为骑马而生

蒙古族被称为“马背上的民族”，长期以来一直在高原从事游牧生产。寒冷的天气，强劲的大风，游牧的生活，使他们形成了独特的服饰体系，既保暖又方便骑马劳作。

蒙古人认为头为人体之首，忌讳露顶出门，所以自古以来有戴帽子、扎巾、戴头饰的习俗。头上戴的帽、巾有时称为头衣。蒙古族的头衣因性别、年龄、地域、季节的不同而不同，种类各异。帽子一般有圆顶立沿帽、栖鹰帽、陶尔其克帽、三耳帽、四耳帽、圆帽等几种。男子缠头的布巾或绸巾一般为暗色，女子的一般以亮色为主。姑娘缠头不封顶，右侧打结，已婚缠头则封顶不打结，老年妇女一般在头上缠绕好几圈做大包头，爱美的女士还用玛瑙、翡翠等珠宝装饰帽子。对蒙古族来说，帽子是人格与尊严的象征，忌讳帽口朝上放置，小朋友们去内蒙古的时候千万不要随便碰蒙古族牧民们的帽子哦！

蒙古袍是蒙古族传统的衣服，一般是布料，冬装则以羊皮为里。袍子衣襟及下摆多用绒布镶边。袍子的扣子有布制的，也有铜制的，铜扣子上一般刻有吉祥图纹。袍子宽而长，长度一般以到靴筒上部为最佳。袍身肥大而不开衩，既可以在马上行动自如，又可防寒避风；领子高，袖子长，乘马持缰时，冬可防寒，夏可防蚊。蒙古牧民逐水草而迁徙，居无定所，常以马背为家，夜里一身袍服可以当被子盖。即使是有蒙古包的牧民，夏夜也多半睡在勒勒车上，蒙古袍蒙头盖脚，既当睡袋又当蚊帐。

穿蒙古袍要束腰带，腰带一般既长且宽，以棉布或绸缎为料，颜色要与袍子协调。男子扎腰带，多将袍子上提，束得很短，对骑马驰骋于草原上的人来说，系腰带既能保暖，方便骑乘，又可保护内脏少受颠簸。女子扎腰带，多将袍子向下拉紧，以示苗条矫健。

穿蒙古袍还要配靴子，分布靴、皮靴和毡靴三种，根据季节选用。布靴用高级布料制作，皮靴通常用牛皮制作，毡靴用羊毛模压而成。蒙古靴较为突出的特征是靴尖上翘，底为船形。靴帮、靴筒上往往以金丝线绣花，图案新颖艳丽，寓意主人吉祥如意、飞黄腾达，具有浓厚的民族特色。蒙古靴使牧民骑马时能护踝壮胆，勾踏马蹬；行路时能防沙防害，减少阻力，又能防寒防蛇，无论男女都爱穿。

▼ 穿蒙古袍的青年

吃

糌粑和酥油茶

高原牧民的传统主食

“是谁带来远古的呼唤，是谁留下千年的祈盼？难道说还有无言的歌，还是那久久不能忘怀的眷恋？哦，我看见一座座山，一座座山川，一座座山川相连……”相信很多小朋友都听过这首歌，那么，你知道这首动听的曲子歌唱的是哪一片土地吗？现在，就跟我一起走进歌曲里的世界，走进青藏高原。

青藏高原是我国最大的高原，也是世界平均海拔最高的高原，被称为“世界屋脊”。青藏高原上的居民以藏族为主，形成了以藏族文化为主的高原文化。长江、黄河等亚洲许多大江大河都发源于这里，是很多人心目中的圣地，每年游客络绎不绝。

青藏高原是世界上海拔最高的高原，气温随高度和纬度的升高而降低，温度低，辐射强烈，日照多，气温日较差大，生存条件恶劣，十分不利于普通农作物生长，适合放牧。青藏高原上有青海牧区和西藏牧区，青海的河曲马，西藏的那曲牦牛、藏南绵羊，是这里著名的畜牧品种。身披长毛的牦牛还是青藏高原独有的家畜，在空气稀薄、寒冷、牧草生长期短等恶劣环境条件下能生活自如、繁衍后代。

在青藏高原东部，由于降水相对丰富，所以还可以适度种植农作物。什

酥油茶

么农作物适合高原清凉的气候呢？答案是青稞。青稞是大麦的一种，耐寒性强，生长期短，高产早熟，是青藏高原上最主要的农作物。在藏南地区，气温偏高，可以种植冬青稞；在那曲，只能种植春青稞。2020 年，全国青稞种植面积超过 580 万亩，其中约一半在西藏，在黄河上游地区、横断山区也有一定规模的青稞种植。

7 月，正是冬青稞成熟的季节，拉萨河畔到处都是成熟的青稞田，金黄的麦穗在阳光下十分耀眼，在壮丽而又神秘的高原土地上，这无疑是最迷人的色彩了。在现代农业技术的辅助下，青稞产量更高了，营养更丰富了，能加工成的食品也更多样了。青稞能做成饼干、面包，还能酿酒，但是把青稞做成糌粑（zān ba）是青稞最主要的食用方法。

糌粑是藏族居民的主食，实际上就是青稞炒面。这与北方炒面有点相似，但北方的炒面是先磨后炒，而糌粑却是先将晒干的青稞炒熟再磨成粉。食用时用少量的酥油茶、奶渣、白糖等搅拌均匀，用手捏成团即可。它不仅便于食用，营养丰富、热量高，很适合充饥御寒，还便于携带和储藏。

为了获得更多热量，藏民都以糌粑、牛肉和自制的奶酪为主食，重油、重味，调料以辣居多，经常采用的烹制方法为烤、炸、煎、煮等，用油较多。为了解腻，酥油茶、奶茶也是用餐时必不可少的。

酥油是从牛奶、羊奶中提炼出的脂肪，类似黄油的一种乳制品，是藏族食品的精华。牧民最喜欢饮用牦牛产的酥油。牦牛酥油色泽鲜黄，味道香甜，口感极佳。酥油富含多种维生素，营养价值颇高，可以滋润肠胃。这对于藏区的牧民而言，每天食用酥油，可以及时补充人体多方面的营养需要。

酥油茶主要由酥油和浓茶加工而成：先将一定量的酥油放入特制的桶中，添加一点食盐，再注入熬煮的浓茶汁，反复捣拌，使酥油与茶汁融为一体即成。多数情况下，酥油茶作为主食与糌粑一起食用，具有御寒、提神、醒脑、生津止渴的作用。到青藏高原旅游，必饮酥油茶。初喝酥油茶，可能感觉味道不适应，随后仔细品味，就能品尝出它的美味。

文　化　常　识

↓风干牦牛肉

藏族人喜爱牦牛肉。牦牛平时吃的都是无污染的草，而且很多是珍贵的药材，这就使得牦牛肉质细嫩，味道鲜美，营养健康。牦牛肉热量高，可以帮助人们抵御高寒的气候。藏族民众喜欢将牦牛肉割成许多小长条，挂在阴凉处，让其自然风干，做成牛肉干慢慢食用。

藏袍
冷热都能穿

海拔 4800 米的安多，正上演一年一度的赛马节，人们穿着华丽的衣服来参加，呐喊声与哒哒的马蹄声交织在一起，成为一幅动人的画卷……再仔细一瞧，他们穿着等身长的袍子，大大的衣襟，宽宽的腰身，长得遮住了手的袖子，还没有扣子，实在厚重得很。大家穿得也不太规整，只见左袖好好穿着，右胳膊却并不乖乖待在右袖里。为什么他们会有这样独特的衣着方式呢？小朋友们别着急，让我跟你们好好聊聊这其中的缘故。

藏民普遍信仰藏传佛教，有自己的语言和文字，有独特的风俗习惯。那么，脱掉一只袖子这样的穿衣习俗又是怎么形成的呢？相传，佛祖释迦牟尼的母亲有一天做梦，梦到一只白象从她右侧腋下进入她体内，第二天她就怀孕了，后来生下了释迦牟尼。为此，印度女人的衣服基本没有右侧袖子。后来，佛教传入西藏，由于我国西藏自然条件的原因，有了右侧袖子，但冷的时候才会穿上，平时露出右胳膊。

当然，这只是传说。从科学角度来分析，西藏地势高寒，全年几乎没有夏天。即使盛夏季节，也离不开冬装。由于高原太阳辐射强烈，日照丰富，即使在严寒冬季，只要太阳一出来，气温就会很快上升，使人热不可耐。所以青藏高原昼夜温差大，在一天之内，常常经过春夏秋冬四个季节。藏族人设计和制作的藏袍，又厚又长，很适合高原气候特点和藏族人生活特点。早晚天气冷，藏族人会把藏袍紧紧地裹在身上；到了中午，天热起来后，他们则脱掉一只袖子，将一只胳膊露在外面，甚至把两只袖子都脱下系在腰间，既能散热，又方便干活。久而久之，脱一只袖子的装束便成了藏族服装特有的风格。

藏袍是一种大襟服装，右衽，腰肥，袖子宽长，衣领、襟边、袖口、下摆等处多以细毛皮镶边。男式藏袍较为宽大，穿在身上显得男性阳刚英武；女式藏袍则稍窄，穿在身上可尽显女性的潇洒秀丽之美。无论男女老少，一袭藏袍穿在身上，都能淋漓尽致地展现出高原民族雄鹰般的洒脱气质和豁达胸怀。

藏袍的着装十分讲究，藏民在着装时先穿上衬衣和衬裤，因袍装多长于身高，所以要提起下摆，再在腰间用腰带束紧，前面要平整，后面的折皱要有序。腰带最早是手工编织的，一般选用棉、丝、毛等材料制成。后来，腰带的花式演变得复杂起来，不同的图案有着不同的寓意，如莲花图案象征着高洁之士，龙凤纹、牡丹纹、缠枝纹象征着吉祥富贵，三角形、折线纹象征着藏民心中的神山等。

▼ 穿藏袍的小孩　▶ 藏族锅庄舞

藏袍不仅是衣服，还能当被褥和行李箱用呢。藏民放牧累了，解开腰带，把藏袍铺在地上，躺在上面既是被子又是铺盖，两全其美。为了适应逐水草而居的牧民生活，藏袍大襟、束腰，在胸前留一个突出的空隙（酷似袋子），这样外出时可存放酥油、糌粑、茶叶、饭碗，甚至可以放小宝宝。一件袍子，就是牧人随身携带的全部“行李卷儿”，无论走到哪里，都不用担心挨饿受寒。

藏族服装品种多样，有长袖皮袍、布袍、无袖袍，有长袖高领衬衣、宽腰粗布衬裤、长坎肩、短坎肩等，且各地区在用料、做工等方面也有差异。

藏族饰品极为丰富多样，常见的藏族饰品有发饰、颈饰、胸饰、耳饰、腰饰等，主要用蜜蜡、松石、珊瑚、金银这些珍贵材料制作而成，并且多以“浑身披挂”的形式来表达自己的喜爱，在视觉上追求野性随意，神秘而圣洁。此外，藏地人民也喜欢戴帽，种类多样，常见的有毡帽、皮帽和金花帽等，这些为藏族服饰增添了浓重的华丽之美。

这么有特色的衣服，如果小朋友们到了青藏高原，一定要亲自试试哦！

图书在版编目（CIP）数据

地理有话说 / 周国宝著. —北京:中国轻工业出版社, 2022.9
ISBN 978-7-5184-3907-2

Ⅰ. ①地… Ⅱ. 周… Ⅲ. ①地理—中国—少儿读物 Ⅳ. ①K92-49

中国版本图书馆CIP数据核字（2022）第047350号

审图号：GS（2022）509号

责任编辑：罗雅琼　　责任终审：李建华　　封面设计：伍毓泉
策划编辑：李　莉　罗雅琼　　责任校对：朱燕春　　责任监印：张京华

出版发行：中国轻工业出版社（北京东长安街6号，邮编：100740）
印　　刷：北京博海升彩色印刷有限公司
经　　销：各地新华书店
版　　次：2022年9月第1版第1次印刷
开　　本：889×1194　1/16　印张：39.5
字　　数：800千字
书　　号：ISBN 978-7-5184-3907-2　定价：138.00元（全6册）
邮购电话：010-65241695
发行电话：010-85119835　传真：85113293
网　　址：http://www.chlip.com.cn
Email: club@chlip.com.cn
如发现图书残缺请与我社邮购联系调换
201299E1X101ZBW